Jörg R. Bergmann

Klatsch

Zur Sozialform der diskreten Indiskretion

Walter de Gruyter · Berlin · New York 1987

Professor Dr. Jörg R. Bergmann
Universität Konstanz

CIP-Kurztitelaufnahme der Deutschen Bibliothek

Bergmann, Jörg Reinhold:
Klatsch : zur Sozialreform d. diskreten
Indiskretion / Jörg Reinhold Bergmann. –
Berlin ; New York : de Gruyter, 1987.
 ISBN 3-11-011236-1

© Copyright 1987 by Walter de Gruyter & Co., Berlin 30 – Alle Rechte, insbesondere das Recht der Vervielfältigung und Verbreitung sowie der Übersetzung, vorbehalten. Kein Teil des Werkes darf in irgendeiner Form (durch Fotokopie, Mikrofilm oder ein anderes Verfahren) ohne schriftliche Genehmigung des Verlages reproduziert oder unter Verwendung elektronischer Systeme verarbeitet, vervielfältigt oder verbreitet werden. Printed in Germany.
Satz: Fotosatz Otto Gutfreund, Darmstadt.
Druck: Gerike GmbH, Berlin.
Bindearbeiten: Lüderitz & Bauer, Berlin.
Umschlagentwurf: Rudolf Hübler, Berlin.

Vorwort

Befragt, was sie denn die ganze Zeit über getan und geredet hätten, antworten die, die eben einen Nachmittag damit verbrachten, ihre gemeinsamen Bekannten und Freunde der Reihe nach im Hinblick auf pikante Neuigkeiten durchzuhecheln, in der Regel mit einem einfachen: „Nichts". Von diesem „Nichts" – von dem, was es bezeichnet und dem, was es verbirgt – handelt die folgende Studie. Sie beschäftigt sich mit Klatsch als einem besonderen Typus der mündlichen Kommunikation, dem Millionen von Menschen tagtäglich – sei's von Angesicht zu Angesicht oder sei's am Telefon – einen beträchtlichen Anteil ihrer Zeit und Aufmerksamkeit widmen. Dagegen wird der Prominentenklatsch in den Massenmedien: die Klatschkolumne in der Tageszeitung oder das V.I.P-Magazin im Fernsehen, im folgenden nur am Rande gestreift. Die Arbeit konzentriert sich ganz auf den alltäglichen, freundlichen oder gehässigen Klatsch, der für sich – noch vor allen technischen Reproduktionsmitteln – als ein originäres Medium der Massenkommunikation betrachtet werden kann.

Ziel der folgenden Untersuchung ist es, Klatsch als eine eigenständige Gattung der alltäglichen Kommunikation zu bestimmen. Ihrer fachlichen Orientierung nach bewegt sich die Arbeit zwischen Kultur-, Sprach- und Wissenssoziologie. Dieser Hinweis auf den soziologischen Charakter des nachfolgenden Textes ist aber nicht als Warnung zu verstehen. Die Arbeit ist jedenfalls nicht von dem Ehrgeiz geprägt, ihren Gegenstand rasch und ohne Rücksicht auf Verluste in eine vorgegebene Theoriesprache zu übersetzen und dann virtuos durchzudeklinieren. Gefragt wird statt dessen im Detail nach den Erscheinungsformen, den inneren Strukturen und der äußeren sozialen Einbettung von Klatsch. Der Untersuchung liegen Aufzeichnungen von realen Klatschgesprächen zugrunde, die im Text ausschnittweise in transkribierter Form wiedergegeben sind. Bei der Analyse dieses Materials schwebte mir als – von

Georg Christoph Lichtenberg formuliertes – Ideal vor: „einen Gedanken, den jedermann für einfach hält, in sieben andere spalten wie das Prisma das Sonnenlicht, wovon einer immer schöner ist, als der andere, und dann einmal eine Menge anderer sammeln und Sonnenweiße hervorbringen, wo andere nichts als bunte Verwirrung sehen."

Die Arbeit entstand in den Jahren 1984–86; sie hat in einer leicht modifizierten Fassung der Sozialwissenschaftlichen Fakultät der Universität Konstanz als Habilitationsschrift vorgelegen. Zu danken für Gespräche, Hinweise und Kritik habe ich Prof. H. Baier, Prof. Th. Luckmann und Prof. H.-G. Soeffner, die die Arbeit begutachtet haben. Prof. Th. Luckmann bin ich zudem in Dankbarkeit verbunden für sein unbestechliches Urteil und seine engagierte Förderung während der vergangenen Jahre unseres gemeinsamen Lehrens und Forschens. Unser gemeinsames DFG-Projekt „Strukturen und Funktionen von rekonstruktiven Gattungen der alltäglichen Kommunikation" steht thematisch und methodisch in einem engen Zusammenhang mit der hier vorgelegten Untersuchung; den Mitarbeitern dieses Projekts – Angela Keppler, Hubert Knoblauch, Ute Lacher und Bernd Ulmer – möchte ich für Hinweise, für Datenmaterial und für den ‚Geist' während unserer datenanalytischen Sitzungen danken. Schließlich bin ich noch Gerhard Riemann (Kassel) für die selbstlose Überlassung eines Gesprächstranskripts zu außerordentlichem Dank verpflichtet. – Im übrigen hätte meine Beschäftigung mit Klatsch, diesem obskuren Objekt der Begierde, ohne Ska Wiltschek zu keinem greifbaren Resultat geführt, – doch was ich ihr verdanke, entzieht sich seiner Formulierung in einer öffentlichen Dankessprache.

Uhldingen-Mühlhofen,
im Sommer 1987 *Jörg R. Bergmann*

Inhaltsverzeichnis

I. Alltagswissen über Klatsch als sozialwissenschaftliche Ressource ... 1
   1. Über die Gefahren des Selbstverständlichen für den Sozialwissenschaftler ... 1
   2. Klatsch – methodisch instrumentalisiert ... 7
   3. Klatsch – ethnographisch inventarisiert ... 12

II. Klatsch als rekonstruktive Gattung der alltäglichen Kommunikation ... 25
   1. Über die Diskrepanz zwischen dem Reden über Klatsch und der Praxis des Klatschens ... 25
   2. Das Konzept der kommunikativen Gattungen ... 35
   3. Ereignisrekonstruktionen als Gattungen ... 43
   4. Zur Gattungsanalyse von Klatsch ... 47

III. Die Klatschtriade ... 61
   1. Zur Beziehungsstruktur des Klatsches ... 61
   2. Das Klatschobjekt ... 67
   3. Der Klatschproduzent ... 74
      3.1 Die gut informierte Base ... 75
      3.2 „Klatschen wie ein Waschweib" ... 80
   4. Der Klatschrezipient ... 91

IV. Die Klatschsequenz ... 99
   1. Die situative Einbettung von Klatsch ... 99
   2. Die interaktive Absicherung von Klatsch ... 111
      2.1 Etablierung des Klatschobjekts ... 115
      2.2 Klatscheinladungen ... 120
      2.3 Klatschangebote ... 127

3. Das Klatschinstrumentarium 136
4. Die rekonstruktive Darbietung des Klatschwissens . . 140
   4.1 Wissensautorisierung und Reputationsgefährdung in der Klatschproduktion. 142
   4.2 Das Zitat als klatschspezifisches Element der Ereignisrekonstruktion. 149
5. Moralische Entrüstung und soziale Typisierung im Klatsch 166
6. Die Beendigung von Klatsch als interaktives Problem: Anmerkungen zur Soziologie der Klatschsucht 185

V. Zu einer Theorie des klatschhaften Handelns. 191

1. Klatsch als Mittel der sozialen Kontrolle 193
2. Klatsch als Mechanismus der Erhaltung sozialer Gruppen 198
3. Klatsch als Technik des Informationsmanagements . . 202
4. Klatsch als Sozialform der diskreten Indiskretion . . . 205

Anmerkungen 213

Verzeichnis der Transkriptionssymbole 263

Literaturverzeichnis 265

I. Alltagswissen über Klatsch als sozialwissenschaftliche Ressource*

1. Über die Gefahren des Selbstverständlichen für den Sozialwissenschaftler

Jeder soziologische Versuch über den Klatsch muß mit dem Umstand leben, daß Klatsch, längst ehe die Soziologie auf den Plan tritt und ihn zum Gegenstand wissenschaftlicher Erkenntnis macht, eine soziale Erscheinung des alltäglichen Lebens ist, über die die Handelnden selbst sich ihre Gedanken machen und ihre Urteile bilden. Wir wissen im Alltag, was gemeint ist, wenn ein Gespräch als „Kaffeeklatsch" bezeichnet wird; wir brauchen nicht das Lexikon zu bemühen, wenn eine Person als „klatschhaft" charakterisiert wird; wir stutzen nicht, wenn wir in einer Zeitschrift auf eine „Klatschkolumne" stoßen; vor allem aber: jeder von uns hat, was Klatsch betrifft, Erfahrungen aus erster Hand. Natürlich gibt es diejenigen, die Klatsch als leeres und unnützes Geschwätz abtun, die Klatsch ignorieren und sich von ihm fernhalten, doch auch diese Reaktionen haben zur Voraussetzung: ein Wissen über Klatsch. So gilt für jede soziologische Untersuchung über Klatsch, daß ihr immer schon die alltäglich-typisierende Konstruktion ihres Objekts vorausgeht. Und – so kann hinzugefügt werden – wenn eine soziologische Studie über Klatsch mit dem Hinweis auf das vorwissenschaftliche Wissen über Klatsch einsetzt, dann profitiert natürlich auch sie selbst von eben jener Voraussetzungsstruktur, welche sie zur Sprache bringt.

Wissenschaften und Philosophie können zu ihrer Begründung prinzipiell geltend machen, daß das, was bekannt ist, deshalb noch nicht erkannt ist. Dieses Diktum ist allerdings dort, wo sich die Erkenntnistätigkeit auf Alltagsphänomene richtet, auch in entgegengesetzter Richtung zu lesen: was erkannt werden soll, ist in diesem Fall immer schon bekannt. Der Umstand, daß ein Phänomen wie Klatsch im Alltag bekannt und selbstverständlich ist,

---

* Anmerkungen zu Kapitel I: S. 213–220

erscheint dann nicht als ein bloßes Defizit („noch nicht"), sondern als eine Voraussetzung („immer schon") methodisch kontrollierter Erkenntnis, – als eine Voraussetzung, die für den wissenschaftlichen Zugang zu dem Objekt „Klatsch" in verschiedener Hinsicht bedeutsam ist.

Die Selbstverständlichkeit, mit der wir im Alltag etwas als Klatsch erkennen oder an Klatschgesprächen teilnehmen, ist für das Unternehmen einer Soziologie des Klatsches Startkapital und Hypothek zugleich. Klatsch ist uns – um mit der Habenseite zu beginnen – im Alltag fraglos gegeben, d. h. Klatsch ist ein Phänomen, das sich in der vorwissenschaftlichen sozialen Welt nach einer Formulierung von Alfred Schütz „als nicht weiter auflösungsbedürftig darstellt".[1] Dies gilt nach unserer Alltagserfahrung ganz besonders für die Klatschenden selbst: ihnen ist ihre Tätigkeit selbstverständlich bis zur Selbstvergessenheit. Oft genug steht am Ende eines Klatschgesprächs der Blick auf die Uhr und das – ernsthafte oder gespielte – Erschrecken darüber, wieviel Zeit doch über dem Gerede verstrichen ist. Diese Selbstverständlichkeit im alltäglichen Umgang mit Klatsch kann eine Soziologie des Klatsches nun als eine Vorleistung in Anspruch nehmen, die konvertierbar ist in die methodische Gewißheit, daß Klatsch ein mühelos identifizierbares Untersuchungsobjekt ist, das nur darauf wartet, aus dem Dornröschenschlaf des „immer schon Bekannten" erweckt zu werden. Jede soziologische Untersuchung von Klatsch zehrt also insofern ganz entscheidend von unserem alltäglichen Vorwissen über Klatsch, als dieses ihr überhaupt erst ihr Objekt verschafft, – fürs erste jedenfalls. Denn diese so hilfreiche Voraussetzung ist mit zwei nicht ungefährlichen Hypotheken belastet.

Zunächst gilt es, zu bedenken, daß jede Selbstverständlichkeit – auch die des Klatsches – ein unausgesprochenes ‚noli me tangere' impliziert und bereits die flüchtige Berührung eines Blicks genügen kann, um sie für immer zum Verschwinden zu bringen.[2] Über dieses Berührungsverbot muß sich jedoch jedes wissenschaftliche Bemühen hinwegsetzen, auch wenn es damit unweigerlich den Selbstverständlichkeitscharakter seines Objekts zerstört. Das bedeutet auch: es ist im Fall von Klatsch wie im Fall anderer Alltagsphänomene unvermeidlich, daß die wissenschaftliche Be-

1. Über die Gefahren des Selbstverständlichen

stimmung Enttäuschungen hervorrufen wird, da sie ihr Objekt – für das Alltagsverständnis – so verfremdet und entstellt, daß es kaum mehr wiederzuerkennen ist. Versuche, zu erklären, was an einem Witz das Lustige ist, münden sozial regelmäßig in Enttäuschung, mögen sie analytisch noch so stimmig und plausibel sein. Wissenschaftler – das ist ihr Schicksal – sind wie kleine Kinder, die ihre Puppen oder Autos zerlegen, um hinter das Geheimnis der Stimme oder Bewegung zu kommen. In diesem Sinn produziert Wissenschaft, zumal dort, wo sie sich mit Alltagsphänomenen befaßt, immer Ent-Täuschung. Jedem Erkennen ist, indem es über Bekanntes hinausgeht, ein destruktives Element eigen. Das meint Hegels trockene Bemerkung: „Das Vernünftigste aber, was die Kinder mit ihrem Spielzeug machen können, ist, daß sie dasselbe zerbrechen."[3] Auch die Analyse von Klatsch – und ist Klatsch nicht eine Art „Spielzeug" für Erwachsene? – wird nicht vermeiden können, ihren Gegenstand bis zur Unkenntlichkeit zu zerlegen. Selbst wenn dieser dann wieder zusammengesetzt wird, so hat sich sein Charakter doch grundlegend geändert: Aus einer Praxis, die sich von selbst versteht, wurde ein Objekt, das nun von seiner wissenschaftlichen Erklärung lebt.

Jeder soziologische Versuch über den Klatsch steht somit, was die Selbstverständlichkeit seines Objekts betrifft, vor einem Dilemma. Der wissenschaftliche Erkenntnisanspruch gebietet ihm, die Auflösung von im Alltag „nicht weiter auflösungsbedürftigen" Selbstverständlichkeiten zu betreiben, gleichzeitig ist er aber auf diese Selbstverständlichkeiten angewiesen, da ihm doch erst das alltägliche Vorwissen sein Objekt verschafft. Um diesem Dilemma zu entkommen, bietet sich als naheliegendes Lösungsmuster die einseitige Parteinahme für eine der beiden antagonistischen Kräfte an. Doch diese Lösung nimmt für den Soziologen, gleichgültig auf welche Seite er sich schlägt, keinen glücklichen Ausgang. Im einen Fall schüttet er nämlich das Kind mit dem Bad aus, im andern Fall steigt er selbst zu dem Kind in die Wanne. Weniger bildhaft ausgedrückt: Er findet in beiden Fällen keine angemessene Einstellung zur sozial vorkonstruierten Qualität seines Gegenstands, mit der Folge, daß er den Gegenstand selbst gar nicht richtig zu fassen bekommt.

Die Gefahr, ihren Gegenstand zu verlieren, droht einer Soziologie des Klatsches ironischerweise immer dann, wenn sie sich rückhaltlos ihren „wissenschaftlichen" Ambitionen unterwirft. Vor dem imperialen Blick des wissenschaftlichen Erkenntnisanspruchs kann im Prinzip keine Selbstverständlichkeit bestehen. „Ich bin der Herr der Erkenntnis, du sollst kein alltägliches Wissen neben mir haben" – so lautet gleichsam das 1. Gebot dieses wissenschaftlichen Glaubens an sich selbst. Für eine solche Erkenntnishaltung muß der Umstand, daß ein Phänomen wie Klatsch eine sozial vorkonstruierte Selbstverständlichkeit des Alltagslebens ist, ein fortwährendes Ärgernis sein. Mit der Beseitigung dieses Ärgernisses steht und fällt daher für sie die Soziologie als wissenschaftliches Unternehmen. Durkheim, der Nestor dieser Position, konzediert zwar – wenn auch mit erkennbarem Unmut –, daß der Soziologe in der Forschungspraxis immer von einem „Vulgärbegriff" ausgeht. Da aber diese Vulgärbegriffe in der Regel gefühlsbeladen, zweideutig und subjektiv gefärbt sind, ist es die erste und vordringlichste Aufgabe des wissenschaftlichen Soziologen, „ein für allemal das Joch dieser empirischen Kategorien ab⟨zu⟩schütteln" (Durkheim).[4] Doch in diesem szientifischen Befreiungsfeldzug wird mit der zügellosen Eliminierung aller vorwissenschaftlich-alltäglichen Bedeutungselemente das Untersuchungsobjekt selbst mitbeseitigt. Das Objekt wird in dem, was es von sich aus ist und sein will, nicht ernst genommen; in seiner vorwissenschaftlichen Gegebenheit erscheint es als Störfaktor und soll daher gleich zu Beginn durch eine wissenschaftlich purifizierte Kreation ersetzt werden. Dabei lösen dann die szientifischen Reinigungsmittel nicht nur den unerwünschten Schmutz, sondern gleich auch das Objekt mit auf.

Daß sozialwissenschaftliche Arbeiten oft gerade dann ins Leere greifen, wenn sie sich angestrengt um Wissenschaftlichkeit bemühen, manifestiert sich in einem Symptom, das zumeist als nebensächlich übergangen wird, – in der Lächerlichkeit szientifischer Prosa. Von Helmuth Plessner stammt die Beobachtung, daß „jeder Tatbestand lächerlich ⟨ist⟩, der sich in nichts auflöst, ohne davon Notiz zu nehmen".[5] Es liegt auf der Hand, daß diese Gefahr der Lächerlichkeit vor allem jenen Arbeiten droht, welche sich in ungebrochen szientifischem Duktus mit Alltagsphänomenen beschäftigen. Enthält z. B. ein Text wissenschaftliche Ausführungen über ein „Gerät zur normgerechten, standardisierten Regelung

1. Über die Gefahren des Selbstverständlichen

spezifischer körperlicher Äußerungen" und verbirgt sich unter dieser Beschreibung nichts anderes als das uns allen bekannte „Taschentuch", so ist kaum zu entscheiden, ob es sich hierbei um eine Wissenschaftsparodie oder um die unfreiwillige Komik ungebremster Wissenschaftlichkeit handelt.[6] Vor dieser Gefahr der Lächerlichkeit ist natürlich auch keine Untersuchung über Klatsch sicher. Dabei wäre die Tatsache der Lächerlichkeit noch zu verschmerzen, nicht jedoch, daß vor dem martialischen Gestus der Wissenschaftlichkeit, der mehr ambitioniert als er faktisch bewirkt, auch das scheue Objekt der Erkenntnis sich verkriecht.

Die eine Hypothek, die auf der alltäglichen Selbstverständlichkeit von Klatsch lastet, besteht also darin, daß die sozial vorkonstruierte Gegebenheitsweise von Klatsch ein forciertes wissenschaftliches Vorgehen provoziert, aber das Alltagsphänomen Klatsch sich gerade dann verflüchtigt, wenn es dem Druck rückhaltloser und rücksichtsloser Bemühung um Wissenschaftlichkeit ausgesetzt wird. Jeder soziologische Versuch über den Klatsch muß sich daher der Selbstverständlichkeit seines Gegenstands, auch wenn er sie unvermeidlich zum Verschwinden bringt, bewußt bleiben und dies in seiner Sprache reflektieren.

Die zweite Hypothek, mit der das Thema Klatsch aufgrund seiner sozial vorkonstruierten Qualität belastet ist, gefährdet das Unternehmen einer Soziologie des Klatsches in entgegengesetzter Richtung. Gerade weil Klatsch – auch für den Soziologen – eine so selbstverständliche kulturelle Praxis ist, kann der Fall eintreten, daß nicht das Alltagswissen der Wissenschaftlichkeit, sondern die Wissenschaftlichkeit dem Alltagswissen geopfert wird. Phänomene, die sich im Alltag als „nicht weiter auflösungsbedürftig" darstellen, verhalten sich gegenüber wissenschaftlichen Auflösungsversuchen erfahrungsgemäß sehr resistent. Über lange Phasen hinweg läßt der dissoziierende Blick des Wissenschaftlers das Phänomen – gleich einem Schneeball in der Hand – nur an der Oberfläche schmelzen. Der Kern des Phänomens bleibt dabei unangetastet, d. h. entgegen seinem Anspruch, Bekanntes in Erkanntes zu verwandeln, stützt sich der Wissenschaftler immer noch maßgeblich auf sein Alltagswissen.

Die Schwierigkeit, ein Alltagsphänomen wie Klatsch bis in größere

Tiefen hinein analytisch aufzulösen, liegt nicht allein darin begründet, daß es uns als selbstverständliche Praxis in Fleisch und Blut übergegangen ist und sich als solche der Reflexion entzieht. Darauf zielte bereits Max Webers warnender Hinweis ab: „daß gerade das ‚Selbstverständliche' (weil anschaulich Eingelebte) am wenigsten ‚gedacht' zu werden pflegt".[7] Als hinderlich erweist sich auch die spezifische methodische Struktur des sozialwissenschaftlichen Aneignungs- und Analyseprozesses. Alltägliche Phänomene verlieren zwar, wenn sie zum Gegenstand wissenschaftlicher Erkenntnis gemacht werden, schlagartig ihre Selbstverständlichkeit, doch ihre innere Bedeutungsstruktur geben sie nicht in dieser Plötzlichkeit preis. Der Vorbegriff, den ein Sozialwissenschaftler von seinem Gegenstand hat, muß von ihm Schicht um Schicht abgetragen werden. Bei dieser Arbeit bleibt ihm aber gar keine andere Wahl als die, sich ein ums andere Mal zunächst auf Bestände seines Alltagswissens zu verlassen, die dann erst im Fortgang der Untersuchung analytisch zersetzt werden. In diesem – den allgemeinen hermeneutischen Prinzipien folgenden – Prozeß kommt der Wissenschaftler strenggenommen zu keinem absoluten Ende: Jeder interpretative Erkenntnisgewinn ist „belastet" mit verbleibenden oder zusätzlich eingeführten Elementen des Alltagswissens, an denen das fortschreitende Erkennen dann erneut seine immer genauer sehende, zerspaltende Funktion zu vollziehen hat. Der Prozeß der wissenschaftlichen Interpretation ist, wie der Prozeß der alltäglichen Interpretation, dem er nachgebildet ist, prinzipiell offen und unabgeschlossen.[8] Es ist dieser Umstand, der so manchen Wissenschaftler zu einer Art von interpretativem Fatalismus verleitet, d. h. dazu bringt, bei der Bestimmung seines Objekts die hermeneutischen Bemühungen auf ein Minimum zu beschränken und im übrigen stillschweigend seinem Alltagswissen und seiner Intuition zu vertrauen. Denn wenn es von vornherein aussichtslos ist, zu einer genuin wissenschaftlichen, von allen Elementen des Alltagswissens gereinigten Gegenstandsbestimmung zu kommen, erscheint es wenig sinnvoll, sich in besonderer Weise um dieses Ziel zu bemühen.

Wird das alltägliche Vorwissen, das wir über Klatsch haben, nur an seiner Oberfläche analytisch bearbeitet, im übrigen aber – wie im Alltag auch – als praktisches Wissen ohne Distanz und Reserve in Anspruch genommen, dann erfährt der Soziologe vielleicht etwas darüber, wie sich andere soziale Vorgänge im Klatsch spiegeln oder brechen, doch über dessen innere Struktur und Zusammensetzung bringt er auf diese Weise nichts in Erfahrung. So droht einer Soziologie des Klatsches auch in diesem Fall, daß sie ihr scheinbar so handsames Objekt unterwegs verliert. Diesmal allerdings nicht, weil das Alltagsphänomen ‚Klatsch' von einem ungestümen szientifischen Erkenntnisanspruch beseitigt, sondern weil es gleichsam im Kokon des Alltagswissens belassen wird.

Wie es scheint, tut jeder soziologische Versuch über den Klatsch gut daran, sich frühzeitig an den Erfahrungssatz aus der Botanik zu erinnern: daß die besonders attraktiven Pflanzen oft auch die besonders gefährlichen sind. Denn zu diesen Gattungen rechnet der Klatsch. Klatsch ist für diejenigen, die sich ihm unter soziologischen Gesichtspunkten nähern – später wird sich zeigen: auch für diejenigen, die ihn praktizieren –, eine attraktive und zugleich gefährliche Sache: Attraktiv, weil Klatsch sich aufgrund seiner alltäglichen Gegebenheitsweise wie von selbst als ‚analysefreundliches' Untersuchungsobjekt anbietet; gefährlich, weil dieses Objekt sich jedem wissenschaftlichen Zugriff, der seine Alltäglichkeit szientifisch bereinigen oder unbeschränkt als Wissensquelle benutzen will, entzieht. Wie ist aber dann dem Phänomen Klatsch in seiner alltäglichen Selbstverständlichkeit beizukommen? Die Frage lädt dazu ein, zunächst in der vorliegenden sozialwissenschaftlichen Literatur auf die Suche nach der Selbstverständlichkeit ‚Klatsch' zu gehen.

2. Klatsch – methodisch instrumentalisiert

Klatsch ist in der sozialwissenschaftlichen Literatur keine Unbekannte. In zahlreichen Arbeiten aus so unterschiedlichen Bereichen wie der Stadt- und Gemeindesoziologie, der Familiensoziologie, der Gruppensoziologie, der Organisationssoziologie, der Berufssoziologie, der Rechtssoziologie und -anthropologie, der Sozialpsychologie, der Psychopathologie und natürlich der Sprachsoziologie – eine Liste, die zu verlängern wäre – lassen sich Aussagen über Klatsch auffinden, oder besser gesagt: aufspüren. Denn viele dieser Arbeiten kommen auf Klatsch nur en passant zu sprechen. Klatsch ist in der sozialwissenschaftlichen Literatur über weite Strecken ein typisches Marginalphänomen geblieben; es wird zwar zur Kenntnis genommen, aber konzentrierter Aufmerksamkeit nicht für wert befunden. Durchaus möglich, daß in dieser Marginalisierung zum Ausdruck kommt, in welch hohem Maße unser alltägliches Vorverständnis von Klatsch dessen sozialwissenschaftliche Behandlung bestimmt. Denn der Topos, daß es Wichtigeres gibt als Klatsch, ist ein fester Bestandteil unseres Alltagswissens über Klatsch.

Klatsch, so die erste Beobachtung, wird also in der sozialwissenschaftlichen Literatur nur in wenigen Fällen als ein eigenständiges, für sich relevantes Forschungsobjekt thematisiert, oftmals dagegen als ein Phänomen, das bei der Bearbeitung einer soziologisch „etablierten" Problemstellung am Rande anfällt. Für diesen Modus der Thematisierung von Klatsch findet sich ein instruktives Beispiel überraschenderweise in der sozialwissenschaftlichen Methodenlehre.

Es gibt heute kein Lehrbuch zur Sozialforschung, das nicht auch ein Kapitel über die Möglichkeit enthält, eine empirische Fragestellung durch die Sammlung von Informationen und Daten „vor Ort", also mittels der Methoden der Feldforschung, zu bearbeiten. Ob diese Vorgehensweise nun eher in der Tradition der Kultur- und Sozialanthropologie als „Ethnographie" oder in soziologischer Manier als „teilnehmende Beobachtung" konzipiert wird,[9] ihr wesentliches Kennzeichen liegt in dem Bemühen, durch die über einen längeren Zeitraum sich erstreckende Teilnahme am sozialen Leben in einer Gruppe, einer Institution oder einem Milieu ein authentisches Bild von den beobachteten sozialen Handlungsabläufen und den Sichtweisen der Handelnden zu erhalten. Eine der Hauptschwierigkeiten, die dieses Vorgehen mit sich bringt, kreist seit jeher um die Fragen, wie der Sozialforscher Zugang zu seinem „Feld" gewinnen, wie er sich im „Feld" etablieren und in ihm bewegen soll. Und genau an dieser Stelle findet sich in der Literatur häufig ein Hinweis auf Klatsch. Malinowski etwa, der hier schon deshalb als Kronzeuge genannt werden darf, weil er mit seinen Forschungsarbeiten über die Trobriander in der Zeit des Ersten Weltkriegs den neuen Typus der wissenschaftlichen Ethnographie begründet hat,[10] unterstreicht in seinen methodologischen

Erörterungen immer wieder die Notwendigkeit für den Ethnographen, nicht nur sporadisch in die Welt der Eingeborenen einzutauchen, sondern in möglichst engem Kontakt mit ihnen zu leben. Und er verweist, dieses Postulat illustrierend, auf seine eigene Vorgehensweise: „Bald schon, nachdem ich mich in Omarakana (Trobriandinseln) niedergelassen hatte, begann ich, in gewisser Weise am Dorfleben teilzunehmen, den wichtigen und festlichen Ereignissen entgegenzusehen, persönlichen Anteil am Klatsch und an der Entwicklung der kleinen Dorfbegebenheiten zu nehmen und jeden Morgen zu einem Tag zu erwachen, der sich mehr oder weniger so darstellte wie den Eingeborenen."[11]

Obwohl Malinowski sich an keiner Stelle zu der Frage äußert, welchen Sinn es für einen Feldforscher haben kann, Anteil zu nehmen am Klatsch der Leute, die er beobachtet, fällt eine Antwort auf diese Frage nicht schwer. Zunächst ist aus dem Kontext seiner Äußerung zu erkennen, daß der Feldforscher, indem er sich am Klatsch beteiligt, seine Absicht bekunden und dokumentieren kann, sich „wie die Eingeborenen" selbst am Leben der Gemeinschaft zu beteiligen. Sich vom Klatsch fernzuhalten, würde für ihn ja bedeuten, daß sein Leben als Ethnograph gerade nicht „in Harmonie mit seiner Umgebung einen ganz natürlichen Lauf nimmt" (Malinowski).[12] Neben diesem *Integrationseffekt* hat die Teilnahme des Ethnographen am Klatsch für Malinowski noch eine andere Bedeutung. Der Feldforscher erhält nämlich über ihn auf natürlichem Weg Informationen, ohne sich dazu der herkömmlichen – von Malinowski eher mit Skepsis betrachteten[13] – Frage-Antwort-Methode bedienen zu müssen. Dem Feldforscher, der an Klatsch partizipiert, fällt das, worüber die Leute klatschen, als *Informationsgewinn* wie von selbst in den Schoß.

Malinowski hat weder die methodischen Funktionen, die Klatsch im Rahmen der Feldforschung erfüllen kann, explizit reflektiert, noch um eine inhaltliche Bestimmung von Klatsch sich gekümmert. Er setzt unser Alltagswissen über Klatsch voraus und arbeitet mit ihm, – so wie derjenige, der das Interview als Forschungsinstrument benutzt, ganz selbstverständlich auf das Alltagswissen baut: daß auf eine Frage eine Antwort zu erfolgen hat.[14] Und obwohl Generationen von Feldforschern nach Malinowski – seiner Anregung folgend – am Klatsch der von ihnen Untersuchten Anteil nahmen, ist bislang niemand auf die Idee verfallen, im Rahmen der universitären Methodenausbildung auch Klatsch zum Unterrichtsgegenstand für Anthropologie- und Soziologiestudenten zu machen. Offensichtlich ist die Fähigkeit, zu klatschen und am Klatsch teilzunehmen, von so elementarer Art, daß sie bei jedem kompetenten Gesellschaftsmitglied unterstellt werden kann und weder Problematisierung noch Pädagogisierung erfordert (oder verträgt). In dieser Hinsicht unterscheiden sich Sozialwissenschaftler im übrigen wenig von anderen Berufsgruppen wie etwa Polizisten[15] oder Lokaljournalisten[16], die in der gleichen selbstverständlichen Manier bei ihrer Arbeit den Integrationseffekt und Informationsgewinn von Klatsch in Anspruch nehmen und zu schätzen wissen.

Vor dem Hintergrund dieser unproblematischen Instrumentalisierung von Klatsch ist nun aber aufschlußreich, daß einige Sozialwissenschaftler bei ihrem Versuch, Klatsch als Mittel der Feldforschung einzusetzen, auf gewisse Schwierigkeiten stießen. So berichtet etwa der Anthropologe M. N. Srinivas in seiner Studie über Rampura, einem Mehr-Kasten-Dorf in dem südindischen Distrikt Mysore, daß er des öfteren den brahmanischen Teeladen des Dorfes besuchte, denn, so Srinivas: „Es war Teil meiner Arbeit, Klatsch aufzuschnappen." Ihm wurde jedoch recht bald bedeutet, daß der Dorfvorsteher, der ihm bei der Realisierung seines Forschungsvorhabens sehr behilflich gewesen war, diese Besuche mißbilligte, denn ehrbare Leute würden den Teeladen gerade wegen des dort zirkulierenden Klatsches meiden. Durch seine Besuche würde er allen möglichen Klatsch mitbekommen, den er nicht zu wissen brauche.[17] Über eine andere Schwierigkeit berichtet die Entwicklungssoziologin Karola Elwert-Kretschmer. Sie hatte sich im Rahmen ihrer Feldforschung in einem westmalaiischen Dorf ausdrücklich um Klatsch als genuine Informationsquelle bemüht, mußte jedoch die Erfahrung machen, daß sie nicht überall Zugang zu Klatsch erhielt. „Die Bauersfrauen waren diejenigen, die nicht mit mir tratschten. Ich wurde weder über Dritte ausgefragt, noch wurde in meiner Gegenwart über Dritte gesprochen." In Klatsch einbezogen wurde sie nur von denen, die – wie sie selbst – sowohl aus der Sicht der Bauern wie aus eigener Sicht Außenseiter im Dorf waren.[18] Auf eine andere Weise mußte Ronald Frankenberg in seiner Studie über ein nordwalisisches Dorf erfahren, daß es dem Feldforscher in seiner Außenseiterposition kaum möglich ist, sich wie ein etabliertes Mitglied der Gemeinschaft am Klatsch zu beteiligen. Frankenberg hatte beobachtet, daß die Dorfbewohner nicht zögerten, sich im Klatsch über ihre Freunde und Angehörigen zu beschweren und lustig zu machen; ihm selbst wurde jedoch verwehrt, sich in dieser Weise an den Gesprächen zu beteiligen. Selbst vorsichtig kritische Äußerungen wurden abgeblockt durch Bemerkungen wie: „Das ist mein Vetter, über den Sie da reden." Und er schildert eine Situation, in der er zurechtgewiesen wurde, als er eine abträgliche Bemerkung über das Whist-Spielen der Großmutter des künftigen Schwiegersohns seines Gesprächspartners machte.[19] Schließlich sind hier noch die Erfahrungen von Colin Bell relevant, der im Rahmen seiner Studie über die soziale Mobilität von Mittelschichtfamilien in zwei Wohnsiedlungen im westlichen Swansea (England) frühzeitig mit Klatsch konfrontiert wurde. Bell konnte, wie er selbst schreibt, der „Versuchung" nicht widerstehen, sich an diesem Klatsch zu beteiligen und Informationen, die er über eine Familie erhielt, bei Gelegenheit in andere Familien weiterzutragen. Obwohl diese aktive Klatschpartizipation kurzfristig den Informationsfluß stark anschwellen ließ, entschloß sich Bell nach einiger Zeit, dieses Verhalten einzustellen, denn „die Mitteilsamkeit meiner Informanten begann zu versiegen, als sie realisierten, daß ich bei anderen Leuten durchaus auch über sie klatschen würde".[20]

Keiner dieser Feldforscher hat die Probleme, auf die er beim Umgang mit Klatsch im Rahmen seiner Forschungstätigkeit stieß, inhaltlich oder methodologisch weiterverfolgt. Klatsch blieb für sie ein Mittel, um Daten zu gewinnen und die Einbindung des Forschers in sein Untersuchungsfeld zu fördern. Die Schwierigkeiten der methodischen Instrumentalisierung von Klatsch bedeuteten ihnen zunächst nur, daß dieses Mittel von begrenzter Tauglichkeit ist. Doch hier sind diese Schwierigkeiten deshalb von Interesse, weil sie zusätzliches Licht auf das Phänomen Klatsch werfen und zum erstenmal dessen facettenreiche Struktur aufblitzen lassen. So ist – gegen Malinowskis implizite Funktionszuschreibung – zu erkennen, daß Klatsch durchaus auch als *Mittel der sozialen Segregation und Distanzierung* fungieren kann, was für die Ausgeschlossenen eben nicht einen Gewinn, sondern eine *Verweigerung von Information* zur Folge hat. Außerdem machen die Erfahrungen der Feldforscher deutlich, daß Klatsch keine rein deskriptive Kategorie ist, sondern eine stark *evaluative Komponente* enthält. Freilich, auch diese Feststellungen gehen zunächst kaum über das hinaus, was uns aufgrund unseres Alltagswissens über Klatsch immer schon bekannt ist. Wenn wir im Gespräch eine Klatschgeschichte „vertraulich" weitererzählen oder eine Information als „bloßen Klatsch" abtun, dann beziehen wir uns dabei ganz selbstverständlich auf jene segregierende und evaluierende Bedeutung von Klatsch, an welcher sich die Feldforscher ihre Köpfe stießen. In der methodischen Instrumentalisierung von Klatsch und in den Erfahrungen der Feldforscher im Umgang mit Klatsch manifestiert sich nur dessen sozial vorkonstruierte Qualität, ohne daß diese auch nur ansatzweise analytisch-rekonstruktiv bestimmt wird.

Im übrigen gibt es für die respektlose Vermutung, daß die Anthropologen Leute sind, die selbst keinem Klatsch abhold sind, einen frühen Hinweis in der Nikomachischen Ethik. Aristoteles schreibt dort über die ideale Gestalt des „Hochsinnigen" – also desjenigen, der „sich hoher Dinge für wert hält und es auch ist" –, er sei kein „anthropologos". In den deutschen Übersetzungen steht an dieser Stelle: der Hochsinnige sei keiner, der gern bzw. viel von Menschen redet, oder der es liebt, wenn Gespräche eine persönliche Wendung nehmen. Die englischen Übersetzungen bevorzugen hier einmütig eine direktere Ausdrucksweise: Daß der Hochsinnige kein ‚anthropologos' sei, heißt bei ihnen kurz und bündig: „He is no gossip."[21]

3. Klatsch – ethnographisch inventarisiert

Ein schier unermeßlich weites Feld von Arbeiten, in denen sich Aussagen über Klatsch finden lassen, bilden all jene Texte, welche sich mit einem gewissen Anspruch auf Vollständigkeit darum bemühen, das tägliche Leben einer sozialen Gruppe – einer Stammesgemeinschaft, eines Dorfes, einer urbanen Nachbarschaft – in ethnographischer Weise zu beschreiben. Es darf nicht überraschen, daß in diesen ethnographischen Studien Klatsch immer nur als ein thematischer Aspekt unter vielen auftaucht. Deren Zielsetzung ist in der Regel ja sehr viel breiter und besteht darin, das soziale Leben einer lokal begrenzten Gruppe in seiner Buntheit, Vielschichtigkeit und Komplexität zur Darstellung zu bringen. Dennoch erscheint es lohnend, die verstreuten ethnographischen Bemerkungen zu Klatsch wie Splitter und Bruchstücke unterschiedlicher Größe zusammenzukehren und aus ihnen Rückschlüsse zu ziehen auf die Art der Behandlung, die dem Klatsch in diesen Arbeiten widerfährt. Ethnographische Darstellungen sind charakteristischerweise bestrebt, die von ihnen erfaßten Phänomene nicht sogleich einem aggressiven theoretischen Säurebad zu unterziehen, sondern in ihrer konkreten, ungeglätteten Erscheinungsform zu bewahren. Diese Grundeinstellung, sich für Einzelheiten zunächst um ihrer selbst willen zu interessieren, läßt erwarten, daß selbst ethnographische Randnotizen und Nebenbemerkungen zu Klatsch einen in der Summe beträchtlichen Aussagewert haben.

Weil die ethnographischen Studien auch später eine wichtige Grundlage der vorliegenden Untersuchung bilden, erscheint zunächst eine Vorklärung angebracht. Denn die ethnographische Literatur, in der Klatsch zwar kein zentrales, aber doch auch kein unbekanntes Thema ist, bietet ein recht buntscheckiges Erscheinungsbild. Berücksichtigt man die fachliche Herkunft und die gewählte Darstellungsform, dann lassen sich folgende Typen von Ethnographien unterscheiden:

- Die mit Abstand größte Gruppe bilden die *anthropologischen Ethnographien*, die zusammen ein kaum mehr überschaubares Spektrum von sozial und politisch recht unterschiedlich organisierten Gesellschaften beschreiben. Dieses Spektrum reicht von kleinen akephalen Gemeinschaften ohne staatlichen Apparat und differenziertes Verwandtschaftssystem über Ethnien mit einer komplexen Organisation von Abstammungsregeln, Altersgruppen und sozialen Institutionen bis zu staatlich organisierten Gesellschaften mit zentralisierter Gewalt.[22] Daß in den Ethnographien dieser Gesellschaften so häufig auf Klatsch Bezug genommen wird, hat seinen besonderen Grund in einer These, die bis heute in der anthropologischen Literatur vertreten wird, – der These, daß Klatsch gerade in evolutionär frühen Gesellschaften eine außerordentlich verbreitete und mit Hingabe betriebene Aktivität ist. Es war der aus Österreich stammende amerikanische Ethnologe Paul Radin, der bereits 1927 in seinem bekannten Buch „Primitive Man as Philosopher" die Feststellung traf: „Primitive people are indeed among the most persistent and inveterate of gossips."[23] Auch wenn man Radins Ansicht von der besonderen Klatschhaftigkeit „primitiver" Völker eher skeptisch beurteilt, wird man nicht an der Tatsache vorbeisehen können, daß es vor allem die anthropologischen Ethnographien sind, die Informationen über Klatsch enthalten.

- Einen zweiten Typus von ethnographischen Untersuchungen, die dem Phänomen Klatsch zumindest passagere Aufmerksamkeit schenken, bilden die *soziologischen Ethnographien*. Vor allem in gemeindesoziologischen Untersuchungen, auf deren methodische Orientierung die Kulturanthropologie seit den 20er Jahren einen starken Einfluß ausübte,[24] ist Klatsch als Kommunikationsform zwischen Dorfbewohnern oder städtischen Nachbarn ein vertrautes Thema. Aber auch in familiensoziologischen Ethnographien, die sich mit dem sozialen Netzwerk städtischer Familien beschäftigen, und in organisationssoziologischen Ethnographien, die unter mikrosoziologischen Gesichtspunkten nach den Formen kommunikativen Verhaltens innerhalb formaler Organisationen fragen, finden sich Beobachtungen und Anmerkungen zu Klatsch.

- Einen weiteren Typus von ethnographischen Untersuchungen, in denen man auf Klatsch stößt, kann man als *historische Ethnographien* bezeichnen. Hier sind es nicht die eigenen Beobachtungen, die dem Forscher als Datengrundlage für seine Beschreibung dienen, sondern hier sind es Haushaltsbücher, Gerichtsakten, Inquisitionsprotokolle und anderes Quellenmaterial, mittels derer ein detailliertes Bild vom Alltagsleben – und vom Klatsch – einer Familie oder eines Dorfes rekonstruiert wird. „Montaillou ist nur ein Tropfen aus dem Meer", schreibt LeRoy Ladurie in seiner Studie über ein Pyrenäendorf zu Beginn des 14. Jahrhunderts, „aber die mikroskopische Untersuchung dieses Tropfens, die wir, dank der in jeder Hinsicht erschöpfenden Wißbegier des Inquisitors aus Pamiers, durchführen können, zeigt uns im Treiben der darin gedeihenden Infusorien einen Abriß der Weltgeschichte."[25]

- Eine letzte Gruppe ethnographischer Arbeiten kann man schließlich noch zum Typus der *literarischen Ethnographien* zusammenfassen. Es ist unverkennbar, daß das ethnographische Schreiben seit einigen Jahren in eine Krise geraten ist. Im Gegensatz zu der auch stilistisch manifesten Selbstgewißheit früherer Ethnographen vom Schlag Evans-Pritchards werden die heutigen Ethnographen „von ernsten inneren Zweifeln gequält, die sich beinahe zu einer Art von epistemologischer Hypochondrie auswachsen und die um die Frage kreisen, wie man wissen kann, daß irgend etwas von dem, was man über eine andere Lebensform sagt, sich tatsächlich so verhält" (C. Geertz).[26] Diese Krise findet ihren Ausdruck zum einen in dem sprunghaften Anstieg von Arbeiten, in denen Ethnographien als „Texte" oder gar als eigene literarische Gattung betrachtet und im Hinblick auf die ihnen eigenen stilistischen und rhetorischen Merkmale, oder schärfer: im Hinblick auf die stillschweigenden Gattungskonventionen des ethnographischen Realismus analysiert werden.[27] Zum andern äußert sich die Krise des traditionellen ethnographischen Schreibens in der experimentierenden Suche nach neuen narrativen und poetischen Formen für ethnographische Erfahrungen und in der damit einhergehenden Verwischung der Gattungsgrenzen zwischen wissenschaftlichen und literarischen Ethnographien.[28] Nun ist Klatsch, wie einige Autoren – vielleicht etwas überpointiert – behauptet haben, „von den Soziologen ziemlich vernachlässigt und weitgehend den Autoren von Gesellschaftsromanen überlassen worden".[29] Wir können zwar Gesellschaftsromane, bei allen ethnographischen Details und Einsichten, die sie vermitteln, nicht einfach zu den literarischen Ethnographien im hier gemeinten Sinn zählen. Doch ist vor dem Hintergrund dieser Behauptung bemerkenswert, daß gerade auch die mit einem expliziten literarischen Gestaltungsanspruch geschriebenen Ethnographien sich regelmäßig um das Phänomen Klatsch bemühen.

Wenn man nun den Berg an Material, den die Ethnographen zusammengetragen haben, unter der Fragestellung durchgeht, wie in diesen Arbeiten auf die Selbstverständlichkeit ‚Klatsch' Bezug genommen wird, wird man eine erstaunliche Feststellung machen.

16 I. Alltagswissen über Klatsch

Obwohl gerade der ethnographische Blick geeignet erscheint, allzu vertraute Dinge unserer Alltagswelt in eine Distanz zu rücken, in der sie erkennbar und analysierbar werden, wird man zu dem Urteil gedrängt, daß auch ethnographische Studien keinen rechten Zugang zur sozial vorkonstruierten Qualität von Klatsch finden. Das bedeutet keineswegs, daß aus ihnen nichts über Klatsch zu erfahren ist, sondern heißt, daß sie es notorisch versäumen, Klatsch als eine Praxis, die auf ein spezifisches Alltagswissen verweist, zum Gegenstand der Analyse zu machen. Dies soll im folgenden durch die Beschreibung zweier Prinzipien der ethnographischen Beschäftigung mit Klatsch deutlich gemacht werden.

Ein in der ethnographischen Literatur weit verbreitetes Prinzip des Umgangs mit Klatsch besteht darin, Klatschgespräche in dokumentarischer Absicht und Manier zu *reproduzieren* und mehr oder weniger für sich selbst sprechen zu lassen. Nehmen wir als Beispiel eine Passage aus Laurence Wylies Studie über ein „Dorf in der Vaucluse":[30]

Die Frauen im Dorf sind während ihrer Hausarbeit allein, aber einige Arbeiten können sie in Gesellschaft anderer Frauen verrichten. Bleiben die Frauen zu Hause, um zu nähen oder zu stricken, dann laden sie oft eine oder zwei Freundinnen zum Kaffee ein. Die Freundinnen bringen ihr Näh- oder Strickzeug mit und machen, wenn sie Kaffee getrunken haben, ihre Handarbeit. Ist es warm und sonnig, tragen sie ihre Stühle vor das Haus und schwätzen und arbeiten im Freien. Manchmal kommt noch die eine oder die andere Frau dazu. Auch viele der Vorübergehenden bleiben stehen und schwätzen. Diese Gruppen sind klein und beständig. Weil die Unterhaltungen in diesen Gruppen sich oft um die Ereignisse im Dorf und vor allem um die Leute des Dorfes drehen und dabei meistens Kritik geübt wird, beklagen sich die Männer über den schlechten Einfluß dieser Klatschgruppen. Diese Klage ist gerechtfertigt, obwohl auch die Männer üble Nachrede führen. Im allgemeinen sind die Männer mehr an Sport und Politik interessiert als an Dorfklatsch, wogegen den Frauen ihre Schwätzereien am wichtigsten sind.

Die Gruppe von Frauen, die ich am besten beobachten konnte, war die vor Madame Pleindouxs Haus. An sonnigen Tagen sitzt diese Gruppe in einer Ecke des Rathausplatzes gegenüber dem Café. Dies ist ein strategischer Punkt, weil jeder dort vorübergehen muß. Eines Morgens saß ich bei der Gruppe. Es war langweilig. Die Frauen strickten und hatten sich nicht viel zu erzählen. Madame Peyroux erzählte, daß das Knäuel Garn wieder 10

3. Klatsch – ethnographisch inventarisiert 17

Francs teurer geworden sei. Dies rief bei allen Frauen Protest gegen die mysteriösen Mächte hervor, die sie anscheinend ruinieren wollten. Über dieses Thema hätten sie sich, wie schon oft, noch den ganzen Vormittag unterhalten, wenn nicht Madame Fraysee mit Neuigkeiten über Paul Jouvauds letzten Streich dazugekommen wäre.

Paul, den schwachsinnigen Jungen von Simon Jouvaud, fürchteten alle im Dorf, besonders die Frauen. Er war stark wie ein Stier, und man behauptete, er habe ein unnormal großes Geschlechtsorgan. Madame Fraysee berichtete, ihr Mann sei vor wenigen Minuten an einem verlassenen Hof oben auf dem Hügel vorbeigegangen. Er hörte Schreie, und als er nachschaute, fand er Paul, der die zwölfjährige Suzanne Canazzi ins Haus gezerrt hatte und sie nicht mehr loslassen wollte. Fraysee gab ihm eine Ohrfeige und hoffte, ihm damit eine Lektion erteilt zu haben.

Alle waren empört. Die erwartete Katastrophe war beinahe eingetreten. Die Frauen hatten Mitleid mit den Jouvauds, aber sie sagten: „Was kann man schon von solchen Leuten erwarten?" Simon und Marcelle waren Vetter und Cousine ersten Grades. Sie waren immer ineinander verliebt gewesen, aber ihre Eltern wollten sie nicht heiraten lassen. Angesichts der Bedrohung durch Paul Jouvaud waren sich die Frauen darin einig, daß die Gemeinde die Angelegenheit in die Hand nehmen müsse, wenn die Familie Jouvaud nichts unternahm. Dies rief Kritik an Bürgermeister und Ratsschreiber hervor. Der Bürgermeister wohnte nicht einmal in der Gemeinde, und es interessierte ihn nicht, was in ihr vorging. Früher, als „der arme Monsieur Prullière" Bürgermeister war, war das anders. Er würde nie diese skandalöse Situation – Paul Jouvaud frei im Dorf herumlaufen zu lassen – geduldet haben. Die Jouvaud-Affäre blieb noch für mehrere Tage Gesprächsstoff der Frauen, aber an diesem Morgen brach die Unterhaltung ab, als die Turmuhr zwölf schlug. Die Frauen ergriffen ihr Nähzeug und ihre Stricksachen und erklärten, sie hätten nicht gemerkt, wie spät es schon sei. Madame Favre eilte nach Hause, und Madame Pleindoux folgte ihr langsam mit Dédou an der Hand.

Wylies Beschreibung ist präzis und anschaulich und evoziert beim Leser nicht nur ein plastisches Bild von den handarbeitenden und klatschenden Frauen in der Ecke des Rathausplatzes, sondern leicht auch spontane Erinnerungen an ähnliche, selbsterlebte Situationen. Doch Wylie ist erkennbar nicht an dem Phänomen Klatsch selbst interessiert; die Klatschgruppe und ihre Gespräche sind für ihn nur ein Vehikel, um uns einen Einblick in den Mikrokosmos des Dorflebens zu verschaffen. Dabei bezieht seine Schilderung ihre

Kraft gerade daraus, daß er sie nicht mit analytischen und theoretischen Konstruktionen durchsetzt. Wylie schreibt so, als hätte er die von Walter Benjamin formulierte Maxime vor Augen, wonach es „schon die halbe Kunst des Erzählens ⟨ist⟩, eine Geschichte, indem man sie wiedergibt, von Erklärungen freizuhalten".[31] Die Darstellung Wylies vertraut auf unser Alltagswissen über Klatsch. Zugunsten einer narrativen Vermittlung dörflicher Lebensformen verzichtet sie darauf, Klatsch als Träger dieser narrativen Vermittlung analytisch aufzulösen.

In der gleichen Weise wie Wylie haben auch andere Ethnographen in ihren Texten Klatsch nicht analysiert, sondern reproduziert. Ausdrücklich als Mittel zum besseren Verständnis einer fremden Kultur wurde Klatsch etwa von Evans-Pritchard eingesetzt. Er hatte während seiner Feldstudien bei den Azande im Sudan die Entdeckung gemacht, „daß das Niederschreiben von imaginierten Gesprächsepisoden eine große Hilfe war, um das Denken und Verhalten der Zande zu verstehen". Unter diesen „Zande Conversation Pieces" (so der Titel von Evans-Pritchards Arbeit) findet sich auch ein längeres Stück „Two Women Gossiping", dem folgender Ausschnitt entnommen ist:[32]

A: Oh sister, are you speaking the truth?
B: Do I go about my dear! I sit in my place and hear all my news. Have you not heard that Baiwo's wife has revolted against him?
A: Speak it out sister! Has she seen another one again? Oh that girl, she has always been fond of going from one man to another!
B: My dear, do I go about! They say Baimeyo 'has come out for her' and is vastly enjoying himself with her.

Anders als Wylie erzählt Evans-Pritchard keine Geschichte über eine Klatschgruppe, sondern läßt die Klatschenden szenisch – wenn auch nur in einem imaginierten Dialog – selbst zu Wort kommen. Doch ebenso wie Wylie macht auch Evans-Pritchard keine Anstalten, Klatsch in den Stand eines Analyseobjekts zu erheben. Beiden ist die Schilderung von Klatsch ein Mittel zum Zweck; und beide rechnen mit Lesern, die von ihrem Alltagswissen über Klatsch Gebrauch machen.

3. Klatsch – ethnographisch inventarisiert 19

Ins Extrem wird dieser dokumentarisch-abbildende Umgang mit Klatsch von der Anthropologin Elsie C. Parsons getrieben. Ihre im Jahr 1936 erschienene Ethnographie über Zapoteco-sprechende Pueblos in Oaxaca (Mexiko) enthält ein beinahe 100 Seiten umfassendes Kapitel („Town Gossip"), in dem sie nichts anderes tut, als zahlreiche Klatschgeschichten, die ihr zu Ohren kamen, sowie den Hintergrund zu diesen Geschichten in erzählerischer Form auszubreiten. Hier ist in erster Linie die Begründung interessant, die E. C. Parsons für ihr Vorgehen gibt. „In jeder systematischen Stadtübersicht", schreibt sie zu Beginn ihres Klatschkapitels, „werden zwangsläufig viele Details übergangen, und das Leben erscheint viel standardisierter, als es in Wirklichkeit ist; es gibt keinen Raum für Widersprüche oder Ausnahmen oder geringfügige Abweichungen; die Klassifikationen machen Bilder von Menschen, die zusammen leben und arbeiten, mehr oder weniger unmöglich. Bei meinem letzten Aufenthalt in Mitla habe ich viel Zeit darauf verwandt, Besuche zu machen und mich an Klatsch zu beteiligen, bereits mit der Absicht, mich an diese Szenen und einige andere aus früheren Jahren zu erinnern, um persönliche Aspekte der Stadtbewohner und einige der Wechselhaftigkeiten in ihrem Leben darzustellen und zu vermitteln."[33] Klatsch ist – darauf stellt Parsons' Begründung ab – bedingungslos an konkrete Vorfälle, unbedeutend scheinende Einzelheiten und persönliche Angelegenheiten gebunden. Klatsch ist seinem Wesen nach *idiographisch*, und dieses Strukturmerkmal prädestiniert Klatsch in hohem Maße dazu, in Ethnographien als literarisches Kompensationsmittel gegen die unerwünschten Folgen wissenschaftlicher Systematisierung: gegen die Entlebendigung eines ethnographisch erfaßten Lebenszusammenhangs eingesetzt zu werden.

Ein zweites Prinzip des Umgangs mit Klatsch in der ethnographischen Literatur besteht darin, den Klatschvorgang selbst aus der Darstellung weitgehend auszuklammern, d. h. als bekannt vorauszusetzen, und dafür *einzelne Faktoren, die die Umstände der Realisierung von Klatsch kennzeichnen,* zu beschreiben. Dieses Vorgehen findet sich etwa, um auch hier zunächst ein Beispiel zu geben, in einer Ethnographie über das Leben auf Truk, einer zu Mikronesien gehörenden Insel im westlichen Pazifik. Die Autoren dieser Ethnographie, Thomas Gladwin und Seymour Sarason, beschäftigen sich in dem Kapitel „Non-violent aggression" auch mit Klatsch:[34]

Ein verbreitetes und weniger explosives Mittel, um – sowohl innerhalb als auch außerhalb der ‚lineage' – Aggression auszudrücken, ist Klatsch, den die Truks als „Vielrederei" bezeichnen und als Bedrohung sowie als sehr effektive Sanktion betrachten. Die Muster des Klatsches würden jedem Amerikaner vertraut sein. Da gibt es die unverbesserlichen Klatschmäuler, vor allem Frauen, die einen Großteil ihrer wachen Stunden damit verbringen, schockiert auf die realen oder vorgestellten kleinen Sünden anderer zu verweisen und jedermanns Schritte mit scharfem Auge zu verfolgen in der Hoffnung, ein Paar bei einem Rendezvous aufzustöbern und auszuräuchern. Diese Gruppe ist ein Extrem, doch alle Truks, Männer ebenso wie Frauen, klatschen, – vor allem, wenn etwas besonders Schockierendes aus dem näheren Umkreis ans Tageslicht kommt. Es wurde etwa fast als Selbstverständlichkeit angesehen, daß jede Woche, wenn das Boot nach Moen herüberkam, berichtet wurde, daß eine neue Geschichte über die drei oder vier jungen Männer und Frauen, die in unserem Haus lebten und uns bei der Hausarbeit halfen, in Romonum die Runde mache. In der Regel ist es möglich, von jedermann auf der Insel einen ziemlich vollständigen Bericht über einen Mann, der seine Frau verprügelt hat, innerhalb einer Stunde nach dem Geschehen zu erhalten. Es scheint, daß die meisten Truks bereit sind, ohne weitere Prüfung das Schlechteste über ihre Mitmenschen zu glauben. Gleichzeitig scheinen die Opfer des Klatsches nicht fähig zu sein, sich achselzuckend darüber hinwegzusetzen; wie grotesk auch immer eine Geschichte sein mag, sie sind darüber beunruhigt und sorgen sich, daß jedermann sie glauben wird.

Diese Beschreibung von Klatsch ist ihrer Struktur nach charakteristisch für eine Vielzahl von Ethnographien. Der Klatschvorgang als sprachliche Tätigkeit wird – manchmal, wie im eben zitierten Beispiel, mit dem ausdrücklichen Hinweis auf das Vorwissen des Lesers – mehr oder weniger ausgespart; die Darstellung konzentriert sich ganz auf die näheren und weiteren Umstände der Entstehung und Wirkung von Klatsch. Das geschieht in keinem Fall – jedenfalls nicht erkennbar – nach einem vorgegebenen Beschreibungsschema, und doch ist es immer nur eine kurze Liste von Faktoren, die von den Ethnographen erfaßt werden. Die am häufigsten genannten Faktoren auf dieser Liste sind die folgenden:

- Als *Teilnehmer* am Klatsch kommen im Prinzip alle Mitglieder einer Gesellschaft in Frage; doch es gibt feste Gesprächszirkel, in

3. Klatsch – ethnographisch inventarisiert   21

denen Klatsch besonders hemmungslos gepflegt wird.[35] Frauen und alte Menschen gelten fast überall als besonders klatschhaft, doch in der pazifischen Kultur der Tchambuli z. B. sind es die Männer, die als klatschsüchtig angesehen werden.[36]

- *Orte und Gelegenheiten* für Klatsch sind überall dort gegeben, wo Bekannte sich – zufällig oder absichtlich – begegnen, sich ungestört unterhalten oder besser noch: die Unterhaltung mit einer anderen Tätigkeit kombinieren können. Beispiele hierfür aus der ethnographischen Literatur sind etwa das bereits erwähnte gemeinsame Stricken französischer Dorfbewohnerinnen[37] ebenso wie die Nähzirkel englischer Ladies,[38] das gemeinsame Brotbacken spanischer Landfrauen[39] ebenso wie das gemeinsame Gemüseputzen in einem chinesischen Dorf.[40] Als Klatschzentrum fungiert das Wasserloch in Afrika[41] oder Melanesien[42] ebenso wie die Warteschlange vor einer Wasserstelle in einem nepalesischen[43] oder griechischen[44] Dorf, die Maniok-Hütte bei den Mundurucú-Indianern am brasilianischen Amazonas,[45] das Tofu-Geschäft in einem japanischen Dorf,[46] Bars und Friseurläden in Spanien[47] oder kleine Einkaufsgeschäfte in Neufundland.[48]

- *Opfer* von Klatsch kann im Prinzip jeder werden. Oft lassen sich jedoch bestimmte Personengruppen ausmachen, an denen sich Klatsch besonders leicht entzündet, wie z. B. an alleinstehenden Frauen und Witwen,[49] Schwiegertöchtern,[50] Lehrern[51] oder Ärzten im Krankenhaus.[52]

- *Gegenstand* von Klatsch sind immer beobachtete, übermittelte oder vermutete Geschichten über persönliche Eigenarten und Idiosynkrasien, Verhaltensauffälligkeiten und -inkonsistenzen, Charakterfehler, Diskrepanzen zwischen realem Verhalten und moralischem Anspruch, Unarten, sozial nicht akzeptierte Verhaltensweisen, Verfehlungen, Ungehörigkeiten, Unterlassungen, Anmaßungen, blamable Fehltritte, Mißgeschicke, Niederlagen, – vorzugsweise aus dem thematischen Bereich der Beziehung der Geschlechter.[53]

- Die *Wirkung* von Klatsch ist eine zweifache: Für die Teilnehmer selbst ist Klatsch unterhaltend und, sofern er ihre Neugierde stillt, befriedigend. Auf die Opfer dagegen übt Klatsch eine bedrohliche Wirkung aus. Sie ängstigen sich vor dem Gerede der anderen Leute; insbesondere Männern wird nachgesagt, sie hätten Angst vor dem Klatsch der Frauen, da sie befürchteten, daß dadurch ihr gesellschaftlicher Status unterhöhlt würde.[54] Ein besonderes Motiv liegt der Angst vor Klatsch in vorindustriellen Gesellschaften zugrunde: in ihnen ist Klatsch eines der wichtigsten Medien, um andere der Hexerei zu verdächtigen oder zu beschuldigen.[55]

Viele Ethnographen, die ihre Aufmerksamkeit auch auf Klatsch richteten, beschränken sich darauf, Angaben zu machen zu den hier genannten Faktoren, die die Umstände der Realisierung von Klatsch betreffen. Hält man sich diese Liste, die aus einer langen Reihe von ethnographischen Arbeiten destilliert wurde, mit einer gewissen Distanz vor Augen, wird man kaum umhin können, sich verblüfft zu fragen, ob denn die Ethnographen bei ihrer Herangehensweise an Klatsch Lasswells berühmte Formel „Wer sagt was zu wem mit welcher Wirkung?" im Ohr gehabt haben.[56] Zwischen der ethnographischen Faktorisierung von Klatsch und der kommunikationswissenschaftlichen Analyseformel Lasswells besteht jedenfalls eine aufschlußreiche Parallelität – in doppelter Hinsicht.

Zum einen wird in beiden Fällen über ein gestalthaft geschlossenes soziales Objekt – einen Film, eine Rundfunksendung, einen Zeitungsartikel, eine politische Rede oder eben Klatsch – ein Variablengitter gelegt, mit dessen Hilfe die Ausprägung einzelner Merkmale erfaßt und vergleichbar gemacht werden kann. Eine solche faktorisierende Betrachtungsweise gibt dem Sozialforscher die Möglichkeit an die Hand, das Untersuchungsmaterial, das sich ihm in einer opaken Qualität bietet, bis in feinste Verästelungen hinein zu inventarisieren. Er zerlegt sein Objekt, um von ihm – nach dem Modell eines gerasterten Zeitungsphotos – aus den Einzelteilen ein repräsentatives Abbild herzustellen. Doch so, wie aus den Tausenden von Einzelpunkten eines Zeitungsphotos erst durch das Vorwissen des Betrachters ein Bild entsteht, so setzen sich auch die in den Ethnographien genannten und mehr oder weniger ausführlich beschriebenen Klatschfaktoren erst mit dem Vorwissen des Lesers zu einem Bild des Klatsches zusammen.

3. Klatsch – ethnographisch inventarisiert 23

Die zweite Parallelität von ethnographischer Faktorenbestimmung und Lasswellscher Formel besteht darin, daß beide ein grundsätzliches methodologisches Defizit teilen. In Lasswells Analyseformel „Wer sagt was zu wem mit welcher Wirkung?" offenbart sich dieses Defizit prägnant: in ihr ist das einzige Satzglied, das nicht in eine Frage transformiert wurde, das Prädikat („sagen"), das aber gerade den eigentlichen Vorgang der Kommunikation bezeichnet. Während die Formel nach Sender und Empfänger, Inhalt und Wirkung der Kommunikation fragt, bleibt der Akt des Kommunizierens selbst eine unbefragte Selbstverständlichkeit, die der Sozialforscher als Ressource zur Formulierung seines Analyseschemas benutzt. Im Fall der ethnographischen Inventarisierung einzelner Klatschfaktoren stellt sich die Situation nicht anders dar. So viel wir auch aus den Ethnographien über *Klatsch* erfahren, die Tätigkeit des *Klatschens* und die hierfür erforderlichen Fähigkeiten bleiben im Dunkel. Das aber ist mehr als nur ein läßliches Versehen. Dem Sozialwissenschaftler, der Klatsch als eine soziale Tatsache ergeben hinnimmt, ist ein Zugang zu der Vorfrage, was Klatsch zu Klatsch macht, prinzipiell verstellt. Durch welche spezifischen Leistungen der Handelnden eine Interaktion zu dem wird, was von ihnen selbst oder einem beobachtenden Dritten als „Klatsch" wahrgenommen wird, wird für ihn als Problem nicht einmal formulierbar.

Den zitierten Textpassagen läßt sich entnehmen, daß die ethnographische Literatur, die sich mit Klatsch beschäftigt, noch eine weitere Gemeinsamkeit aufweist: sie ist durchsetzt mit expliziten oder impliziten Erklärungen von Klatsch. Diese Erklärungen werden manchmal ad hoc entwickelt und bleiben ohne weitergehende Erläuterung, wie etwa bei Gladwin/Sarason, für die Klatsch ein Mittel der gewaltfreien Artikulation von Aggression ist. Häufiger jedoch wird in der ethnographischen Literatur Bezug genommen auf einige wenige Autoren, die sich – beginnend mit Max Gluckmans 1963 erschienenem Aufsatz „Gossip and Scandal" – mit einem dezidierten theoretischen Erklärungsanspruch dem Phänomen Klatsch gewidmet haben. Diese Ansätze zur Erklärung von Klatsch werden erst an einer späteren Stelle dargestellt und diskutiert (Kap. V.). Sie brauchen hier deshalb noch nicht zu interessieren, weil im sozialwissenschaftlichen Forschungsprozeß aufgrund der intersubjektiv vorkonstruierten Qualität der sozialen Wirklichkeit die Erklärung immer erst der zweite Schritt sein kann. Ihr geht – reflektiert oder nicht – eine Phase der deutend-rekonstruierenden Aneignung voran, in der der gewählte soziale Tatbestand beobachtend, beschreibend, interpretierend im Detail erschlossen wird. Um die Schwierigkeiten dieser Erschließungsarbeit ging es in diesem Kapitel.

Die methodische Funktionalisierung von Klatsch im Rahmen der Feldforschung blieb im Prinzip noch ganz verstrickt in das „naive" Wissen, das unsere alltägliche Klatschpraxis bestimmt. In den ethnographischen Studien wurde diese bloß praktische Aneignung von Klatsch bereits überschritten. Die narrative oder szenische Dokumentation vermittelt ein differenziertes Bild von einzelnen Klatschgesprächen und -situationen; die deskriptive Erfassung einzelner Faktoren der Realisierung von Klatsch läßt nicht nur dessen ubiquitäre Verbreitung erkennen, sondern ansatzweise auch einige der Komponenten, die die innere Struktur von Klatsch kennzeichnen. Vor der Frage, wie ein Gespräch im kommunikativen Handeln der Leute selbst die Sinnstruktur des Klatsches erhält, blieben die ethnographischen Beschreibungen jedoch wie vor einer unsichtbaren Schranke stehen. Offensichtlich konnte diese Frage die Ethnographen ebensowenig interessieren wie etwa einen Koch die genauen chemischen Prozesse, die beim Backen oder Garen ablaufen. Im folgenden wird es zunächst darum gehen, einen Untersuchungsrahmen zu entwickeln, in dem es möglich ist, fraglich zu machen, was bislang in den Arbeiten über Klatsch fraglos hingenommen wurde.

II. Klatsch als rekonstruktive Gattung der alltäglichen Kommunikation*

1. Über die Diskrepanz zwischen dem Reden über Klatsch und der Praxis des Klatschens

Klatsch ist ein Begriff aus der Alltagswelt. Wir begegnen ihm in Gesprächen und Briefen, in Romanen, Filmen – und in der Tageszeitung:

Nur Kaffeeklatsch ist schöner
(Reykjavik) Beim gemütlichen Kaffeetrinken in der Flughafen-Lounge vergaßen Stewardessen der „Icelandair" am Dienstag glatt ihren Einsatz: Das Flugzeug hob ohne sie ab. Das Fehlen der Kabinen-Crew fiel erst zehn Minuten nach dem Start auf, als sich ein Passagier nach dem Service erkundigte. Das Flugzeug kehrte daraufhin zum Flughafen Reykjavik zurück, wo der Kapitän die Damen ins Gespräch vertieft vorfand. Die Belustigung der Passagiere über den Vorfall konnte die Flughafenverwaltung allerdings nicht teilen. Sie erklärte die Panne zu „einem ernsten Bruch der Sicherheitsbestimmungen" und kündigte Maßnahmen an, um ähnliches in Zukunft zu verhindern. (dpa, 23. 1. 1986)

In dieser Zeitungsmeldung dient der Begriff „Kaffeeklatsch" dazu, das Gespräch einer kleinen Gruppe von Frauen zu typisieren. Zusammen mit dieser Typisierung werden – gleichsam augenzwinkernd – Konnotationen transportiert, die die Nachrichtenwürdigkeit der abgedruckten Meldung generieren und durch die der Begriff „Kaffeeklatsch" den Zeitungsmachern offenbar geeignet erschien, in der Überschrift die Aufmerksamkeit der Leser zu attrahieren. Welcher Art diese Konnotationen sind, wird dabei nicht ausgesprochen. Um sie entschlüsseln zu können, sind wir als Leser darauf angewiesen, unser Alltagswissen über Klatsch in Anspruch zu nehmen. Wir können als Leser z. B. deshalb Interesse an der zitierten Zeitungsmeldung entwickeln, weil wir „wissen", daß Klatsch eine ganz und gar alltägliche und von jedermann

* Anmerkungen zu Kapitel II: S. 220–228

praktizierte Beschäftigung ist, und weil dieses „Wissen" um die Banalität des Klatsches im Widerspruch steht zu der Tatsache, daß ein Kaffeeklatsch in Reykjavik einer Zeitungsmeldung für wert befunden wurde. Dieser Widerspruch läßt in uns, den Lesern, die Erwartung entstehen, daß sich hinter dem „Kaffeeklatsch" selbst noch etwas anderes: eine merkwürdige oder jedenfalls mitteilungswürdige Begebenheit verbirgt. Die Überschrift macht uns also gespannt. Würden wir aus der nachfolgenden Meldung nur erfahren, daß einige Stewardessen im Flughafen in Reykjavik beim Klatsch zusammensaßen, würden wir uns verblüfft die Augen reiben: das wäre für uns keine Nachricht. Tatsächlich setzt die Zeitungsmeldung sofort mit der Information ein, daß die Stewardessen beim „gemütlichen Kaffeetrinken" ihren Einsatz verpaßten. Ebenso wie die Überschrift, „lebt" auch diese Information von unserem Alltagswissen über Klatsch: wir wissen, daß es beim Klatsch um eigentlich unwichtige Dinge geht; wir wissen, daß das Interesse an Klatsch gegenüber beruflichen Verpflichtungen von absolut untergeordneter Bedeutung zu sein hat; wir wissen aber auch, daß man, vertieft in Klatsch, leicht die Zeit vergißt...

In den vorstehenden Überlegungen ging es noch nicht um eine Analyse der zitierten Zeitungsüberschrift. (Dazu müßte etwa auch berücksichtigt werden, daß die Überschrift erkennbar eine spielerisch-ironische Abwandlung des bekannten Spruchs „Nur Fliegen ist schöner" darstellt.)[1] Ihr Zweck war vielmehr, zu zeigen, daß sich mit dem Begriff „Klatsch" ein Alltagswissen verbindet, das weit über dessen lexikalischen Sinngehalt hinausgeht und wesentlich dessen Verwendung und Wahrnehmung bestimmt. Auf diesen Aspekt darf sich eine Soziologie des Klatsches aber nicht beschränken: Daß wir im Alltag etwas als „Klatsch" *bezeichnen*, ist eine Sache; eine andere Sache ist es, daß wir im Alltag Klatsch *praktizieren*.

Es ist allein schon deshalb sinnvoll, Begriff und Praxis von Klatsch analytisch zu trennen, weil in den allermeisten Fällen, in denen wir mit anderen klatschen, die Bezeichnung „Klatsch" überhaupt nicht auftaucht. Natürlich kann es in manchen Situationen geschehen, daß einer der Beteiligten ausdrücklich von „Klatsch" spricht, um z. B. sein Interesse an dieser Art von Unterhaltung zu bekunden.

1. Reden über Klatsch – Praxis des Klatschens 27

Doris Lessing etwa läßt ihren Roman „Das goldene Notizbuch" auf diese Weise beginnen:[2]

Die beiden Frauen waren allein in der Londoner Wohnung.
„Soweit ich sehe", sagte Anna, als ihre Freundin vom Telefon im Flur zurückkam, „soweit ich sehen kann, ist alles am Zusammenklappen."
Molly war eine Frau, die viel telefonierte. Als es klingelte, hatte sie gerade gefragt: „Also, was gibt's für Klatsch?" Jetzt sagte sie: „Das war Richard, er kommt rüber. Anscheinend ist das sein einziger freier Moment heute für den nächsten Monat. Jedenfalls behauptet er das."

Um Klatschgespräche zu initiieren und zu führen, sind jedoch metakommunikative „Formulierungen"[3] in der Art von Mollys „Also, was gibt's für Klatsch?" weder erforderlich noch üblich. Wie für andere kommunikative Handlungen gilt auch für Klatsch, daß wir sie vollziehen können, ohne sie dazu explizit ‚beim Namen nennen' zu müssen. Das verweist darauf, daß wir über ein praktisches Wissen verfügen, mittels dessen wir im Alltag mit großer Sicherheit Klatsch erkennen und kompetent an Klatsch teilnehmen können. Wenn man von der plausiblen Annahme ausgeht, daß nicht jedes Gespräch ein Klatschgespräch ist, dann muß man den Gesprächsteilnehmern die Fähigkeit unterstellen, Klatsch als eigenständige, intersubjektiv geteilte Kommunikationsform hervorzubringen, was die Fähigkeit impliziert, anhand einzelner Indikatoren zu entscheiden, wann ein Gespräch ein Klatschgespräch ist oder zu einem solchen wird. Auch diese Fähigkeit, kompetent zu klatschen, kann als eine Form des Alltagswissens betrachtet werden. Sie entspricht dem, was Gilbert Ryle – im Unterschied zum „knowing that" – als „knowing how", und was Schütz/Luckmann, diese starre Kontrastierung in ein Spektrum von Wissenstypen auflösend, als „Gewohnheitswissen" bezeichnet haben.[4]

Das „substantielle" Alltagswissen, das sich in unserem Reden über Klatsch manifestiert, und das „prozedurale" Alltagswissen, das unsere Fähigkeit zu klatschen ausmacht, umfassen natürlich nicht zwei völlig separate Wissensinhalte. Auch wenn zwischen diesen beiden Wissenstypen Überschneidungen und fließende Übergänge bestehen, bleibt deren Unterscheidung selbst doch sinnvoll und notwendig. Das zeigt sich im Fall von Klatsch schlagend in einem

Sachverhalt, der in der Literatur zwar registriert, dessen Bedeutung aber bislang nicht auch nur ansatzweise geklärt wurde. Dieser Sachverhalt betrifft eine zwar offensichtliche, aber dennoch merkwürdige Diskrepanz, die zwischen dem Reden über Klatsch und der Praxis von Klatsch besteht, – die *Diskrepanz zwischen der kollektiven öffentlichen Ächtung und der kollektiven privaten Praktizierung von Klatsch.*

Daß Klatsch eine weltweit verbreitete kommunikative Praxis ist, haben bereits die zahlreichen ethnographischen Arbeiten hinreichend deutlich gemacht. Wie aber steht es mit der „öffentlichen Ächtung" von Klatsch? Was ist darunter zu verstehen? Und ist dies wirklich mehr als ein historisch spezifisches, möglicherweise gar akzidentelles Merkmal von Klatsch? Um diese Fragen beantworten zu können, ist es erforderlich, Zugang zu finden zu Aussagen und Texten, in denen ein öffentlicher Diskurs über Klatsch geführt wird. Auf die Spur eines Typus derartiger Texte führt eine Bemerkung des Sprachphilosophen Karl Vossler. Vossler hat in einem Aufsatz, der im Jahr 1923 in einer „Erinnerungsgabe an Max Weber" erschienen ist, die Empfehlung ausgesprochen, „die Lehrbücher der Beredsamkeit, die alten Rhetoriken als erste Versuche soziologischer Sprachbetrachtung gelten ⟨zu⟩ lassen".[5] Folgt man dieser Anregung, so offenbart sich rasch, daß bereits zu der Zeit, als die ersten Abhandlungen über menschliche Umgangsformen und Konversationsregeln verfaßt wurden, auch Klatsch Gegenstand des Diskurses war und ostinat als Verstoß gegen die guten Sitten, als Unhöflichkeit und Taktlosigkeit diskreditiert wurde.[6]

So beschreibt etwa, um einige der zahlreichen Beispiele zu nennen, Theophrast, Schüler von Aristoteles, in seinen berühmten „Charakterskizzen" den Typus des Verleumders mit der Beobachtung: „Ist er in Gesellschaft, so klatscht er über jemanden, der eben fortgegangen ist. Und hat er erst angefangen, dann findet er keine Ruhe, bis er nicht auch seine Verwandten durchgehechelt hat. So verbreitet er eine Unmenge böser Dinge über seine Freunde und Verwandten und sogar über Verstorbene."[7] Im „Buch Jesus Sirach", in dem die ethischen Vorstellungen des Alten Testaments zu einem Lehrbuch der Sittenlehre zusammengefaßt sind und das später auch ‚Ecclesiasticus' genannt wurde, findet sich der Spruch: „Wer über eine Schlechtigkeit sich freut, wird getadelt werden, und wer einen Klatsch wiederholt, dem fehlt es an Einsicht."[8] Der italienische Bischof Giovanni della Casa beschäftigt sich in seinem Mitte des 16. Jahrhunderts erschienenen und in ganz Europa sehr einflußreichen „Galeatus", einem Traktat über die „Formen, die man beim Umgang mit andern wahren oder meiden muß", in einem eigenen Kapitel mit der Frage, „wie man seine Zunge bezwingen soll, wenn man von andern redet".[9] Kaum überraschend ist, daß auch der Stifter der pietistischen Sekte der Herrnhuter Brüdergemeinde, Nikolaus Ludwig Graf Zinzendorf, in seinen „Gedanken vom Reden und Gebrauch der Worte" (1723), die auf eine radikale Reglementierung des Gesprächs und allgemein des geselligen Umgangs hinauslaufen, sich vehement gegen die Unsitte des Klatschens ausspricht.[10] Die Moralischen Wochenschriften der Aufklärungszeit sind voll von Milieuzeichnungen und Charakterschilderungen, in denen mit einem moralischen Realismus, der für diese literarische Gattung kennzeichnend ist, der Hofklatsch, das leere Komplimentierwesen und höfische Intrigantentum ebenso kritisiert werden wie die Klatschsucht der ungebildeten Stände. In einer rechten bürgerlichen Familie wird bei gemeinsamen Handarbeiten vorgelesen; beim Einmachen von Früchten studiert man Fontenelle.[11]

Die Ächtung und Verurteilung von Klatsch ziehen sich von der Antike bis ins 19. Jahrhundert wie ein roter Faden durch die verschiedenen Konversationsbücher, Verhaltenslehren und Traktate, in denen der für eine Epoche oder soziale Gruppe verbindliche Kodex von Pflichten und Regeln des richtigen sozialen Umgangs formuliert wurde. Im 19. Jahrhundert kommt es zu einer Gabelung dieser Linie; es kommt zur Trennung der rein normativen von den deskriptiv-analytischen Aspekten. Ihre normative Fortsetzung findet diese Linie in der Gattung der Benimmbücher und Anstandslehren, die sich in Deutschland zumeist – in normativ verkürzender Rezeption[12] – auf Adolph von Knigges Abhandlung „Über den Umgang mit Menschen" (1788) berufen und die damals wie heute hohe Auflagen erzielen. Auch in diesen Anstandsbüchern findet bis auf den heutigen Tag einhellig eine Verurteilung von Klatsch statt. So heißt es etwa in einem dieser Bücher, das sich selbst nicht unbescheiden als „Knigge des 20. Jahrhunderts" bezeichnet: „Du sollst nicht schlecht über deinen Nächsten reden und nicht Tratsch verbreiten. Das zeugt nicht nur von einem schlechten Charakter, sondern ist auch unklug. Das nächste Opfer bist du selbst!"[13]

Informationen darüber, wie im Gegensatz zur offiziellen Ächtung die tatsächliche Praxis von Klatsch aussah, ist den Konversationslehren selten direkt zu entnehmen. Man könnte aus der Tatsache, daß die Verurteilung von Klatsch so hartnäckig wiederholt wird, den Umkehrschluß ziehen, daß die Ächtung von Klatsch für die tatsächliche Praxis des Klatschens ziemlich folgenlos blieb und gerade deshalb immer wieder erneut formuliert und propagiert werden mußte. Doch das wäre ein eher schwacher Beweis. Historische Ethnographien und Gesellschaftsromane enthalten jedoch genügend Hinweise darauf, daß Klatsch zu allen Zeiten und an allen Orten eifrig betrieben wurde.[14] Und immerhin finden sich in manchen Konversationslehren selbst versteckte Anmerkungen, die im Hinblick auf Klatsch eine Diskrepanz zwischen Verhaltensgebot und Verhaltenspraxis erkennen lassen. So schreibt etwa der Aufklärer Christian Thomasius in seinem im Jahr 1710 erschienenen „Kurzen Entwurf der politischen Klugheit, sich selbst und anderen in allen menschlichen Gesellschaften zu raten und zu einer gescheiten Conduite zu gelangen" auch über die „Klugheit, sich in täglicher Konversation wohl aufzuführen", und postuliert in diesem Zusammenhang: „Von Abwesenden redet ⟨der kluge Mann⟩ nichts anderes als Gutes", – um jedoch gleich darauf eher resigniert fortzufahren: „... wiewohl diese Regel auch von vermeintlichen Weisen selten in acht genommen wird."[15]

Systematisch reflektiert wird die im Hinblick auf Klatsch feststellbare Kluft zwischen Verhaltensgebot und Verhaltenspraxis in den verschiedenen antiken, höfischen und bürgerlichen Konversationslehren nicht. Alle diese Ausführungen und Anweisungen zu einer verbindlichen Konversationskultur bleiben ihrer Grundstruktur nach normativ, – normativ zunächst noch im Hinblick auf ein richtiges Leben, später dann nur mehr im Hinblick auf die konventionellen Höflichkeitsformen. In diesen Texten werden die spezifischen Verhaltensstandards formuliert, die in der jeweiligen Epoche oder sozialen Gruppe für verschiedene Gesprächstypen – etwa der geselligen Unterhaltung, der Salonkonversation, des höfischen Zeremoniells oder des rekreativen Gesprächs – als verbindlich oder schicklich galten. Dem Klatsch als einem eigenen Gesprächstyp widerfährt in all diesen Texten das gleiche Schicksal: Er fällt durch das normative Gitter. Er wird als schäbiger Verwandter des eigentlichen Gesprächs behandelt, mit dem man am besten keinen Umgang pflegt, vor dem man andere warnt und über den man darüber hinaus kein weiteres Wort verliert.

Die Möglichkeit, über Klatsch einen nicht-normativen Diskurs zu führen, beginnt – wie bereits vermerkt – erst im 19. Jahrhundert sich abzuzeichnen. Zwar hatten bereits einige der bürgerlichen Konversationslehren den rein normativen Standpunkt verlassen und in Ansätzen mit einer Deskription des Phänomens „Gespräch" begonnen.[16] Doch zu einer eigenen Gestalt hatte sich die deskriptiv-analytische Komponente dieser Konversationslehren noch nicht verselbständigt. Daß es dann zu dieser Entwicklung im 19. Jahrhundert kommt, hat einen vielschichtigen Grund, der sich hier nur andeuten läßt. Zum einen spielt eine Rolle, daß im 19. Jahrhundert in Deutschland mit der Romantik eine regelrechte Philosophie des Gesprächs entsteht, die gegen den Moralismus der Aufklärung für den Witz, die Ironie, die spielerische Geselligkeit optiert.[17] Ferner ist von Bedeutung, daß sich mit Wilhelm von Humboldts Schriften zur Sprache und mit seiner These, daß die dialogische Geselligkeit selbst die Entfaltung der Sprache bewirke, zu Beginn des 19. Jahrhunderts ein ganz neues theoretisches Interesse an Sprache und am Gespräch zu entwickeln beginnt.[18] Und schließlich scheint von Bedeutung, daß die um die Mitte des 19. Jahrhunderts sich etablierende Völkerpsychologie, anknüpfend an Herder-Humboldtsche Gedanken, von der Idee bestimmt ist, daß das Psychische in nichts anderem als in seinen sozialen und kulturellen Objektivationen lebe und daraus mit exakten Methoden zu bestimmen sei.[19]

Vor diesem geistesgeschichtlichen Hintergrund entsteht das erste Programm zur wissenschaftlichen Erforschung alltäglicher Gespräche. Sein Autor ist der Kultur- und Völkerpsychologe Moritz Lazarus, ein akademischer Lehrer Georg Simmels, und es erscheint im Jahr 1878 unter dem Titel „Über Gespräche".[20] Lazarus ist sich bewußt, daß er mit seiner Arbeit Neuland betritt; er habe jedenfalls, so schreibt er, nirgends in der Literatur „Etwas entdecken können, was eine wissenschaftliche Behandlung der Gespräche enthält". Weil er deshalb auch mit Lesern rechnet, die das Thema seiner Abhandlung in einem normativen oder ästhetischen Sinn mißverstehen, ist er angestrengt bemüht, die Alltäglichkeit seines Gegenstandes deutlich herauszustreichen: „Es handelt sich lediglich um Gespräche im einfachsten, engsten Sinne des Wortes, nicht um irgend welche Dialoge, die in einer Kunstform zu Gunsten der Dichtung oder der Wissenschaft literarisch erzeugt werden – um wirkliche, alltägliche, allstündlich von Jedermann geführte Gespräche."[21]

Mit Lazarus, so kann man resümierend feststellen, wandert die Idee des Gesprächs endgültig aus dem normativen Denken in den Gegenstandsbereich der wissenschaftlichen Forschung, – freilich um dort sogleich wie ein illegaler Grenzgänger aufgegriffen und entweder in Quarantäne gesteckt oder wieder „abgeschoben" zu werden. Rudolf Hirzel, ein Schüler von Lazarus, läßt in seiner großen literarhistorischen Arbeit „Der Dialog" (1895) keinen Zweifel daran, daß für ihn nur der Dialog als eine höhere Form des Gesprächs, die „mit einer Erörterung verbunden ist", untersuchungswürdig ist. „Oder fällt es etwa Jemand ein", so seine rhetorische Frage, „jedes Gespräch oder die Gesprächsketten, die sich anmuthsvoll um Kaffee- oder Biertisch schlingen, als Dialoge zu bezeichnen? Von einem Dialog verlangen wir, wenn es erlaubt ist zu sagen, etwas mehr." Hirzel schließt damit aus seiner Untersuchung all jene Gespräche aus, in denen „lediglich ein Austausch von allerlei Nachrichten höherer und niederer Gattung stattfindet". Gespräche dieser Art gehen für ihn am Wesen des Dialogs vorbei, „da dieser sich erörternd in die Gegenstände versenkt und deshalb nicht wie ein Schmetterling von einem zum andern flattern kann".[22] Hirzels scharfe Kontrastierung von Dialog und Gespräch mutet merkwürdig modern an, findet sie sich doch – in veränderter Begrifflichkeit und z.T. ins Monströse aufgebläht – bis auf den heutigen Tag. Heute drängt der absolute „Diskurs", der – „kontrafaktisch" als „unverzerrt" und „herrschaftsfrei" unterstellt – rational und konsensual über Gut und Böse entscheidet, das banale Alltagsgespräch über den Rand des wissenschaftlich Notizwürdigen. In dem „kommunikativen Handeln", das die Weihen der großen Theorie empfängt, sind Unterhaltung, Plauderei und

Klatsch nicht inbegriffen. Wenn Klatsch in diesem theoretischen Kontext überhaupt einer Erwähnung für wert befunden wird, dann gilt er — wie etwa in Agnes Hellers Untersuchung über „Das Alltagsleben" — als eine „Art entfremdeten Gesprächs".[23] Die Konsequenz, die sich aus dieser Einschätzung ergibt, hat — wenn diese ironische Verknüpfung gestattet ist — B. F. Skinner für Agnes Heller bereits zwanzig Jahre früher formuliert:[24] In der von ihm entworfenen utopischen Lebensgemeinschaft „Walden Two" ist der Klatsch ausgerottet. („Es war schwer, das durchzusetzen, aber wir haben es doch geschafft.")

Die Praxis, den Klatsch gegen das „gute" Gespräch auszuspielen, hat Tradition. Selbst Lazarus, der so emphatisch das „wirkliche, alltägliche, allstündlich von Jedermann geführte Gespräch" zum wissenschaftlichen Forschungsgegenstand erklärte, nimmt bei der Erläuterung seines Programms unvermittelt wieder normative Ausgrenzungen vor, wenn er es von sich weist, sich mit Geschwätz und anderen „Nachtseiten des Gesprächs" zu beschäftigen. So ist es wohl kaum mehr als ein glücklicher Zufall, daß Lazarus in seinem frühen Aufsatz auch kurz auf den Klatsch zu sprechen kommt. Nachdem er einzelne Gesprächstypen voneinander unterschieden und diese Unterscheidung an Beispielen ausgeführt hat, fährt er fort: „Wohin etwa dann jene Gattung fiele, welche die deutsche Sprache im Anfang zwar mit den zwei ehrbaren Lauten K und L (ehrbar, indem sie in allen indogermanischen Sprachen wie auch in den semitischen den Klang bedeuten), aber mit einer feinen Symbolik gegen den Schluß hin, mit einem dumpfen, zischenden Naturlaut (Klatsch) bezeichnet: das zu entscheiden, wollen wir dem künftigen Naturgeschichtsschreiber der Gespräche überlassen."[25] Lazarus' Bemerkung zum Klatsch ist kaum mehr als eine Marginalie, und doch ist sie in verschiedener Hinsicht richtungsweisend.

Lazarus spielt mit sicherem Gespür auf eine widersprüchliche Struktur von Klatsch an, die oben bereits als Diskrepanz zwischen der öffentlichen Ächtung im Reden über Klatsch und der verbreiteten privaten Praktizierung von Klatsch identifiziert wurde. Während Lazarus selbst die von ihm erahnte Widersprüchlichkeit des Klatsches weder belegt noch erläutert, haben zahlreiche Sozialforscher nach ihm gezeigt, daß diese Diskrepanz immer und überall zum Erscheinungsbild von Klatsch gehört. So heißt es z. B. in einer Ethnographie Edwin B. Almirols über eine Filipino-Gemeinde in einer kalifornischen Kleinstadt: „Obwohl Klatsch als ‚schamloses Verhalten' gilt, weil er ‚die Verpflichtung zu gutnachbarlichen Beziehungen' (Pitt-Rivers) ignoriert, ist er weitverbreitet und alltäglich."[26] José Cutileiro stellt in seiner Studie über das Leben in portugiesischen Dörfern allgemein fest: „Eine Hauptbeschäftigung der Dorfbewohner ist es, so viel wie möglich über das Leben der anderen Leute herauszufinden; dieses Interesse wird jedoch häufig durch die offene Beteuerung der gegenteiligen Absicht verstellt: ‚Que me importa a mim a vida dos outros?' (‚Was kümmert mich das Leben der anderen Leute?')."[27] Und Thomas Gregor berichtet in seiner Ethnographie über die Mehinaku, einen kleinen Indianerstamm am oberen Xingu im brasilianischen Mato Grosso, daß derjenige, der klatscht, dort abschätzig als ‚miyeipyenukanati' – wörtlich: „Müllplatzmund" – bezeichnet und in der Dorföffentlichkeit mit einer Reihe von Sanktionen bedroht wird, daß aber die Mehinaku „den Klatsch unendlich faszinierend finden" und dementsprechend „der Klatsch trotz aller Sanktionen weiterhin blüht".[28]

Dieser Liste ist mühelos eine Vielzahl anderer Gesellschaften hinzuzufügen – darunter unsere eigene. Auch bei uns „blüht" der Klatsch, und unser öffentliches Reden über Klatsch ist von dem gleichen herabsetzenden Tonfall gekennzeichnet: Zu gegebener Zeit zitieren wir das Sprichwort: „Klatschen und Lügen gehen Hand in Hand"; als offizielle Definition finden wir „Klatsch = übles, herabsetzendes, gehässiges Gerede über die Nächsten";[29] oder wir sprechen, wenn wir eine Information abtun wollen, von „bloßem Klatsch". Klatsch ist für uns ein Unding – solange wir *über* ihn reden. Was aber, wenn wir selbst klatschen? Schlägt sich in unserem Klatsch dessen offizielle Ächtung irgendwie nieder? Oder bezieht sich unsere Selbstvergessenheit beim Klatschen auch auf die Ungehörigkeit unseres Tuns?

Um Fragen dieser Art beantworten zu können, bedarf es eines geeigneten Untersuchungsrahmens. Hier liegt der zweite Grund, weshalb Lazarus' Bemerkung über den Klatsch richtungsweisend ist. Sein Vorschlag, einzelne Gesprächstypen in „Analogie mit den poetischen Gattungen" zu unterscheiden, führte ihn zu der Frage, wohin „jene Gattung fiele, welche die deutsche Sprache im Anfang zwar mit den zwei ehrbaren Lauten K und L (...), aber mit einer feinen Symbolik gegen den Schluß hin, mit einem dumpfen, zischenden Naturlaut (Klatsch) bezeichnet". Lazarus selbst verfolgte diesen Gedanken nicht weiter. Für die vorliegende Arbeit liefert die Idee, Klatsch als Gattung zu bestimmen, den entscheidenden konzeptionellen Ansatzpunkt.

2. Das Konzept der kommunikativen Gattungen

In jeder menschlichen Gesellschaft gibt es kommunikative Vorgänge, die – obwohl in unterschiedlichen Situationen, von unterschiedlichen Personen vollzogen – in ihrem Ablauf ein hohes Maß an Gleichförmigkeit zeigen. Diese Gleichförmigkeit kann daraus resultieren, daß die Handelnden selbst ein Routinewissen haben über die Form des kommunikativen Geschehens, in dem sie sich gerade befinden, und das sie mit ihrem Tun verwirklichen, indem sie sich an diesen Formvorgaben orientieren. Derartige kommunikative Formen, die als „verfestigt" gelten können, weil sie wie ein Muster das Handeln der Beteiligten in seinem Ablauf über eine gewisse Zeitspanne hinweg vorbestimmen, sollen im folgenden in Anlehnung an den in der „Ethnographie der Kommunikation" üblichen Sprachgebrauch[30] als „kommunikative Gattungen" oder „Genres" bezeichnet werden.

Nicht alle kommunikativen Vorgänge sind dadurch gekennzeichnet, daß die Beteiligten sich in ihrem Handeln an solchen verfestigten Formvorgaben orientieren. Man kann sich dies durch eine von Gregory Bateson eingeführte Unterscheidung vergegenwärtigen.[31] Bateson zeigt am Beispiel des Tanzes, daß die Entscheidung der Tänzer über Art, Abfolge und Koordination der einzelnen Tanzbewegungen auf zwei unterschiedliche Weisen organisiert sein kann. Für den extemporierenden Tänzer ist der jeweilige Bewegungszustand, den er – und möglicherweise auch sein(e) Tanzpartner – erreicht haben, die stets sich ändernde Grundlage für die momentane Entscheidung über den unmittelbar nachfolgenden Bewegungsfortgang. Diese „spontane" Form der Ablauforganisation bezeichnet Bateson als „progressive Integration". Orientiert sich der Tänzer jedoch an bestimmten Bewegungsvorgaben (etwa den komplizierten balinesischen Tanzfiguren oder den bei uns bekannten Standardtänzen), so liegt dem Tanz eine ganz andere Ablauforganisation zugrunde. Entscheidungen über den Bewegungsfortgang werden dann getroffen durch die Wahl aus einer begrenzten Anzahl an bekannten Alternativen (sofern diese Entscheidungsfreiheit nicht weitgehend durch ein hohes Ausmaß an Ritualisierung eingeschränkt ist). Diese „verfestigte" Form der Ablauforganisation wird von Bateson „selektive Integration" genannt.

Kommunikative Gattungen bilden – im Sinne Batesons – Muster der selektiven Integration von Kommunikationsvorgängen. Sie steuern die Selektion relevanter kommunikativer Einheiten und zeichnen auf diese Weise Handlungsabläufe vor, und sie vermitteln die Integration dieser Einheiten zu einem ganzheitlich erfahrbaren kommunikativen Geschehen. So wie der Geübte bereits an der Musik erkennt, welche Tanzart er zu wählen hat – nur Anfänger müssen sich wechselseitig sprachlich versichern: „Das ist jetzt ein Foxtrott" –, so erkennen auch Kommunikationsteilnehmer bereits an der kommunikativen „Begleitmusik" (Tonfall, Mimik, initiierende Äußerungselemente etc.), nach welchen Formvorgaben, d. h. Gattungen, sie ihr kommunikatives Verhalten jetzt auszurichten haben. Und so, wie die „Wahl" einer Tanzart die Tänzer intersubjektiv verbindlich auf definierte und gelernte Bewegungsschemata verpflichtet – wer mit einem Walzer beginnt und plötzlich in den Tangoschritt wechselt, kann damit schmerzhafte Karambolagen verursachen –, so verpflichtet auch die „Wahl" einer kommunikativen Gattung die Handelnden auf die Beachtung gattungsspezifischer Formen und Regeln.

Kommunikative Gattungen sind demnach reale kulturelle Objekte; man kann sie als eine Art kulturelle Spezies ansehen, – vergleichbar der Art und Weise, wie Biologen die Tier- und Pflanzengattungen betrachten.[32] Der Vorteil, den das Konzept der (kommunikativen) Gattung für die wissenschaftliche Beschreibung bietet, besteht darin, daß mit ihm einzelne kommunikative Vorgänge großflächiger Art als aktuale, interpretierende Realisierungen allgemeiner kommunikativer Handlungstypen aufgefaßt werden können. Über die Notwendigkeit, eine derartige typologische Beschreibungsebene einzuführen, kann eigentlich kein Zweifel bestehen, wenn man die allgemeine erkenntnislogische und für die Hermeneutik zentrale Prämisse akzeptiert, daß ein individueller Sinn nur durch die Relationierung auf einen bestimmten Sinntypus verstehbar wird. Welchen Sinn einzelne kommunikative Vorgänge haben können, ist demnach nur durch die Bezugnahme auf transindividuelle Typen der Kommunikation erschließbar. Gemäß ihrer allgemeinen Funktion sind diese Typen zu verstehen als kommunikative Formvorgaben oder Leitlinien, die von den Produzenten und Rezipienten gleichermaßen in Anspruch genommen werden. Weil diese kommunikativen Handlungstypen einerseits intern differenziert sind und andererseits zueinander in einem gewissen Verwandtschaftsverhältnis stehen und sich damit zu einzelnen „Familien" gruppieren lassen, liegt es nahe, sie als „kommunikative Gattungen" zu bezeichnen. Es sind damit also keine individuellen Konkretionen, sondern verschiedene Typen abstrakter – wenngleich gesellschaftlich institutionalisierter – Entitäten gemeint.

Kommunikative Genres verdanken ihre Existenz der Tatsache, daß sie von den an der jeweiligen Kommunikation Beteiligten als Orientierungsmuster benutzt und auf diese Weise laufend und füreinander erkennbar im Handeln reproduziert werden. Aus diesem Grund dürfen kommunikative Gattungen auch nicht einfach als logische oder funktionale Klassen verstanden werden, zu deren Konstruktion ein mehr oder weniger beliebiges Merkmal eines Sachverhalts oder eine externe Funktionsbestimmung als klassenbildendes Kennzeichen selegiert wird. Für die Sozialwelt gilt ja ganz allgemein: daß sie bereits gegliedert und geordnet ist, ehe der Sozialwissenschaftler beginnt, zu ihrer Beschreibung Ordnungskategorien einzuführen und Gliederungen vorzunehmen. Das Konzept der kommunikativen Gattungen ist im wesentlichen auf die Rekonstruktion einer Gruppe von Ordnungsschemata gerichtet, welche für die Kommunizierenden selbst handlungsrelevante Bedeutung besitzen.

Aufgrund seines besonderen Realitätsstatus empfiehlt es sich auch, den Gattungsbegriff nicht sogleich durch den des Idealtypus zu ersetzen. Der Idealtypus, so wie Max Weber ihn konzipiert hat, ist ja ein auf Abstraktion beruhendes Erkenntnismittel, das dem Sozialwissenschaftler dazu dient, einen allgemeinen Begriff einer Sache zu entwickeln, vor dessen Hintergrund die Besonderheiten eines Einzelfalles sich erkennen und beschreiben lassen. Deshalb ist der Zweck der idealtypischen Begriffsbildung für Weber, nicht das Gattungsmäßige, sondern umgekehrt die Eigenart von Kulturerscheinungen erkennbar zu machen.[33] Zwar besteht eine gewisse Verwandtschaft zwischen dem Begriff des „Idealtypus" und dem hier gebrauchten Begriff der „Gattung" insofern, als es auch hier nicht um die idiographische Beschreibung individueller Konkretionen, sondern um die typenmäßig-abstrahierende Erfassung sozial sanktionierter Formen der Kommunikation geht. Jedoch bleibt der Gattungsbegriff in seiner hier intendierten Bedeutung gegenüber dem Konzept des Idealtypus stärker empirieverhaftet, da mit ihm nicht „bloß" heuristisch relevante gedankliche Konstruktionen des Wissenschaftlers, sondern real wirksame Orientierungs- und Produktionsmuster der alltäglichen Kommunikation bezeichnet werden sollen.

Das Konzept der kommunikativen Gattungen bezieht sich auf Typisierungsprozesse im Alltagsverstand, die der Ursprungsort der idealtypischen Begriffsbildung in der Wissenschaft sind.[34] Entgegen der oben eingeführten Analogie kann man deshalb bei der typologischen Beschreibung von kommunikativen Gattungen doch nicht auf die ganz gleiche Weise verfahren wie die Biologen bei der typologischen Erschließung von Tier- und Pflanzengattungen. Zu berücksichtigen ist, daß man bei der Beschreibung menschlicher Kommunikationsformen die typologischen Kategorien nicht autonom setzen und festlegen kann, da die Handelnden selbst über (Ethno-)Kategorien und -Taxonomien von kommunikativen Gattungen verfügen – die Alltagskategorie „Klatsch" ist hierfür ja das beste Beispiel. Diese „Konstrukte erster Ordnung" (Schütz) können bei der typologischen Analyse von „kommunikativen Gattungen" – das ist ein Konstrukt zweiter Ordnung – schon deshalb nicht vernachlässigt werden, weil sie die Handlungsentwürfe und -vollzüge der Interagierenden entscheidend mitbestimmen. Man muß ferner davon ausgehen, daß die Handelnden selbst gewisse (ethno-)theoretische Vorstellungen darüber haben, für welche Situationen sich welche Gattung eignet oder nicht eignet, welches soziale „Image" eine Gattung hat, welche sozialen und psychischen Folgen die Realisierung einer Gattung haben kann usw. Die dargestellte Diskrepanz zwischen dem öffentlichen Reden über Klatsch und der privaten Praktizierung von Klatsch hat bereits Teile einer derartigen Volks-Theorie über Klatsch deutlich werden lassen.

Wie andere soziale Einrichtungen lassen sich auch kommunikative Genres verstehen als verfestigte, d. h. routinisierte Lösungen für gesellschaftliche Probleme; oder hermeneutisch ausgedrückt: Sie sind zu interpretieren als zur Form erstarrte Antworten auf Fragen. Diese Sichtweise hat eine – erwünschte – methodische Konsequenz, zwingt sie doch dazu, über die kommunikativen Gattungen hinaus nach der spezifischen Art der gesellschaftlichen Probleme zu fragen, für die die kommunikativen Gattungen eine Lösung darstellen; hermeneutisch reformuliert ist dies die Frage nach der Frage, auf die die kommunikativen Gattungen eine Antwort sind.[35] Für die einzelnen Gattungen kann diese Frage nicht im vorhinein beantwortet werden. Auf einer allgemeineren Ebene lassen sich die den kommunikativen Gattungen vorgelagerten gesellschaftlichen Probleme folgendermaßen bestimmen: In jeder Gesellschaft stellt sich das elementare Problem, wie Ereignisse, Sachverhalte, Wissensinhalte und Erfahrungen in intersubjektiv verbindlicher Weise unter verschiedenen Sinnkriterien thematisiert, vermittelt, bewältigt und tradiert werden können.[36] Für diese Probleme muß es – ebenso wie für die elementaren Probleme der Subsistenzsicherung, der Arterhaltung, der Sozialisation, der Konfliktregulierung oder der Herrschaftsbildung – organisierte, d. h. nicht-zufällige Lösungen geben. Haben sich derartige Lösungsmuster im gesellschaftlichen Wissensvorrat etabliert, treten die elementaren Probleme für die Gesellschaftsmitglieder in der Regel nur mehr als „unproblematische Probleme" in Erscheinung.[37] So kann es zwar geschehen, daß uns in bestimmten Situationen trotz angestrengten Nachdenkens kein geeigneter „Witz" einfällt, dennoch wissen wir im Prinzip, was ein Witz ist, wann welche Art von Witz angebracht ist, wie man einen Witz „richtig" erzählt oder welche Reaktionen auf einen Witz typischerweise zu erfolgen haben.

Statt kommunikative Gattungen als „verfestigte" Lösungsformen für kommunikative Probleme zu bezeichnen, kann man auch sagen, daß kommunikative Gattungen immer ein gewisses Institutionalisierungsniveau aufweisen. Sie beinhalten nicht nur Muster für kommunikative Vorgänge, d. h. sie legen nicht nur das Repertoire und die Sequenz der konstitutiven Elemente dieser Vorgänge fest, sondern sie weisen den an der Kommunikation Beteiligten auch verhältnismäßig konstante Beziehungsmuster zu. Kommunikative Gattungen zeichnen sich damit durch eine „relative Autonomie" aus. Ihre jeweilige Realisierung ist immer nur bis zu einem gewissen Grad durch individuelle Momente und kontextuelle Gegebenheiten geprägt. Das heißt freilich nicht, daß kommunikative Gattungen einen Automatismus implizieren und, einmal in Bewegung versetzt, in der Art von mechanischen Spielzeugen wie von selbst und unbeirrt von äußeren Umständen ablaufen. Genres sind nicht selbst die Aktualisierung von Genres. Kommunikative Vorgänge werden durch kommunikative Gattungen nur *vorgezeichnet;* ihre tatsächliche Realisierung geschieht im Handlungsvollzug und ist damit wie jeder kommunikative Akt den sprachlichen Äußerungsprinzipien (Syntax, Semantik), den interaktiven Organisationsprinzipien (Mechanismen der Redezugverteilung, Sequenzformate etc.) und den diversen Kontextualisierungsprinzipien (etwa der Verpflichtung zum rezipientenspezifischen Äußerungszuschnitt) unterworfen.[38] An dieser Stelle wird deutlich, daß das Konzept der kommunikativen Gattungen auf einer mittleren Ebene angesiedelt ist – in einem Bereich zwischen universalen Strukturen und singulären Ereignissen, zwischen dem rein Normativen und dem rein Faktischen. Diese Bestimmung verbietet es, den Handlungskontext zu einem bloßen Anwendungsfall für die Schemata der kommunikativen Gattungen zu degradieren. Handlungskontexte können selbst durch die spezifische Wahl oder Ausführung einer kommunikativen Gattung modelliert werden.

Einzelne kommunikative Gattungen unterscheiden sich voneinander u. a. durch das Maß, in dem sie die Handelnden auf die genaue Befolgung eines vorgezeichneten Kommunikationsmusters verpflichten. Diese Verpflichtung kann im einen Extrem starr und rigide sein und den Handelnden wenig Interpretations- und Gestaltungsfreiheit lassen. Das kann von einzelnen formelhaften Wendungen über Sprichwörter bis zu langatmigen und detailliert fest-

2. Das Konzept der kommunikativen Gattungen 41

gelegten Kommunikationsritualen reichen. (Freilich kann sich die Kunstfertigkeit eines Handelnden gerade darin zeigen, ob er fähig ist, in seinem kommunikativen Verhalten mit diesen starr festgelegten Formvorgaben einfallsreich zu spielen.) Andere Gattungen sind dagegen in ihrem Verpflichtungscharakter eher schwach und unverbindlich; sie grenzen damit bereits an die oben beschriebene „spontane" Form der Ablauforganisation und sind nur mehr schwer als Gattungen zu erkennen. So können z. B. Familiengespräche bei Tisch in der einen Familie eine geradezu rituelle Form haben, in einer anderen Familie dagegen so frei oder chaotisch ablaufen, daß man nur mit Schwierigkeiten von einer kommunikativen Gattung wird sprechen können.

Insgesamt gesehen erscheint es jedoch nicht sehr fruchtbar, Gattungen nach ihrem Verpflichtungsgrad zu typologisieren. Der Verpflichtungscharakter ist nur *eine* Strukturkomponente von kommunikativen Gattungen, ebenso wie etwa die Dimension der Kommunikationsmodalität, die entweder das kommunikative Medium (mündlich, schriftlich, bildlich oder, wie bei einem Dia-Abend, gemischt) oder die kommunikative Rahmung (ernst oder spaßhaft, formell oder informell) betrifft. Daneben lassen sich noch andere Strukturkomponenten von kommunikativen Gattungen anführen, die nicht weniger als typologienbildende Merkmale in Anspruch genommen werden könnten: etwa die gattungsspezifische Beziehungsstruktur (kooperativ oder konfrontativ, egalitär oder nichtegalitär etc.) oder die Handlungsfunktion einer Gattung (narrativ, argumentativ, rein phatisch etc.). Kommunikative Gattungen entlang dieser Komponenten zu typologisieren ist deshalb nicht ungefährlich, weil auf diese Weise unter der Hand bereits Gruppierungen und Verwandtschaftsbeziehungen von Gattungen festgeschrieben oder zumindest insinuiert werden, die sich erst aus der analytischen und komparativen Bestimmung der inneren Struktur sowie der Morphologie von Einzelgattungen ergeben können.

Deshalb ist einer rein heuristischen Einteilung, wie sie Dell Hymes vorgeschlagen hat, zunächst auch der Vorzug zu geben.[39] Hymes hat eine recht globale Zweiteilung vorgenommen und kommunikative Gattungen in Elementar- oder Minimal-Genres einerseits und komplexe Genres andererseits unterteilt. Zu den kleineren Gattungen sind etwa formelhafte Wendungen, Sprichwörter, Rätsel, Flüche, Wortspiele, kleine Versformen, Gebete oder Abzählreime zu zählen. Die komplexen Genres umfassen dann etwa verbale Duelle, rituelle Beschimpfungen und Schmähreden, Werbungsrituale, Ansprachen und Predigten, Lobpreisungen, Warenvorführungen, Kinderspiele, Dynastieabfolgerezitationen oder Trauerrituale. Zu den komplexen Genres gehören ferner die rekonstruktiven Gattungen, die von der Anekdote über den Erlebnisbericht, die biographische Erzählung, Angebergeschichten und Jägerlatein, Witze, Sagen und Legenden bis zur Volkserzählung reichen und die allein schon aufgrund ihrer inneren Differenzierung und Vielfältigkeit als eigene Untergruppe ausgegrenzt werden können.[40]

Wie dieses kaum überschaubar weite Spektrum von kommunikativen Gattungen in einen Ordnungszusammenhang gebracht werden kann, der nicht mehr bloß von dem heuristischen Gerüst des Wissenschaftlers gehalten, sondern durch das Beziehungsnetzwerk und -gefüge der Gattungen untereinander aufgebaut wird, ist ein Problem, dessen forschungspragmatische sowie theoretische Lösung z. Z. noch kaum abzusehen ist. Eine Richtung, in der eine Lösung dieses Problems zu suchen ist, hat Thomas Luckmann mit seinem Vorschlag angegeben, die Gesamtmenge der kommunikativen Vorgänge, die auf Bestand und Wandel einer Gesellschaft einwirken, als einen „kommunikativen Haushalt" zu konzipieren.[41] Dieses kommunikative „Budget" müßte zwar als einen eigenen Posten auch die spontanen kommunikativen Vorgänge enthalten, doch sein zentraler Bestandteil wäre systematisch organisiert und bestünde aus einem „Feld kommunikativer Gattungen". Über eine analytische Bestimmung des gesellschaftlichen Bestands an kommunikativen Gattungen könnte es dann möglich sein, den gesamten kommunikativen Haushalt – zunächst einer Gesellschaft – abzuschätzen. Zwangsläufig bleibt dieses Konzept eines kommunikativen Haushalts zunächst noch auf einer verhältnismäßig abstrakten Ebene angesiedelt. Es bietet aber für kulturvergleichende, sozialhistorische oder gesprächsanalytische Untersuchungen von einzelnen kommunikativen Vorgängen und Gattungen, die ja alle der Gefahr der Detailverliebtheit und Fallblindheit ausgesetzt sind, eine konzeptionelle Klammer, – wie es seinerseits durch eben diese Untersuchungen empirisch immer mehr an Gehalt gewinnt.

3. Ereignisrekonstruktionen als Gattungen

Zum Wesen sozialer Ereignisse gehört ihr transitorischer Charakter, d. h. sie sind mit ihrem Ablauf vorbei und unwiederbringlich Vergangenheit geworden. Die Einsicht, daß Ereignisse auftauchen und wieder entschwinden, erscheint uns freilich trivial – trivial deshalb, weil wir im Alltag immer schon mit der Vergänglichkeit eines sozialen Geschehens rechnen und immer schon über gesellschaftlich institutionalisierte Lösungen für dieses strukturelle Problem verfügen, das für uns damit zu einem „unproblematischen Problem" wird. Ein *geschehendes* Ereignis löst sich, nachdem es sich abgespielt hat, nicht einfach in nichts auf, sondern wird – zu einem *geschehenen* Ereignis. Wir wissen, daß Ereignisse vergänglich sind, wir wissen aber auch, daß vergangene Ereignisse im Gedächtnis behalten, benannt, typisiert, thematisiert und im Gespräch vergegenwärtigt werden können. Für das menschliche Zusammenleben sind diese Konservierungstechniken, die überhaupt erst die Möglichkeit von Geschichtsbewußtsein und Traditionsbildung eröffnen, von elementarer Bedeutung. Forschungen über das Geschichtsbewußtsein schriftloser Völker belegen, daß „bei allen uns bekannten ethnischen Gruppen die Vergangenheit nicht als etwas Selbstverständliches oder gar Gleichgültiges hingenommen wird, sondern daß die in ihr stattgefundenen Ereignisse als wesentlich für die Gegenwart und die Zukunft der betreffenden Gruppe angesehen und zum Gegenstand von Überlegungen und Überlieferungen gemacht werden".[42] Auch wenn soziale Ereignisse mit ihrem Vollzug in den Strom des Gewesenen stürzen, bedeutet das also nicht, daß jedes Geschehen sich mit seiner Verwirklichung gleichsam ontologisch selbst liquidiert. Auch in diesem Fall gilt Odo Marquards treffende Bemerkung: „Menschen sind in hohem Maß in der Lage, etwas stattdessen zu tun."[43] An die Stelle des für immer und ewig vergangenen Ereignisses tritt – dessen Rekonstruktion.

Der Annahme, daß wir über soziale Ereignisse aufgrund ihres transitorischen Charakters nur in Form von Rekonstruktionen verfügen können, scheint die Tatsache zu widersprechen, daß soziale Vorgänge häufig zu überdauernden materialen Zuständen oder Gegebenheiten führen, die ein immerfort verfügbares Dokument des vergangenen Vorfalls bilden. Ob solche materialen Zeugen vergangener Ereignisse aus polizeilich-juristischen, historiographischen, archäologischen oder – bei der Anwendung von sog. „nichtreaktiven Verfahren"[44] – aus soziologischen Gründen gesucht werden: mit ihnen scheint der Beobachter insofern etwas „Sicheres" an der Hand zu haben, als diese Objekte sich der Vergänglichkeit des ursprünglichen Ereignisablaufs entziehen. Doch diese Sicherheit trügt, wenn damit gemeint ist, daß das Vorhandensein einer stofflichen Spur das Vergangene unmittelbar in die Gegenwart zurückholt. Auch Spuren wollen erst „gelesen" sein, d. h. der Beobachter muß diese Daten so organisieren, daß – wie der Historiker Carlo Ginzburg schreibt – „Anlaß für eine erzählende Sequenz entsteht, deren einfachste Formulierung sein könnte: ‚Jemand ist dort vorbeigekommen'. Vielleicht entstand die Idee der Erzählung selbst (im Unterschied zu Zaubersprüchen, Beschwörung und Anrufung) zuerst in einer Gesellschaft von Jägern und aus der Erfahrung des Spurenlesens. ⟨...⟩ Der Jäger hätte demnach als erster ‚eine Geschichte erzählt', weil er als einziger fähig war, in den stummen – wenn nicht unsichtbaren – Spuren der Beute eine zusammenhängende Folge von Ereignissen zu lesen."[45]

Wie plausibel Ginzburgs Spekulation über den Ursprungsort der Idee der Erzählung ist, sei dahingestellt. Seine Überlegungen sind hier aus anderen Gründen von Interesse: Zum einen zeigen sie, daß auch dann, wenn soziale Ereignisse eine stoffliche Spur hinterlassen, für den Beobachter das chronische Problem bleibt, daß der ursprüngliche Vorgang entschwunden ist. Die fortdauernden Spuren eines Ereignisses erzwingen nicht weniger als die unmittelbare Beteiligung oder die bloße Augenzeugenschaft eine nachträgliche Rekonstruktion. Zum andern machen Ginzburgs Überlegungen zur Entstehung der Idee der Erzählung deutlich, daß das strukturelle Problem, wie entschwundene Ereignisse kommunikativ vergegenwärtigt werden können, nicht beliebig und ad hoc zu lösen ist, sondern daß sich für dieses Problem gesellschaftlich institutionalisierte Lösungsmuster entwickelt haben: kommunikative Gattungen, die speziell der Rekonstruktion von vergangenen Ereignissen dienen, oder kurz: rekonstruktive Gattungen.

Weshalb spreche ich von rekonstruktiven Gattungen und nicht

einfach von Geschichten, Erzählungen oder Narrationen?[46] Für diese Entscheidung gibt es im wesentlichen zwei Gründe, deren gemeinsamer Nenner darin liegt, daß die bekannten – alltagssprachlichen (Geschichte, Erzählung) oder wissenschaftlichen (Narration) – Konzepte eine zu enge normative Bedeutung haben, aufgrund derer sie den mannigfaltigen Formmöglichkeiten der rekonstruktiven Bezugnahme auf soziale Ereignisse nicht angemessen gerecht werden können. Diese Konzepte sind, *erstens*, zumindest auf einem Auge blind gegenüber allen nicht-narrativen Formen der Rekonstruktion. So läßt sich beispielsweise beobachten, daß nach dem Ende einer Sportveranstaltung von den Akteuren – zuweilen auch von den Zuschauern – einzelne Vorkommnisse oder Passagen in einer Mischung aus szenischen Reaktualisierungen, kritischen oder euphorischen Bewertungen und Gedankenspielen über hypothetische Alternativverläufe rekonstruierend vergegenwärtigt werden. Narrative Elemente spielen in dieser Situation, in der die Anwesenden alle als Akteure oder Augenzeugen an dem vergangenen Geschehen beteiligt waren, so gut wie keine Rolle. Dennoch handelt es sich um eine Rekonstruktion – und um eine kommunikative Gattung eigener Art: man muß die Regeln dieser Kommunikationsform beherrschen, um sich an ihr beteiligen zu können.

Konzepte wie „Erzählung" oder „Narration" beschneiden die Formenvielfalt an rekonstruktiven Gattungen aber nicht nur nach außen, sie engen, *zweitens*, das Formenspektrum des Rekonstruierens auch nach innen allzu stark ein. Das alltägliche Erzählen geschieht über weite Strecken in Formen, die nicht das voll ausgebaute Format einer Erzählung haben. An Familiengesprächen z. B. läßt sich die erstaunliche Beobachtung machen, daß zwar stundenlang Ereignisse und Begebenheiten thematisiert, d. h. „erzählt" werden, dabei aber „Erzählungen" eine große Ausnahme bleiben. Stattdessen reihen sich kurze Schilderungen von Neuigkeiten, kommentierende Wiederaufnahmen bekannter Sachverhalte, angedeutete Anekdoten, einzelne Beobachtungen von Sonderbarkeiten u. ä. mal in rasantem Tempo, mal in perseverierender Trägheit aneinander. Diese kommunikativen Formen sind bislang von den Sozial- und Sprachwissenschaftlern kaum zur Kenntnis genommen worden; vermutlich gelten sie als Vor- oder Schwundstufen der „eigentlichen" Erzählung und werden, da ihnen eine eigene Formqualität nicht zuerkannt wird, als lohnenswerte Untersuchungsobjekte ignoriert. Zu erklären ist diese Geringschätzung damit, daß ihr ein normatives Konzept von „Erzählung" zugrunde liegt, das noch stark von den traditionell literarischen Formidealen des Narrativen geprägt ist. Auch wenn diese künstlerischen Formideale eher latent – als eine Art Paradigma – die Analysen des alltäglichen Erzählens beeinflussen, im Vergleich zu ihnen müssen die skizzierten „Primitivformen" des Erzählens als eine merkunwürdige Belanglosigkeit erscheinen.

Paradoxerweise haben jedoch Schriftsteller wie Jane Austen, Theodor Fontane oder Leo Tolstoj, die das Gespräch als ein Haupterzählmittel einsetzen,[47] diese „Primitivformen" des Erzählens und deren gesprächstragende Bedeutung durchaus erkannt und in ihren Werken nachgebildet. Als Beispiel kann hier eine Passage aus „Anna Karenina" dienen, in der Tolstoj die Gespräche der Gäste auf einer Abendgesellschaft im Haus der Fürstin Betsy beschreibt:[48]

Das Gespräch hatte so nett begonnen, aber weil es zu nett war, stockte es wieder. Man mußte zu dem sichersten, nie versagenden Mittel greifen – dem Klatsch. ⟨...⟩
In der Gruppe um den Samowar und die Gastgeberin hatte das Gespräch unterdessen auch zwischen drei unvermeidlichen Themen geschwankt: den neuesten gesellschaftlichen Ereignissen, dem Theater und Sticheleien über den lieben Nächsten, und als man auf dieses letzte Thema gekommen war, blieb man dabei.
„Haben Sie schon gehört, die Maltischtschewa, nicht die Tochter, sondern die Mutter, läßt sich ein Kleid diable rose machen!"
„Nicht möglich! Nein, das ist ja herrlich!"
„Ich wundere mich nur, daß sie mit ihrem Verstand – sie ist ja nicht dumm – nicht einsieht, wie lächerlich sie sich macht."
Jeder steuerte sein Teil zur Verdammung und Verspottung der armen Maltischtschewa bei, und das Gespräch prasselte so munter wie ein brennender Holzstoß.

Tolstoj hat intuitiv gesehen, daß ein Gespräch auch durch die Bekanntmachung von kleinen Neuigkeiten, durch das Weitertragen und Kommentieren von ‚pikanten' Informationen so „munter wie ein brennender Holzstoß" prasseln kann, – und daß es vor allem der Klatsch ist, der von diesen rudimentären narrativen Rekonstruktionsformen lebt. Es ist zwar nicht ungewöhnlich, daß sich solche pikanten Informationen im Klatsch zu ganzen Geschichten ausweiten, doch um das gesamte Spektrum an rekonstruktiven Formen und Subformen, die sich in alltäglichen Unterhaltungen finden lassen, zu erfassen, bedurfte es eines anderen, weniger stark präjudizierenden Konzepts als „Erzählung" oder „Narration". Dieses Desiderat war der Anlaß dafür, das Konzept der „rekonstruktiven Gattungen" einzuführen.

4. Zur Gattungsanalyse von Klatsch

Mit der Bestimmung von Klatsch als einer rekonstruktiven Gattung ist ein wissens- und kommunikationssoziologisches Programm umrissen, das im folgenden im Hinblick auf seine methodischen Implikationen und die Schwierigkeiten seiner Realisierung erläutert werden soll. Als Ausgangspunkt bietet sich dafür an, den Gegenstandsbezug von Klatsch mit dem Gegenstandsbezug der soziologischen Analyse von Klatsch in Beziehung zu setzen. Dabei stellt sich heraus, daß zwischen beiden eine Homologie besteht: Im Klatsch werden soziale Ereignisse thematisiert, die für die Klatschteilnehmer Vergangenheit sind und deshalb rekonstruiert werden müssen. Doch die Klatschkommunikation ist selbst ein soziales Ereignis, das mit seinem Ablauf zu einem vergangenen Geschehen wird und damit nun den Sozialforscher, der Klatsch zu seinem Thema gemacht hat, zu rekonstruktiven Leistungen zwingt.

Im Prinzip ist der Sozialforscher, was die transitorische Qualität sozialer Vorgänge betrifft, gegenüber den in der Alltagswelt Handelnden in keiner privilegierten Position. Auch er kann sich seinem Objekt in der Regel nur von einem aposteriorischen Standpunkt aus nähern, was bedeutet, daß die Daten, mit denen die Sozialforschung herkömmlicherweise operiert (amtliche und prozeßproduzierte Daten, Interviewdaten, Beobachtungsdaten), die sozialen Sachverhalte, die sie abbilden, in rekonstruierender Form konservieren. Dieser Sachverhalt, der bislang in der sozialwissenschaftlichen Methodologie kaum reflektiert wurde,[49] bringt eine Soziologie, die beim Vorgang des Klatschens ansetzt, in nicht unerhebliche Schwierigkeiten.

Das Problem, das sich darin verbirgt, daß üblicherweise bereits in den sozialwissenschaftlichen Rohdaten – und nicht erst in deren späterer Verarbeitung – eine deutend-rekonstruierende Verwandlung des sozialen Geschehens stattfindet, läßt sich am Beispiel der weiter oben eingeführten Unterscheidung zwischen dem Reden über Klatsch und der Praxis des Klatschens aufzeigen. Jedes Klatschgespräch bildet in den auf ein Ziel hin entworfenen und vollzogenen sozialen Handlungen der Beteiligten einen primären Sinnzusammenhang. Der Sinn der Klatschhandlungen konstituiert sich in situ: Ist „die Handlung vollzogen, ist das Ziel erreicht – oder schießt man am Ziel vorbei –, ist auch der ursprüngliche Sinn endgültig abgeschlossen".[50] Klatsch entsteht als „Klatsch" durch den Vollzug von Handlungen, die von den Beteiligten in der aktuellen Handlungssituation als klatschspezifische Handlungen markiert, wahrgenommen und beantwortet werden. Demgegenüber bildet das Reden über Klatsch – ob in einem Etikettenbuch, in einer alltäglichen Unterhaltung oder in einem Interview – einen sekundären Sinnzusammenhang, der von dem primären, aktuellen Sinn der Handlungen im Ablauf des Klatschens prinzipiell zu unterscheiden ist. In der nachträglichen Thematisierung, die selbst wieder eine präskriptive Funktion erfüllen kann, wird ein vergangenes Geschehen als „Klatsch" typisiert, gedeutet, umgedeutet, erklärt, und diese Sinnzuschreibungen können – im Gegensatz zu dem objektgebundenen, ephemeren Sinn der Klatschhandlungen selbst – immer wieder aufs Neue präzisiert, revidiert oder fixiert werden. Aus diesen Darstellungen ex post läßt sich jedoch der primäre Sinnzusammenhang eines Handlungsgeschehens nur höchst spekulativ bestimmen. Der sekundäre Sinnzusammenhang legt sich wie ein Schleier mit eigenen Motiv- und Farbmustern über die interaktiv generierte Sinnstruktur des ursprünglichen Handlungsgeschehens. Sozialwissenschaftliche Daten, die nur den sekundären Sinnzusammenhang rekonstruktiver Deutungen transportieren, eignen sich somit nicht als Datengrundlage für eine Analyse des primären Sinnzusammenhangs eines Handlungsgeschehens. Würde sich die soziologische Untersuchung von Klatsch einzig und allein auf Daten stützen, die aus Aussagen *über* Klatsch bestehen, müßte sie vor der Frage kapitulieren, wie die Handelnden selbst ein Gespräch zu einem Klatschgespräch machen, d. h. worin die Kompetenz, Klatschgespräche zu führen, besteht.

Um Klatsch als eine in den Handlungen der Gesprächsteilnehmer sich realisierende Kommunikationsform untersuchen zu können, sind Daten erforderlich, die das rekonstruierende Gesprächsgeschehen nicht ihrerseits rekonstruierend konservieren, sondern so detailliert wie möglich in seinem realen Ablauf bewahren, d. h. registrierend konservieren.[51] Möglich wird diese Form der fortlaufenden, desinteressierten, nicht-deutenden Dokumentation eines sozialen Geschehens durch die in den letzten Jahren technisch ausgereiften Verfahren der audio-visuellen Aufzeichnung. Natürlich können derartige Aufzeichnungen den primären Sinnzusammenhang eines realen sozialen Vorgangs nicht direkt abbilden, aber sie schaffen die Möglichkeit, diesen Sinnzusammenhang indirekt aus dem beobachtbaren Verhalten, in dem er sich manifestiert, zu bestimmen. Denn als Beobachter von Aufzeichnungen kommunikativer Vorgänge sind wir Nutznießer des Umstands, daß die Handelnden selbst sich fortwährend durch sprachliche, prosodische und nicht-verbale Mittel wechselseitig „zu verstehen geben", wie eine Äußerung gemeint ist, als was eine Äußerung des Partners gehört wurde, in welchem Zusammenhang die jetzige Äußerung gesehen werden muß u. a. m. Verhaltensprotokolle auf der Grundlage technischer Aufzeichnungen gestatten dem Beobachter, ohne das fragwürdige Mittel des empathischen Nachvollzugs Zugang zu gewinnen zu dem primären Sinnzusammenhang, den die Interagierenden in und mit ihren Handlungen lokal hervorbringen. Zugleich ist es ihm möglich, durch die Wiedergabe von Protokollausschnitten in seiner Arbeit für den Leser transparent und überprüfbar zu machen, von welchen Primärvorgängen her er seine sekundären Interpretationen und Analysen entwickelt hat.

Der Umgang mit Daten, die einen sozialen Vorgang registrierend konservieren, stellt den Sozialforscher vor neuartige methodologische Probleme, die bislang erst von einigen wenigen Autoren erkannt und reflektiert wurden.[52] Viele der sog. „qualitativen" Sozialforscher benutzen Aufzeichnungen und Verhaltensprotokolle bis heute auf eine recht naive Weise als direkte Abbildungen von sozialen Vorgängen, ohne sich um die besondere Textqualität dieser Daten zu kümmern. Dieses Versäumnis führt aber mit einer gewissen Zwangsläufigkeit dazu, daß die textförmig repräsentierten Aufzeichnungen von Interaktionsabläufen nicht anders als inhaltsanalytisch bearbeitet werden. Damit wird das entscheidende Erkenntnispotential von Aufzeichnungen leichtsinnig verschenkt: daß sie den in der Interaktion ablaufenden Strukturierungsprozeß, der als „fortlaufendes" Ergebnis die „faktische" Struktur eines sozialen Sachverhalts zeitigt, konservieren und analytisch zugänglich machen.

An einer ethnologischen Monographie über Klatsch, die zu den ganz wenigen Arbeiten gehört, in denen auch Transkripte von Klatschgesprächen abgedruckt sind, lassen sich deutlich die Mängel eines Vorgehens aufzeigen, das den Prozeß der sozialen Konstruktion von Klatsch im Handeln der Beteiligten ignoriert. In seiner Studie „Gossip, reputation and knowledge in Zinacantan" (1977) beschreibt John B. Haviland aus einer primär ethnotheoretischen Perspektive die Klatschkommunikation einer Tzotzil-sprechenden Indianergemeinde im südöstlichen Mexiko.[53] Da er bei seiner Feldforschung bemerkte, daß die Zinacantecos es vermieden, in seiner Gegenwart zu klatschen, überlegte sich Haviland ein besonderes Verfahren. Er veranstaltete sog. „Who's Who eliciting sessions", in denen er die bei der Sitzung anwesenden Dorfbewohner dazu animierte, über die Reputation anderer, auf einer von ihm erstellten „Who's Who"-Liste aufgeführter Zinacantecos zu sprechen und Geschichten zu erzählen. Ausgehend von der weiten Definition, daß alle Gespräche über einen Abwesenden Klatsch seien, faßte Haviland dann die so elizitierten Geschichten zu einem Klatsch-Korpus zusammen und bestimmte aus ihnen die vorherrschenden Klatschthemen, die Reputation der Klatschopfer sowie evaluierende „Klatschwörter". Indem Haviland die von ihm elizitierten Erzählungen wie Schrifttexte behandelt, minimalisiert er die Bedeutung des pragmatischen Entstehungszusammenhangs dieser Erzählungen, obwohl ihn doch die zunächst gemachte Erfahrung, von den Zinacantecos vom Klatsch ausgeschlossen zu werden, eines Besseren hätte belehren müssen. Klatsch kann damit von Haviland nicht als ein interaktiv hergestellter sozialer Sachverhalt verstanden und bestimmt werden. Wenn man, wie Haviland das tut, Klatschgespräche unbesehen ihrer interaktiven Entfaltung semantisch-inhaltsanalytisch zerlegt und klassifiziert, überspringt man die Vorfrage, wie ein Gespräch als Klatschgespräch von den Handelnden hervorgebracht und vom Sozialforscher identifiziert wurde.

Wie lassen sich nun aus der technischen Aufzeichnung eines kommunikativen Geschehens die Strukturierungsprinzipien bestimmen, die aus diesem Geschehen einen geordneten, identifizierbaren sozialen Sachverhalt machen? Innerhalb der Soziologie haben sich in den vergangenen 10 bis 20 Jahren zwei Forschungsansätze – die „Konversationsanalyse" und die „Objektive Hermeneutik" – herausgebildet, von denen jeder auf seine Weise sich um Antworten auf diese Frage bemüht. Beide Ansätze verzichten aus grundsätzlichen Erwägungen fast ganz auf statistische Sozialdaten und Interviewdaten und stützen sich in ihrem Vorgehen weitgehend auf Bild- und Tonaufzeichnungen und Detailtranskriptionen von „natürlichen" Interaktionsabläufen. Zur Lösung der methodologischen Probleme, denen sie beim Umgang mit dieser Art von Daten begegneten, haben beide Ansätze unabhängig voneinander Verfahrensprogramme entwickelt, die in wesentlichen Teilen nahezu identisch sind. Diese Übereinstimmung ist um so erstaunlicher, als beide Ansätze unterschiedliche Interessen verfolgen und an recht unterschiedliche Theorietraditionen anknüpfen.[54]

Es ist an dieser Stelle nicht erforderlich, nochmals die methodologischen Programme und das – wie an anderer Stelle gezeigt wurde – komplementäre Verhältnis der beiden Forschungsansätze darzustellen und zu diskutieren.[55] Festzuhalten ist folgendes: Beide Ansätze zeichnet – gegenüber anderen qualitativen Vorgehensweisen – aus, daß sie in ihrem interpretativen Vorgehen grundsätzlich von einer Ordnungsprämisse geleitet werden, die besagt, daß kein in einem Interaktionstranskript auftauchendes Textelement als Zufallsprodukt betrachtet wird, sondern zu bestimmen ist als Bestandteil einer sich im Handeln der Beteiligten reproduzierenden Ordnung. Für die Konversationsanalyse bilden die fallunabhängigen Prinzipien und Mechanismen der Interaktion den Ordnungszusammenhang, in dem ein singuläres Ereignis als methodisch hervorgebrachtes Objekt bestimmt werden kann und damit seinen Charakter des Zufälligen verliert. Demgegenüber bildet für die Objektive Hermeneutik die fallspezifische, „individuelle" Selektivität eines Interaktionssystems den Ordnungszusammenhang, in dem ein einzelnes Textelement als „motiviertes" und damit als nicht-zufälliges Produkt beschreibbar wird.

Da das Interesse der vorliegenden Arbeit dem Klatsch als einer kommunikativen Gattung gilt, also einem gesellschaftlich institutionalisierten, fallunspezifischen Muster der Kommunikation, ist die primäre methodische Orientierung konversationsanalytischer Art. Wenn es aber darum geht, über die Gattungsbestimmung hinaus an einzelnen Stellen den Individuierungsprozeß zu untersuchen, der jedem realen Klatschgespräch sein eigenes Aussehen verleiht, wird das Vorgehen sich eher der Einzelfallanalyse der Objektiven Hermeneutik annähern. Daraus ergibt sich nun ein methodisches Vorgehen, dessen Hauptstationen in den folgenden fünf Punkten erläutert werden. Die Abfolge dieser fünf Punkte hält sich grob an den realen Verlauf der empirischen Untersuchung.

1. *Vorbegriff.* Als Topos ist aus der literaturwissenschaftlichen Gattungstheorie das „Problem des Anfangs" bekannt, das sich in der Frage niederschlägt, wie es möglich ist, einen Text zu einer Gattung zu zählen, wenn es keine vorher festgelegten Gattungsnormen gibt, sondern wenn diese Gattungsnormen erst aus der Masse der geschichtlichen Einzelwerke entwickelt werden sollen. Da man bereits eine Vorstellung von der aufzustellenden Gattungsnorm haben muß, um einen Korpus relevanter Werke versammeln zu können, scheint man in einem schlechten Zirkel gefangen zu sein.[56] Diese Argumentation bildet freilich für die Hermeneutik eine Robinsonade, die mit der Fiktion einer „Urdummheit" (Gadamer) und – wie man hinzufügen kann – mit der falschen Hoffnung auf eine Endweisheit arbeitet. Verstehen kann nie an einem Nullpunkt ansetzen; zu seinem Wesen gehört das „Vorurteil" (in seiner hermeneutisch rehabilitierten Bedeutung).

Entsprechendes gilt auch für die Gattungsanalyse von Klatsch. Nachdem Gespräche in den seltensten Fällen durch eine selbstreferentielle Formulierung als „Klatsch" gekennzeichnet werden, ist es unumgänglich, zunächst über einen Vorbegriff von Klatsch

4. Gattungsanalyse von Klatsch 53

untersuchungsrelevante Materialien zu lokalisieren. Das gilt bereits für die Entscheidung darüber, welche Situationen überhaupt für eine Beobachtung in Betracht gezogen werden. Man wird z. B. aufgrund seines Vorwissens nicht erwarten, daß Arzt-Patient-Gespräche, mündliche Prüfungen oder politische Diskussionen einen hohen ‚Bodenreichtum' an Klatsch haben. Doch auch Familiengespräche oder informelle Unterhaltungen zwischen Freunden, Bekannten und Arbeitskollegen sind nicht automatisch Klatschgespräche. Um in diesen Gesprächen Klatschpassagen identifizieren zu können, ist der Sozialforscher zwangsläufig auf einen Vorbegriff von Klatsch angewiesen.

Da der Vorbegriff von Klatsch, mit dem die Untersuchungsarbeit einsetzt, im Fortgang der Analyse durch empirisch begründete Bestimmungen ersetzt wird, ist ein besonderer definitorischer Aufwand nicht erforderlich. Es genügen alltagssprachliche Umschreibungen oder einfache lexikalische Bestimmungen, wie etwa die aus dem „Deutschen Wörterbuch" von Wahrig, wonach Klatsch aus „Neuigkeiten über persönliche Angelegenheiten anderer" besteht.

2. *Datengewinnung.* Die Beobachtung und Aufzeichnung von Klatsch stößt auf Schwierigkeiten, die für sich bereits etwas über das Phänomen Klatsch verraten. Zuallererst ist da der ausdrückliche Widerstand der Klatschenden selbst: Sei es, daß sie Bedenken dagegen haben, bei einer „offiziell geächteten" Tätigkeit dokumentarisch festgehalten zu werden, sei es, daß sie befürchten, mit der Gegenwart von Kamera und Mikrophon würde der abwesende Dritte, über den geklatscht wird, zu einem potentiell Anwesenden, also zu einem Zeugen dessen, was und wie über ihn geredet wird, – das Ansinnen, beim Klatsch aufgezeichnet zu werden, wird jedenfalls zumeist als Eingriff in die Privatsphäre entschieden zurückgewiesen. (Durch die Abweisung wird deutlich, daß Klatsch im Alltag nur in der besonderen ‚Kultur' der Privatsphäre lebensfähig ist.) Selbst wenn sich Personen – vielleicht verführt durch ein lockendes Honorar – bereit erklären, ihre Gespräche aufzeichnen zu lassen, ist das keine Garantie dafür, daß in diesen Gesprächen dann tatsächlich geklatscht wird.[57] (Auch das zeigt bereits etwas Charakteristisches: Klatsch stellt sich „spontan" ein, ist kaum geplant oder unter experimentellen Bedingungen herbeizuführen.)

Versucht man dagegen als Teilnehmer an einem Gespräch, seine „zweite" Aufmerksamkeit im Verborgenen auf die Formen des Klatsches zu richten, wird man die Erfahrung machen, daß man zumeist so stark in den Bann des Klatsches gezogen ist, daß man immer erst im nachhinein realisiert: was wir jetzt gerade gemacht haben, war Klatsch, und ich habe wieder versäumt, auf die Einzelheiten des Klatschens zu achten. (Wir begegnen hier dem bereits erwähnten Phänomen der Selbstvergessenheit der Klatschenden.)

Ein möglicher Ausweg aus dieser Situation wäre, den in Zeitungen, Zeitschriften, Briefwechseln, Tagebüchern, Autobiographien oder Romanen bereits schriftlich fixierten Klatsch als Datengrundlage zu benutzen. Damit würde freilich das Thema „Klatsch" in radikaler Weise eingeengt auf ein literarisches Phänomen, das sich allein schon durch seinen „öffentlichen" Charakter grundsätzlich von dem in wechselseitiger mündlicher Kommunikation hervorgebrachten Klatsch unterscheidet. Das soll nicht heißen, daß der journalistische und literarische Klatsch, dem die Literaturhistorikerin Patricia M. Spacks kürzlich eine eigene Monographie gewidmet hat,[58] für die vorliegende Arbeit völlig irrelevant wäre. Doch in der Modalität der Schriftlichkeit können sich soziale Bedeutung und Funktion von Äußerungen auf radikale Weise ändern, und zwar, wie Georg Simmels Bemerkungen zur Soziologie des Briefes zeigen,[59] gerade in einem Bereich, der für den Klatsch eine zentrale Rolle spielt: dem Verhältnis von Bestimmtheit und Vieldeutigkeit, von Offenbaren und Verschweigen. Um das Spezifische des literarischen Klatsches bestimmen zu können, ist ein Verständnis der primären, alltäglich-mündlichen Klatschformen unumgänglich. Wird dieses Verständnis nicht wissenschaftlich-systematisch entwickelt, bleibt – wie in Patricia Spacks' Arbeit – nur der Rekurs auf die eigene Intuition und das Alltagswissen über Klatsch.

So wird man zur Gewinnung von Daten über Klatsch auf eine im Alltagsleben bewährte Methode, die mit Klatsch selbst in einer innigen Beziehung steht, zurückgreifen müssen: Man wird dort zuhören, wo der Anstand gebietet, wegzuhören. Von James Joyce wird erzählt, er soll in London in einem billigen dünnwandigen Hotel tagelang dem in den Nebenzimmern Gesprochenen zugehört haben, um aus den verschiedenen Sprachfärbungen immer neue

Nuancen des Englischen für seine Arbeit in Erfahrung zu bringen.[60] Indiskretionen dieser Art, die im Alltag gar nicht zu vermeiden sind, lassen sich ebensowenig prinzipiell mißbilligen wie prinzipiell rechtfertigen. Es mag eine forschungsethisch zweifelhafte Entscheidung sein, Klatschgespräche heimlich zu belauschen und aufzuzeichnen. Doch die darin eingeschlossene Problematik läßt sich durch verschiedene Maßnahmen (z. B. die nachträgliche Aufklärung und Bitte um Zustimmung, die Maskierung der Personen und Umstände in allen Transkripten) auf ein vertretbares Minimum reduzieren.

Die in den folgenden Kapiteln zitierten Klatschpassagen sind Gesprächen entnommen, die in den verschiedensten Situationen und Kontexten von verschiedenen Personen teils nur beobachtet und schriftlich protokolliert, teils auf Tonband aufgezeichnet und transkribiert wurden. Videoaufzeichnungen von Klatsch waren in keinem Fall möglich. Wie die Leute beim Klatsch „die Köpfe zusammenstecken", konnte daher nicht systematisch untersucht, sondern nur mit einzelnen Beobachtungsnotizen zum nonverbalen Verhalten illustriert werden.

3. *Regelhaftigkeiten.* Um Klatsch typologisch zu bestimmen sowie verschiedene generische Schichten dieser Gattung zu differenzieren, müssen Einzeltexte (Transkriptionen von Gesprächen) als Exemplare einer Gattung betrachtet, d. h. als Abwandlungen einer gleichbleibenden Form erkannt werden. Der Weg zu dieser Bestimmung führt über die Beobachtung von Regelhaftigkeiten. Denn wenn Klatsch tatsächlich ein eigenes Genre der Kommunikation ist, müssen sich im kommunikativen Handeln der Gesprächsteilnehmer Regelhaftigkeiten zeigen, die für die Interagierenden selbst und damit sekundär für den externen Beobachter dieses Gespräch als Klatsch erkennbar machen. In diesen beobachtbaren Regelhaftigkeiten reproduziert sich die Gattung „Klatsch". In welchen kommunikativen Dimensionen und Vorgängen sich diese Regelhaftigkeiten manifestieren, läßt sich dabei nicht im vorhinein entscheiden. Die Gattungshaftigkeit von kommunikativen Vorgängen kann sich etwa auf rechtmäßige Teilnehmer und soziale Beziehungsmuster, auf Sprechweisen, Sprechstile und Themen, auf die situative Einbettung, die Kommunikationsmodalität und vor allem auf das interaktive Ablaufmuster beziehen.[61]

Eine besondere Schwierigkeit ergibt sich daraus, daß die zu beobachtenden Regelhaftigkeiten nicht offen zutage liegen. Ein einzelnes Klatschgespräch ist nicht die Gattung Klatsch selbst, sondern die individuell-exemplarische Realisierung eines kommunikativen Musters. Nicht nur kann dieses Muster in der Realisierung abgewandelt, ironisch gebrochen, verdeckt oder exponiert, mit anderen Mustern verwebt, unterschiedlich modalisiert, kontrahiert und expandiert werden, das Klatschmuster selbst ist nur eine von mehreren Orientierungsgrößen, die das kommunikative Verhalten der Gesprächsteilnehmer bestimmen. Klatschgespräche sind also keine „geklonten" Exemplare eines reinrassigen Klatsch-Urtypus. In ihnen „kreuzen" sich immer verschiedene kommunikative Linien.

Um zu verhindern, daß partikulare Realisierungsmerkmale von Klatschgesprächen zu Gattungsmerkmalen verabsolutiert werden, müssen aus den verfügbaren individuellen Textmanifestationen die nicht-gattungsspezifischen Besonderungen ausgefiltert werden. Das läßt sich nicht in einem Schritt erledigen. In einem sukzessiven Prozeß, der in seiner Logik dem chemischen Fraktionierungsprinzip nicht unähnlich ist, wird das Gesprächsmaterial nach dem Dreierschritt: Einzelfallanalyse – Strukturhypothese – Korpuserweiterung, einem Trennungsverfahren unterworfen, so lange, bis sich über eine Vielfalt von Texten hinweg kontextunabhängige Gleichförmigkeiten der Klatschkommunikation abzeichnen.

4. *Organisationsprinzipien.* Beschreibbare Regelhaftigkeiten der Klatschkommunikation sind immer eine gemeinsame Leistung aller am Klatsch Beteiligten. Selbst die – scheinbar monologische – Erzählung einer Klatschgeschichte erfordert, daß die anderen durch entsprechende Zuhöreraktivitäten zur Entstehung dieser Geschichte beitragen. Gleichförmigkeiten in Klatschgesprächen dürfen daher nicht einfach auf den Automatismus eines in Gang gesetzten Verhaltensprogramms zurückgeführt werden. Sie werden interaktiv hervorgebracht und müssen von ihrer interaktiven Produktionsgeschichte her erklärt werden. Gleichförmigkeiten in Klatschgesprächen verweisen also auf eine im und durch das Handeln der Beteiligten sich vollziehende interaktive Organisation von Klatsch. „Organisation" ist hier natürlich nicht im Sinn der

Organisationssoziologie zu verstehen, sondern – entsprechend der Verwendung dieses Konzepts etwa bei Charles H. Cooley[62] oder Erving Goffman[63] – als ein Formierungs- und Ordnungsprozeß, in dem ein sozialer Sachverhalt als quasi-organisches Ganzes entsteht oder besser: fortwährend erzeugt wird. Daß Klatsch interaktiv organisiert wird, heißt, daß die Interagierenden in wechselseitiger Abstimmung und mittels sozialer Regeln, Prinzipien oder (Ethno-) Methoden ihr Gespräch im Handlungsvollzug zu einem Klatschgespräch machen.

Die interpretative Erschließung der Organisationsprinzipien des Klatsches ermöglicht es, die Dynamik und Kontextualisierung von Klatschgesprächen, ihre innere, Äußerung mit Äußerung verknüpfende „logic-in-use" (Kaplan)[64] zu bestimmen. Erst die Kenntnis und Beherrschung dieser Organisationsprinzipien und nicht bereits das Wissen um das Klatschmuster machen das aus, was man als „Klatschkompetenz" bezeichnen kann. Das Beispiel einer anderen kommunikativen Gattung mag diese Unterscheidung verdeutlichen. In ihrer Studie über „Proverbs and the ethnography of speaking folklore" zitieren E. O. Arewa/A. Dundes den Ausspruch eines afrikanischen Studenten an einer amerikanischen Universität: „Ich kenne die Sprichwörter, aber ich kann sie nicht anwenden." Der Student hatte aufgrund seiner westlich orientierten Erziehung in Nigeria keinen Zugang zum alltäglichen Gebrauch von Sprichwörtern bei den Ibo. So konnte er sich zwar an den Text zahlreicher Sprichwörter der Ibo erinnern, war sich jedoch unsicher, genau wie und wann sie in spezifischen Situationen anzuwenden seien.[65] Zur Beschreibung einer kommunikativen Gattung genügt es demnach in keiner Weise, allein das isolierte Gattungsmuster zu erfassen. Zu seiner Bestimmung gehören wesentlich auch die Prinzipien und Regeln, mittels derer ein kommunikatives Muster unter jeweils spezifischen Umständen realisiert und damit zu einem individuellen kommunikativen Ereignis wird. Diese individuellen Besonderungen sind für sich keine Zufälligkeiten oder „Kontingenzen", sondern – darin stimmen Ethnographie der Kommunikation, Ethnomethodologie, Konversationsanalyse und Objektive Hermeneutik überein – das Resultat eines Besonderungsprozesses, der seinerseits allgemeinen Strukturierungsprinzipien gehorcht.

5. *Darstellung*. Konversationsanalytische und hermeneutische Untersuchungen von kommunikativen Abläufen anhand von Aufzeichnungen und Verhaltensprotokollen treffen auf unerwartete Schwierigkeiten, wenn sie – entsprechend dem wissenschaftlichen Öffentlichkeitsgebot – für die „scientific community" zu Papier gebracht werden sollen. Die grundsätzliche Schwierigkeit besteht darin, daß die resultatorientierten Darstellungskonventionen und Textstrukturen der herkömmlichen Forschungsliteratur für die prozeßorientierte Forschungslogik des interpretativen Vorgehens einen inadäquaten Präsentationsrahmen bilden.[66] Interpretationshypothesen gewinnen ihre Gültigkeit nicht über statistische Operationen, sondern über den sorgfältig geführten Nachweis, daß die Deutung einen Sinnzusammenhang erfaßt, auf den die Interagierenden selbst hinorientiert sind und der von ihnen im Interaktionsfortgang reproduziert wird. Für diesen Nachweis bietet sich als Darstellungsweise die *Form* einer Einzelfallanalyse an, in der eine Interaktionspassage Äußerung für Äußerung im Hinblick auf die Organisationsprinzipien und den Gehalt der in ihr sich reproduzierenden Sinnstruktur interpretiert wird. Es würde der Logik des interpretativen Vorgehens widersprechen, deduktiv von einem fertigen Untersuchungsresultat her zu argumentieren und damit die zitierten Transkriptionsausschnitte zu einer bloßen Illustration zu degradieren. Vermieden werden kann dies dadurch, daß man den Prozeß der Erkenntnisgewinnung und -absicherung, der ja in diesem Fall explizit dem interpretativen Vorgehen der Interagierenden nachgebildet ist und auf den Fersen folgt, am Material „nachspielt" und so dem Leser vor Augen führt.

Sowohl in der Konversationsanalyse[67] wie auch in der Objektiven Hermeneutik[68] gibt es Arbeiten, die auf diese Weise mittels der Form der Einzelfallanalyse den Darstellungsverlauf der Interpretation mit dem realen Verlauf der sozialen Interaktion synchronisieren. In diesen Arbeiten werden nicht Erkenntnisse postuliert und dann begründet, sondern der Leser wird gleichsam an der Hand genommen und Schritt für Schritt – auch über Umwege – zu Erkenntnissen hingeführt. Die intersubjektive Nachvollziehbarkeit und Gültigkeit der wissenschaftlichen Interpretation lebt dabei in erster Linie vom Gang der Darstellung, die somit kein bloßes

4. Gattungsanalyse von Klatsch 59

Vehikel zum Transport von fertig abgepackten Erkenntnissen mehr ist, sondern zu einem Teil der Methode wird.

Die Einzelfallanalyse stößt – sowohl als Untersuchungsmethode wie auch als Darstellungsform – dort an ihre Grenzen, wo es darum geht, das empirische Material auch unter einer morphologischen Fragestellung zu betrachten, d. h. aus ihm unterschiedliche Modellierungsweisen und Variationstypen einer kommunikativen Form zu bestimmen. Das kann nur auf dem Weg einer vergleichenden Analyse verschiedener Fälle geschehen – ein Vorgehen, das seit jeher in der Methodologie der Konversationsanalyse einen wichtigen Platz einnimmt. Da es aber hoffnungslos – und auch ziemlich sinnlos – wäre, alle Fallinterpretationen auf die gleiche extensive Weise in der Form einer Einzelfallanalyse präsentieren zu wollen, bleibt nur die Möglichkeit, andere, eher subsumptionsorientierte Darstellungsweisen zu wählen. Der explizierende Darstellungsstil, bei dem sich der Interpretationsfortgang eng an den Interaktionsfortgang anschmiegt, läßt sich also nicht ungebrochen durchhalten. Ja, die Abstriche an dieser Darstellungsweise müssen bei der Untersuchung von Klatsch sogar noch stärker ausfallen als bei der Untersuchung anderer Interaktionsphänomene. Während nämlich im Fall kürzerer Interaktionssequenzen die vergleichende Analyse weitgehend explikativ verfahren kann,[69] ist im Fall des verhältnismäßig großformatigen Phänomens Klatsch bereits sehr viel früher der Punkt erreicht, an dem die favorisierte diachrone Darstellungsweise zugunsten einer abkürzenden – und oft auch verkürzenden – synchronen Darstellungsweise aufgegeben werden muß. So ist denn auch der Darstellungsstil in den folgenden Kapiteln nicht einheitlich. Phasen, in denen einzelne Klatschsegmente fast pedantisch zerlegt und hin- und hergewendet werden, wechseln ab mit Abschnitten, in denen relativ ‚generös‘, d. h. detailfern, größere interpretative Bögen gezogen werden.

III. Die Klatschtriade*

1. Zur Beziehungsstruktur des Klatsches

In der Bezeichnung „Klatsch" vereinigen sich im Deutschen zwei Bedeutungskomponenten, die so eng miteinander verknüpft sind, daß es übertrieben kleinlich erscheinen mag, auf ihrer Unterscheidung zu bestehen. Doch erst ihre Trennung macht es möglich zu erkennen, welche Weisheit darin verborgen liegt, sie in einem Begriff zu vereinigen.

Klatsch bezeichnet zum einen den *Inhalt* einer Kommunikation und wird in dieser Bedeutung auch lexikalisch definiert, z. B. als „Neuigkeiten über persönliche Angelegenheiten anderer". Auch in bestimmten Redewendungen wie etwa: Klatsch herumtragen, Klatsch verbreiten oder Klatsch auftischen, dient „Klatsch" als Bezeichnung eines spezifischen Kommunikationsinhalts. Zum andern wird mit Klatsch aber auch ein Kommunikations*vorgang* bezeichnet und in dieser Bedeutung zumeist als „Geschwätz" oder „Gerede" umschrieben. Diese Bedeutungskomponente kommt noch stärker zum Ausdruck, wenn etwa von Geklätsch, Geklatsche oder Klatscherei gesprochen wird. In der Bezeichnung „Klatsch" fällt also der Sachverhalt, daß eine Neuigkeit besonderer Art kommuniziert wird, mit der Art und Weise, wie dieser Sachverhalt kommuniziert wird, in eins zusammen. Im Alltag berührt uns diese Bedeutungsdifferenz kaum. Daß es für spezifische Typen von Neuigkeiten immer spezifische Formen der kommunikativen Vermittlung gibt, ist uns eine Selbstverständlichkeit. Daß es sich aber unter analytischen Gesichtspunkten lohnt, genau an diesem Punkt einzuhaken, macht ein anderes Beispiel, bei dem es um die Übermittlung einer spezifischen „Neuigkeit" geht, deutlich.

Zumindest für westliche Gesellschaften gilt, daß jeder Todesfall, der sich ereignet, ein differenziertes kommunikatives Geschehen auslöst. Die Frage, die sich an diese Feststellung anknüpfen läßt, ist, welcher Zusammenhang in diesem Fall zwischen dem Kommu-

---

* Anmerkungen zu Kapitel III: S. 229–238

nikationsinhalt (d. h. der Todesnachricht) und dem Kommunikationsvorgang (d. h. der Übermittlung der Todesnachricht) besteht. David Sudnow, dem wir interessante Ausführungen zu diesem Thema verdanken,[1] zeigt anhand seiner Beobachtungen in zwei Sterbekliniken, daß ein Todesfall generell als ein „unit event" betrachtet wird, d. h. als ein Ereignis-für-eine-soziale-Einheit. Nur für die Mitglieder einer derartigen sozialen Einheit oder Gruppe wird das Ereignis eines Todesfalles überhaupt zu einer relevanten Nachricht. Der Grund dafür ist darin zu sehen, daß mit der Mitgliedschaft in einer solchen Einheit immer das Recht, benachrichtigt zu werden, sowie die Pflicht, andere Gruppenmitglieder zu benachrichtigen, verknüpft ist. Bei einem Todesfall ist die wichtigste soziale Einheit die Familie. Die Träger der Pflichten und Rechte, die anläßlich eines Todesfalles aktiviert werden, sind in erster Linie die Familienangehörigen des Verstorbenen.

Sudnow weist ferner darauf hin, daß sich die Angehörigen ebenso wie die Krankenhausärzte beim Weitergeben der Todesnachricht an relativ strikte Regeln halten, die sich auf Vorstellungen von einer ‚richtigen Reihenfolge', in der dies zu geschehen hat, beziehen. Entsprechend dieser ‚Benachrichtigungs-Rangordnung' läßt sich die Gesamtheit der Personen, die bei einem Todesfall informiert werden muß, als eine Anordnung von konzentrischen Kreisen betrachten. Angehörige der inneren Kreise unterscheiden sich von denen der äußeren nicht nur durch das Maß der Dringlichkeit der Nachrichtenübermittlung (– wird hierfür extra ein Kontakt hergestellt oder einfach auf die nächste Kommunikationsgelegenheit gewartet?), sondern auch durch das ihnen ‚zustehende' Übermittlungsverfahren, das persönlich oder unpersönlich, dramatisch-affektiv oder neutral-informativ sein kann. Die Orientierung der Beteiligten an einer derartigen Benachrichtigungs-Hierarchie kommt etwa darin zum Ausdruck, daß diejenigen Personen, die sich selbst als Mitglieder der sozialen Gruppe betrachten und entweder „zu spät" oder in nicht-angemessener Weise (z. B. allein aufgrund der Todesanzeige in der Tageszeitung) oder gar nicht von dem Todesfall benachrichtigt werden, sich übergangen, vergessen oder ausgeschlossen fühlen können.

Bezieht man diese Beobachtung auf die eingangs dargestellte, in der

1. Beziehungsstruktur des Klatsches

Bezeichnung „Klatsch" verborgene Bedeutungsdifferenz von Kommunikationsinhalt und Kommunikationsvorgang, so kann man erkennen, daß sich zwischen diese beiden Komponenten als entscheidende Vermittlungsinstanz das *soziale Beziehungsnetzwerk* der Beteiligten schiebt. Wie eine Todesnachricht kommuniziert wird, hängt wesentlich von der Art der Beziehung ab, die zwischen dem Übermittler und dem Empfänger besteht. Ja, man kann sogar sagen, daß ein Todesfall überhaupt erst durch die Aktivierung des Beziehungsnetzwerks des Verstorbenen zu einer „Todesnachricht" wird.

Das Ausmaß an Sorgfalt, mit der im alltäglichen kommunikativen Verkehr soziale Beziehungsnetzwerke beachtet werden, mag im Fall der Übermittlung einer Todesnachricht besonders hoch sein; keineswegs ist sie jedoch auf diesen spezifischen Kommunikationsinhalt beschränkt. Daß die Beteiligten auch bei der Verbreitung ganz anderer „Neuigkeiten" sich peinlich genau an ihrem Beziehungsnetzwerk orientieren, macht der folgende Ausschnitt aus einem Interview mit einer schwangeren Frau deutlich:[2]

I. er: Nachdem Sie entdeckt hatten, daß Sie schwanger waren, haben Sie es John ⟨dem Ehemann⟩ gesagt – wem sonst haben Sie es noch gesagt?
I. te: Naja, jedem.
I. er: Jedem?
I. te: Naja, nein. Wir fuhren nach Toronto. Auf unserer Reise haben wir gecampt und Verwandte in Winnipeg besucht, und wir haben es ihnen gesagt und jedem in Toronto. Und dann kamen wir zurück und haben es meinen Eltern gesagt. Der einzige Grund, den ich mir denken kann, es nicht zu sagen, ist, daß – die meisten warten ja, bis sie im vierten Monat sind – ist, daß jemand bereits einmal eine Fehlgeburt hatte und Angst hat, es zu verlieren. Einen anderen Grund zu warten sehe ich nicht.
I. er: Haben Sie es Ihrer Mutter gesagt, bevor Sie wegfuhren?
I. te: Nein. Sie war verreist. Ein paar Tage bevor ich es entdeckt hatte, fuhr sie weg. Sie war verreist und ich war nicht der Meinung, daß ich es meinem Vater erzählen sollte, wissen Sie, denn dann würde meine Mutter nach Hause kommen

und mein Vater würde ihr alles erzählen und sie wäre ziemlich enttäuscht gewesen, daß ich nicht gewartet habe, bis ich selbst es ihr hätte erzählen können.
I. er: Ihr Vater wußte also nichts davon, bis Sie aus Toronto zurückkamen?
I. te: Das stimmt, mhm.
I. er: Und Ihre Schwestern?
I. te: Nein, nein. Hier wußte niemand etwas. Ungefähr fünf Tage, nachdem ich es erfahren hatte, fuhren wir weg. Naja, wir dachten, wir sollten es Mutter und Vater sagen, ehe wir es meinen Schwestern sagten.
I. er: Ihre Schwestern leben auch hier in der Stadt?
I. te: Ja.
I. er: Haben Sie es hier irgendeiner Ihrer Freundinnen erzählt, ehe Sie wegfuhren?
I. te: Oh. Ja, es gibt eine Person, der ich es sagte. Ich habe es einer Freundin erzählt. Ich konnte es nicht für mich behalten.
I. er: Weshalb meinten Sie, daß Sie es nicht Ihren Schwestern sagen sollten, ehe Sie es nicht Ihrer Mutter gesagt hatten?
I. te: Weil meine Mutter gekränkt gewesen wäre, wenn nicht sie selbst es herausgefunden hätte. ⟨?⟩ Und weil sie vor uns zurückkam und mit meinen Schwestern gesprochen hätte und es zwangsläufig von ihnen erfahren hätte. Sie ist aber jemand, der es selbst gern allen anderen erzählt.

Aus den Beschreibungen der Frau wird deutlich, in welchem Maß sie damit beschäftigt war, die „Neuigkeit" ihrer Schwangerschaft innerhalb des für sie relevanten Beziehungsnetzwerks zu lokalisieren und bei ihrer Verbreitung sorgfältig eine bestimmte Reihenfolge zu beachten. Einzelnen Personen – hier: ihrer Mutter – schrieb sie das Recht zu, die Information aus erster Hand zu erhalten. Andere Personen – eine Freundin, nicht aber ihr Vater – konnten ‚außerhalb der Reihe' informiert werden (– wohl weil der Kreis der Freundinnen einen von ihrer Verwandtschaft getrennten Zweig ihres Beziehungsnetzwerks bildete). Zwar berichtet die Frau nichts darüber, ob sie die Neuigkeit ihrer Schwangerschaft verschiedenen Leuten auf unterschiedliche Weise übermittelte. Mit einiger Sicherheit kann jedoch vermutet werden, daß die Art, wie diese Neuigkeit im Kreis ihrer Freundinnen verbreitet wurde, und die Art, wie die Frau selbst z. B. ihrem Arzt Mitteilung von dieser Neuigkeit machte, sich in einigen charakteristischen Merkmalen voneinander unterschieden.

Ebenso wie im Fall der Übermittlung einer Todesnachricht oder im Fall der Bekanntgabe einer Schwangerschaft *ist auch im Fall des Klatsches die zu kommunizierende Neuigkeit immer eine ‚Neuigkeit-für-eine-soziale-Einheit'*. In all diesen Fällen ist es wenig sinnvoll, den Kommunikationsinhalt und den Kommunikationsvorgang isoliert für sich zu bestimmen und dann getrennt nach den sozialen Beziehungen zwischen den Kommunikationsteilnehmern zu fragen. Denn: ob ein Ereignis als mitteilungswürdig erachtet und damit zu einer „Information" wird; wann, an wen und in welcher Reihenfolge diese Information als Nachricht übermittelt werden soll; und wie diese Nachricht dann tatsächlich kommuniziert wird – all diese Fragen werden im Handeln der Beteiligten durch den Rekurs auf relevante Beziehungsnetzwerke entschieden. Das bedeutet im Hinblick auf Klatsch, daß die Verbreitung einer Klatschinformation in ähnlicher – wenn auch nicht identischer – Weise wie die Übermittlung einer Todesnachricht oder die Bekanntgabe einer Schwangerschaft von sozialen Selektionsmechanismen und Relationierungsprozessen gesteuert wird, und daß diese spezifische Netzwerkaktualisierung ein konstitutives Element von Klatsch bildet.

Zu Beginn dieses Kapitels wurde festgestellt, daß Klatsch in seiner Alltagsbedeutung einen Kommunikationsinhalt und zugleich einen Kommunikationsvorgang bezeichnet. Entgegen der These, daß die Struktur der sozialen Beziehungen der am Klatsch Beteiligten ein konstitutives Element von Klatsch ist, enthalten diese beiden Bestimmungen keinen direkten Hinweis auf eine besondere Beziehungsqualität der Klatschteilnehmer. Allerdings setzen beide Klatschbestimmungen stillschweigend voraus, daß zwischen allen Personen, die im Klatsch aufeinandertreffen, eine spezifische soziale Beziehung besteht. Offenkundig wird diese Voraussetzung etwa darin, daß das Weitertragen ein und derselben Information einmal Klatsch, ein andermal aber kein Klatsch ist, je nachdem, wer sie an wen weitergibt und wen sie betrifft. Wenn etwa, um ein klassisches

Klatschthema zu nehmen, eine Frau ein außereheliches Verhältnis mit einem anderen Mann hat, dann würden wir zwar das Gerede der Freundinnen und Nachbarn über dieses Ereignis als Klatsch betrachten, nicht aber, wenn der gehörnte Ehemann mit seinem Scheidungsanwalt über den gleichen Sachverhalt spricht. D. h., *ob eine Neuigkeit über eine andere Person eine Neuigkeit über die persönlichen Angelegenheiten dieser Person ist (und damit der Inhalt eines Klatschgesprächs sein könnte), hängt nicht allein von dem Sachgehalt dieser Neuigkeit ab, sondern grundsätzlich auch von der Beziehungskonfiguration derer, die sie verbreiten, die sie vernehmen und die von ihr betroffen sind.* Klatschinhalt und Klatschvorgang haben, wie jetzt zu erkennen ist, in der spezifischen Beziehungsstruktur des Klatsches ihren versteckten gemeinsamen Nenner. Von hier aus betrachtet erhält der Umstand, daß beide Bestimmungen in der Bezeichnung „Klatsch" vereinigt sind, seine Berechtigung und seine tiefere Bedeutung.

Um nun die spezifische Beziehungsstruktur, die im Klatsch aktualisiert wird, bestimmen zu können, müssen zunächst die Figuren, die typischerweise am Klatschgeschehen beteiligt sind, identifiziert werden. Es ist nicht schwer zu erkennen, daß das Grundmuster des Klatsches, auf das sich die verschiedenen denkbaren Konstellationen der Klatschkommunikation reduzieren lassen, immer wenigstens drei Handlungsfiguren umfaßt: „A ‚verklatscht' B bei C" – auf diese kurze Formel bringt Leopold von Wiese in seiner „Beziehungslehre" die triadische Struktur des Klatsches,[3] die bereits – wiederum in einem normativen Kontext – in sehr viel älteren Lehrtexten erwähnt wird. „Weshalb gleicht Klatsch einer dreigezackten Zunge?" wird in einem Spruch des Babylonischen Talmud gefragt und darauf zur Antwort gegeben: „Weil er drei Menschen zerstört: denjenigen, der ihn verbreitet, denjenigen, der ihm zuhört, und denjenigen, von dem er handelt."[4] Im folgenden sollen die drei Handlungsfiguren, aus denen die Klatschtriade besteht, als Klatschproduzent, Klatschrezipient und Klatschobjekt bezeichnet und der Reihe nach mit ihren jeweiligen wechselseitigen Beziehungen besprochen werden.

2. Das Klatschobjekt

Mit der Figur des Klatschobjekts, also mit demjenigen, über den geklatscht wird, zu beginnen, hat seinen Grund darin, daß sie sich in ihrem Status prinzipiell von den anderen beiden Handlungsfiguren der Klatschtriade unterscheidet. Sie ist aus der Klatschkommunikation selbst als agierender Teilnehmer ausgeschlossen, d. h. sie ist nur präsent als jemand, *über* den geredet wird. Diese negative Bestimmung des Klatschobjekts ist ein konstitutives Merkmal von Klatsch überhaupt: Zum Klatsch gehört, daß der, über den geklatscht wird, abwesend ist.

Daß die *Abwesenheit* des Klatschobjekts eine strukturelle Voraussetzung für die Entstehung von Klatsch über *diese* Person ist, zeigt sich immer dann mit aller Deutlichkeit, wenn diese Voraussetzung nicht oder nicht mehr erfüllt ist. So kann beispielsweise in der Universität, im Krankenhaus und sicher auch in anderen Arbeitskontexten häufig jene als ‚unangenehm' empfundene Situation erlebt und beobachtet werden, in der über jemanden – z. B. einen Arbeitskollegen – geklatscht wird und dieser Jemand plötzlich leibhaftig zu dem Gespräch hinzukommt. Zumeist führt diese Konstellation dazu, daß die Unterhaltung schlagartig abstirbt, ein für alle verlegenes Schweigen entsteht, ehe dann das Gespräch – jetzt mit ganz neuen Themen – wieder mühsam in Gang gebracht wird oder der Ankömmling sich mit einem ahnungsvollen „Ich schau später nochmal vorbei" wieder zurückzieht. Der Anthropologe Don Handelman hat, um ein zweites Beispiel zu nennen, Situationen beschrieben, in denen über einen im Handlungskontext Anwesenden zwar geklatscht wird, dieser jedoch durch eine Reihe von Maßnahmen der Klatschproduzenten und -rezipienten (abgewandte Körperhaltung, verringerte Lautstärke, vergrößerte räumliche Distanz, Vermeidung von Blickkontakt) zeitweise zu einer Non-Person, d. h. zu einer zwar physisch anwesenden, doch interaktiv abwesenden Person gemacht wird.[5]

Diese beiden Beispiele lassen erkennen, daß die Regel, wonach derjenige, über den geklatscht wird, abwesend ist, keine bloß statistisch erfaßbare Verhaltensgleichförmigkeit oder eine vom Beobachter imputierte Relation beschreibt, sondern ein Strukturmerkmal des Klatsches benennt, an dem sich die Klatschakteure selbst normativ orientieren. Diese Klatschregel darf natürlich nicht so interpretiert werden, als wären damit Situationen, in denen Neuigkeiten und Geschichten über Anwesende verbreitet werden, völlig ausgeschlossen. In bayerischen und alemannischen Faschingsveranstaltungen werden z. B. Neuigkeiten und Geschichten mit einem unverkennbaren Klatschwert – oft in gereimter Form – auch in Anwesenheit der Betroffenen verbreitet. Nur handelt es sich dabei dann nicht mehr um Klatsch, sondern um eine andere, wenngleich mit Klatsch verwandte Kommunikationsform (im Bayerischen als „derblecken" bezeichnet).

Die Abwesenheit desjenigen, über den gesprochen wird, ist für die Entstehung von Klatsch zwar eine notwendige, jedoch keine hinreichende Voraussetzung. Nicht alle Gespräche über abwesende Dritte sind gleichzeitig auch Klatschgespräche. Wenn etwa jemand Geschichten über die absonderlichen Eßgewohnheiten einer Familie erzählt, die er bei seiner letzten Urlaubsreise als Zeltnachbarn auf dem Campingplatz kennengelernt hatte, dann dreht sich das Gespräch zwar um „persönliche Angelegenheiten anderer", doch um ein Klatschgespräch handelt es sich dabei nach unserem Verständnis nicht. Denn eine weitere Bedingung dafür, daß ein Gespräch zu einem Klatschgespräch werden kann, besteht darin, daß der Abwesende, über den gesprochen wird, nicht nur dem Klatschproduzenten, sondern auch dem Klatschrezipienten bekannt ist. Neben der Abwesenheit muß auch die *Bekanntheit* des Klatschobjekts als eine strukturelle Voraussetzung für die Entstehung von Klatsch betrachtet werden.

Die These, daß eine Person bekannt sein muß, damit ein Gespräch über sie als Klatsch bezeichnet werden kann, bedarf freilich der Differenzierung. Denn „bekannt" zu sein, ist auf ganz verschiedene Weisen möglich. Der für Klatsch wichtigste Modus der Bekanntheit gründet darin, daß zwischen dem Klatschobjekt und den Klatschakteuren jene eigentümliche Beziehung besteht, die man als „Bekanntschaft" bezeichnet. Bekanntschaft ist reziproke Bekanntheit: man kennt sich gegenseitig, d. h. man kann sich gegenseitig aufgrund von Vorwissen, Informationen und früheren Begegnungen identifizieren, und man weiß, daß auch der andere von dieser reziproken Bekanntheit weiß.⁶ Der Grad dieser gegenseitigen Kenntnis kann von einer Bekanntschaft zur anderen stark variieren. Was zwei, die füreinander Bekannte sind, übereinander wissen, kann sich etwa, wie bereits Georg Simmel bemerkt hat, auf ein Minimum der nach außen hin präsentierten Seite des jeweils anderen beschränken: „Daß man sich gegenseitig ‚kennt', bedeutet in diesem Sinn durchaus nicht, daß man sich gegenseitig kennt, d. h. einen Einblick in das eigentlich Individuelle der Persönlichkeit habe; sondern nur, daß jeder sozusagen von der Existenz des andren Notiz genommen habe. Charakteristischerweise wird dem Begriff der Bekanntschaft schon durch die Namennennung, die ‚Vorstellung', genügt: die Kenntnis des ‚Daß', nicht des ‚Was' der Persönlichkeit bedingt die ‚Bekanntschaft'."⁷ Diese Form der flüchtigen Bekanntschaft kann sich über häufige Kontakte graduell zur Beziehung des Gut-miteinander-Bekanntseins entwickeln und gar bis zu einem Freundschaftsverhältnis intensivieren. Eine zentrale Rolle spielt im folgenden nun die These, *daß dieses reziproke Verhältnis der Bekanntschaft die primäre Beziehungsstruktur der Klatschtriade bildet.* Ausgehend von dieser Bestimmung sollen zunächst zwei Fälle gesondert betrachtet werden, in denen die Bekanntheit des Klatschobjekts auf eine andere Art und Weise begründet ist.

1. Zum einen geht es um die Möglichkeit, daß das Klatschobjekt bekannt ist, ohne daß zwischen ihm und den Klatschakteuren das reziproke Verhältnis der Bekanntschaft gegeben ist. Womit beschäftigen sich zwei Gesprächsteilnehmer, die Neuigkeiten mit Klatschwert über einen nicht-anwesenden Dritten austauschen, der zwar ihnen bekannt ist, von dem sie aber mit Sicherheit wissen, daß sie selbst ihm unbekannt sind? Sie betreiben das, was man *Prominentenklatsch* nennen könnte, denn diese einseitige Bekanntheitsrelation ist ein geradezu definitorisches Charakteristikum von Prominenz und Berühmtheit. „Berühmtheit" bedeutet, daß der Kreis derjenigen, die eine Person aufgrund ihrer Taten, ihrer Erfolge, ihres Status kennen und etwas über sie wissen, sehr groß werden kann und – relativ betrachtet – immer größer ist als der Kreis derer, mit denen diese Person in einem reziproken Bekanntschaftsverhältnis steht.⁸ Dabei lassen sich zwei Typen von Berühmtheiten voneinander abgrenzen: Einerseits die nationalen und

internationalen Berühmtheiten, deren Prominentenstatus fast ausschließlich massenmedial vermittelt ist; andererseits die lokalen Berühmtheiten, die nur innerhalb eines begrenzten, überschaubaren Handlungszusammenhangs bekannter als andere sind. Im einen Fall wird Klatsch – oft sogar im Interesse der Klatschobjekte selbst – kommerziell in eigens dafür entwickelten Präsentationsformen vertrieben: Man denke nur an die ‚Personalien'-Rubriken seriöser Zeitungen, an die Enthüllungs- und Hofberichte der Gesellschaftsreporter in der Boulevardpresse oder an die diversen V.I.P.-Magazine und Talk-Shows im Fernsehen. Diese massenmedialen Formen der Verbreitung von Klatschinformation bilden allein schon aufgrund ihrer besonderen Modalität eine eigene „Gattungsfamilie", die im Hinblick auf ihre Gattungsmerkmale literatur- und kommunikationswissenschaftlich untersucht werden kann.[9] Im andern Fall dagegen, in dem lokale Berühmtheiten wie etwa der Bürgermeister einer Kleinstadt, ein Firmenchef oder ein Universitätsrektor als Klatschobjekte dienen, ist der Klatsch eine Form der Unterhaltung, die in die alltägliche Face-to-Face-Kommunikation eingebettet ist. Auch wenn zwischen Klatschobjekt und Klatschakteuren kein reziprokes Bekanntschaftsverhältnis besteht, sind sie doch in den meisten Fällen in Form einer verhältnismäßig kurzen, zwar latenten, aber aktivierbaren Bekanntschaftskette miteinander verbunden. Demnach ist dieser Typus des Prominentenklatsches bereits von seinen kommunikativen Voraussetzungen her enger verwandt mit dem primären Klatschtypus, bei dem Objekt und Akteure in einem reziproken Bekanntschaftsverhältnis stehen. Über die Auswirkungen unterschiedlicher Bekanntschaftsverhältnisse auf den tatsächlichen Klatschverlauf zu spekulieren, ist hier noch zu früh. Doch daß die Art der Bekanntschaft zwischen Klatschobjekt und Klatschakteuren einen wesentlichen Einfluß auf Entstehung und Verlauf von Klatschgesprächen ausüben kann, zeigt der folgende Fall.

2. Eine besondere Klatschkonstellation liegt dann vor, wenn die Person, über die geredet wird, nicht nur bekannt ist, sondern darüber hinaus mit einem der Klatschakteure in einem intimen, familialen Verwandtschaftsverhältnis steht. Man kann sich hierzu etwa die Situation vor Augen führen, in der A und B über den gemeinsamen Bekannten C klatschen, und zu diesem Gespräch nun

plötzlich – nicht C selbst, sondern C's Ehefrau hinzukommt. Auch in dieser Situation ereignet sich zumeist ein abrupter Wechsel des Gesprächsthemas oder zumindest eine Änderung des Gesprächstons. Denn in allen Gesellschaften gibt es im Hinblick auf Klatsch eine zusätzliche Restriktion der Art, *daß eine Person als virtuell anwesend gilt und damit als Klatschobjekt ausscheidet, wenn einer der Klatschakteure mit ihr zusammen eine intime soziale Einheit bildet.* D. h., daß in der Regel die biographisch eng verbundenen Lebenspartner der Klatschakteure – in dem obigen Beispiel also A's, B's und C's Ehegatten, Eltern etc. – nicht als Klatschobjekte zugelassen sind, auch wenn sie mit den übrigen Klatschakteuren in einem reziproken Bekanntschaftsverhältnis stehen. Hier liegt auch der Grund, weshalb gerade alleinstehende Personen in allen sozialen Gemeinschaften zu den beliebtesten Klatschobjekten gehören: sie haben niemanden, dessen Anwesenheit einen Inhibitionseffekt auf die Entstehung von Klatsch ausüben könnte. In ihrer Ethnographie über ein griechisches Bergdorf berichtet Juliet du Boulay von einer „jungen Witwe, über die eine Zeitlang eine Flut von Klatsch verbreitet wurde, und die mir wiederholt erklärte, daß in dem Augenblick, in dem ihr Bruder von der Handelsmarine zurückkehrte, die Gemeinde ‚das Maul hielt'. Dieser Bruder galt als jemand, der leicht in Wut zu bringen war, und seine bloße Gegenwart in dem Dorf führte zu einer Einschränkung, wenn auch nicht zu einer Beendigung des Geredes."[10] Der Umstand, daß einer der Gesprächsteilnehmer mit einem potentiellen Klatschobjekt verwandt ist, kann also das Aufkommen von Klatsch über diese Person verhindern. Auf indirekte Weise manifestiert sich in diesem Sachverhalt, daß das reziproke Verhältnis der Bekanntschaft die zentrale Beziehungsstruktur der Klatschtriade bildet.

Neben der „Abwesenheit" und der „Bekanntheit" läßt sich noch eine dritte strukturelle Voraussetzung beschreiben, die erfüllt sein muß, damit eine Person zu einem Klatschobjekt werden kann. Ausgangspunkt für die Bestimmung dieser Voraussetzung ist die Beobachtung, daß es Typen von Personen gibt, die – wenngleich unzählige Geschichten über sie erzählt werden – als Klatschobjekte offensichtlich ungeeignet sind. Jedenfalls empfinden wir die Gespräche, die über sie geführt werden, nicht als Klatsch. Zum Beispiel: kleine Kinder. Eltern erzählen sich untereinander und jedem, der es hören – und nicht hören – will, Geschichten um Geschichten über die „Taten" ihrer kleinen Kinder. Und obwohl dabei selbst die „intimsten" Vorgänge zur Sprache kommen, empfinden wir derartige Gespräche nicht als Klatsch. Über kleine Kinder läßt sich nicht klatschen – aber weshalb nicht?

Wenn wir über andere, uns bekannte Personen klatschen, dann spielen wir mit einem Strukturmerkmal von sozialen Beziehungen, dessen soziologische Entdeckung und Beschreibung in erster Linie Georg Simmel zu verdanken ist.[11] In seinen Ausführungen zu einer Soziologie des Geheimnisses zeigt Simmel, daß man der Eigenart und Dynamik von sozialen Beziehungen nicht gerecht werden kann, wenn man sich allein von der an sich zutreffenden Überlegung leiten läßt, daß soziale Beziehungen nur dort entstehen können, wo die Beteiligten etwas voneinander wissen. Alle sozialen Beziehungen, von der geschäftlichen Zweckvereinigung bis zum intimen Gattenverhältnis, setzen nämlich, so Simmel, immer auch ein gewisses Maß an Nichtwissen, ein wechselndes Maß gegenseitiger Verborgenheit voraus. Indem wir unsere Äußerungen von einem Gesichtspunkt der Vernunft, des Wertes, der Rücksicht auf das Verstehen des anderen formen, verbergen wir vor den anderen unsere innere Wirklichkeit. Auch das Persönlichste, was wir dem anderen offenbaren, ist immer eine „teleologisch gelenkte", auswählende Umformung dessen, was in uns vorgeht. „Es ist", so Simmel, „überhaupt kein andrer Verkehr und keine andre Gesellschaft denkbar, als die auf diesem teleologisch bestimmten Nichtwissen des einen um den andern beruht."[12] Daß dieses Nichtwissen eine selbstverständliche Voraussetzung des sozialen Lebens ist, zeigt sich auch darin, daß das, was der eine absichtlich oder unabsichtlich verbirgt, von den anderen ebenso absichtlich oder unabsichtlich respektiert wird. Selbst in einem intimen Verhältnis wäre ein absolutes Wissen über den anderen gar nicht wünschenswert: es würde die Lebendigkeit der Beziehung lähmen und ließe, da mit dem Partner keine neuen Erfahrungen mehr zu machen sind, deren Fortsetzung als eigentlich zwecklos erscheinen. Konstitutiv für soziale Beziehungen ist also, nach Simmel, nicht nur, daß die Beteiligten etwas voneinander wissen, sondern ebenso, daß sie etwas voreinander geheimhalten.[13] Ja, für Simmel ist das Geheimnis „eine der größten Errungenschaften der Menschheit; gegenüber

2. Das Klatschobjekt

dem kindischen Zustand, in dem jede Vorstellung sofort ausgesprochen wird, jedes Unternehmen allen Blicken zugänglich ist, wird durch das Geheimnis eine ungeheure Erweiterung des Lebens erreicht, weil vielerlei Inhalte desselben bei völliger Publizität überhaupt nicht auftauchen können. Das Geheimnis bietet sozusagen die Möglichkeit einer zweiten Welt neben der offenbaren."[14] Und, so kann im Anschluß an diese Unterscheidung Georg Simmels behauptet werden, genau *in diesem spannungsreichen Verhältnis zwischen offenbarter „erster" und verborgener „zweiter" Welt liegt die zentrale Thematik von Klatsch.*

Klatsch bezieht einen wesentlichen Teil seiner Energie aus der Spannung zwischen dem, was eine Person öffentlich kundtut, und dem, was sie als ihre Privatangelegenheit abzuschirmen sucht. Folgt man dieser Überlegung, so wird unmittelbar verständlich, weshalb es nicht möglich ist, über kleine Kinder zu klatschen. In dem Entwicklungsstadium, in dem sie sich befinden und in dem, wie Simmel bemerkt hat, „jede Vorstellung sofort ausgesprochen wird, jedes Unternehmen allen Blicken zugänglich ist", hat sich die Welt noch nicht in eine öffentliche und eine private aufgespalten. Ihnen mangelt es daher an einem sozialen Merkmal, das neben der „Abwesenheit" und der „Bekanntheit" als dritte strukturelle Voraussetzung erfüllt sein muß, damit eine Person zu einem Objekt von Klatsch werden kann: an *Privatheit*. Im unerlaubten Überschreiten der Grenze zu einer Sphäre, die die Person, über die gesprochen wird, als ihre „private" reklamieren würde, wüßte sie nur von diesem Gespräch, liegt ein konstitutives Element und zugleich ein wesentlicher Reiz des Klatsches.[15] Deshalb können auch Gespräche über kleine Kinder und andere Individuen, denen wir im Alltag die Fähigkeit absprechen, Privatheit für sich zu beanspruchen oder bei anderen zu respektieren, nicht als Klatsch empfunden werden.[16] Selbst dann, wenn dabei „Intimes" erzählt wird, entsteht nicht das Gefühl, in und mit diesem Gespräch eine Grenze zu einem Bereich verletzt zu haben, den das Objekt des Gesprächs als seinen privaten Lebensraum reklamieren könnte.

Abwesenheit, Bekanntheit und Privatheit sind, so kann resümierend festgehalten werden, drei für die Handlungsfigur des Klatschobjekts konstitutive Merkmale. Die Personen, über die in Klatschgesprächen geredet wird, sind von dem Gespräch selbst als agierende Teilnehmer ausgeschlossen, sie stehen mit den Klatschakteuren in einem reziproken Bekanntschaftsverhältnis (oder sind ihnen zumindest einseitig – etwa als lokale Berühmtheiten – bekannt), und sie haben wie alle kompetenten Erwachsenen ihren privaten Handlungs- und Entscheidungsbereich, aus dem jedoch Informationen nach draußen gedrungen sind. Freilich, nicht immer, wenn über die Privatangelegenheiten eines nicht-anwesenden gemeinsamen Bekannten gesprochen wird, handelt es sich automatisch um Klatsch. D. h. die drei genannten Merkmale des Klatschobjekts benennen (nur) notwendige, nicht aber hinreichende Voraussetzungen für die Entstehung von Klatsch. Andere Beobachtungen über das Klatschobjekt lassen sich keineswegs in dieser Weise kardinalisieren. Obwohl sich z. B. beobachten läßt, daß in den meisten Fällen über Lebende, über Einzelpersonen und über sozial Gleichrangige oder Höhergestellte geklatscht wird, sind dies keine konstitutiven Merkmale des Klatschobjekts. Geklatscht wird auch über Tote (z. B. über einen verheirateten Arzt, der zusammen mit seiner Freundin Suizid begangen hat), über Kollektive (z. B. darüber, wie sich eine „einfache" Arbeiterfamilie einen so teuren Urlaub leisten kann) und über sozial Tieferstehende (z. B. über den arbeitslosen Nachbarn, der zuviel trinkt). Ob sich nicht dennoch auch hinter dieser beobachtbaren Häufigkeitsverteilung von Merkmalen des Klatschobjekts eine gewisse „Logik" verbirgt, kann erst im Fortgang der Untersuchung geklärt werden. Schon die Begründung der als „konstitutiv" eingeführten Eigenschaften der Handlungsfigur des Klatschobjekts mußte ja streckenweise recht thesenhaft bleiben, da nur im Vorgriff auf andere, noch zu bestimmende Strukturmerkmale der Klatschkommunikation argumentiert werden konnte.

3. Der Klatschproduzent

Die zweite Handlungsfigur in der Klatschtriade, der Klatschproduzent, ist bei dem ganzen Geschehen insofern die zentrale Figur, als über ihn das gesamte Informationsmanagement beim Klatsch abläuft: Er weiß einerseits etwas über die persönlichen Angelegenheiten eines abwesenden Dritten, und er übermittelt andererseits dieses Wissen an seinen anwesenden Gesprächspartner. Um den Produzenten dreht sich also gleichsam das Klatschkarussell, und es ist deshalb nicht erstaunlich, wenn es für ihn in einer Reihe von Sprachen vielfältige Bezeichnungen gibt – ja, wenn die Bezeichnung für den Klatschproduzenten zuweilen sogar identisch ist mit derjenigen für Klatsch überhaupt. So bedeutet z. B. „gossip" im Englischen nicht nur „Klatsch", sondern bezeichnet auch denjenigen, der klatscht – oder richtiger müßte es jetzt heißen: diejenige, die klatscht. Denn „gossip" ist in seiner zweiten Bedeutung eindeutig weiblich und im Deutschen am zutreffendsten mit „Klatschbase" zu übersetzen. „Gossip" und „Klatschbase" als Bezeichnungen für den Klatschproduzenten bieten eine gute Gelegenheit, genauer auf die Stellung dieser Figur in der Klatschtriade einzugehen.

3.1 Die gut informierte Base

Auffallend ist zunächst, daß beide Bezeichnungen eine Person benennen, die als Außenstehende in einer verwandtschaftlichen oder freundschaftlichen Beziehung zu einem engeren Familienkreis steht. Im Fall der „Base" ist dies leicht zu erkennen: Im engeren Sinn bezeichnet „Base" die Tochter der Tante oder des Onkels; „im weiteren Sinne werden alle entfernten weiblichen Verwandten Basen genannt".[17] Um im Fall von „gossip" dieses Beziehungselement nachzuweisen, ist es erforderlich, die Etymologie zu bemühen. „Gossip" leitet sich ab von dem altenglischen Ausdruck „god sib", der eine spezifische Beziehung zwischen einer Familie und einem Verwandten bzw. einem Freund der Familie bezeichnete. Diese Beziehung mußte so eng sein, daß die Verwandten bzw. Freunde als Pateneltern für die Kinder der Familie – im Englischen: als „godparents" – ausgewählt wurden. „God-sib", im Laufe der Zeit wurde daraus dann „gossip", bezeichnete ursprünglich also Verwandte oder Familienfreunde, die zwar nicht zum engeren Familienkreis gehörten, aber als Pateneltern – etwa schon durch die Teilnahme an Familienfesten, Geburten, Beerdigungen etc. – in einem engen Kontakt zu der Familie standen.[18]

Klatsch-Base so gut wie „gossip"/„god-sib" indizieren demnach in ihrer Stammbedeutung auf signifikante Weise die besondere interaktive Position des Klatschproduzenten im Beziehungsnetz der Klatschtriade. Er hat Zugang zum engeren Kreis einer sozialen Einheit und erwirbt auf diese Weise ein Insider-Wissen über das private, nach außen hin abgeschirmte Leben dieses Personenkreises, dem er selbst nicht als festes Mitglied angehört. Wenn er sein Wissen nach außen weitergibt, dann sind die, über die er Privates ausplaudert, für ihn weder Fremde, noch steht er mit ihnen in einem biographisch-intimen Lebenszusammenhang. Ähnlich entfernt-familiäre Beziehungen verrät im übrigen auch das französische „commérage" für Geschwätz und Tratsch, das mit „commère" (Gevatterin, Klatschbase) in Verbindung steht, sowie das spanische „comadreria" (Klatsch, Gerede), das sich von „comadre" (Hebamme, Taufpatin, Nachbarin) ableiten läßt. In all diesen Bezeichnungen manifestiert sich genau jene Zwischenstellung des Klatschproduzenten in der Beziehungstriade, welche bereits in der Darstellung des Klatschobjekts zum Vorschein kam: Weder völlige Fremdheit, noch enge Familienbindungen, sondern entfernte Verwandtschaft, und allgemein: reziproke Bekanntschaft sind für das Verhältnis des Klatschproduzenten zum Klatschobjekt charakteristisch. Vor diesem Hintergrund wird verständlich, weshalb in patrilokal organisierten Gesellschaften der einheiratenden Frau oft soviel Mißtrauen entgegengebracht wird und sie nicht selten als Frau mit dem „bösen Blick" gilt: sie hat nun Zugang zu den Familiengeheimnissen ihres Mannes und bleibt gleichzeitig mit starken Loyalitätsgefühlen und -verpflichtungen an ihre Herkunftsfamilie gebunden.[19]

Die besondere Zwischenstellung des Klatschproduzenten gibt Anlaß zu dem Gedanken, daß die kommunikative Gattung Klatsch auf einer wissenssoziologischen Problematik begründet ist, die Alfred Schütz in seinem Aufsatz „Der gut informierte Bürger" entwickelt hat: dem Problem der sozialen Verteilung des Wissens.[20] Schütz konstruiert für den Zweck seiner Untersuchung drei Idealtypen: zum einen den „Experten", dessen Wissen auf ein scharf umrissenes Gebiet begrenzt, darin aber klar, deutlich und gut fundiert ist. Dem Experten stellt Schütz den „Mann auf der Straße" gegenüber, der ein Wissen von Rezepten hat, die ihm sagen, wie er in typischen Situationen durch typische Mittel zu typischen Resultaten kommen kann. Den „gut informierten Bürger" konstruiert Schütz nun als einen Typus, der „seinen Ort zwischen dem Idealtypus des Experten und dem des Mannes auf der Straße ⟨hat⟩. Einerseits hat er kein Expertenwissen und strebt es auch nicht an; andererseits beruhigt er sich nicht mit der fundamentalen Vagheit des bloßen Rezept-Wissens oder mit der Irrationalität seiner ungeklärten Leidenschaften und Gefühle."[21] Natürlich handelt es sich bei diesen Typen um bloße Konstruktionen, denn im täglichen Leben ist jeder von uns mit Bezug auf unterschiedliche Wissensregionen zu jedem Augenblick gleichzeitig „Experte", „gut informierter Bürger" und „Mann auf der Straße". Schütz selbst sieht in dieser Konstruktion dreier Idealtypen, in denen sich die soziale Verteilung des Wissens auskristallisiert, ein Mittel, um zu einer fundierten soziologischen Theorie der Berufe oder der Autorität oder zu einem besseren Verständnis des Verhältnisses zwischen Künstler, Publikum und Kritiker zu gelangen. Man kann nun aber hergehen und Schütz' Idee einer sozialen Verteilung des Wissens auf eine besondere, von Schütz selbst nicht ins Auge gefaßte Wissensregion anwenden: auf das „Wissen über Privates".

Wissen über Privates ist, so kann man sagen, *per definitionem sozial ungleich verteilt.* Eine Angelegenheit wird ja gerade dadurch zu einer privaten, daß sie den Blicken anderer entzogen, oder verallgemeinert ausgedrückt: dem Wissen anderer vorenthalten wird. Mehr noch: indem jemand etwas als seine Privatangelegenheit betrachtet, bestreitet er den anderen das Recht, ein Wissen über diesen Sachverhalt zu erwerben. „Das geht dich nichts an", „Das ist mein Bier", „Misch dich nicht in fremde Angelegenheiten" – mit Äußerungen dieser Art wird im Alltag deutlich ein privater Handlungs- und Entscheidungsbereich gegen Übergriffe eines anderen verteidigt und reklamiert. Wenn nun das Wissen über Privates sozial ungleich verteilt ist, lassen sich dann in diesem Wissenskontext Entsprechungen zu den von Schütz konstruierten Idealtypen finden? In der Tat drängen sich derartige Äquivalente geradezu auf: In bezug auf das „Wissen über Privates" entspricht dem Schützschen Typus des „Experten" derjenige, der – für sich allein oder zusammen mit intimen Lebenspartnern (die sich wechselseitig durchaus unbekannt sein können) – ein Wissen über seine eigenen Privatangelegenheiten hat. Über seine persönlichen Angelegenheiten weiß sozusagen jeder selbst am besten Bescheid. Den Kontrasttypus hierzu bildet derjenige, der über die Privatangelegenheiten eines anderen nichts Spezifisches, sondern nur „Typisches" weiß, z. B.: daß die Leute in unserer Gesellschaft sich auf der „Hinterbühne" typischerweise nachlässiger kleiden und benehmen als auf der „Vorderbühne";[22] daß sie sich im Privaten oft kindischer als in der Öffentlichkeit geben; und daß sie im Geheimen kleinere und größere Laster und dunkle Punkte in der Biographie haben, von denen sie sich in Gegenwart anderer brüsk distanzieren. Derjenige, der in diesem Sinn nur ein „typisches" Wissen über die Privatangelegenheiten eines anderen hat, bildet im Kontext „Wissen über Privates" das Äquivalent zu dem „Mann auf der Straße" in der Schützschen Typologie. Und *so, wie bei Schütz der „gut informierte Bürger" zwischen dem „Experten" und dem „Mann auf der Straße" steht, so schiebt sich dort, wo es um das Wissen über Privates geht, der Klatschproduzent zwischen die beiden Kontrasttypen desjenigen, der über seine eigenen Privatangelegenheiten alles, und desjenigen, der über die Privatangelegenheiten des anderen nichts bzw. nur Typisches weiß*. Die über die persönlichen Angelegenheiten eines anderen „gut informierte" Klatschbase ist also ein direktes Pendant zu dem Schützschen Idealtypus des „gut informierten" Bürgers.

Aber auch nur ein Pendant. Denn gegenüber dem ‚sauberen', ungefährlichen Wissen über technische und praktische Funktionsbereiche der Lebenswelt, mit dessen sozialer Verteilung Schütz sich beschäftigte, ist das „Wissen über Privates", um dessen soziale Verteilung es hier geht, von ganz anderer Qualität. Das Wissen über Privates kann in den Händen, in denen aus ihm Klatschinformationen werden, einen recht heimtückischen Charakter offenbaren:

- Das Wissen über Privates ist nicht bloß in einem neutralen Sinn sozial verteilt, sondern *sozial segregiert*. Von diesem Umstand profitiert der Klatschproduzent insofern, als seinem Wissen über das Privatleben anderer immer eine gewisse Exklusivität eigen ist und er gleichsam als Informationshändler sein *Wissen über die knappe Ressource „Intimes"* vertreiben kann. Freilich muß er darauf bedacht sein, seine Klatschinformationen ziemlich rasch unter die Leute zu bringen, denn wie alle Neuigkeiten haben sie ein kurzes Verfallsdatum, d. h. einen Wert besitzen sie nur, solange sie aktuell sind. Je schneller und je freizügiger der Klatschproduzent aber sein privilegiertes Wissen über die Privatangelegenheiten anderer weitergibt, um so rascher verliert es auch an Wert.[23]

- Das Wissen über Privates, über das der Klatschhändler verfügt, ist seinem Wesen nach *moralisch kontaminiert*, d. h. weil dieses Wissen in die eigentlich zu respektierende Privatsphäre eines anderen eingreift, kann es den Ruf seines Vertreibers, ja bereits seines Besitzers nachhaltig schädigen. Man kann daher erwarten, daß der Klatschproduzent sein Wissen nicht unbedacht ausstreut, sondern bestimmte Vorkehrungen trifft, die sicherstellen sollen, daß seine Invasionen in den Privatbereich anderer nicht auf ihn selbst zurückschlagen. Wie sich später zeigen wird (cf. Kap. IV.3), spielt hierbei die Darstellung der Genese des Klatschwissens eine wichtige Rolle. Denn nach unserem Alltagsverständnis macht es einen wesentlichen Unterschied, ob jemand, der klatschhafte Informationen verbreitet, sein indiskretes Wissen zufällig erworben oder aber sich durch entsprechende, d. h. ausspionierende Aktivitäten eigens verschafft hat.

- Das Wissen über Privates hat in den Händen eines anderen, der damit Handel treiben möchte, nur dann einen Wert, wenn der Inhalt dieses Wissens *eine Diskrepanz zwischen der realen und der virtualen sozialen Identität des Klatschobjekts aktualisiert*.[24] Die Klatschinformation muß also einen Sachverhalt betreffen, der nicht mit der Selbstpräsentation des Klatschobjekts in Übereinstimmung steht und dessen „Publizierung" beim Klatschobjekt mit großer Wahrscheinlichkeit ein Gefühl der Verlegenheit oder der Scham hervorrufen würde. Das Spektrum derartiger klatschträchtiger Informationen reicht von kleinen „pikanten" Neuigkeiten bis zu vermuteten größeren „Verfehlungen" der Art, wie sie typischerweise Gegenstand von Erpressungsversuchen sind.

Ausgehend von diesen wissenssoziologischen Überlegungen zum Charakter und zur sozialen Verteilung des „Wissens über Privates" kann nun, ohne gleich in eine parteiliche Diktion zu verfallen, ein Merkmal der Handlungsfigur des Klatschproduzenten erörtert werden, das bereits zu Beginn dieses Abschnitts angesprochen wurde: der Geschlechtsstatus des Klatschproduzenten.

3.2 „Klatschen wie ein Waschweib"

Daß „gossip", wie erwähnt, nicht nur den Klatsch, sondern zugleich die Klatschbase, also die Klatschproduzent*in* bezeichnet, bringt in komprimierter Form die allgemein verbreitete Meinung zum Ausdruck, daß *Klatsch eine typisch weibliche Kommunikationsform* ist. Klatsch – das ist fast immer und ausschließlich eine Sache der Frauen: Weiberklatsch. Die Assoziierung von Klatsch und Frauen hat sich in so vielen Redewendungen, Anekdoten, Sprichwörtern, Karikaturen und anderen Darstellungen niedergeschlagen, daß sie selbst dort unser Bild vom Klatsch bestimmt, wo sie explizit gar nicht formuliert wird. Auch im wissenschaftlichen Kontext besitzt die Ansicht, daß es in erster Linie die Frauen sind, die sich dem Klatsch hingeben, offensichtlich einen hohen Grad an Evidenz. Jedenfalls gibt es nicht wenige Autoren, die in ihren Arbeiten diesen Zusammenhang schlicht als erwiesen betrachten und nur mehr an der Erklärung für den behaupteten Sachverhalt interessiert sind. In seinem Aufsatz „Das Ressentiment im Aufbau der Moralen" (1915) entwickelt z. B. Max Scheler den Gedanken, daß die Frau – „das schwächere, darum rachsüchtigere und gerade in Hinsicht auf ihre persönlichen, unabänderlichen Qualitäten stets zur Konkurrenz mit ihren Geschlechtsgenossinnen um die Gunst des Mannes genötigte Weib" – sich fortwährend in einer Situation befindet, die mit einer erhöhten Dosis „Ressentimentgefahr" geladen ist. Scheler weiter: „Die starke Neigung der Frauen zu detraktivem Klatsch als Form der Ableitung der betreffenden Affekte ist gleichzeitig hiervon Zeugnis und eine Art der Selbstheilung."[25] Ein neueres Beispiel für eine ‚wissenschaftliche' Erklärung des Weiberklatsches liefert jener Psychoanalytiker, für den „die größere Bereitschaft der Frauen, ihnen anvertraute Geheimnisse auszustreuen, in einem direkten Zusammenhang mit dem Wirken des Kastrationskomplexes steht".[26] Und einem ähnlichen Schema folgen auch jene Autoren, die den Klatsch der Frauen in humanethologischer Manier mit den unablässigen Versuchen weiblicher Primaten, fremde Neugeborene und Jungtiere zu pflegen, parallelisieren und ihn als eine typisch weibliche Form „sozialen Pflegeverhaltens" erklären.[27] All diese Arbeiten sind also darauf aus, die Ursache für die weibliche Klatschhaftigkeit in der besonderen psychischen Konstitution der Frau zu lokalisieren.

Nun kann gegenüber der raschen Übernahme der Behauptung, daß Klatsch primär eine Domäne der Frauen ist, eine Reihe von empirischen Studien ins Feld geführt werden, die den Nachweis erbringen, daß im Hinblick auf Klatsch die Männer den Frauen kaum nachstehen. Auch hier muß der Hinweis auf einige wenige Arbeiten genügen: Der Ethnologe Donald Brenneis beschreibt detailliert ein in einer Hindi-sprechenden Indergemeinde auf den Fiji-Inseln gebräuchliches Klatschgenre („talanoa"), an dem fast ausschließlich Männer beteiligt sind. Die Männer des Dorfes finden sich am Abend nach der Arbeit zu kleinen Gruppen zusammen, trinken ein leicht berauschendes alkoholisches Getränk („grog") und sprechen über „the less-than-worthy doings of absent others". Frauen klatschen zwar auch, doch ihr Klatsch findet in anderen Kontexten statt und wird nicht als „talanoa" bezeichnet.[28] Für die Kreolischsprechenden Bewohner der Antillen-Insel St. Vincent bilden, wie Roger Abrahams zeigt, die männlichen Freundschaftsbeziehungen eine beständige Bedrohung von Familienloyalitäten, da die Gespräche zwischen Freunden großteils aus Klatsch („cōmmess") bestehen, und im Klatsch – besonders wenn er bösartig („melée") ist – leicht auch Familieninterna ausgeplaudert werden.[29] In einer explorativen Studie, die sich auf verdeckte Beobachtungen in einem Studentenfoyer einer amerikanischen Universität stützt, kommen J. Levin/A. Arluke zu dem statistisch abgesicherten Ergebnis, daß zwischen dem Männer- und dem Frauenklatsch sowohl Gemeinsamkeiten als auch Unterschiede bestehen. Frauen klatschten geringfügig mehr als Männer (71% vs. 64%) und zeigten eine viel größere Bereitschaft als Männer, auch über enge Freunde und Familienangehörige zu klatschen; im Hinblick auf den abträglichen Tonfall und die angesprochenen Themen bestanden jedoch zwischen Frauen und Männern keine statistisch signifikanten Unterschiede.[30]

Man kann aufgrund der vorliegenden Untersuchungen, in denen Aussagen über die faktische Beteiligung der Geschlechter am Klatsch enthalten sind, den Schluß ziehen, daß Klatsch keineswegs allein eine Angelegenheit der Frauen ist. Zwar mag es graduelle und stilistische Unterschiede im Klatschverhalten von Männern und Frauen geben, und zwischen verschiedenen Gesellschaften mögen diese Unterschiede z. T. erheblich variieren. Doch *insgesamt kann die These, daß Klatsch eine typische weibliche Kommunikationsform ist, als widerlegt gelten* und damit – wie es scheint – ad acta gelegt werden. Eine solche Argumentation würde jedoch einen entscheidenden Fehler begehen. Sie würde übersehen, daß die Behauptung, wonach die Frauen das klatschhafte Geschlecht sind, zunächst gar keine wissenschaftliche – und empirisch zu falsifizierende – Untersuchungsthese ist, sondern ein „Alltagstheorem" über Klatsch, das als solches ernst genommen und zu einem Untersuchungsthema gemacht werden will. Denn, um mit William Thomas zu sprechen, der sich selbst einige Gedanken über Klatsch gemacht hat: ein soziologisch relevanter Tatbestand ist ja bereits damit gegeben, daß die Klatschhaftigkeit der Frauen im Alltag „als wirklich definiert" wird.[31] Die Frage, ob Frauen tatsächlich das klatschhafte Geschlecht sind, kann in diesem Zusammenhang zunächst vollständig eingeklammert werden.

Es gibt zahlreiche Beispiele dafür, daß wir kommunikative Vorgänge, für die wir umgangssprachliche Bezeichnungen besitzen, im Alltag gleichzeitig auch bestimmten Personengruppen als typisch attribuieren. Diese Zuschreibung schlägt sich oft in allgemein gebräuchlichen Redewendungen nieder, etwa wenn wir davon sprechen, daß jemand „wie ein kleines Kind weint", „wie ein Feldwebel herumkommandiert", „wie ein Pferdekutscher flucht" – oder „wie ein Waschweib klatscht". Zuschreibungen dieser Art verweisen auf ein Organisationsprinzip des Alltagswissens, das uns im alltäglichen Handeln als eine wichtige Wahrnehmungs- und Interpretationsressource dient: Von bestimmten Personenkategorien wissen, ja erwarten wir, daß sie typischerweise bestimmte Aktivitäten ausführen; diese Verknüpfung ist so eng, daß wir Rückschlüsse nicht nur von einer Personenkategorie auf die für sie typischen Aktivitäten, sondern auch umgekehrt von einer Aktivität auf die ihr zugeordnete Personenkategorie des Handelnden ziehen können. Dieser Zusammenhang, der in der Konversationsanalyse mit dem von Harvey Sacks eingeführten Konzept der „kategoriengebundenen Aktivitäten" bezeichnet und untersucht wird,[32] tritt immer dort deutlich zutage, wo eine in einer bestimmten Kategorie identifizierbare Person nicht die von ihr erwarteten typischen Aktivitäten ausführt. Ein „Kind" z. B., das abgeklärte Urteile von sich gibt und den Erwachsenen Ratschläge erteilt, also Aktivitäten ausführt, die nicht als typisch für die Kategorie „Kind" betrachtet werden, ist für die Erwachsenen ein Anlaß für besondere Interpretationen und gilt ihnen z. B. als „altklug" oder „frühreif". Vor dem Hintergrund des Konzepts der kategoriengebundenen Aktivitäten erhält nun in bezug auf Klatsch die folgende Beobachtung des Anthropologen F. G. Bailey eine besondere Bedeutung:[33]

Valloire ist ein Dorf in den Französischen Alpen. Es hat ca. 400 Einwohner, und man kann innerhalb weniger Minuten von einer Seite des Dorfes zur anderen gehen. Die Hausfrauen in Valloire vermeiden es, dabei gesehen zu werden, wie sie miteinander sprechen. Im Winter, wenn tiefer Schnee liegt und man nur auf schmal ausgeschaufelten Fußwegen gehen kann, bleiben diese Frauen im Haus. Wenn sie etwas aus einem der Geschäfte benötigen, versuchen sie, ein Kind zu finden, das die Besorgung für sie erledigt. Es gibt keinen Grund, weshalb nicht die Ehemänner den Einkauf machen sollten, und wenn sie gerade erreichbar sind, dann tun sie das auch: als Männer können sie den Einkauf mit einem Besuch im Café verbinden, und tatsächlich heißt es von so jemandem, er würde ‚aller boire le shopping'. In der Öffentlichkeit herumzusitzen und zu klatschen, wird bei Männern durchaus akzeptiert, da allgemein davon ausgegangen wird, daß dieser Austausch ‚bavarder' ist: ein freundlicher, geselliger, unbeschwerter, gutmütiger, altruistischer Austausch von Neuigkeiten, Informationen und Meinungen. Wenn dagegen Frauen gesehen werden, wie sie sich miteinander unterhalten, findet etwas ganz anderes statt: höchstwahrscheinlich frönen sie der ‚mauvaise langue' – dem Klatsch, der Bosheit, dem Rufmord.

Baileys Ausführungen machen deutlich, daß in dieser französischen Gemeinde die *öffentlich geächtete Kommunikationsform Klatsch den Frauen als eine kategoriengebundene Aktivität attribuiert wird.* Der gleiche Befund wird auch über zahlreiche andere Gesellschaften und ethnische Gruppen berichtet[34] und kann nicht zuletzt auch für den deutschsprachigen Raum bestätigt werden. In den deutschen Wörterbüchern und etymologischen Lexika findet sich kaum eine Bezeichnung für den männlichen Klatschproduzenten (nur: Klatschgevatter, Klatschfink und Klätscher), jedoch eine Vielfalt an Ausdrücken für klatschhafte Frauen: von Klatsche, Klatschweib und Klätscherin über Klatschhanne, Klatschlotte, Klatschlise, Klatschfriede und Klatschtrine bis zu Klatschtasch, Klatschbüchse, Klatschfutter, Klatschkasten, Klatschdose und Klatschloch.[35] Stärker noch als in dieser Häufung von Bezeichnungen für klatschhafte Frauen kommt die Kategoriengebundenheit von Klatsch darin zum Ausdruck, daß ein Mann, der sich allzu sehr dem Klatsch widmet, verächtlich als „altes Klatschweib" tituliert werden kann. Die Bezeichnungen für den männlichen Klatschproduzenten genügen hierfür ganz offensichtlich nicht, – das wird in der folgenden, von Gotthold Ephraim Lessing stammenden Charakterisierung eines Mannes auch dezidiert ausgesprochen: „Er ist eine alte Klatsche; wenn eine eben so dumme als boshafte Klatsche (Klätscher wäre hier viel zu gut) die Unverschämtheit hat, ..."[36] Männer, so scheint es, klatschen nicht; sie plaudern, sie diskutieren, sie halten einen Schwatz, aber sie klatschen nicht, – und sollte sich einer doch einmal dem Klatsch hingeben, so macht er sich nicht zuletzt deshalb lächerlich und zum Gespött der Leute, weil er damit eine als typisch weiblich definierte Verhaltensweise übernimmt. „Wenn entdeckt wird, daß ein Mann ein Klatschmaul ist", bemerkt ein Anthropologe über eine amerikanische Filipino-Gemeinde, „dann wird in den Bemerkungen der anderen insinuiert, er habe effeminierte Eigenschaften."[37]

Geht man nun der Etymologie des Wortes „Klatsch" selbst nach,[38] stößt man auf einen Sachverhalt, der die enge Zuordnung von Klatsch und Frauen wieder in einem wissenssoziologischen Rahmen interpretierbar macht. Klatsch und dessen ursprüngliche Form ‚klatz' (mhd.) sind zunächst als onomatopoetische Interjektionen Nachahmungen eines schallenden, klatschenden Schlages, wie er bei einer Ohrfeige oder einem Peitschenknall entsteht. Insbesondere bezeichnet Klatsch in seiner lautmalenden Bedeutung „die Wirkung von Feuchtem" (klatschender Gewitterregen, klatschnaß, Abklatsch). Daneben bedeutet Klatsch/klatz aber auch ‚feuchter Fleck', ‚Schmutzfleck', den etwa ein ‚Klacks' Butter oder Marmelade hinterläßt. (Grimm: „es wird hier kein zweifel bleiben, dasz in alter zeit ein schmutzfleck vom schallen benannt ist. beide

3. Der Klatschproduzent 85

begriffe sind in demselben stamme oft beisammen zu finden.") In der Bedeutung ‚Geschwätz', ‚üble Nachrede' taucht Klatsch zum erstenmal im 17. Jahrhundert auf, und gleichzeitig damit – der Ausdruck „alte Klatsche" ist zuerst für die selbe Zeit verbürgt – findet auch eine Zuordnung dieser Aktivität als eine typisch weibliche Gesprächsform statt. Wie kommt es zu dieser Zuschreibung? Welcher Zusammenhang besteht zwischen den Bedeutungen von Klatsch als 1) einer lautmalenden Umschreibung eines schallenden Schlages, 2) als Bezeichnung für einen Schmutzfleck, und 3) als pejorative Bezeichnung für den Frauen als typisch zugeschriebenes Geschwätz?

Im allgemeinen muß sich, wer bedeutungsgeschichtliche Zusammenhänge und Ableitungen konstruiert, ziemlich weit auf den Ast hinauswagen. So mag zunächst auch die These als eine reine Spekulation erscheinen, daß ein spezifischer sozialer Handlungszusammenhang, bei dem die verschiedenen Bedeutungen von Klatsch wie Puzzlestücke zueinanderpassen und sich ergänzen, der – zumindest symbolische – Entstehungsort für die kommunikative Semantik von „Klatsch" war: das gemeinsame Wäschewaschen der Frauen. Bei der Arbeit der ‚Waschweiber' entstanden ‚klatschende' Schläge, wenn sie mit dem Waschbleuel die eingeweichte Wäsche klopften und bearbeiteten, um auf diese Weise jeden Schmutzfleck (= ‚Klatsch') zu entfernen. Gleichzeitig waren die Frauen bei dieser Tätigkeit unter sich und daher, wie man annehmen kann, auch gern bereit, neben der recht eintönigen Arbeit sich die Zeit zum Austausch von Neuigkeiten und Meinungen zu nehmen. Das war an anderen Arbeitsplätzen kaum anders, doch am Waschplatz kam als Besonderheit hinzu, daß die Frauen im Umgang mit der Leib- und Bettwäsche, in der sich der körperliche Schmutz des Benutzers absetzte und ‚verräterische' Flecken, abgewetzte Stellen und Löcher befanden, fortwährend auf Spuren der Privat- und Intimsphäre anderer stießen.[39] Die Waschweiber gerieten damit strukturell in die Position von Klatschproduzenten, die ein moralisch kontaminiertes Wissen über die Privatangelegenheiten anderer hatten oder sich zumindest anhand von Spuren (laut) ihre Gedanken darüber machen konnten. Wenn vom Waschplatz her die „klatschenden" Schläge der Waschbleuel und die Stimmen und das Gelächter der Frauen ins Dorf drangen, dann hatte dieses Lautgebilde für die

III. Die Klatschtriade

Dorfbewohner – zumal für die männlichen – im Lauf der Zeit vermutlich einen solch signifikant-bedrohlichen Charakter angenommen, daß „Klatsch" sich bald als Bezeichnung für die sozial geächtete, gefürchtete, frauenspezifische Form des Gesprächs über die Privatangelegenheiten anderer durchsetzte.

Dafür, daß die *These vom Waschplatz als dem symbolisierungsfähigen Entstehungsort des (Weiber-)Klatsches* keine bloße Spekulation ist, lassen sich verschiedene Hinweise zusammentragen, von denen nur einige angeführt werden sollen. So wird etwa in Campes „Wörterbuch der deutschen Sprache" (1808) das Verb ‚klatschen' folgendermaßen erläutert: „Uneigentlich und verächtlich, viel und unnütz reden, besonders nachtheilige Dinge von Andern oder solche, die verschwiegen bleiben sollen, ausplaudern; wofür man auch in gelindern Verstande waschen und schwatzen sagt." Diese heute nicht mehr gebräuchliche Bedeutung von ‚waschen' findet sich auch in dem verächtlichen Urteil Goethes: „dieser Wasch und Klatsch" sowie in der (bei Grimm vermerkten) Synonymie von „Klatschmaul" und „Waschmaul". Und in Jean Pauls Erzählung „Das heimliche Klaglied der jetzigen Männer" (1801) wird die Ehefrau des Protagonisten als eine Frau beschrieben, die „die großen künstlichen Waschmaschinen, in welchen ganze Familien auf einmal (Tee oder Kaffee wird als Lauge zugegossen) sehr gut eingeweicht, gehandhabt und gewalkt werden, niemals in ihrer Stube aufstellen ⟨ließ⟩.[40] All diese Hinweise sowie die heute noch gebräuchliche Bezeichnung „Gewäsch" belegen, daß die Bedeutungsgeschichte von „Klatsch" aufs engste mit dem sozialen Geschehen, das sich an Waschplätzen und in Waschhäusern abspielte, verknüpft ist – einem Geschehen, bei dem Spuren der Privatheit nicht-anwesender, bekannter Dritter sichtbar wurden und den Versammelten Anlaß zu Interpretationen, Erinnerungen und Kommentaren gaben. Insofern führt die Etymologie des Klatsches letztlich wieder zu dem Problem der sozial ungleichen Verteilung des Wissens über Privates als einer strukturellen Voraussetzung für die Entstehung von Klatsch.

Diese wissenssoziologische Interpretation soll nicht überspielen oder gar vergessen machen, daß die ‚schändliche' Aktivität des Klatschens einseitig den Frauen als geschlechtsspezifische Böswilligkeit attribuiert wurde (und wird). Sie soll im Gegenteil eine Perspektive eröffnen, in der dieser Tatbestand wieder analytisch zugänglich wird, nachdem es kaum mehr möglich schien, über ihn anders als in einer hohlen, analytisch stumpfen Emanzipationsrhetorik zu sprechen. Über Klatsch sind in der sog. ‚feministischen' Literatur der vergangenen Jahre zahlreiche Beiträge und Aufsätze erschienen,[41] die fast alle dem gleichen Erklärungsschema folgen: Klatsch gilt in diesen Texten als eine spezifisch weibliche, konspirative Form der Solidarisierung, die eine potentielle Gegenmacht gegen die Herrschaft der Männer darstellt und deshalb von den Männern gefürchtet, als schändliches, böswilliges Treiben der Frauen diskreditiert und lächerlich gemacht sowie durch entsprechende Maßnahmen[42] unterdrückt wird. Selbst wenn man dieses Erklärungsschema von seinen heroisierenden und verschwörungstheoretischen Beimengungen befreit, erweist sich die These von der männlichen Suprematie, für die ja tatsächlich eine Fülle von ethnologischen und prähistorischen Befunden spricht,[43] für die Analyse von Klatsch oder einem anderen konkreten sozialen Phänomen als ziemlich unbrauchbar. Es ist kaum möglich, mit dieser Interpretationshaltung etwas über Klatsch zu erfahren, was man – geht man von dieser These aus – nicht bereits im vorhinein „wüßte". D. h. die Erkenntnistätigkeit beschränkt sich darauf, Klatsch unter ein theoretisches Postulat zu subsumieren, dessen Geltungsanspruch so global ist, daß es den Charakter einer Weltformel angenommen hat. Die Diskreditierung und die weibliche Kategoriengebundenheit von Klatsch sind dann – ebenso wie z. B. die Minimierung beruflicher Aufstiegschancen, der mehr oder weniger sanfte Zwang zu unentgeltlicher Hausarbeit oder die beschränkte Zugänglichkeit öffentlicher Räume – nur mehr wahrnehmbar als erneute Beispiele, in denen sich die Herrschaft des Mannes manifestiert. So kommt man zu einer ‚Erklärung' für Klatsch, ohne daß man viel über diese Kommunikationsform zu wissen braucht.

Der Nachweis, daß zwischen „Klatsch" und „Wasch" ein enger innerer Zusammenhang besteht, ließ die Möglichkeit erkennen, *daß dem Prozeß der geschlechtsspezifischen Attribuierung von Klatsch das Alltagswissen über die sozial ungleiche Verteilung des Wissens über Privates zugrundeliegt.* Diesem Gedanken folgend, kann zunächst konstatiert werden, daß nicht nur ‚Waschweiber' einen beruflich vermittelten Einblick in die Privatsphäre anderer hatten und damit für die Umgebung in die Position von potentiellen Klatschproduzenten gerieten. Auf einen ganz anderen ‚klatschgefährdeten' Berufsstand verweist etwa die Redewendung „jemandem am Zeug flicken", mit der ja auch die Aktivität des Klatschens umschrieben werden kann. Über die Mägde der rustikalen Gesellschaft des 13. Jahrhunderts schreibt LeRoy Ladurie: „Sie schliefen nicht selten mit der Hausfrau in einer Kammer und waren gewöhnlich über deren Herzensangelegenheiten und andere Interna des Haushalts besser unterrichtet als der Hausherr. Da sie ihrerseits Leute, denen sie geneigt waren, diesbezüglich gerne ins Vertrauen zogen, nahmen sie im Kommunikationssystem der Gemeinde eine wichtige Funktion ein."[44] Im 19. Jahrhundert waren es dann die städtischen Dienstboten, die wegen ihrer geradezu sprichwörtlichen Klatschsucht insbesondere bei den Herrschaften, bei denen sie dienten und aus deren Privatsphäre sie Interna ausplaudern konnten, berüchtigt und gefürchtet waren.[45] In einem Roman, der eine naturalistische Schilderung der Dienstbotenverhältnisse im Berlin der Jahrhundertwende enthält, findet sich folgende Passage, die wegen ihrer plastischen Darstellung der Klatschsituation und des Klatschtons ausführlich wiedergegeben werden soll:[46]

⟨Beliebter Treffpunkt war die Portierwohnung oder der Grünkramkeller, wo die Dienstboten am Abend zusammenkamen.⟩ Da hockten sie schwatzend auf Tonnen und Körben; tunkten hier ihre Finger hinein und da, kosteten dieses und jenes, musterten gegenseitig die Kleider und die Frisuren, prahlten und strichen sich heraus. Da wurde die Herrschaft durchgehechelt wie Flachs, den man durch die scharfen Zähne der Hechel zieht. Die eine Herrschaft war zu streng, die andere zu nachsichtig; die zu schlumpig, jene zu geizig; jene zu genäschig – für drinnen auf den Tisch nichts gut genug, für die Dienstboten draußen alles zu teuer. Jene Madam war ein Zankteufel und der Herr ein Esel; die zweite Madam zu putzsüchtig, die dritte scheinheilig, die vierte dämlich, die fünfte vergnügungstoll, die sechste hatte einen Liebhaber und der Ehemann belästigte die Dienstmagd. So ging es fort ins unendliche. Sie konnten gar kein Ende finden. ⟨...⟩

Die Mägde schrien alle auf in heller Entrüstung, wenn eine von ihnen eine besonders furchtbare Geschichte zum besten gab. Wie konnte man sich so etwas bieten lassen! Wegen einer angebrannten Suppe! Ein ohrenbetäubender Lärm entstand, ein Gezeter und Geschnatter, ein wildes Durcheinander von klagenden, höhnenden und drohenden Redensarten, von spottendem Gelächter und zornigen Scheltworten. Dazu drehte sich im Hintergrund, dumpf ratternd und quietschend, die große Rolle, als ginge es ihr gegen den Strich, das Leinen und den Damast der Herrschaft glatt zu walzen.

Wäscherinnen, Mägde und Dienstmädchen befanden sich aufgrund der spezifischen Arbeit, die sie verrichteten, in einer Situation, in der sie fortwährend zu Wissen und Neuigkeiten über die Privatangelegenheiten anderer kamen und damit für ihre Umgebung zwangsläufig zu potentiellen Klatschproduzenten wurden. In diesem Tatbestand muß man den entscheidenden Grund dafür sehen, daß diese Frauen in dem Ruf standen, besonders klatschhaft zu sein; die Frage, ob sie tatsächlich mehr als andere Gruppen an dem kollektiven Klatschgeschehen beteiligt waren, erscheint demgegenüber von zweitrangiger Bedeutung. Eine Bestätigung findet diese These in der Beobachtung, daß über die geschlechtsspezifische Attribuierung hinweg auch solche Berufsgruppen als klatschhaft gelten können, in denen es nicht Frauen, sondern Männer sind, die zu einem Wissen über die Privatangelegenheiten anderer gelangen. Auch heute noch gilt z. B. der Friseurladen in vielen Gesellschaften als ein Zentrum und Umschlagplatz für Männerklatsch,[47] – eine Einschätzung, die, wie man der folgenden boshaften Bemerkung von Georg Christoph Lichtenberg entnehmen kann, weit zurückreicht: „Die Barbierer und Perückenmacher tragen die kleinen Stadtneuigkeiten in die großen Häuser, so ⟨wie⟩ die Vögel die Samen von Bäumen auf die Kirchtürme, beide keimen da oft zum Schaden, nur ist die Pflanzungs-Art verschieden, jene sprechen sie und diese... sie. Auch die Eheweiber."[48] In einer geradezu prototypischen Klatschposition befindet sich auch der Hausmeister, der durch direkte Beobachtungen in den Wohnungen der einzelnen Mietparteien, bei der Beseitigung des Abfalls und durch die ihm zugetragenen Beschwerden und Erzählungen der Mieter über ihre Nachbarn im Laufe der Zeit ein recht detailliertes Wissen über die persönlichen Lebensumstände der Hausbewohner erwirbt. Und signifikanterweise ist eines der größten Probleme, mit dem Hausmeister zu kämpfen haben, der – von ihnen selbst antizipierte – schlechte Ruf, in dem ihr Berufsstand steht.[49] Berichtet wird schließlich noch, daß Postboten,[50] Zeitungsausträger[51] und die Inhaber kleiner Läden[52] als Personengruppen gelten, die sich durch besondere Klatschhaftigkeit auszeichnen, was in diesem Fall in erster Linie auf den Umstand zurückzuführen sein dürfte, daß sie sich aufgrund ihrer beruflich bedingten täglichen Kontakte und Begegnungen mit andern Mitgliedern des sozialen Netzwerks in hervorragender Weise als Informationszwischenträger eignen.

Die These, *daß vor allem diejenigen Personengruppen, die in ihrer beruflichen Tätigkeit Einblick in die Privatsphäre anderer gewinnen, im Ruf der Klatschhaftigkeit stehen,* formuliert keinen naturgesetzlichen Tatbestand. Sie beschreibt einen Zusammenhang, der aus dem Zusammenwirken von Sozial- und Interaktionsstruktur hervorgegangen ist und damit durch entsprechende gesellschaftliche Regelungen modifiziert oder gar zum Verschwinden gebracht werden kann. Das kommt nirgends deutlicher zum Ausdruck als darin, daß es in modernen Gesellschaften eine große Anzahl von Personen gibt, die ebenfalls von Berufs wegen intime Kenntnisse über das Privatleben anderer haben, aber gerade nicht als klatschhaft verschrien sind. Ärzte, Psychotherapeuten, Rechtsanwälte, Bankangestellte, Steuerberater, Angestellte in der Personalverwaltung etc. erfahren in Ausübung ihres Berufs regelmäßig Dinge über ihre Klienten, die so persönlicher und intimer Art sind, daß sie kaum offenbart würden, gäbe es nicht eine Schutzvorrichtung, die ihre ‚klatschhafte' Verbreitung unterbindet. In ähnlicher Weise wie die Geistlichen dem Beichtgeheimnis, unterliegen auch die Angehörigen dieser Berufe sehr restriktiven Regelungen, was die Weitergabe von Privatgeheimnissen ihrer Klientel betrifft. Das Strafgesetzbuch (§ 203. Verletzung von Privatgeheimnissen) bedroht denjenigen mit einer Freiheitsstrafe, der „unbefugt ein fremdes Geheimnis, namentlich ein zum persönlichen Lebensbereich gehörendes Geheimnis" offenbart, das ihm als einem Angehörigen der genannten Berufsgruppen anvertraut wurde. Die Wahrung von Privatgeheimnissen, die beruflicher Art sind, ist darüber hinaus vor jeder gesetzlichen Verpflichtung immer auch ein zentrales professionsethisches Postulat. Auf diese Weise durch äußere und innere soziale Kontrollen daran gehindert, beruflich erworbenes Wissen über die Privatangelegenheiten anderer an Unbefugte weiterzugeben, geraten die Angehörigen dieser Berufsgruppen nicht in die Position potentieller Klatschproduzenten und stehen dementsprechend auch nicht in dem Ruf besonderer Klatschhaftigkeit.[53] Ist diese Argumentation stichhaltig, dann ließe sich die These wagen, daß z. B. die Sekretärin ihren Ruf, klatschhaft zu sein, in dem Maß verlieren würde, in dem sich ihr Beruf in Richtung auf eine „Fachkraft für Bürokommunikation" professionalisierte.[54]

Zusammenfassend kann man sagen, daß der Klatschproduzent in einem zweifachen Sinn ein ‚Transgressor' ist: Er dringt – die Grenze zwischen Vorder- und Hinterbühne überschreitend – in den Innenraum der sozialen Existenz eines anderen ein und drängt dann – das soziale System von Einschluß und Ausschluß punktuell mißachtend – mit seinem Wissen als der Beute seines Raubzugs nach außen. Paradox ausgedrückt: *der Klatschproduzent veräußert Intimes.* Sein Ansehen und seine Stellung innerhalb der Klatschtriade werden wesentlich davon bestimmt, welchen potentiellen und faktischen Zugang er zu dem sozial ungleich verteilten Wissen über das Privatleben anderer hat und in welchem Maß die Verbreitung dieses Wissens gesellschaftlich auferlegten Beschränkungen unterliegt. Daß in der Regel den Frauen Klatschhaftigkeit als kategoriengebundene Charaktereigenschaft attribuiert wird, hat seinen wesentlichen Grund darin, daß Frauen durch die geschlechtsspezifische Organisation der Arbeitsteilung strukturell in weit stärkerem Maß als Männer in die Position von potentiellen Klatschproduzenten geraten. Vieles deutet darauf hin, daß sich Frauen und Männer in ihrer tatsächlichen Klatschproduktivität nicht signifikant unterscheiden.

4. Der Klatschrezipient

Die letzte Handlungsfigur in der Klatschtriade, der Klatschrezipient, ist keineswegs nur ein passiver Beteiligter, dessen Gegenwart – oder genauer: dessen Zuhörbereitschaft – zwar kommunikationstechnisch erforderlich ist, dem aber darüber hinaus für den spezifischen Konstitutionsprozeß von Klatsch keine besondere Bedeutung zukommt. Im Gegenteil, erst dadurch, daß diese dritte Handlungsfigur sowohl zu dem Klatschproduzenten wie auch zu dem Klatschobjekt in einer spezifischen Beziehung steht, wird ein Gespräch letztlich zum Klatsch.

Welche Art von Beziehung zwischen dem Klatschrezipienten und dem Klatschobjekt bestehen muß, wurde bereits erläutert: Das Klatschobjekt muß einerseits aus dem Bekanntenkreis des Klatschrezipienten stammen oder ihm zumindest indirekt über Bekanntschaftsketten oder als lokale ‚Berühmtheit' bekannt sein. Denn die Neuigkeit, die er erfährt, ist nur dann von persönlicher Relevanz für ihn, wenn sie nicht eine ihm völlig fremde Person betrifft. Andererseits orientieren sich die Klatschakteure an der Regel, daß Personen, die mit einem von ihnen in einer intimen verwandtschaftlichen oder freundschaftlichen Beziehung stehen, als Klatschobjekte tabu sind.[55] Gesprächsteilnehmer können, ja müssen ihre Mißbilligung ausdrücken oder gar ihr ‚Veto' einlegen, falls einer ihrer engsten Verwandten oder Freunde von den anderen im Gespräch zum Objekt von Klatsch gemacht wird.

Nicht alle Kommunikationspartner eignen sich für einen Gesprächsteilnehmer, der bereit ist, Informationen mit Klatschwert zu vertreiben, als Klatschrezipienten. So kann z. B. beobachtet werden, daß ein laufendes Klatschgespräch abrupt beendet oder auf ein anderes Thema gelenkt wird, wenn zu der Gesprächsrunde eine unbekannte Person hinzutritt.[56] Klatschgespräche haben typischerweise zur Voraussetzung, daß Klatschproduzent und Klatschrezipient in einem Verhältnis wechselseitiger Bekanntheit zueinander stehen. So können zwar, worauf bereits Moritz Lazarus und nach ihm Georg Simmel hingewiesen haben,[57] Gespräche zwischen zwei völlig Fremden – wie etwa im Fall einer Reisebekanntschaft – eine Offenherzigkeit und Intimität entwickeln, für die eigentlich kein innerer Grund zu finden ist. Doch zum Austausch von Klatsch wird es in derartigen Situationen nicht oder höchstens in jenen seltenen Fällen kommen, in denen die Fremden im Gespräch einen gemeinsamen Bekannten entdecken. Demgegenüber kann man sich, um das andere Extrem zu nehmen, fragen, ob man die Gespräche zwischen Ehegatten, in denen diese ganz unter sich Neuigkeiten über die persönlichen Angelegenheiten Dritter austauschen, als Klatsch bezeichnen will. Dies ist sicher eine Grenzfrage, auf die keine einheitliche Antwort erfolgen wird. Nach meinem

Dafürhalten wäre es in diesem Fall unzutreffend, von Klatsch zu sprechen, da diesen Unterhaltungen das *Öffentlichkeitselement* fehlt, das für den Klatsch zwischen Freunden, Bekannten und Verwandten so charakteristisch ist. Es ist zwar ein allgemeines Kommunikationsmuster, daß Männer wie Frauen den Klatsch, den sie während des Tages erfahren haben, abends nach Hause bringen.[58] Doch die darauf bezogenen ehelichen Unterhaltungen sind mehr ein wechselseitiger Austausch von Informationen über den gerade aktuellen Klatsch als eine Fortsetzung des Klatsches im häuslichen Kontext. Das ist u. a. daran zu erkennen, daß bei dieser häuslichen Berichterstattung über den neuesten Klatsch der „thrill" und das Engagement der Beteiligten bei weitem nicht das für Klatschgespräche sonst übliche Maß erreicht. Dennoch sind diese ehelichen Klatsch-"briefings" nicht unwichtig, – schon allein deshalb nicht, weil die Eheleute mit den dabei erhaltenen Informationen sich am folgenden Tag wieder aktiv an der außerhäuslichen Klatschkommunikation beteiligen können.

Das auf wechselseitiger Bekanntheit beruhende Verhältnis zwischen Klatschproduzent und Klatschrezipient erhält seine spezifische Prägung nun durch die besondere Art des Wissens, das in der Interaktion dieser beiden Handlungsfiguren transferiert wird. Wissen über die privaten Dinge eines anderen ist moralisch kontaminiertes Wissen und setzt damit diejenigen, die es zwischen sich austauschen, in ein Verhältnis der Mitwisserschaft. Der Klatschrezipient befindet sich gleichsam in der Situation desjenigen, der eine Gabe annimmt, von der er selbst ebenso wie der Geber weiß, daß sie gestohlen ist.[59] Diese Mitwisserschaft schlingt ein Band der Gemeinsamkeit um die Klatschakteure und wirkt auf deren Beziehung stehen. Im Klatschtransfer ist der Verkehrston auf Gleichheit gestellt; Rangunterschiede läßt er kaum zu.[60] Aufgrund dieses *Egalisierungseffekts* ist Klatsch zwischen Vorgesetzten und Untergebenen, allgemein: zwischen rangungleichen Personen verhältnismäßig selten. Ausgeschlossen ist er natürlich nicht, doch die Klatschakteure müssen in diesem Fall besonders sorgfältig darauf achten, daß ihr rangnivellierendes Verhalten nicht als strategisch motivierte „vertrauliche Annäherung" (L. v. Wiese),[61] d. h. als Anbiederung, interpretiert und beantwortet wird.

Die Beziehung zwischen Klatschproduzent und Klatschrezipient wird nicht zuletzt von der Erwartung bestimmt, daß der Klatschrezipient in dem Augenblick, in dem er in den Besitz des moralisch kontaminierten Klatschwissens gelangt ist, mit diesem Wissen in anderen Gesprächskontexten selbst als Klatschproduzent auftreten kann. Es wird zwar in der ethnographischen Literatur immer wieder berichtet, mit welcher erstaunlichen Geschwindigkeit sich Klatschinformationen in einem Dorf und selbst über große räumliche Distanzen hinweg verbreiten.[62] Redewendungen wie: ‚etwas macht die Runde', ‚etwas spricht sich im Ort herum', ‚etwas verbreitet sich wie ein Lauffeuer', ‚jemand kommt ins Gerede', ‚jemand ist in aller Leute Munde' oder ‚etwas wird brühwarm weitererzählt' lassen erkennen, daß die *hohe Diffusionsgeschwindigkeit von Klatsch* zum Alltagswissen über Klatsch gehört. Doch dieses Alltagswissen kann im Sinn einer „self-destroying prophecy" gerade der Grund dafür sein, daß die Verbreitung von Klatsch zumindest in ihrem Anfangsstadium kurzfristig unterbunden und verzögert wird. Für jemanden, der interessante Klatschneuigkeiten zu berichten weiß, wird ja bereits der erste von ihm ins Vertrauen gezogene Klatschrezipient zu einem potentiellen Konkurrenten, der ihm ‚die Schau stiehlt', indem er noch vor ihm sein gerade erworbenes Klatschwissen an andere übermittelt. Vor diesem Hintergrund wird eine Beobachtung verständlich, die der Anthropologe James Faris mitteilt.[63] Faris hatte in einer Studie über ein kleines Fischerdorf in Neufundland bemerkt, daß Männer, die mit interessanten Neuigkeiten ins Dorf zurückkamen, bei Einzelbegegnungen mit anderen Männern zunächst nichts von ihrem Wissen verlauten ließen und auch zu dem abendlichen Männertreff in einem der Dorfläden auffällig später als üblich kamen. Auf diese Weise sicherten sie sich das Publikum und die Aufmerksamkeit, die sie im Fall einer allzu schnellen, individualisierten Informationsverbreitung mit anderen hätten teilen müssen. Diese Strategie setzte sich in den abendlichen Unterhaltungen noch darin fort, daß die Männer ihr Wissen nicht von sich aus und en bloc vor dem Publikum ausbreiteten, sondern sich von den Zuhörern durch Fragen und Nachfragen ‚aus der Nase ziehen' ließen und sich damit zu einer ‚gefragten' Person machten.

Ein Klatschproduzent kann natürlich auch versuchen, über metakommunikative Instruktionen den Klatschrezipienten auf Verschwiegenheit zu verpflichten. Doch es ist eine allgemeine Erfahrung, daß *Restriktionsermahnungen* von der Art: ‚unter uns gesagt', ‚das muß unter uns bleiben', ‚nur zu Dir' oder ‚kein Wort davon zu X' nicht sehr wirkungsvoll sind. Sie entlasten zwar den Klatschproduzenten insofern, als er später gegenüber dem möglichen Vorwurf der Schwatzhaftigkeit darauf verweisen kann, den Klatschrezipienten auf Verschwiegenheit verpflichtet zu haben. Doch sie können nicht darüber hinwegtäuschen, daß der Klatschproduzent faktisch nur geringe Einflußmöglichkeiten darauf hat, was der Klatschrezipient mit der ihm anvertrauten Klatschinformation anstellt. Auch der Klatschproduzent weiß, daß Klatschrezipienten in der Regel zunächst „die Hand auf den Mund legen und hernach ein wenig durch die Finger plaudern" (G. C. Lichtenberg).[64] Diese Situation mangelnder Kontrollmöglichkeit über den weiteren Weg der Klatschinformation verweist den Klatschproduzenten direkt wieder auf sein soziales Beziehungsnetzwerk. Denn auch wenn er nicht verhindern kann, *daß* Klatsch weitergegeben wird, so kann er doch durch eine entsprechende Auswahl der Klatschrezipienten Vorsorge treffen, daß Klatsch nur *an die richtigen Leute* weitergegeben wird. Eine solche Vorsorgemaßnahme besteht z. B. darin, daß Erwachsene häufig die Kinder, selbst wenn diese nur als passive Rezipienten in der Gesprächssituation anwesend sind, von ihrem Klatsch ausschließen:[65] zu groß scheint ihnen die Gefahr, daß Kinder aus Unwissenheit anderen Leuten gegenüber Dinge ausplaudern, die gerade für deren Ohren nicht bestimmt sind.

In der selektiven Aktualisierung von sozialen Beziehungen unterscheidet sich Klatsch im übrigen von einem anderen kommunikativen Phänomenen, das fälschlicherweise häufig zusammen mit Klatsch in einen Topf geworfen wird – dem *Gerücht*. Bereits in der Bezeichnung „Gerücht" kommt ja zum Ausdruck, daß in diesem Fall die Informationsverbreitung auf eine eher unspezifische Weise erfolgt. Im „Gerücht" ist, wenn nicht etymologisch, so doch konnotativ der „Geruch" enthalten; noch stärker verweisen auf diese olfaktorische Bedeutungskomponente die Komposita „Gerüchteküche" und – drastischer noch – „Latrinengerücht". Den

Grund für diese Bedeutungsassoziation wird man vor allem auf zwei Merkmale zurückführen dürfen, die für Gerüche wie für Gerüchte gleichermaßen kennzeichnend sind: Sie verbreiten sich ziemlich ungehindert und nach allen Seiten, und ihre Urheber und Entstehungsorte sind kaum auszumachen. Gerüchte unterscheiden sich zwar von Klatsch schon dadurch, daß sie sich zumeist nicht auf einzelne Personen beziehen (– „klassische" Gerüchte betrafen z. B. den bevorstehenden Weltuntergang, die Greuel des Kriegsgegners oder die Verarbeitung von Rattenfleisch in einer bekannten „Fast Food"-Restaurantkette).[66] Doch die entscheidende Differenz zwischen Gerücht und Klatsch liegt darin, daß es zur Ausbreitung von Gerüchten nicht der spezifischen Netzwerkaktualisierung bedarf, die für den Klatsch so charakteristisch ist. Gerüchte beinhalten unverbürgte Nachrichten, die immer von allgemeinerem Interesse sind und sich dementsprechend auf diffuse Weise verbreiten; Klatschneuigkeiten haben nur eine gruppenspezifische Relevanz und werden in höchst selektiver Manier innerhalb eines begrenzten sozialen Netzwerks weitergegeben.

Mit der Bestimmung des Klatschrezipienten kommt die Darstellung und Diskussion der einzelnen Handlungsfiguren der Klatschtriade nicht nur in einem formalen Sinn zu einem Abschluß. Aus der Bestimmung seiner Position und seiner Beziehungen zu den anderen beiden Handlungsfiguren ergibt sich, daß sich auch inhaltlich ein Kreis schließt: *Geklatscht wird – lege artis – nur über Freunde und Bekannte und nur mit Freunden und Bekannten.* Die Klatschtriade reflektiert daher in einer konkreten sozialen Situation ein spezifisches Intimitätsmuster im Beziehungsnetz der drei Beteiligten. Das Recht, über bestimmte Leute zu klatschen, d. h. über ihre persönlichen Angelegenheiten ein – moralisch kontaminiertes – Wissen weiterzugeben oder zu erfahren, ist ein Privileg, das nur auf jene Personen ausgedehnt wird, die sich wechselseitig als Mitglieder in diesem Beziehungsnetzwerk anerkennen. Klatsch ist deshalb auch in hohem Maße ein „Zunftphänomen".[67] Wenn zwei Personen in Anwesenheit eines unwissenden Dritten mit Klatsch beginnen, dann entsteht unvermeidlich eine jener Situationen, in denen ein Fremder mit schmerzhafter Deutlichkeit spürt (oder zu spüren bekommt), daß er nicht dazugehört.[68] Indem man mit seinen Bekannten über andere gemeinsame Bekannte klatscht, demonstriert man sich wechselseitig, daß alle Beteiligten zu einem Kreis, einem Zirkel, einer „Klatschzelle"[69] gehören und damit das Recht und die Pflicht haben, Interesse für die Tugenden wie die Unarten der anderen Mitglieder zu zeigen. Daß man *mit* anderen klatscht, ist dabei – soziologisch betrachtet – fast ebenso wichtig, wie daß *über* einen geklatscht wird. Elizabeth Bott[70] hat für diesen Zusammenhang die einprägsame Formel gefunden: „No gossip, no companionship".

IV. Die Klatschsequenz*

1. Die situative Einbettung von Klatsch

Wer nach den sozialen, räumlichen und zeitlichen Umständen der Realisierung von Klatsch fragt, ist mit einer solchen Fülle und Vielfalt möglicher Klatschsituationen konfrontiert, daß es ihm auf den ersten Blick ganz aussichtslos erscheinen mag, hier über Einzelbeschreibungen und die Aufstellung von Listen hinauszukommen. Denn wann immer die personale Konstellation der Klatschtriade in einer sozialen Situation gegeben ist, eröffnet sich für die Interagierenden die Möglichkeit, die ‚Klatschmaschine' in Gang zu setzen. Bei genauerer Betrachtung zeigt sich freilich, daß die beobachtbaren – und vorstellbaren – Klatschsituationen über die Beziehungsstruktur der Beteiligten hinaus Ähnlichkeiten aufweisen, aufgrund derer sie zu einzelnen Gruppen zusammengefaßt werden können – zu Gruppen, die sich nicht isoliert voneinander um einzelne Situationspartikel herum auskristallisieren, sondern die sich mit fließenden Übergängen entlang einem Kontinuum anordnen lassen. Ein solches Kontinuum fächert sich auf, wenn man die Situationen, in denen geklatscht wird, auf einer Linie lokalisiert, die zwischen den beiden gegensätzlichen Handlungskontexten der Geselligkeit und der Arbeit gezogen wird. Auf dieser Linie, die das Reich der Tätigkeit mit dem Reich der Untätigkeit verbindet, lassen sich in idealtypisierender Betrachtung drei Gruppen von Klatschsituationen identifizieren.

1. Am einen Ende dieser Linie, dem Bereich der rein geselligen Interaktion, trifft man auf eine Situation, die – zumindest im Urteil der sozialen Umwelt – so vollständig unter dem Zeichen von Klatsch steht, daß sie diesem sogar ihren Namen verdankt: die Situation des Kaffeeklatsches. Im *Kaffeeklatsch*, so scheint es, realisiert sich die Gattung Klatsch in ihrer reinsten Form. Als typisch für den „Kaffeeklatsch" erscheint uns im Alltag, daß sich ein Kreis von Bekannten – sei's im Café, sei's zu Hause in der

* Anmerkungen zu Kapitel IV: S. 239–253

Wohnstube – bei Kaffee und Kuchen und unbeschwert von drängenden Arbeitspflichten versammelt hat, denen der Sinn nur nach einem steht: sich über die Verfehlungen und das Treiben gemeinsamer, aber abwesender Bekannter wechselseitig ins Bild zu setzen und über Dinge, die sie nichts angehen, den Mund zu zerreißen. Der Kaffeeklatsch bildet, so könnte man sagen, die zur Institution geratene Form der Klatschkommunikation; er ist die auf Klatsch reduzierte Sozialform der Geselligkeit.

Die Geringschätzung, die unweigerlich mitschwingt, wenn wir im Alltag von „Kaffeeklatsch" sprechen, hat eine historische Wurzel. Im 16. Jahrhundert tauchten in Europa die ersten Kaffeehäuser auf.[1] Sie fungierten vor allem als Geschäftslokale, und sie spielten – in einer Zeit, in der eine Tagespresse im modernen Sinn noch unbekannt war – als Kommunikationszentren eine wichtige Rolle in der frühbürgerlichen Wirtschafts- und Kulturgeschichte. Das heutige weltweit agierende Versicherungsunternehmen Lloyd's z. B. nahm seinen Anfang von „Lloyd's Coffeehouse", das Ende des 17. Jahrhunderts in der Londoner Innenstadt eröffnet wurde und sich rasch zu einem Treffpunkt für Leute entwickelte, die mit der Schiffahrt zu tun hatten. Den Londoner Redakteuren der Moralischen Wochenschriften dienten die Kaffeehäuser im 18. Jahrhundert als Redaktionslokale, die in den Blättern gar als Geschäftsadressen angegeben wurden. Von dieser Gesprächskultur, die sich in den Kaffeehäusern entwickelte und die auch auf die Literatur einen nicht geringen Einfluß ausübte, waren die Frauen weitgehend – in England gar durch ein Verbot – ausgeschlossen. Es ist bekannt, daß die Kaffeehäuser, wohl weil sie als außerhäusliches Refugium der Männer galten, das Mißtrauen und den Widerstand der Frauen weckten.[2] In dem Maß aber, in dem der Kaffee aus der öffentlichen Sphäre der Kaffeehäuser auch in die private Sphäre der bürgerlichen Haushalte einwanderte, konnten die Frauen nach dem Vorbild der männlichen Kaffeehauskultur ihre eigenen Gesprächszirkel um das gemeinsame Kaffeetrinken herum etablieren: Das war die Geburtsstunde des „Kaffeekränzchens". Ob den bürgerlichen Männern nun diese Selbständigkeitsbestrebungen ihrer Frauen nicht ganz geheuer waren, oder ob auf diesen Kaffeekränzchen tatsächlich in erster Linie die Privatangelegenheiten Dritter besprochen wurden – seit Ende des 18. Jahrhunderts machte sich jedenfalls die Männergesellschaft über den „Kaffeeklatsch" der Frauen lustig. Sie konnten in dem häuslich-weiblichen Pendant nur eine Karikatur der männlichen Kaffeehauskultur erkennen.[3]

Abb. 1: Karikatur auf das Kaffeekränzchen, 19. Jahrhundert[4]

Obwohl der Kaffeeklatsch mittlerweile längst den häuslichen Privatbereich verlassen und die – zu Cafés gewordenen – Kaffeehäuser erobert hat, mag dieser kulturhistorische Hintergrund mit zu der abfällig-ironischen Einschätzung beitragen, die der Begriff „Kaffeeklatsch" heute noch erfährt. Allerdings spielt dabei noch ein anderer, interaktions-struktureller Faktor eine Rolle. Der eigentliche ‚Skandal' des Kaffeeklatsches ist nicht, *daß* dort geklatscht wird – Klatsch begegnet man auch an anderen Orten –, sondern daß dort *ungeniert* geklatscht wird. Die Teilnehmer am Kaffeeklatsch machen sich kaum die Mühe, zu verbergen, daß der Sinn und Zweck ihres Zusammenseins ist: über andere Leute zu klatschen. D. h. sie engagieren sich bei einer Tätigkeit, die offiziell geächtet ist, ohne dabei zu erkennen zu geben, daß ihnen dieser Verstoß gegen die guten Sitten etwas ausmacht. Der Kaffeeklatsch setzt sich also nicht nur – wie jeder andere Klatsch auch – über das Klatschverbot hinweg; er negiert vielmehr dieses Verbot, indem er es unterläßt, durch entsprechende Maßnahmen seinen ungebührlichen Charakter zu neutralisieren und damit implizit das Klatschverbot zu respektieren. Und genau darin liegt, wie sich gleich noch genauer zeigen wird, der besonders schlechte Ruf des Kaffeeklatsches begründet: Als Klatschmaul gilt nicht automatisch jeder, der klatscht, sondern nur derjenige, der sich ohne bestimmte Vorsichts- und Neutralisierungsmaßnahmen dem Klatsch widmet. Man kann deshalb auch nicht sagen, daß sich im Kaffeeklatsch die Gattung Klatsch in reinster Form realisiert. Denn im Kaffeeklatsch, der wie jeder Klatsch eine Regel verletzt, wird selbst noch einmal gegen eine Regel verstoßen, die von einem kompetenten Klatschakteur eigentlich beachtet werden sollte.

Im Bereich der geselligen Interaktion finden sich andere Beispiele für die situative Einbettung von Klatsch, die ihrer Struktur nach – und konsequenterweise auch: in ihrem gesellschaftlichen Ruf – mit dem Kaffeeklatsch mehr oder weniger identisch sind. So wird etwa für verschiedene Gesellschaften die folgende Beobachtung beschrieben:[5] In Dörfern oder kleinen Städten kommt es regelmäßig dazu, daß sich im Sommer kleine, geschlossene Gruppen aus zumeist älteren Bewohnern bereits tagsüber auf einer Veranda oder einem sonstigen schattigen Platz treffen, dort stundenlang und ohne Beschäftigung trinkend, rauchend und sich unterhaltend herumsitzen und ihre Zeit insbesondere damit verbringen, über jeden, der ihnen dazu Anlaß gibt, ausgiebig zu klatschen. Auch diese Gruppen sind kaum darum bemüht, vor ihrer Umgebung zu verbergen, daß sie sich mit Klatsch abgeben, und dementsprechend gelten sie auch überall als besonders hartnäckige und boshafte Klatschnester. (Im übrigen kann man hierin einen der Gründe sehen, weshalb alte Leute, die nicht mehr im Arbeitsprozeß integriert sind, leicht in den Ruf geraten können, klatschhaft zu sein.)

Charakteristisch für diese müßiggängerischen Gruppen ist, daß sie – ihre Aufmerksamkeit auf das vor ihnen sich abspielende Dorf- oder Nachbarschaftsgeschehen richtend – sich gleichsam im *Zu-*

stand ständiger Klatschbereitschaft befinden. Ihren Gesprächen ist, wie Unterhaltungen ganz allgemein, ein *hohes Maß an lokaler Sensitivität* eigen, d. h. in diesen Gesprächen kann alles, was sich ‚vor Ort', im Wahrnehmungsbereich der Beteiligten ereignet, unmittelbar sprachlich aufgenommen, thematisiert und in Form von ausgedehnten Kommentaren und Disputen verarbeitet werden. „Man gehe an einer Gruppe von Ehefrauen vorüber, die beim Kaffeeklatsch auf dem Rasen sitzt, und man wird sehr stark ihre neugierig fragenden Blicke empfinden", – mit dieser Beschreibung deutete ein Gemeindesoziologe nur an, welche leidvollen Felderfahrungen er in einer Studie über US-amerikanische Vorstädte machte.[6] Fortwährend fächeln sich diese Gruppen auch kleinste Informations- und Ereignishappen zu, um so ihren unstillbaren Klatschhunger zumindest kurzzeitig zu befriedigen.

Zu Klatsch kann es natürlich auch noch in ganz anderen Geselligkeitskontexten kommen: Wann immer Bekannte sich im Gasthaus,[7] auf einer Party,[8] in der Sauna[9] oder beim Kartenspielen[10] treffen, bietet sich ihnen Gelegenheit, Neuigkeiten über abwesende – oder zumindest außer Hörweite befindliche – Dritte auszutauschen. Gegenüber dem Typus des Kaffeeklatsches unterscheidet sich die situative Einbettung von Klatsch in diesen Fällen bereits in einem wesentlichen Punkt. Klatsch findet hier statt im Handlungsrahmen – man kann auch sagen: unter dem Deckmantel – von gesellschaftlich akzeptierter Geselligkeit. Klatsch ist nicht das Telos dieser sozialen Zusammenkünfte, sondern – wie etwa auch im Fall von Familienfeierlichkeiten (Hochzeiten, Beerdigungen) – ein Nebenprodukt, das sich aufgrund der personalen Konstellation wie von selbst und jedenfalls ungeplant ergibt. Klatsch erscheint damit als ein mehr oder weniger zufälliges Ereignis, und bereits diese Situation schützt die Klatschakteure bis zu einem gewissen Grad vor dem möglichen Vorwurf der Klatschhaftigkeit. Freilich kann es geschehen, daß sich Akteure in diesen Geselligkeitskontexten gerade deshalb durch ein hohes Maß an Klatschenergie auszeichnen, weil sie sich mit einer Art Freibrief ausgestattet wähnen. Doch dies ist nicht die Regel. Eher schon läßt sich beobachten, daß in diesen Geselligkeitskontexten eine deutliche Tendenz besteht, Klatsch nachzustellen, d. h. zunächst den „offiziellen" Teil, z. B. das Kartenspielen, zu absolvieren und nach dessen Abschluß zum „inoffiziellen" Teil: zum Klatsch überzugehen. Auch diese *postponierende Realisierung von Klatsch* ist eine Technik, die es den Interagierenden ermöglicht, zu klatschen, ohne gleich in die Gefahr zu geraten, als klatschhaft zu erscheinen.

2. Wenn man den Handlungskontext der Geselligkeit verläßt und jener Linie folgt, welche zum Handlungskontext der Arbeit führt, stößt man im Niemandsland zwischen diesen beiden Regionen auf eine zweite Gruppe von Klatschsituationen. Daß diese Situationen nicht nur in einem metaphorischen Sinn eine Zwischenstellung einnehmen, mögen die folgenden Beispiele verdeutlichen: Wer den Weg zur Arbeit mit einem öffentlichen Verkehrsmittel zurücklegt, findet sich oft in der Situation, während der Fahrt nolens volens mit einem Arbeitskollegen zusammenzusitzen und mit ihm über andere Arbeitskollegen oder lokale Berühmtheiten zu klatschen. Oder: Im Wartezimmer eines Arztes begegnet man zufällig einem Bekannten, und ehe man sich versieht, ist man mit ihm in Klatsch vertieft. Oder: Ehe im Theatersaal die Lichter erlöschen und sich der Vorhang hebt, sind Hunderte von Besuchern damit beschäftigt, im Publikum nach Bekannten Ausschau zu halten und über entdeckte Bekannte mit ihren Begleitpersonen – eventuell auch erst auf dem Nachhauseweg – den neuesten Klatsch auszutauschen. Oder: Wer am Ende der kurzen Frühstückspause die Kantine verläßt, hat dort nicht nur eine Tasse Kaffee und ein Brötchen, sondern zumeist auch eine Portion Klatsch zu sich genommen (oder verteilt). – Es ist unschwer zu erkennen, worin die Gemeinsamkeit dieser hier beispielhaft angeführten Situationen besteht: Sie bilden jenes amorphe, intermediäre soziale Gewebe, das die zeitlichen Lücken und Hohlräume ausfüllt, die im alltäglichen Leben fortwährend und unvermeidlich bei der Sequenzierung und Segmentierung größerer sozialer Handlungsblöcke entstehen. Wartezeiten, Pausen, Fahrten zur und von der Arbeit u. ä. m. sind passagere soziale Aggregatszustände der erzwungenen ‚Untätigkeit', die an der Peripherie von Handlungskomplexen auftreten und die insofern gesellschaftlich akzeptiert sind, als in ihnen die Voraussetzungen für die Abwicklung dessen, was man mit Erving Goffman „dominant involvements" nennen könnte,[11] geschaffen oder auch die Folgen solcher „dominant involvements" beseitigt werden.

1. Die situative Einbettung von Klatsch 105

Diese peripheren Aktivitäten[12] bilden nun einen spezifischen situativen Kontext für diejenigen Klatschgespräche, die man pars pro toto als *Pausenklatsch* bezeichnen kann. Das besondere Klatschpotential dieser peripheren Episoden ist darin begründet, daß die Akteure temporär sowohl von der Erfüllung zentraler Arbeitspflichten wie auch von der Pflicht zur Beteiligung an bestimmten Geselligkeitsformen freigesetzt sind und damit aber in eine verhältnismäßig unstrukturierte Handlungssituation geraten, die ihnen wenig komplexe Leistungen abverlangt. Das führt u. a. dazu, daß in diesen Situationen die diversen Aktivitäten des Selbst-Engagements, d. h. die Formen des egozentrierten, selbstvergessenen Handelns (wie etwa: in Illustrierten blättern, in den Zähnen stochern, Fingernägel reinigen, dösen etc.),[13] trotz der Anwesenheit anderer Personen regelmäßig erkennbar ansteigen. Wenn sich in einer solchen Situation, deren Unstrukturiertheit den Beteiligten leicht das Gefühl vermittelt, sie seien zum Nichtstun verurteilt, zwei Bekannte begegnen, so ist deren Bereitschaft, die vor ihnen liegende, unausgefüllte Zeit gemeinsam mit Klatsch „totzuschlagen", im allgemeinen sehr groß. Dies nicht zuletzt auch deshalb, weil sie durch die Unvermeidbarkeit ihres peripheren Engagements, durch die ‚Rechtmäßigkeit' ihres Nichtstuns und durch die Zufälligkeit ihrer Begegnung vor der Gefahr geschützt werden, in den Ruf der Klatschhaftigkeit zu geraten.

Pausenklatsch findet selbst in Gegenwart anderer Personen überraschenderweise ziemlich ungeschützt statt, also ohne daß die Klatschakteure durch Tuscheln oder proxemische Manöver sich von ihrer interaktiven Umgebung abschotten würden. Er kann deshalb von einem Beobachter, der seine Aufmerksamkeit verdeckt darauf richtet, häufig und ohne Probleme in der Cafeteria, im Bus oder in Wartesituationen aufgeschnappt werden. Allerdings sind diese Klatschgespräche für den heimlichen Lauscher zumeist recht unverständlich: die Klatschakteure, die sich als wechselseitig Bekannte über andere gemeinsame Bekannte unterhalten, sprechen eine extrem präsuppositionsreiche Sprache, die einen dritten Zuhörer, der das Vorwissen der Klatschakteure nicht teilt, weitgehend ausschließt. Es scheint fast so, als hätten die Klatschakteure ein intuitives Wissen über diesen Schutzmechanismus und könnten sich deshalb auf eine scheinbar so offene Weise dem Klatsch widmen.

Pausenklatsch kann unter bestimmten Umständen in Kaffeeklatsch übergehen (und umgekehrt), wobei sich allerdings bei diesem Übergang die situative Einbettung von Klatsch erkennbar ändert. So berichtete z. B. eine Soziologin,[14] daß viele der Frauen, die sich nach dem Tennisspielen im Umkleideraum einer Tennishalle duschten und ankleideten, während dieser intermediären Phase über gemeinsame Bekannte klatschten. Besonders fielen ihr dabei zwei Frauen (offensichtlich Hausfrauen) auf, die es nicht bei dieser Art von Klatsch beließen, sondern die nach ihrem Spiel, das immer vormittags stattfand, noch im Umkleideraum regelmäßig eine Flasche Sekt öffneten und den zeitlich eng limitierten Ankleidevorgang in eine ausgedehnte Plauderstunde transformierten. Der Klatsch, der zunächst noch an die peripheren Aktivitäten der Körperpflege, des Sichankleidens, des Aufräumens etc. gebunden war, hatte sich hier zu einer Hauptaktivität verselbständigt. Was in diesem Fall durch die Routine des Sekttrinkens als geplant und im vorhinein beabsichtigt markiert wurde, kann sich in anderen Fällen als eine spontane, situativ generierte und mit einem Ortswechsel verbundene Fortsetzung des Klatschens vollziehen. (So etwa, wenn zwei Bekannte, die sich im Bus zur Universität treffen, dort dann zur Fortsetzung ihrer Unterhaltung schnurstracks in die Cafeteria wandern.)

3. Am Ende der Linie, die am Handlungskontext der Geselligkeit ansetzte und dann zum Bereich der peripheren sozialen Aktivitäten führte, steht nun der Handlungskontext der Arbeit. Bereits in der Darstellung des engen bedeutungsgeschichtlichen Zusammenhangs zwischen ‚Klatschen' und ‚Wäschewaschen' ist ja zum Vorschein gekommen, daß – vorsichtig formuliert – Klatsch und Arbeit keineswegs zwei streng voneinander isolierte Tätigkeiten sind. Im Gegenteil, vieles spricht für die These, daß der Bereich der Arbeit sogar ein bevorzugter Kontext für Klatschkommunikation ist. Auf eine solche Verbindung verweisen nicht nur gängige Bezeichnungen wie „Büroklatsch" oder „Beamtenklatsch";[15] wer – hellhörig für Klatsch – die Beschäftigten in einem Krankenhaus oder einer Universität bei ihren Tätigkeiten verfolgt, trifft immer wieder auf Paare oder Gruppen, die während der Arbeitszeit beim Klatsch zusammenstehen. Und wenn Leute gefragt werden, an welchen Orten sie mit anderen zum Klatsch zusammentreffen, dann wird an

erster Stelle häufig nicht der Nachmittagskaffee oder ein anderer Geselligkeitskontext genannt, sondern eine Lokalität aus dem Handlungskontext der Arbeit.[16]

Um die situative Einbettung von *Klatsch im Handlungskontext der Arbeit* bestimmen zu können, muß man sich zunächst deutlich das kritische Verhältnis dieser beiden Aktivitätsformen vor Augen führen. Klatsch und Arbeit gelten, wie in der ethnographischen Literatur immer wieder notiert wird, als zwei Aktivitätsformen, die sich wechselseitig weitgehend ausschließen. Es gibt zwar einzelne berufliche Tätigkeiten, in deren Vollzug die Akteure sich gleichzeitig auch mit Klatsch beschäftigen können: Man denke nur an die Feuerwehrmänner, die im Bereitschaftsraum sitzen, an die Dorffrauen, die gemeinsam am Bach ihr Gemüse putzen, oder an den Lkw-Fahrer, der sich während seiner Fahrten ungehindert mit seinem Beifahrer über gemeinsame Bekannte unterhalten kann. Doch in vielen anderen Fällen ist Klatsch nicht auf diese Weise mit der Ausführung von Arbeitshandlungen kombinierbar. Welche Konsequenzen es hat, wenn Klatsch nicht als Nebenengagement die Ausführung von Arbeitshandlungen begleitet, sondern während der Arbeitszeit zum Hauptengagement wird, macht die folgende Beobachtung von Jeremy Boissevain, die durch gleichlautende Mitteilungen anderer Ethnographen ergänzt werden könnte, deutlich: „In Gozo ⟨einem Bauerndorf auf Malta⟩ kommt es kaum vor, daß man Gruppen von Frauen sieht, die sich auf der Straße unterhalten. Werden solche Gruppen dennoch beobachtet, dann sagen die Leute, daß diese Frauen faul sind und nicht das tun, was sie tun sollten."[17] Die Regel, daß, wer arbeitet, keine Zeit für Klatsch hat, und daß, wer während seiner Arbeitszeit klatscht, seine Arbeit vernachlässigt – diese Regel gehört mit zum Kernbestand unseres Alltagswissens über Klatsch. Klatsch gilt als gesellige Untätigkeit und damit als unvereinbar mit Arbeit. Wer auf Kosten seiner Arbeit klatscht, gerät in die doppelte Gefahr, nicht nur als indiskret, sondern zugleich als faul verrufen zu werden.

Weshalb wird dann dennoch Arbeitszeit allenthalben in Klatschzeit verwandelt? Weil die Arbeitskollegen als Klatschpartner (und Klatschobjekte) favorisiert werden? Möglich, doch damit wird das Problem nur auf die Frage nach den Gründen für die Präferenz dieses kollegialen Klatschnetzwerks verschoben. Weil Klatsch als eine Art von „Banana Time"[18] den Arbeitenden die Möglichkeit gibt, den unbefriedigenden routinisierten Arbeitsprozeß durch informelle Interaktionen zu unterbrechen? Nicht auszuschließen, doch das gilt auch für eine Reihe anderer Aktivitäten (Hänseln, Flirten, Rauchen etc.) und sagt nichts Spezifisches über Klatsch.

Gegenüber diesen Begründungen, die auf externe Faktoren rekurrieren, läßt sich nun zeigen, daß im Klatsch selbst ein Strukturmerkmal enthalten ist, aufgrund dessen der Handlungskontext der Arbeit paradoxerweise als ein geeignetes Klatschenvironment erscheinen muß. Klatschakteure sind prinzipiell mit dem Problem konfrontiert, daß sie sich einer gesellschaftlich diskreditierten Interaktionsform widmen. Diesen Umstand können sie in ihrem realen Klatschverhalten einfach ignorieren, oder aber mit Hilfe entsprechender Verhaltensmarkierungen reflektieren. Daß dies keine beliebig austauschbaren, sondern in ihren Konsequenzen recht unterschiedliche Möglichkeiten sind, mag ein vergleichendes Beispiel verdeutlichen: Wer am Morgen alkoholisiert ins Büro kommt, kann nur dann mit Verständnis und Toleranz rechnen, wenn es ihm gelingt, sein unangebrachtes Verhalten durch entsprechende Verweise (auf einen Lottogewinn, auf die Geburt eines Sohnes etc.) als einen situativ bedingten Ausnahmefall zu isolieren. Wer es dagegen unterläßt, deutlich zu machen, daß seine ‚Fahne' auf besondere Umstände zurückzuführen ist und daß durch dieses einmalige Fehlverhalten die prinzipielle Geltung des Nüchternheitsgebots nicht in Frage gestellt wird, der wird rasch in den Ruf geraten, ein Trinker zu sein. Das bedeutet im Hinblick auf Klatsch: *Wer vermeiden will, in den Ruf eines notorischen Klatschmauls zu kommen, der muß bemüht sein, sein Klatschengagement so zu kontextualisieren, daß es als eine unbeabsichtigte, zufallsbedingte und damit entschuldbare Aktivität eines Gelegenheitsklatschers erscheint. Diese Kontextualisierung kann aber gerade dadurch erreicht werden, daß die Klatschakteure ihr Verhalten innerhalb des Handlungsrahmens von Arbeit lokalisieren.* Eine solche Kontextualisierungstechnik besteht z. B. darin, daß die Akteure nach ihrem Zusammentreffen sich nicht zum Klatsch in einer Ecke niederlassen, sondern mit ihren arbeitsindizierenden Utensilien (je nachdem: Bücher, Taschen, Einkaufskörbe etc.) bei ihrer Unterhaltung

1. Die situative Einbettung von Klatsch 109

Abb. 2: „Neuer Rathschluß der Dienst-Mägde". Nürnberger satirisches Flugblatt auf die Untugenden der Dienstmägde (1652)[19]

stehen bleiben. (Cf. Abb. 2) Auf diese Weise dokumentieren die Klatschakteure augenfällig, daß ihre Unterhaltung immer noch im Handlungsrahmen von Arbeit stattfindet, daß sie nur momentan und für kurze Zeit (Stehen ist unbequemer als Sitzen!) ihre Arbeit zugunsten des Gesprächs unterbrochen haben, und daß sie aufgrund ihrer erhöhten Lokomotionsbereitschaft in der Lage sind, jederzeit und ohne viel Umstände sich zu verabschieden und wieder ihrer Arbeit zuzuwenden. D. h., die Arbeit ruht zwar während des Klatschens, doch die Bedeutung der Arbeit als Rahmen der sozialen Begegnung wird von den Klatschakteuren aus Selbstschutzgründen in der Interaktion fortwährend indiziert.

Durch seine markierte Lokalisierung im Handlungskontext der Arbeit erhält Klatsch den Charakter des Zufälligen, des Beiläufigen und Passageren. Die Klatschakteure demonstrieren sich und anderen, daß, auch wenn sie sich momentan dem Klatsch widmen, Klatsch dennoch nicht das Telos ihres Zusammenseins bildet. Daß den Klatschakteuren selbst dieser Mechanismus nicht unbekannt ist, manifestiert sich vielleicht am eindrucksvollsten in dem häufig beschriebenen Phänomen, daß Hausfrauen, statt sich wechselseitig unverhohlen zum Zweck des Klatschens zu besuchen, es oft vorziehen, den Kontakt zur Nachbarin, der dann durchaus zu einem längeren Klatschgespräch führen kann, zunächst über eine arbeitsbezogene Thematik – das Borgen von Eiern, das Zurückbringen einer Schüssel – herzustellen. (Auch Arbeitsklatsch kann in Pausenklatsch und Kaffeeklatsch übergehen.) Daß die Klatschakteure den Handlungsrahmen der Arbeit nur deswegen so deutlich markieren, um unter dem Schein der zufälligen, passageren Begegnung sich um so hemmungsloser dem Klatsch hingeben zu können – dieses Spiel durchschauen natürlich auch die Umstehenden. Der Zeichner des „satirischen Flugblatts auf die Untugenden der Dienstmägde" hat diese Einsicht in der Figur des Jungen, der den beiden Frauen auf dem „Plaudermarkt" einen Stuhl bringt, ironisch zur Form gebracht. Doch man darf denen, die man in den Gängen der Universitäten ebenso wie auf dem Wochenmarkt stehend in Klatsch vertieft antrifft, nicht Unrecht tun: gerade in diesem Stehen bringen sie symbolisch ihren Respekt gegenüber dem Klatschverbot zum Ausdruck, gegen das sie faktisch verstoßen.

Die Darstellung der situativen Einbettung von Klatsch in drei verschiedenen Handlungskontexten – dem Bereich der Geselligkeit, dem Bereich der peripheren Aktivitäten und dem Bereich der Arbeit – ist immer wieder auf eine Thematik gestoßen: auf die Probleme, die sich für die Klatschakteure daraus ergeben, daß die Aktivität, der sie sich widmen, gesellschaftlich diskreditiert ist und sie damit Gefahr laufen, ihr Ansehen zu schädigen. Der gleichen Thematik begegnet man erneut, wenn man über die situative Einbettung von Klatsch hinaus nun im Detail verfolgt, wie Klatsch in der Interaktion realisiert, und das heißt zunächst: im Gespräch eingeführt wird.

2. Die interaktive Absicherung von Klatsch

Die Tatsache, daß Klatsch als eine Gattung der mündlichen Kommunikation *im* Gespräch realisiert wird, läßt sich zunächst in die triviale Feststellung kleiden, daß der Klatschkommunikation selbst Äußerungen vorangehen und Äußerungen nachfolgen, die für sich nichts mit Klatsch zu tun haben. Die Begrüßung z. B., die in der Regel ein Gespräch eröffnet, wird man noch nicht als Klatsch bezeichnen, und die Verabschiedung, mit der normalerweise ein Gespräch endet, nicht mehr. Klatsch ist also in jedem Fall in eine Interaktionsabfolge eingebettet, und diese Einbettung von Klatsch liefert der Analyse von Klatschkommunikation einen wichtigen Ansatzpunkt. Dazu darf allerdings der Interaktionsverlauf, innerhalb dessen Klatsch realisiert wird, nicht dadurch seiner zeitlichen Struktur beraubt werden, daß er mittels vorgegebener Beobachtungskategorien in einzelne feststehende Gesprächsaktivitäten zergliedert und deren zeitliches Nacheinander dann bedenkenlos übergangen wird. Vielmehr ist der Sachverhalt, daß es in erkennbarer und geordneter Weise zu dieser Interaktionsabfolge kommt, als eine Leistung der Interagierenden zu verstehen, die in und mit ihren Äußerungen das, was sich im nachhinein als gegliederte Interaktionsstruktur darbietet, in situ hervorbringen. Die Redeweise, daß Klatsch in eine Interaktionsabfolge eingebettet ist, darf daher nicht vergessen machen, daß es die Interagierenden selbst sind, die diese Einbettung gemeinsam vornehmen.

IV. Die Klatschsequenz

Die Teilnehmer an einer Interaktion sind prinzipiell verpflichtet und verfügen in der Regel auch über eine entsprechende Kompetenz, ihre Äußerungen und Verhaltensentscheidungen in vielfältiger Weise aufeinander abzustimmen und miteinander zu koordinieren. Wer etwa ‚aus heiterem Himmel', also ohne Vorankündigung, einen Witz erzählt, wird, falls es ihm überhaupt gelingt, ob seines merkwürdigen Verhaltens bei seinen Gesprächspartnern Irritation, wenn nicht Verärgerung hervorrufen. Gespräche können nur dann erfolgreich sein, wenn sich die Teilnehmer wechselseitig immer wieder indizieren, mitteilen, bestätigen und ratifizieren, womit-sie-geradebeschäftigt-sind-und-was-sie-als-nächstes-zu-tun-gedenken. Diese liierende Schreibweise soll zum Ausdruck bringen, daß diese Abstimmungs- und Koordinierungsleistungen in den meisten Fällen gar nicht explizit verbalisiert, sondern durch die kommunikativen Akte hindurch dem Gesprächspartner indirekt und in ‚verkörperter' Form zu verstehen gegeben werden. Naturgemäß ist diese intersubjektive Verständigungssicherung immer dann dringend erforderlich, wenn das vor sich hinplätschernde Gespräch in eine andere Richtung gelenkt oder wenn ein Kommunikationsmuster durch ein anderes abgelöst werden soll.

Eine solche Situation ist dann gegeben, wenn die Interagierenden darangehen, ein Gespräch, das noch kein Klatsch ist, in ein Klatschgespräch zu transponieren oder aber ein laufendes Klatschgespräch zu beenden. Man kann daher davon ausgehen, daß ebenso wie die äußeren Begrenzungen eines Gesprächs auch die inneren Grenzen der Klatschkommunikation: ihre Eröffnung und ihre Beendigung, von den Interagierenden aus Gründen der intersubjektiven Verständigungssicherung in besonderer Weise organisiert und damit sekundär für den wissenschaftlichen Beobachter erkennbar gemacht werden.[20] Grob betrachtet ergibt sich daraus für die gesprächsinterne Organisation von Klatsch eine dreigliedrige Ablaufstruktur, –

2. Die interaktive Absicherung von Klatsch 113

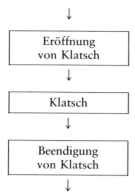

— die ihrer Form nach zunächst noch nicht für Klatsch allein charakteristisch ist, sondern auch die Realisierung anderer kommunikativer Muster innerhalb von Gesprächen kennzeichnet. In diesem und in den folgenden Abschnitten geht es nun darum, die spezifische Ablauforganisation von Klatsch zu bestimmen, d. h. anhand von Beobachtungsprotokollen und Transkripten zu verfolgen, wie Klatsch als eine genuine Kommunikationsform aus dem dahinfließenden Aktivitätsstrom des Gesprächs herausgehoben wird, wie Klatsch sprachlich-interaktiv realisiert und wie er schließlich zu einem Abschluß gebracht wird.[21]

Aus der bisherigen Darstellung ergibt sich, daß bei der Initiierung von Klatsch in einem laufenden Gespräch die Interagierenden zwei spezifische Aufgabenkomplexe zu bewältigen haben. (Von dem generellen Problem der thematischen Organisation soll hier zunächst abgesehen werden.) Zum einen geht es um das *beziehungsstrukturelle Problem,* zu klären, ob und wie die abwesende Person, die als Protagonist in die Unterhaltung eingeführt werden soll, den Gesprächsteilnehmern wechselseitig bekannt ist und damit als Klatschobjekt thematisiert werden kann. Zum andern geht es um das *interaktiv-moralische Problem,* sicherzustellen, daß die sozial geächtete Praxis des Klatschens von allen Gesprächsteilnehmern mitgetragen wird, denn nur so kann der Klatschproduzent die für ihn unangenehme und fatale Situation vermeiden, plötzlich als alleiniges Klatschmaul in der Gesprächsrunde dazustehen. Da beide Aufgabenkomplexe Voraussetzungen der Klatschkommunikation betreffen, werden sie von den Interagierenden typischerweise vor oder mit Beginn des eigentlichen Klatsches durchgearbeitet. Es ist daher zu erwarten, daß der zentralen Interaktionssequenz, in der die Klatschneuigkeit übermittelt und prozessiert wird, eine Prä-Sequenz vorgeschaltet ist, in der von den Interagierenden überprüft wird, ob die Bedingungen für einen Einstieg in die Klatschkommunikation gegeben sind.

Prä-Sequenzen sind bereits seit geraumer Zeit ein Untersuchungsobjekt der Konversationsanalyse.[22] In mehreren Arbeiten wurde gezeigt, daß derartige kommunikative Abklärungsphasen den unterschiedlichsten Interaktionssequenzen vorgeschaltet werden können. Sie verweisen prinzipiell darauf, daß die Interagierenden sich auf den prospektiven Verlauf ihres Gesprächs hinorientieren und mögliche unerwünschte Entwicklungen antizipieren. Dementsprechend konstituieren sich diese Prä-Sequenzen in dem Bemühen der Handelnden, frühzeitig einen sich abzeichnenden nicht-präferierten („dispreferred") Gesprächsverlauf aufzuspüren und durch entsprechende Aktivitäten zu verhindern, daß das Gespräch tatsächlich diese unerwünschte Entwicklung nimmt. Will z. B. ein Sprecher vermeiden, daß seine Einladung („Gehst du heute abend mit ins Kino?") abgelehnt wird, dann kann er zunächst durch die Initiierung einer Prä-Sequenz („Was machst du denn heute abend?") klären, ob eine Einladung überhaupt Aussichten auf Erfolg hat. Erfährt er bereits in der Prä-Sequenz von seinem Gesprächspartner („Ich hab heute abend Italienischkurs"), daß eine Einladung nicht den von ihm präferierten Verlauf nehmen würde, so wird er diese gar nicht erst aussprechen. Prä-Sequenzen dienen also ganz allgemein dazu, die Handlungen der Interagierenden bereits im Vorfeld zu koordinieren und aufeinander abzustimmen. In ihnen werden Handlungsabsichten auf indirekte Weise geäußert, Interessen diskret artikuliert, Handlungsziele nur per Andeutung offenbart, Ablehnungen eher implizit zum Ausdruck gebracht und Konflikte vor ihrem Ausbruch beigelegt. Auf diese Weise können schroffe Ablehnung, offene Zurückweisung und damit Brüskierung und Gesichtsverlust vermieden werden.

2.1. Etablierung des Klatschobjekts

Verfolgt man nun anhand von Transkripten, wie die Interagierenden den ersten Aufgabenkomplex: die Einführung des zukünftigen Klatschobjekts in das laufende Gespräch bewältigen, kann man immer wieder die gleiche Beobachtung machen:

⟨1⟩ ⟨„High-Life": GR: 22⟩[23]

⟨Frau Hein und Frau Ring, Bewohnerinnen einer Obdachlosensiedlung, sitzen mit den beiden Studenten Paul und Gunter, die früher mit den beiden Frauen in einer Obdachloseninitiative zusammengearbeitet haben, beim Kaffeeklatsch in Pauls Wohnung.⟩

```
01  P:  (Mögen Se noch) Kaffee oder lieb⌈er Bier?
02  G:                                  ⌊Hm
03              (3 sec)
04  H:  Lieber en Bier, wenn ich schon gefragt werd.
05  G:  Hehe
06  H:  Hehehe
07  P:  Nee nur damit ich den Kaffee hier ausstell.
08  G:  Hm
→ 09     Die- die Theissens sind ausgezogen, ne?
10  R:  Ja ⌈die hat sich⌉ ja gut gestanden, ne.
11  H:     ⌊(          )⌋
12  R:  ⌈Zehntausend Mark.
13  P:  ⌊(          )
14  G:  Hat die bekommen? als einmalige Beihilfe, jetzt, ne.
```

Durch die Art und Weise, wie G in diesem Ausschnitt „die Theissens", die im bisherigen Gespräch noch nicht erwähnt wurden, in die Unterhaltung einführt, gibt er zu verstehen, daß er implizit von der Annahme ausgeht, den anderen Gesprächsteilnehmern sei die Identifizierung der von ihm genannten Personen problemlos möglich. Er verzichtet darauf, über die minimale personale Referenz hinaus, die er durch den bestimmten Artikel und die Erkennungsform („recognitional") des Familiennamens erzielt,[24] weitere Angaben und Hilfen zur Lokalisierung und Identifizierung der von ihm fokussierten Personengruppe bereitzustellen. Und gerade in dieser Beschränkung auf eine minimisierte, definite Referenzform kommt die Unterstellung des Sprechers zum Ausdruck, daß die von ihm genannten Personen für die anderen Gesprächsteilnehmer den Status von „Bekannten" haben. Diese ökonomische Form der Referenzierung auf die Person, die im weiteren Verlauf des Gesprächs zum Klatschobjekt wird, mittels des Vor- bzw. Familiennamens (manchmal sogar mittels eines Spitznamens) ist ein typisches Element der dem Klatsch vorangehenden Prä-Sequenz.

In der Regel bereitet es den Rezipienten keinerlei Probleme, die mit dieser Referenzform eingeführten Personen (und zukünftigen Klatschobjekte) unmittelbar zu identifizieren. Zumeist nehmen die Rezipienten in ihren Nachfolgeäußerungen sogleich in pronominalisierter Form auf sie Bezug und bestätigen damit nicht nur, daß diese Person für sie den Status eines „Bekannten" hat, sondern auch, daß der Sequenzinitiator in seiner Referenzform zu Recht dieses Bekanntschaftsverhältnis präsupponiert hat.

⟨2⟩ ⟨ „Karrieren": AK: EM 21⟩[25]
11 K: Ja un die Schleifinger die macht ja jetz
12   Karriere in Mainz-
→ 13 S: Wie bitte: *Die!* Wie kommt se denn doadezu,

Indem S hier ohne Zögern mittels des anaphorischen, Erstaunen signalisierenden „*Die!*" sowie des Pronomens „se" Bezug nimmt auf „die Schleifinger", die K in der bekannten Weise durch ⟨definiter Artikel⟩ + ⟨Familienname⟩ ins Gespräch eingeführt hat, etabliert sie zwischen sich, „K" und „der Schleifinger" jene triadische Bekanntschaftsbeziehung, welche dem Klatsch zugrunde liegt. (Damit ist natürlich noch nicht gesagt, daß die Klatschakteure auch umgekehrt „der Schleifinger" oder „den Theissens" bekannt sind.) Man kann resümierend festhalten, daß die Aufgabe, eine abwesende dritte Person als ein den Beteiligten bekanntes Gesprächsobjekt und damit als potentielles Klatschobjekt in die Unterhaltung einzuführen, von den Interagierenden rasch, komplikationslos und ohne

2. Die interaktive Absicherung von Klatsch

großen Aufwand erledigt wird. Darin manifestiert sich, daß die Gesprächsteilnehmer offensichtlich ein *Wissen über die Schnittmenge ihrer jeweiligen Bekanntschaftskreise* haben. Dieses Wissen erspart es den Interagierenden, vor Beginn des eigentlichen Klatsches zunächst mühsam die Frage abzuklären, „ob mein Bekannter auch Dein Bekannter ist". Mehr noch: in diesem raschen Identifizierungsprozeß demonstrieren und versichern sich die Interagierenden wechselseitig ein gehöriges Maß an Vertrautheit mit der persönlichen Lebenssphäre des jeweils anderen. Und diese Vertrautheit ist eine der Bedingungen dafür, daß die Interagierenden miteinander in eine Klatschbeziehung treten können.

Natürlich kann es geschehen, daß die von einem Gesprächsteilnehmer benannte Person nicht sogleich von einem Rezipienten identifiziert werden kann. Einen solchen Fall enthält der folgende Gesprächsausschnitt:

⟨3⟩   ⟨ „High-Life": GR: 28⟩

```
01  G:  Wohnen die Große-Schürups noch in der Siedlung
02      jetzt, in- auf der Oswaldstraße?
03      Frau Große-S⌈chürup?
04  R:           ⌊Große-Schürups?
05  P:  Kröll.
06  R:  Kenn ich nich.
07  H:  Die Frieda Kröll.
08  R:  Ahhhh ah⌈hhh
09  H:         ⌊heheheh⌈ehe
10  R:                ⌊ahhhhh Große-⌈Schürups
11  H:                             ⌊Ja klar die Frieda
12      wohnt doch wieder in ( ⌈      )
13  R:                        ⌊Jaha!
14  H:  Ja
15  R:  Dat Trampeltier!
```

In diesem Fall kann Frau R mit der von G vorgenommenen Personenreferenz („die Große-Schürups") ebensowenig anfangen wie mit P's Identifizierungshilfe („Kröll"), und es scheint fast, als habe G eine Person ins Gespräch eingeführt, die – entgegen seiner

Annahme — Frau R nicht bekannt ist („Kenn ich nich"). Erst als Frau H den Vornamen der fraglichen Person nennt („Die Frieda Kröll"), signalisiert Frau R („Ahhhh ahhhh"), daß die ihr doch nicht fremd ist. Interessanter als der — in eine Nebensequenz eingebettete — Gang der Referenzherstellung[26] ist an dieser Stelle die Wissensdifferenz, die sich darin widerspiegelt, daß dieselbe Person, die von G „Frau Große-Schürup" genannt wird, den beiden Frauen R und H als „die Frieda" bekannt ist. Ein Sprecher, der auf eine erwachsene Person mit deren Vornamen referiert, markiert damit im Deutschen in der Regel eine verhältnismäßig egalitäre und vertrauliche Beziehung, die ein Wissen über persönlich-private Dinge mit einschließt. Er befindet sich damit bereits gegenüber einem Interaktionspartner, der auf die gleiche Person mit deren Familiennamen referiert und so eine eher unpersönliche, distanzierte Bekanntschaftsbeziehung andeutet, in der Position eines potentiellen Klatschproduzenten. Was sich hier im Fall der Personenreferenz zeigt, läßt sich zu einer weiteren Strukturkomponente verallgemeinern: *In der Klatsch-Prä-Sequenz wird nicht allein die Bekanntheit des zukünftigen Klatschobjekts sichergestellt, es wird auch geklärt, welche Art von Wissen die Akteure über diesen gemeinsamen Bekannten haben;* durch diesen Klärungsprozeß wiederum ergibt sich, welcher Teilnehmer als — nächster — Klatschproduzent agieren kann oder soll. So zeigt sich z. B. in dem bereits zitierten Gesprächsausschnitt, —

⟨1⟩   ⟨*Detail/Vereinfacht*⟩
09   G: Die- die Theissens sind ausgezogen, ne?
10   R: Ja die hat sich ja gut gestanden, ne.
12   R: Zehntausend Mark.
14   G: Hat die bekommen? als einmalige Beihilfe jetzt, ne.

— daß der Fragesteller, der „die Theissens" ins Gespräch bringt, keineswegs völlig unwissend über diese gemeinsamen Bekannten ist, sondern im Gegenteil die von R in etwas rätselhafter Form mitgeteilte, möglicherweise klatschträchtige Information („Zehntausend Mark") sich rasch plausibel machen und durch eigenes Wissen („als einmalige Beihilfe jetzt") interpretativ aneignen kann.

2. Die interaktive Absicherung von Klatsch 119

Das Wissen, das Frau R hier zunächst weitergibt, qualifiziert sie also noch nicht zur Klatschproduzentin, da ihrer Information der Neuheitscharakter fehlt. Allgemeiner formuliert: Durch die Abklärung der Bekanntschaftsbeziehungen, des darin implizierten Wissens über Privates sowie des Neuheitscharakters von Informationen *werden in der Klatsch-Prä-Sequenz die Positionen von Klatschproduzent und -rezipient lokal ausgehandelt.* Dieser Aushandlungsprozeß ist nun auch für die Bewältigung des zweiten Aufgabenkomplexes, mit dem die Interagierenden bei der Initiierung von Klatsch konfrontiert sind und der die moralische Problematik ihres Tuns betrifft, von entscheidender Bedeutung.

Prinzipiell kann die Initiative zum Klatsch sowohl vom Produzenten wie vom Rezipienten der späteren Klatschgeschichte ausgehen. Beide müssen dabei jedoch, da sie mit moralisch kontaminiertem Wissen zu tun haben, mit Vorsicht zu Werk gehen, um eine Situation zu verhindern, in der sie sich als alleinige Klatschinteressenten exponieren. Diese Situation ist ihrer Struktur nach vergleichbar mit einer Situation, in der es um Bestechung geht: Eine Bestechung kann nur dann erfolgreich abgewickelt werden, wenn zwischen A und B im Hinblick auf dieses Geschäft ein Konsens hergestellt worden ist, d. h. A's Bestechungsangebot mit B's Bestechlichkeit korrespondiert. Doch weder kann A ungeschützt ein Bestechungsangebot unterbreiten, noch kann B ohne Absicherung seine Bestechlichkeit zu erkennen geben. Jeder von ihnen würde dabei Gefahr laufen, sich im Fall einer negativen Reaktion des jeweils anderen moralisch zu diskreditieren, ja sich einer rechtswidrigen Tat schuldig zu machen, denn: „Der Versuch ist strafbar" (wie das StGB im Hinblick auf den Tatbestand der Bestechung bzw. Bestechlichkeit besagt). So muß vor der Abwicklung der eigentlichen Transaktion durch verklausulierte Angebote und vage gehaltene Nachfragen, die einen Rückzug ohne Gesichtsverlust erlauben, die Devianzbereitschaft des anderen erkundet und Zug um Zug in einen offenen Konsens überführt werden. Ausgehend von diesem Vergleich kann man jetzt danach fragen, welcher Techniken sich der Klatschproduzent und der Klatschrezipient bedienen, um vor der eigentlichen Klatschtransaktion zwischen sich einen Konsens über die wechselseitig geteilte Klatschbereitschaft herzustellen.

2.2. Klatscheinladungen

Es könnte zunächst den Anschein haben, als ließe sich der moralische Aufgabenkomplex der Klatschinitiierung ganz einfach dadurch lösen, daß ein Gesprächsteilnehmer offen die Rolle des Klatschrezipienten übernimmt und seinen Gesprächspartner direkt nach dem neuesten Klatsch fragt. Durch den unverhohlenen Ausdruck seines Klatschinteresses wäre der Rezipient für die so ausgelöste Klatschsituation in der gleichen Weise verantwortlich wie der Klatschproduzent selbst, der sein moralisch kontaminiertes Wissen ausbreitet. Doch diese einfache Lösung des Problems der ‚Komplizenschaft' birgt eine Reihe von Problemen; das Hauptproblem hat der Ethnologe E. B. Almirol in seiner Studie über eine Filipino-Gemeinde in Kalifornien mit der folgenden Beobachtung dargestellt:[27] „Eine Frau, die – vielleicht zu Unrecht – in dem Ruf stand, eine ‚tsismosa' ⟨= Klatschweib⟩ zu sein, erklärte mir, daß die ‚Kunst' des Klatschens damit beginne, Desinteresse, wenn nicht sogar leichte Verachtung für Klatsch zu zeigen. ‚Wenn du ein aktives Interesse daran zeigst, Dinge über andere Leute zu erfahren, dann wirst du sofort als eine ‚tsismosa' gebrandmarkt, was zur Folge hat, daß du überhaupt keine Information erhältst.' Es ist klug, nie zu wißbegierig oder zu sehr an Klatsch interessiert zu erscheinen, ‚denn Klatsch ist wie ein Schmetterling: Wenn du hinter ihm herjagst, wird er nur um so mehr vor dir wegfliegen, aber wenn du stillsitzt, wird er sich auf deine Schultern setzen'." Daß demjenigen, der sich zu begierig nach Klatschinformationen zeigt, diese gerade wegen seiner Begierde vorenthalten werden, mag – wie Almirol selbst meint – in der Angst der potentiellen Informationsgeber begründet sein, daß die klatsch-süchtige Person alles, was ihr zu Ohren kommt, bedenkenlos weitererzählen und dadurch Schaden anrichten könnte. Doch dies ist eine Interpretation, die den Interagierenden – zumal für diesen informellen Handlungsbereich – allzu stark eine Orientierung an Zweckmäßigkeiten unterstellt. Der Boykott eines informationslüsternen Klatschrezipienten ließe sich vielleicht eher auf das paradox anmutende Bemühen der Klatschakteure zurückführen, *zwar miteinander zu klatschen, doch gleichzeitig untereinander nicht als klatschhaft zu erscheinen*. Und weil der Ruf der Klatschhaftigkeit kontagiös ist,

2. Die interaktive Absicherung von Klatsch

werden diejenigen Mitglieder, die als Produzenten oder als Rezipienten in diesem Ruf stehen, isoliert und aus dem weiteren Klatschnetzwerk ausgeschlossen. (Diese können sich dann zu einem eigenen, als besonders klatschhaft verschrienen Netzwerk zusammenfinden – etwa zu den oben beschriebenen Müßiggängergruppen.)

Es gibt also gute Gründe für Klatschrezipienten, sich nicht zu interessiert an Klatsch zu zeigen. Doch wie können Interagierende, ohne allzu neugierig zu erscheinen, ihre Partner dazu bringen, Klatschinformationen preiszugeben? Verfolgt man diese Frage anhand der Gesprächsaufzeichnungen, kann man die Beobachtung machen, daß den Gesprächsteilnehmern verschiedene Techniken zur Verfügung stehen, mittels derer sie ihre jeweiligen Partner auf diskrete Weise dazu auffordern – oder besser: einladen[28] – können, ein vorhandenes Wissen über die privaten Dinge eines abwesenden Dritten im Gespräch auszubreiten. Die Funktionsweise solcher Klatscheinladungen besteht, allgemein formuliert, darin, den Gesprächspartner in eine Lage zu bringen, in der er scheinbar freiwillig mehr Informationen hergibt, als die initiierende Äußerung eigentlich von ihm zu verlangen scheint. Diese Klatscheinladungen stehen damit in einer engen Verwandtschaftsbeziehung mit jenen Äußerungstypen des „fishing",[29] welche in informellen wie institutionellen (z.B. psychiatrischen) Interaktionskontexten häufig als Mittel eingesetzt werden, um jemanden durch sanften Druck zum Sprechen zu bringen.[30] Zwei dieser Techniken der Klatscheinladung sollen im folgenden beschrieben werden.

Die eine Technik besteht darin, durch *wiederholtes Thematisieren scheinbar unverfänglicher Details oder Daten* auf ‚unschuldige' Art ein Interesse am Geschick eines gemeinsamen Bekannten zu signalisieren – ein Interesse also, das über die angesprochenen Details hinausreicht und auf ‚mehr' aus ist als auf eine einfache Bestätigung oder kurze Auskunft.[31] Die folgenden beiden Gesprächsausschnitte, die die Fortsetzung der Segmente ⟨1⟩ und ⟨3⟩ bilden, enthalten Beispiele für diese Technik der wiederholten Thematisierung von Details und zeigen auch, wie diese sequenzinitiierenden Äußerungen beantwortet werden.

IV. Die Klatschsequenz

⟨4/1⟩³² ⟨„High-Life": GR: 22⟩

```
┌─09   G:   Die- die Theissens sind ausgezogen, ne?
│                          .
│                          .
│                          .
└→24   G:   Seit wann sind die denn schon ausgezogen?
  25        da au⌈s der Oswaldstra⌉ße?
  26   R:      ⌊(              )⌋
  27   R:   Gunter! Der Möbelwagen kam.
  28        Mit solche Handschuhe haben die Männer gearbeitet.
  29        Jaa und anschließend haben die die so angepackt,
  30        weckgeschmissen inne Mülleimer.
  31   H:   Kumma da kannse ma sehen, der Paul is nich so
  32        arm, wie Du gedacht hast. ⟨belustigt⟩
  33   R:   Und da hab ich gesacht ⌈da hab ich es- da sind
  34   H:                          ⌊hihihi
  35   R:   die sich nebenan bei den Nachbarn waren se de
  36        Finger waschen.
  37        So stanken die Klamotten vor Dreck.
```

⟨5/3⟩ ⟨„High-Life": GR: 28⟩

```
┌─01   G:   Wohnen die Große-Schürups noch in der Siedlung
│  02        jetzt, in- auf der Oswaldstraße?
│                          .
│                          .
│                          .
│  15   R:   Dat Trampeltier!
│  16                (2 sec)
│  17   R:   Mahhh! ⟨abfällig⟩
│  18                (2 sec)
└→19   P:   Die haben ja vorher da auf der Wentruper
  20        Straße ⌈gewohnt.
  21   H:          ⌊Hm
  22   R:   (                              Palaver   )
  23   H:   (          )
  24   R:   Die häbben- (der wollt    ) als den Kopp durch
  25        in dat Treppengeländer stecken un dat paßte nett.
  26        Hätt die där in där Arsch getröde, eh.
```

2. Die interaktive Absicherung von Klatsch 123

In Segment ⟨4⟩ wird das Thema ‚Auszug der Theissens', nachdem das Gespräch bereits eine andere Richtung genommen hatte, von G mit der Frage nach dem Zeitpunkt des Auszugs erneut aufgegriffen. Obwohl bis dahin nicht zu erkennen ist, daß dieses Thema irgendwie klatschträchtiger Art ist, folgt unmittelbar anschließend an diese ‚unschuldige' Re-Thematisierung eine Klatschgeschichte von R über Ereignisse, die sich beim Auszug der Theissens abgespielt haben (sollen) und die die mangelnde Sauberkeit der Theissens betreffen („So stanken die Klamotten vor Dreck"). In Segment ⟨5⟩ führt zwar bereits die erste Frage nach dem Wohnort ‚der Große-Schürups' zu einer abfälligen Typisierung R's („Dat Trampeltier!"). Doch erst nach der ‚harmlosen' Re-Thematisierung der Wohnfrage kommt es zur Erzählung einer Klatschgeschichte über die – wie sich später herausstellt – betrunkene Frau Große-Schürup („Hätt die där in där Arsch getröde, eh."). In beiden Fällen haben die initiierenden Äußerungen einen neutralen, beinahe schon distanziert-neutralen Charakter und bleiben fokussiert auf Details, die als eigentlich belanglos erkennbar sind. Gerade durch dieses perseverierende Interesse an Nebensächlichkeiten bekunden aber die Sprecher den Wunsch, mehr über die von ihnen ins Gespräch eingeführten Personen in Erfahrung zu bringen: sie zum Objekt von Klatsch zu machen. Die Klatschinitiatoren geben indirekt zu verstehen, daß sie über zu wenig Informationen verfügen, um gezielter nach Klatsch fragen zu können (– wenn sie sich nicht aus strategischen Gründen unwissender geben, als sie tatsächlich sind). Die Kombination aus Unwissenheit und Interesse ist eine verdeckte Einladung an den potentiellen Klatschproduzenten, aktiv zu werden. Auch wenn es dann nicht zum Klatsch kommen sollte, können sich alle Beteiligten aufgrund der ‚Harmlosigkeit' der sequenzinitiierenden Äußerungen unbeschädigt aus der Situation zurückziehen.

Eine andere Technik der Klatscheinladung besteht demgegenüber gerade darin, *ein bereits vorhandenes Wissen über das Verhalten eines potentiellen Klatschobjekts mit evaluativen Markierungen versehen dem Gesprächspartner zur Detaillierung und Kommentierung vorzulegen.* Beispiele für diese Technik finden sich in den folgenden beiden Gesprächsausschnitten:

⟨6⟩   ⟨„Sizilianisch": AK: EM 14B⟩
→ 01 J: Un der Dande Berta hats schon gutgfallen;
  02 M: OH: ⌈Ob und wie!
  03 A: ⌊Der! Oh Gott=e=Gott. I hob noch morgens-
  04   am Sonndoch morgends denk i „ha jetz kannsch
  05   noch net ouruafe"...

⟨7⟩   ⟨Gedächtnisprotokoll⟩
→ 01 R: Und die Dischingers ham sich jetzt tatsächlich nen
  02   Hund angschafft.
  03 G: Ah du die spinnen doch. Nen Pudel! Son richtigen
  04   Pinscher...

Auffallend ist zunächst, daß in beiden Fällen die Sequenzinitiatoren einen Sachverhalt bzw. ein Ereignis, die jeweils gemeinsame Bekannte betreffen, nicht in Form einer Frage, sondern in Form einer Feststellung thematisieren. Diese assertorische Struktur ist prinzipiell auch anderen „*fishing*"-Äußerungen eigen (z. B.: „Dein Telefon war ständig besetzt"). Der Sprecher, der sich dieser Äußerungsform bedient, setzt seinen Partner damit in Kenntnis, daß er bereits ein Wissen über die von ihm thematisierte Angelegenheit hat, daß er aber daran interessiert ist, mehr über den Hintergrund dieser Sache in Erfahrung zu bringen. Dadurch, daß beide Äußerungen trotz ihrer assertorischen Struktur gleichzeitig auch Unsicherheitsmarkierungen („schon", „tatsächlich") enthalten, werden die Äußerungsrezipienten – sollten sie über ein entsprechendes Wissen verfügen – zur Bestätigung bzw. Korrektur eingeladen. Beide Äußerungen beschränken sich darüber hinaus darauf, ein Resultat von etwas zu formulieren („hats gfallen", „ham angschafft"), von dem erwartet werden kann, daß dazu eine Vorgeschichte existiert (im einen Fall eine Reise, im andern Fall der Entscheidungsprozeß und die Umstände des Hundekaufs). All diese Äußerungsmerkmale sind funktional darauf gerichtet, vom Gesprächspartner Hintergrundinformationen, Vorgeschichten, inoffizielle Versionen etc. hervorzulocken – mit einem Wort: ihn zum Klatsch zu verführen.

2. Die interaktive Absicherung von Klatsch 125

Aus den heftigen Reaktionen der Angesprochenen („Oh Gott=e=
Gott", „die spinnen doch") wird ersichtlich, daß sich der „fishing"-Charakter dieser sequenzinitiierenden Äußerungen noch auf
eine ganz andere Dimension bezieht. Sie zielen ganz offenbar über
den thematisierten Sachverhalt hinaus auf eine wertende Charakterisierung der ins Gespräch eingeführten gemeinsamen Bekannten
bzw. Verwandten. In beiden Äußerungen wird diese evaluierende
Orientierung freilich nur latent und unter Anspielung auf ein
gemeinsam geteiltes Vorwissen zum Ausdruck gebracht. In Segment ⟨6⟩ wird von der Sprecherin J durch die erwartungsindizierende Partikel „schon" sowie durch den schwach wertenden – und
wie sich später zeigt: untertreibenden – Deskriptor „gutgfallen"
angedeutet, daß ihr die Tante Berta als eine Person gilt, die die
Dinge des Lebens auf eine positive Weise zu nehmen versteht. (Im
weiteren Verlauf des Gesprächs sagt M einmal: „Hot scho e
glickliche Nadur; Dande Berta".) In Segment ⟨7⟩ markiert Sprecher R seine Verwunderung über den Hundekauf der Dischingers
mit einem zweifelnden „tatsächlich". Diese Verwunderung läßt
zwei Lesarten zu: Sie kann darauf verweisen, daß der Hundekauf
entgegen den Erwartungen von R erfolgte, oder aber entgegen
dem, was R für vernünftig hält. Es wäre müßig, hier die Frage
klären zu wollen, welche dieser Lesarten die richtige ist. Gerade die
*Ambiguität dieser Äußerung ist ja eine spezifische und kunstvolle
Technik der Klatschinitiierung.* Denn die ‚harmlose' Interpretationsversion dieser Äußerung bildet den Deckmantel für deren
‚kritische' Lesart, die für den Gesprächspartner, wenn er sie zu
entziffern vermag, ein Signal ist, mit seinem präsumtiv abwertenden Urteil nicht hinter dem Berg zu halten.

Zusammenfassend kann man feststellen, daß den Klatschinitiatoren mehrere Techniken zur Verfügung stehen, um ihre Gesprächspartner auf indirekte, verklausulierte Weise zur Weitergabe von
Klatschinformationen einzuladen – um nicht zu sagen: zu verleiten. Denn diese Techniken sind ein durchaus effektives Mittel, um
den Gesprächspartner über eine abwesende Person *auszuhorchen*.
Die späteren Klatschrezipienten vermeiden es, ihre Interessen und
Absichten offen zum Ausdruck zu bringen und beugen auf diese
Weise der Gefahr vor, als indiskret und klatschsüchtig zu erscheinen. Ein derartig zurückhaltend operierender Gesprächspartner

empfiehlt sich gleichsam von selbst als verläßlicher Klatschpartner. Gleichzeitig wird aber dem potentiellen Klatschproduzenten durch diese verdeckte Art und Weise der Klatschinitiierung die Möglichkeit eingeräumt, die Einladung zum Klatsch in diskreter Form auszuschlagen. In dem folgenden Gesprächsausschnitt etwa –

⟨8⟩ ⟨„High-Life": GR: 37⟩

```
01  G:  Was gibts Neues von Pelster?
02          (2 sec)
03  R:  Oh nix
04  G:  ⟨leises Lachen⟩
```

– fragt G unverblümt und ungeschützt nach Neuigkeiten aus dem Lebensmittelgeschäft „Pelster", das für die Bewohner(innen) der Obdachlosensiedlung bekanntermaßen als Klatschbörse dient. Solche unverhohlenen *Klatschaufforderungen* treten insbesondere (wie im vorliegenden Fall) innerhalb von bereits sich im Gang befindlichen Klatschsitzungen auf oder zwischen Personen, die zwischen sich über einen längeren biographischen Zeitraum hinweg eine feste Klatschbeziehung etabliert haben.[33] In Segment ⟨8⟩ wird G's unverhülltes Klatschbegehren auf ebenso direkte Weise abgewiesen. Das mag in einem laufenden Klatschgespräch, wo sich ja bereits alle Beteiligten ‚die Hände schmutzig gemacht haben', ein unproblematischer Zwischenfall sein. Doch in einer Phase, in der es um die interaktive Absicherung und Rahmung der Klatschkommunikation geht, wäre eine solch brüske Verweigerung für den Klatschinitiator desavouierend. Ein Gesprächsteilnehmer, der auf vorsichtige und diskrete Weise zur Weitergabe seines Klatschwissens verführt wird, kann – und muß – dagegen seine ablehnende Reaktion in einer ähnlich diplomatischen Form (durch Zögern, Themenwechsel, Verweise auf die eigene Involviertheit etc.) zum Ausdruck bringen. So implizit und unausgesprochen die Klatscheinladung in diesem Fall erfolgt, so implizit und unausgesprochen bliebe auch deren Zurückweisung.

2.3. Klatschangebote

Es wurde deutlich, daß das moralisch kontaminierte Wissen des Klatschproduzenten wie eine radioaktive Substanz auch denjenigen moralisch „verseuchen" kann, der ungeschützt die Hand nach ihm ausstreckt. Freilich, zunächst ist es einmal der Klatschproduzent, der im Besitz dieses brisanten Materials ist. Er muß daher gewiß nicht weniger als der Klatschrezipient darauf bedacht sein, daß es bei der Handhabung und Prozessierung dieses Wissens nicht zu Zwischenfällen kommt, die sein Ansehen gefährden könnten. D. h. wenn ein Gesprächsteilnehmer daran interessiert ist, sein Klatschwissen weiterzugeben, wird er zunächst sicherstellen müssen, daß seine Interaktionspartner bereit sind, sich an dieser Klatschkommunikation zu beteiligen – andernfalls würde er sich ja als Klatschmaul desavouieren, da er den anderen sein indiskretes Wissen, an dem diese gar nicht interessiert sind, aufdrängt. Es ist daher nicht überraschend, daß der Klatschproduzent in der gleichen Weise wie der Klatschrezipient zur Initiierung von Klatsch zunächst in einer Prä-Sequenz bestimmte Vorkehrungen trifft, die primär auf eine Kontrolle der Klatschbereitschaft des Gesprächspartners gerichtet sind.

Die Prä-Sequenz besteht in diesem Fall darin, daß der potentielle Klatschproduzent seinen Kommunikationspartnern zunächst ein Klatschangebot macht und sein Klatschwissen so lange zurückhält, bis von seiten der potentiellen Klatschrezipienten eine positive Rückmeldung auf dieses Angebot erfolgt ist. Ebenso wie die Klatscheinladung des Rezipienten muß dabei auch das Klatschangebot des Produzenten so präsentiert werden, daß eine negative Reaktion ohne Brüskierung und ein Rückzug ohne Gesichtsverlust möglich sind. Das Funktionsprinzip solcher Klatschangebote besteht, allgemein ausgedrückt, darin, *daß der potentielle Klatschproduzent seine Gesprächspartner durch die Andeutung oder Annoncierung von Klatschwissen dazu veranlaßt, von sich aus nach diesem Wissen zu fragen.*

Bereits aus dieser Bestimmung ergibt sich, daß sich Klatscheinladung und Klatschangebot im Hinblick auf ihre sequentielle Struktur in einem wesentlichen Punkt unterscheiden. Im Fall der rezipientengenerierten Klatscheinladung besteht die Sequenz, wenn sie erfolgreich zu Klatsch führt, im wesentlichen aus nur zwei Komponenten:

Schema A: Klatscheinladung

(i) R: Klatscheinladung
(ii) P: [(Annahme)
       Klatschgeschichte]   (−)

Wie vor allem die Beispiele ⟨6⟩ und ⟨7⟩ zeigen, wird von dem Klatschproduzenten, wenn er die Einladung zum Klatsch akzeptiert, die Annahme selbst nicht mehr eigens markiert, sondern übersprungen und sogleich mit der Klatschgeschichte begonnen. Die Prä-Sequenz reduziert sich hier also auf einen vorbereitenden Redezug des potentiellen Rezipienten. Demgegenüber beinhaltet die Sequenz, die von einem produzentengenerierten Klatschangebot ausgeht, immer drei Komponenten:

Schema B: Klatschangebot

(i) P: Klatschangebot
(ii) R: Nachfrage   (−)
(iii) P: Klatschgeschichte

Nun könnte zunächst der Eindruck entstehen, als wäre die Komponente (i) in Schema A mehr oder weniger identisch mit der Komponente (ii) in Schema B: beide Male adressiert der Rezipient den potentiellen Produzenten mit dem Ziel, ihn zur Übermittlung seines Klatschwissens zu bewegen. Man kann jedoch bereits aufgrund dieser schematischen Darstellung antizipieren, daß die Nachfrage des Rezipienten in Schema B von ihrem Typus her sehr viel offener, direkter und unverhohlener sein wird als die Klatscheinladung des Rezipienten in Schema A. Denn der Nachfrage des Rezipienten in Schema B geht ja immer bereits ein – wenn auch verdecktes – Angebot des Klatschproduzenten voraus, so daß der Rezipient keine so große Vorsicht walten lassen muß.

Bei der Durchsicht von Gesprächstranskripten bestätigt sich diese Erwartung. In den meisten Fällen, in denen Gesprächsteilnehmer ein Klatschwissen andeuten oder annoncieren (– wie das geschieht, soll gleich gezeigt werden), wird von den Rezipienten in verhältnis-

2. Die interaktive Absicherung von Klatsch   129

mäßig direkter und „neugieriger" Weise nachgefragt. So etwa in dem folgenden Gesprächsausschnitt:

⟨9⟩   ⟨ „Nichts Tolles": AK: EM 13B⟩
01 M: Un der Metzger der hat ne Professor in X-Stadt;
02 E: *Ja.*
03 M: Ich weiß noch wie der weggangen is

         .
         .
         .

06 M: des war n netter Mensch
07 E: *Metzger?*
08   (1.0)
(i)
09 M: Nich?
10 E: °Find ich nich also,°
11 M: Hnhh?
12 E: *Vielleicht* war er ganz *nett!*
13 M: Ja ich kenn den nich näher nur so vom Ankuckn
14   und so von seiner Art her fand ich den immer
(ii)
15   [°nur so°]
16 E: [nja:::,]
17 M: Aber du kanntest ihn besser ⌈oder wie?
(iii)
18 E: ⌊Der gehörte so
19   meines Erachtens zur Kategorie der
20   Dünnbrettbohrer...

In diesem Gesprächsausschnitt wird „der Metzger", ein gemeinsamer Bekannter der Interagierenden, von M(onika) als „netter Mensch" bezeichnet. E(rich) gibt daraufhin durch deutliche Indikatoren[34] zu verstehen, daß er die Meinung M's, „der Metzger" sei ein netter Mensch, nicht teilt. Charakteristisch für E's Äußerungen ist nun einerseits, daß sie in keiner Weise einen Grund für seine gegensätzliche Meinung enthalten oder erkennen lassen. Andererseits aber deutet E mit der – sein Urteil differenzierenden – Äußerung ⟨*Vielleicht* war er ganz *nett!*⟩ an, daß er über den Metzger ein Wissen hat, das ihm eine Einschätzung ermöglicht, die über die pauschalisierende Typisierung „nett"/„nicht nett" hinausgeht. Genau diese *gleichzeitige Andeutung und Zurückhaltung von Wissen über eine andere Person* bildet aber das zentrale Funktionsprinzip von Klatschangeboten.[35] Auch M interpretiert E's Äußerungen auf diese Weise: Sie ist zunächst bemüht, ihr Bekanntschaftswissen über den Metzger als oberflächlich zurückzustufen, um dann ganz direkt nach E's angedeutetem Wissen zu fragen. Erst im Anschluß an diese explizite Nachfrage beginnt E damit, sein ‚Insider'-Wissen über den Metzger auszupacken.

Segment ⟨9⟩ ist ein Beispiel dafür, wie es innerhalb von Meinungsverschiedenheiten über eine abwesende Person durch Klatschangebote zur Initiierung von Klatsch kommen kann. Dabei wird das Auftreten von Klatschangeboten in solch argumentativen Interaktionskontexten systematisch durch die spezifische Gesprächsorganisation von Nicht-Zustimmung begünstigt, die die Interagierenden zu Vorsicht, Zurückhaltung, Abwarten und Andeutungen („pre-disagreements") verpflichtet. Da Nicht-Zustimmungen generell einen sequenzexpandierenden Effekt haben, wird der Gesprächsverlauf vom initialen Klatschangebot bis zur letztlichen Klatscherzählung im Fall solcher diskordanter Interaktionskonstellationen – wie Segment ⟨9⟩ zeigt – immer von mehreren Redezügen okkupiert. Demgegenüber können Klatschangebote auch sehr direkt erfolgen, eine unmittelbare Nachfrage auslösen und, wie das bereits zitierte Gesprächssegment ⟨2⟩ zeigt, –

⟨2⟩

(i)   01   K: Ja un die Schleifinger die macht ja jetz
     02   Karriere in Mainz-
(ii) 03   S: Wie bitte! *Die!* Wie kommt se denn doadezu,
(iii) 04   K: Haja so wie ses hier au gmacht hat; ...

– nach zwei vorbereitenden Redezügen zum Klatsch führen. Die Prä-Sequenz ist in diesem Fall auf ihr Grundformat reduziert, was wiederum darauf verweist, daß die Klatschakteure ein als wechselseitig bekannt unterstelltes gemeinsames Vorwissen über das Klatschobjekt haben und/oder zwischen ihnen eine etablierte Klatschbeziehung besteht. Auf eine solche Situation verweist der folgende Gesprächsausschnitt; in ihm werden die beiden Hauptklatschliefe-

2. Die interaktive Absicherung von Klatsch

ranten, Frau R und Frau H, am Ende einer Klatschgeschichte von G gefragt, wo derartige Klatschgespräche stattfinden:

⟨10⟩ ⟨„High-Life": GR: 46⟩

```
01  H:  Ja und da is vorher der- der Jochen ⌈mit⌉ =
02  R:                                      ⌊Der⌋
03  H:  = ⌈gegangen.
04  R:    ⌊Jochen drüber jestie – eh mit jejangen.
05  H:  ⌈hihihihihihihihihihihi
06  G:  ⌊°hahahahahahaha°
07  R:  Bo wat (Zuständ   ) nä nä
08  G:  Wo reden denn die Leute darüber? Als⌈o-
09  R:                                      ⌊Allemale,
10      überall. Wenne-
11  R:  anjenommen Du komms      H: (       ) wenne so
12      einkaufen. Wenn ein-        dadurch gehst. Du
13      wenn ich einkaufen geh,     kennst jemand.
14      da stehen da schon mal      (       ) Ge-
15      zwei Frauen anne Tür. Da    spräch. „Hasse schon
16      sach ich „Guten Tach."      gehört, was da los
17                                  is?" und so.
18  R:  Und dann jeht's los „Hasse schon gehört?"
19      Bums bums bums dann wird dich dat (    ).
20      Ja wenn ich dann sowat hör, dann interessier ich
21      mich dann für alles.
22      Dann frag ich „Wann? Wie?" und so.
23                         (–)
24  R:  (       ) hasse schon gehört mit den Zeunert?
25      Hasse dat auch gehört?
26      Nee, (jetz aber) ehrlich. Den Unfall?
27  P:  Nö
28  R:  Der hat – der Bruder von dem Ferdi...
```

(i) 24–26
(ii) 27
(iii) 28

Eingebettet zwischen zwei Klatschgeschichten wird in diesem Gesprächsausschnitt von den beiden Frauen mit zuweilen identischen Formulierungen beschrieben, wie es in ihrer Siedlung beim Einkauf zum Klatsch mit anderen Frauen kommt. Übereinstimmend berichten beide Frauen, daß dabei die Initiative immer von derjenigen ausgeht, die über ein Klatschwissen verfügt. Charakteristisch für diese Situation scheint zu sein, daß die Frauen ganz selbstverständlich von der lauernden Klatschbereitschaft ihrer Gesprächspartnerinnen ausgehen. Dies kommt darin zum Ausdruck, daß sie in ihren Klatschangeboten gar nicht erst die Klatschbereitschaft der potentiellen Rezipienten kontrollieren, sondern – „Hasse schon gehört?" – bloß noch überprüfen, ob die Klatschinformation für *diese* Rezipientin noch den Status einer Neuigkeit hat. Allgemein formuliert: *In personalen Konstellationen, in denen zwischen den Beteiligten eine etablierte Klatschbeziehung besteht, braucht der moralische Aufgabenkomplex der Klatschinitiierung nicht mehr eigens durchgearbeitet zu werden;* an die Stelle verdeckter, vorsichtiger Klatschangebote kann in solchen Situationen das einfache Format der offenen „Ankündigung von Neuigkeiten" treten.[36] Wie sich in Segment ⟨10: 24–28⟩ zeigt, kann auch in diesem Fall der Sequenzinitiator erst dann dazu übergehen, seine Neuigkeit zu berichten, wenn der Rezipient durch Rückfragen („Was?", „Was ist da passiert?" etc.) oder Verneinung eines Wissens („Nö" etc.) dem Neuigkeitslieferanten ‚freie Fahrt' erteilt. Zwischen dem „Klatschangebot" und der „Ankündigung von Neuigkeiten" besteht also im Hinblick auf die sequentielle Ablauforganisation kein Unterschied. Dieser Sachverhalt verweist noch einmal darauf, daß, wenn die moralische Problematik der Klatschinitiierung innerhalb einer Prä-Sequenz bearbeitet wird, dies auf verdeckte, implizite Weise geschieht. Dabei bildet die Sequenzform für die Ankündigung („pre-announcement") von Neuigkeiten im Gespräch das sequentielle Trägerformat für die Sequenzform des Klatschangebots, das als eine moralische Version dieses Prä-Sequenz-Typus betrachtet werden kann.[37]

Neben der Bearbeitung und der Ignorierung der moralischen Problematik der Klatschinitiierung soll zum Schluß dieses Abschnitts anhand eines Gesprächsausschnitts noch eine dritte Variante dargestellt und analysiert werden. Konstitutiv für diese Variante ist, daß die Interagierenden den moralisch zweifelhaften Charakter ihres Tuns nicht als ernsthaftes Problem zu bewältigen suchen und auch nicht einfach als situativ irrelevant übergehen, sondern mit ihm *spielen*. Wie das geschieht, läßt sich anhand des folgenden Gesprächsausschnitts deutlich machen:

⟨11⟩   ⟨*„High-Life"*: GR: 29⟩
       ⟨Das Transkript setzt ein am Ende einer Klatschgeschichte von Frau R und Frau H über Frau S.⟩

```
01  H:  Die hat en Dachschaden!
02  R:  Die hat en ⌈Macke
03  H:            ⌊Die hat echt orginal en
04          Dachschaden! ⟨heftig⟩
05  G:  ⟨leise lachend⟩
06  R:  ⌈Die vermuten echt-
07  H:  ⌊⟨grinsend⟩ Aber ich war- ich war an und für sich
08          (–) schuld gewesen an dem ganzen Dilemma. Ich-
09          also ich hab das heraufbeschworen (–) ungewollt.
10  R:  Ja ja (⌈) =
11  H:        ⌊ja
12  G:  =Was denn? Wie ⌈war das denn?
13  R:                 ⌊Da ging en Gespräch rund, =
14          =⌈da ging en-
15  H:     ⌊Das kann ich gar nicht wiedergeben was ich
16          mir geleistet habe.
17  G:  ⟨leise lachend⟩
18  R:  Da ging en Gespräch rund ⌈die soll die andern-
19  G:                           ⌊Das ist doch spannend =
20  G:  =hehehe
21  R:  die soll die andere Männer immer an dä Sack
22          gespielt haben.
23  ?:  Haha⌈haha
24  H:      ⌊Nee paß auf!
25  R:  Da ⌈schreit die immer-
26  H:     ⌊Ich hab mein Badezimmer- der Dieter steht
27          unten. Und da is die mim Dieter dran „Soll ich dich
28          naß spritzen?" Und da spritzt die...
```

In diesem Gesprächssegment kommt es zu einer interessanten *Expansion* der durch ein Klatschangebot ausgelösten Sequenz, die sich gedrängt folgendermaßen rekonstruieren läßt: Nach einer

Geschichte von R und H über das ‚unmögliche' Verhalten der – betrunkenen – Frau S, deren Abschluß einige kräftige Charakterisierungen („Macke", „Dachschaden") bilden, deutet H an, daß es zu dieser Geschichte eine Vorgeschichte gibt, in die sie selbst verwickelt war (07–09). Diese Andeutung, die durch H's begleitendes Grinsen noch geheimnisvoller und interessanter gemacht wird,[38] veranlaßt den potentiellen Rezipienten G zu einer ‚neugierigen' Nachfrage („Was denn? Wie war das denn?"). An dieser Stelle, an der H eigentlich – dem Klatschangebotsschema folgend – ihre Geschichte vortragen könnte, folgt nun ein retardierender Handlungszug: statt die Geschichte, die sie so überdeutlich angekündigt hat, zu erzählen, stoppt sie den erwartbaren Fortgang der Handlungssequenz mit der Feststellung, sie könne aufgrund ihrer eigenen – problematischen – Beteiligung dieses Ereignis hier nicht wiedergeben („Das kann ich gar nicht wiedergeben was ich mir geleistet habe."). Freilich macht sie mit ihrem unterlegten Lachen unmißverständlich deutlich, daß diese Rücknahme ihres Angebots nicht ernst gemeint ist, sondern nur: *daß sie sich ziert*, ja, daß sie damit *kokettiert*, eine Geschichte zu erzählen, an deren Entwicklung sie selbst schuldhaft beteiligt war („ich war an und für sich schuld gewesen"). Mit seiner Äußerung „Das ist doch spannend hehehe" geht G gekonnt auf beide Bedeutungsmomente in H's Verzögerungshandlung ein: Er plädiert an H, trotz ihrer Bedenken die angekündigte Geschichte zu erzählen, und gibt gleichzeitig durch sein Lachen zu verstehen, daß er die unernste Rahmung ihrer Angebotsrücknahme wahrgenommen hat. Erst daraufhin beginnt H, den Vorfall zu schildern. (Vernachlässigt wurde in dieser Rekonstruktion, daß während dieses Interaktionsgeschehens R in Konkurrenz und im Wettlauf mit H, der diese Geschichte eigentlich ‚gehört', mehrere Anläufe unternimmt, um ihrerseits zumindest den pikanten Teil der Geschichte zu berichten, wogegen H – „Nee paß auf!" – auch protestiert.)

Man kann diese hier rekonstruierte sequentielle Expansion[39] in Fortführung des Sequenzschemas des Klatschangebots folgendermaßen resümieren:

2. Die interaktive Absicherung von Klatsch

Schema C: Klatschangebot (expandierte Sequenz)

(i-a) P: Klatschangebot
(ii-a) R: Nachfrage
(i-b) P: Gespielte Verweigerung
(ii-b) R: Erneute Nachfrage
(iii) P: Klatschgeschichte

Der Sinn des Verzögerungszuges (i-b) ist ein doppelter: Er dokumentiert, daß der Sequenzinitiator um die moralische Problematik seines Tuns weiß und Bedenken hat, sich durch die angekündigte Geschichte selbst zu kompromittieren. Indem diese (gespielte) Verweigerung den Rezipienten dazu bringt, sich noch deutlicher für die in Aussicht gestellte Geschichte zu interessieren, wird die moralische ‚Schuld' an der Klatschinitiierung, die der spätere Klatschproduzent qua Sequenzinitiator zunächst ganz alleine zu tragen hatte, zu erheblichen Teilen auf den ‚neugierigen' Klatschrezipienten übertragen. Auf diese Weise wird sichergestellt, daß die ‚verwerfliche' Praxis des Klatschens – nach dem Motto „Mitgegangen, mitgefangen..." – als ein kooperativer Akt aller Beteiligten in die Wege geleitet und vollzogen wird. Doch diese wechselseitige moralische Verstrickung der Klatschakteure ist nur das eine Bedeutungsmoment dieses dilatorischen Interaktionsmanövers. Das andere Bedeutungsmoment ist dramaturgischer Art: Mit dem Rezipienten wird ja in dieser Situation eine Art Verführungsspiel getrieben; er wurde zunächst dazu verlockt, sein Interesse an einer angebotenen Transaktion zu äußern, und nun läßt ihn der Initiator dieser Situation mit seiner gespielten Verweigerung scheinbar ‚abblitzen'. Auf diese Weise wird die gespannte Erwartung, mit der der Rezipient der verdeckt angebotenen Geschichte entgegensieht – oder gar: entgegenfiebert –, gezielt verstärkt.[40] Doch auch für den Initiator erhöht sich dadurch, daß er sein Gegenüber kurzzeitig ‚auf die Folter spannt', der Reiz der dann nachfolgenden Klatschkommunikation. Darin zeigt sich, *daß der Umstand, daß Klatsch eine moralisch bedenkliche Interaktionspraxis ist, für die Interagierenden keineswegs nur ein Gegenstand ihrer Sorge, sondern gleichzeitig auch eine Quelle ihres Vergnügens ist.* In komprimierter Form ist dieses paradoxe Verhältnis zu finden in der Sinnstruktur des Kokettierens, das auf dem Weg zu einer Verfehlung mit der Gültigkeit der Norm spielt.

3. Das Klatschinstrumentarium

Klatschproduzenten sind damit konfrontiert, auf ihre Weise eine Lösung für ein recht allgemeines Problem finden zu müssen: Sie müssen das Wissen, das sie haben, in eine sprachliche Darstellung übersetzen. (Daß dabei auch mimisch-gestische und prosodisch-paralinguistische Ausdrucksmittel eine wichtige Rolle spielen, wird im weiteren Verlauf der Analyse deutlich werden.) Wenn man nun genauer verfolgt, wie Klatschproduzenten ihr spezifisches Ereigniswissen in eine kommunikative Darstellung umsetzen, wird man die Beobachtung machen, daß deren Darstellungstätigkeit sich prinzipiell nicht darauf beschränkt, zur Rekonstruktion eines Ereignisses das vielfach beschriebene Muster des Geschichtenerzählens – nun eben unter dem Vorzeichen von Klatsch – zu aktivieren.[41] D. h. der Klatschcharakter einer Ereignisrekonstruktion reduziert sich nicht einfach auf den Umstand, daß sie nach einer interaktiv erfolgreich abgewickelten Klatsch-Prä-Sequenz stattfindet. Vielmehr besteht die Tätigkeit der Klatschproduzenten immer auch – und oft sogar vorrangig – darin, *für das von ihnen übermittelte Wissen einen klatschspezifischen Interpretationskontext zu schaffen*. Hinter dieser Beobachtung steht die besonders in ethnomethodologischen Studien fruchtbar gemachte Forschungsmaxime, bei der Analyse von Interaktionstexten das Augenmerk auf die Frage zu richten, wie Äußerungen und Handlungen in ihrem Vollzug von den Akteuren selbst interpretierbar und praktisch erklärbar („accountable") gemacht werden.[42] ‚Kontext' gilt in dieser Perspektive nicht als eine den Handelnden extern vorgegebene, normative Größe, nach der sie sich zu richten haben, sondern als ein Kontext *im* Gespräch, den die Interagierenden zugleich *mit* ihren Handlungen als Deutungsrahmen *für* ihre Handlungen hervorbringen. Dieser reflexive Strukturzusammenhang von Äußerung und Äußerungskontext, von Handlungsvollzug und Handlungssinn offenbart sich im Fall von Klatsch augenfällig in dem methodischen Bemühen der Klatschproduzenten, mit und neben der ereignisrekonstruierenden Darstellung ihres Wissens zugleich auch bestimmte Eigenschaften, Modalitäten und Implikationen dieses Wissens – oft nur andeutungsweise – zu beschreiben und damit ihr Tun als „Klatsch" erkennbar zu machen.

3. Das Klatschinstrumentarium

Die Tätigkeit des Klatschens beschränkt sich also nicht darauf, eine Information über das Privatleben eines abwesenden Bekannten weiterzugeben. Zum Klatsch gehört immer auch die Bereitschaft und die Fähigkeit des Klatschproduzenten, metanarrativ einen Interpretationskontext zu dieser Information mitzuliefern. Dies geschieht – wie man vorgreifend auf die materialanalytischen Ausführungen sagen kann – dadurch, daß der Klatschproduzent in seiner Darstellung implizit oder explizit auf die folgenden Qualitäten seines Klatschwissens Bezug nimmt:

- Klatschwissen wird durch die Art seiner Darstellung oder mittels spezifischer Markierungen vom Klatschproduzenten immer als *mitteilungswürdig* gekennzeichnet. Dies ist der Hintergrund für die in der Klatschkommunikation generell vorherrschende Tendenz, in der Rekonstruktion eines Ereignisses das Außergewöhnliche, das Unerwartete, das Unkonventionelle, das Pikante, das Befremdliche, das Unschickliche, das Unmoralische, das Absonderliche im Verhalten des Klatschobjekts zu betonen. *Diese klatschspezifische Akzentuierung des Außergewöhnlichen* hat zwei bedeutsame Implikationen: Zum einen erhöht sich auf diese Weise der Unterhaltungswert der Klatschinformation, zum andern wird durch diese Tendenz zur Dramatisierung – besonders wenn es dazu noch um eine Regelverletzung geht – indirekt der Eingriff des Klatschproduzenten in die Privatsphäre des Klatschobjekts legitimiert. Die Skandalisierung macht aus einem privaten Ereignis einen Gegenstand des öffentlichen Interesses.

- Klatschproduzenten sind prinzipiell darauf bedacht, das Klatschwissen, das sie anderen übermitteln, als *glaubwürdig* darzustellen. Weil im Klatsch die Tendenz zur Übertreibung angelegt ist und weil „Klatsch heißt, andrer Leute Sünden beichten" (Wilhelm Busch), sind Klatschproduzenten immer in der Gefahr, als Verleumder betrachtet zu werden. Der Vorwurf der Verleumdung präsupponiert, daß jemand falsche Behauptungen über eine andere Person in Umlauf bringt, für die er wider besseren Wissens einen Wahrheitsanspruch erhebt. Ob und wann die Darstellungen eines Klatschproduzenten wahrheitswidrige Behauptungen über das Klatschobjekt enthalten, läßt sich natürlich bei der Analyse von Klatschgesprächen nicht entscheiden.[43] Zu beobachten ist jedoch, daß Klatschproduzenten im Rahmen ihrer rekonstruktiven Tätigkeit zahlreiche *Autorisierungsstrategien* einsetzen, um die von ihnen präsentierte Erzählversion als gültig und damit ihr Klatschwissen als glaubwürdig erscheinen zu lassen.

• Trotz der verschiedenartigen Maßnahmen zur interaktiven Absicherung der Klatschkommunikation lassen die Klatschproduzenten in ihren Äußerungen immer wieder erkennen, daß sie den *moralisch kontaminierten Charakter* ihres Wissens nicht aus den Augen verloren haben. Dies dokumentiert sich etwa in ihrem Bemühen, ihr *Klatschwissen als passiv erworbenes Wissen* zu kennzeichnen, d.h. als Wissen, das ihnen z.B. von anderen zugetragen wurde oder das sie auf irgendeine andere Weise ohne eigene Anstrengung erlangt haben. Statt auf die Herkunft ihres Wissens zu verweisen, können Klatschproduzenten auch versuchen, sich durch die Technik des *präventiven Dementis* vor den nachteiligen Folgen zu schützen, die sich für sie aus der Verbreitung moralisch kontaminierten Wissens ergeben können.[44] Klatschproduzenten beginnen ihren Klatschbeitrag zuweilen mit Äußerungen wie etwa „Ich will niemanden schlecht machen, aber..." oder „Ich will bestimmt niemanden ausrichten, aber...". Vorlaufelemente dieser Art (cf. etwa auch: „Das mag jetzt chauvinistisch klingen, aber...", „Ich will dir nicht zu nahe treten, aber...") dienen hier wie in anderen Kommunikationssituationen dazu, die mögliche negative Reaktion eines Interaktionspartners zu antizipieren, den Vorwurf böser Absichten präventiv zu dementieren und auf diese Weise die Formulierung einer eigentlich ‚unmöglichen' Äußerung, die Ausführung einer eigentlich unstatthaften Handlung möglich zu machen.

• Klatschproduzenten präsentieren ihre Klatschinformationen nicht in der distanziert-neutralen Art eines Nachrichtensprechers. Denn für die Klatschakteure ist primär nicht das auf seinen Informationsgehalt reduzierte Klatschwissen von Belang, sondern dessen *Kommentierung* und *Bewertung*. Zwei der auffälligsten Merkmale der Klatschkommunikation geben hiervon Zeugnis: Zum einen läßt sich beobachten, daß der Reiz am Klatsch für die Klatschakteure vor allem in der *Lust am Spekulieren* über die Hintergründe der Klatschgeschichte und über die Handlungsmotive des Klatschobjekts liegt. Zum andern zeigt sich, daß der durchlaufende *moralisch indignierte bis maliziöse Tonfall* geradezu ein Erkennungszeichen von Klatsch ist. Klatschproduzenten geben durch evaluative Markierungen und durch die Wahl entsprechender Deskriptoren frühzeitig zu verstehen, wie sie ihre Klatschgeschichte interpretiert wissen wollen. Wenn der Klatschrezipient in diese evaluative Kommentierung einstimmt, kommt es oft zu einer solchen Häufung von spekulativen Bemerkungen und Sottisen, daß bei einem außenstehenden Beobachter leicht der Eindruck entsteht, als diente die Klatschinformation den Klatschakteuren nur als Vorwand für genüßliches Spekulieren, für Häme und gemeinsame moralische Indignation.

- Nicht weniger als an der Rekonstruktion eines Einzelereignisses selbst sind Klatschproduzenten an der *Generalisierung* ihres Klatschwissens interessiert. Die Klatschgeschichte wird, so empörend-unterhaltsam sie für sich sein mag, von den Klatschakteuren immer auch als typisch für das jeweilige Klatschobjekt interpretiert. Ja, in den meisten Fällen wird ausgehend von einer Klatschgeschichte bzw. einer Serie von Klatschgeschichten das *Klatschobjekt als ein sozialer Typus* identifiziert.

Man muß die Bedeutung dieser hier resümierend dargestellten fünf Interpretationskomponenten des Klatschwissens richtig einschätzen: *Zusammen bilden sie nichts weniger als das unentbehrliche Instrumentarium der Klatschproduktion.* D. h.: Wann immer ein Gesprächsteilnehmer sein Klatschwissen zur Darstellung bringt, muß er sich bei diesem Übersetzungsvorgang prinzipiell auch um die Mitteilungswürdigkeit und die Glaubwürdigkeit, um die moralische Belastetheit sowie um die Kommentierung und die Generalisierung seines Klatschwissens kümmern. Erst dadurch – und nicht bereits durch die ‚nüchterne' Erzählung einer Geschichte über ein Ereignis aus dem privaten Bereich eines Bekannten – erhält seine Darstellung den genuinen Charakter von ‚Klatsch'.

In den folgenden Abschnitten geht es darum, anhand von Gesprächsaufzeichnungen detailliert zu zeigen, auf welche Weise dieses Instrumentarium der Klatschproduktion den Ablauf und die Realisierung von Klatschgesprächen bestimmen kann. Auf zwei Beobachtungen soll jedoch hier bereits im Vorgriff hingewiesen werden: Erstens, diese Produktionsinstrumente können ihre Wirkung im Hinblick auf *Gesprächsobjekte recht unterschiedlicher Größenordnung* entfalten und sowohl kleinste Äußerungsteile betreffen als auch ganze Gesprächspassagen modellieren. Und zweitens, es ist durchaus möglich, daß die *einzelnen Instrumente der Klatschproduktion in eine antagonistische Beziehung* zueinander geraten. So kann z. B. ein Klatschproduzent, im Bemühen, die Mitteilungswürdigkeit seines Klatschwissens zu unterstreichen, Darstellungsformen wählen, die gerade Zweifel an der Glaubwürdigkeit seines Klatschwissens entstehen lassen. Mit einem solchen Widerspruch beschäftigt sich der folgende Abschnitt.

4. Die rekonstruktive Darbietung des Klatschwissens

Nachdem die Interagierenden sich wechselseitig ihrer Klatschbereitschaft versichert, die Bekanntheit des prospektiven Klatschobjekts festgestellt, über den Neuigkeitsstatus der zu erwartenden Klatschinformation befunden und die Rollen von Klatschproduzent und Klatschrezipient ausgehandelt haben, – nach all diesen zumeist äußerst rasch und ökonomisch ablaufenden Vorbereitungsaktivitäten ist nun der Klatschproduzent am Zug. In dieser Vorlaufphase wurde implizit auch die Organisation des Sprecherwechsels in Unterhaltungen so modifiziert, daß der Klatschproduzent in der Situation ist, sein Wissen über die privaten Dinge eines Dritten auszubreiten, ohne dabei antizipieren oder befürchten zu müssen, daß seine Interaktionspartner ihm sofort bei der nächsten sich bietenden Gelegenheit mit ihren eigenen Beiträgen in die Quere kommen.[45] Da er sich zudem auf die in der Prä-Sequenz angezeigte Bereitschaft des Rezipienten zur ‚Komplizenschaft' bei der verwerflichen Praxis des Klatschens stützen kann, scheint ihm nun die Möglichkeit offenzustehen, ungehindert von moralischen Bedenken oder zeitlich-interaktiven Beschränkungen über das

Klatschobjekt ‚herzuziehen'. Wie agiert der Klatschproduzent in diesem von den Interaktionspartnern gemeinsam abgesicherten ‚Freiraum'? Von welchen Strukturierungsprinzipien wird dieser zentrale Teil der Klatschkommunikation, in dem es zur rekonstruktiven Darbietung des Klatschwissens kommt, bestimmt?

Anhand von Gesprächsaufzeichnungen läßt sich zunächst die Feststellung treffen, daß sich die Klatschproduzenten in ihrem Äußerungsverhalten häufig über anerkannte Höflichkeitsgebote und respektierte Konventionen des gesitteten Umgangs hinwegsetzen und sich in dieser Hinsicht tatsächlich in einer Art Freiraum zu bewegen scheinen. Klatschproduzenten sprechen oftmals eine rüde Sprache; sie scheuen nicht davor zurück, zur Beschreibung eines Sachverhalts statt unspezifischer, euphemistischer Umschreibungen, wie sie im alltäglichen Verkehr für gewöhnlich erwartet und bevorzugt werden, unzweideutig obszöne Ausdrücke zu verwenden:

⟨11⟩

```
  18   R:   Da ging en Gespräch rund ⌈die soll die andern-
  19   G:                            ⌊Das ist doch spannend=
  20   G:   =hehehe
  21   R:   die soll die andere Männer immer an dä Sack gespielt
→ 22        haben.
```

Und auch die Etikettierungen, mit denen das Klatschobjekt bedacht wird,–

⟨3⟩

```
  11   H:               Ja klar die Frieda
  12        wohnt doch wieder in ( ⌈     )
  13   R:                         ⌊Jaha!
  14   H:   Ja
→ 15   R:   Dat Trampeltier!
```

– sind oft alles andere als rücksichtsvoll oder zimperlich. Man kommt jedoch unweigerlich zu einer verzerrten Einschätzung des Klatschvorgangs, wenn man diese ins Auge springende *Vulgärspra-*

che des Klatsches in inhaltsanalytischer Manier als ein stilistisches Merkmal isoliert und darüber versäumt, auf die spezifische Handhabung dieser Vulgärsprache durch die Klatschakteure zu achten. So auffällig nämlich diese Malediktion[46] der Klatschproduzenten – gerade wenn man sie in verschrifteter Form vor sich liegen hat – auch sein mag, sie erweist sich bei näherer Betrachtung als ein gezielt eingesetztes und sorgfältig kontrolliertes Darstellungselement der komplex organisierten Ereignisrekonstruktion im Klatsch. D. h., auch wenn sich die Interagierenden beim Klatsch – im Vergleich zu anderen Gesprächsformen – größere ‚Freiheiten' im Hinblick auf ihre Ausdrucksmittel herausnehmen, befinden sich die Klatschakteure doch keineswegs in einer anomischen Situation: Ihre Sprache ist, so vulgär sie sein mag, keineswegs zügellos.

4.1. Wissensautorisierung und Reputationsgefährdung in der Klatschproduktion

Klatsch beschäftigt sich mit dem Tatsächlichen – wie weit auch immer die Klatschakteure sich letztlich von den Tatsachen entfernen. Wer eine Klatschgeschichte erzählt, steht damit vor der Aufgabe, für seine – in der Regel ja recht abträglichen – Behauptungen über das Klatschobjekt den Nachweis zu erbringen, daß sie nicht frei erfunden sind. Klatschproduzenten, die über das Ereignis, das sie rekonstruieren, ein Wissen aus erster Hand haben, scheinen in dieser Situation einen systematischen Vorteil zu haben. Sie können zum Beweis der Richtigkeit ihrer Aussagen auf ihre eigenen Beobachtungen verweisen. Geht man davon aus, daß Klatschproduzenten einer Nachweispflicht für ihre Behauptungen unterworfen sind, wird ein Phänomen verständlich, das regelmäßig innerhalb von Klatscherzählungen auftaucht und das auf den ersten Blick merkwürdig erscheinen muß: Klatschproduzenten erwähnen in der Rekonstruktion eines Ereignisses oft verschiedene situative Details, die auch bei näherer Betrachtung weder mit dem Fortgang der Geschichte in einem erkennbaren Zusammenhang stehen noch für das Verständnis des Rezipienten erforderlich scheinen:

⟨12⟩ ⟨„High-Life": GR: 30⟩

```
  01  H:  Und wir sitzen abends. Mit einmal bumst es
  02  P:  ⟨leicht lachend⟩
  03  H:  Da hab ich gesacht ⟨grinsend⟩ „Die is
  04      bestimmt umgekippt".
  05      (                              )
  06  R:  Ja
→ 07  H:  Das war viertel nach acht. Da war- en =
→ 08      =⌈Krimi war drin.
→ 09  R:  =⌊„San Francisco"
  10  G:  ⟨leise lachend⟩
  11  H:  Mit einmal aufm Bal(kon)...
```

⟨13⟩ ⟨„High-Life": GR: 31⟩

```
  01  H:  Und dann kriechte die Schreikrämpfe da oben.
  02      Dann hat die eh eh noch Tabletten gefressen
  03      dadurch.
  04      Dadurch hat die das ja schlimmer gemacht.
  05  P:  Hm
→ 06  H:  Und Sonntach früh sitz ich auf de Toilette.
  07      Mit einmal hör ich die da oben wieder
  08      „Ha- Hilfe Hilfe"...
```

⟨14⟩ ⟨„High-Life": GR: 32⟩

```
  01  R:  Eh weisse wat die-
  02      Die hat früher ja bei mir da die- in de eine
  03      Block jewohnt. ne,
  04      Die hat dat Kind von morgens hat die Schlaf-
  05      Tropfen jegeben.
→ 06      Von morgens sieben bis abends (–) vier geschlafen.
  07      Und die war weg inne Stadt. Jeden Tach. Bis
  08      dat Kind ene Herzdingens kriechte.
  09      Ne Herzkollaps
```

In diesen Gesprächsausschnitten werden von den Klatschproduzenten penibel genaue Angaben darüber, wann sich etwas abgespielt hat, wo sie sich zu diesem Zeitpunkt befanden und womit sie gerade beschäftigt waren, in die rekonstruktive Darstellung eingeflochten. Solche *Erwähnungen scheinbar randseitiger Details* sind in der Klatschkommunikation regelmäßig zu beobachten; ihr Haupteffekt besteht darin, das zu rekonstruierende Ereignis nachweislich im alltäglichen Wahrnehmungskontext des Sprechers zu lokalisieren, und sie fungieren in diesem Sinn als Indikatoren dafür, daß das Klatschwissen des Klatschproduzenten ein Wissen aus erster Hand ist.

Betrachtet man die Ausschnitte ⟨12⟩ und ⟨13⟩ genauer, so zeigt sich ein zweites: Die Detaillierung dient hier der Klatschproduzentin auch dazu, herauszustreichen, daß sie mit alltäglichen Dingen in ihrem eigenen Handlungsbereich beschäftigt war und nur als passive Rezipientin Kenntnis von dem Ereignis, das von außen in ihren Wahrnehmungsbereich eindrang, erlangte. Signifikant ist dabei ihr impliziter Hinweis darauf, daß sie nicht als Augenzeugin, sondern als Ohrenzeugin das zu rekonstruierende Geschehen miterlebte. Dieser Hinweis der Klatschproduzentin erhält eine besondere Bedeutung, wenn man ihn mit einem anderen Ausschnitt aus dem gleichen Gespräch konfrontiert. In diesem Gesprächsausschnitt – er bildet die Fortsetzung von Segment ⟨4⟩ – wird die Behauptung der Klatschproduzentin Frau R, die die mangelnde Sauberkeit „der Theissens" betraf, von den anderen Gesprächsteilnehmern in ihrem Wahrheitsgehalt bezweifelt:

⟨15/4⟩   ⟨*„High-Life": GR: 23/Vereinfacht*⟩

```
35   R:   ... da sind die sich nebenan bei den Nachbarn
36        waren se de Finger waschen.
37        So stanken die Klamotten vor Dreck.
38   H:   (      ⌈    )
39   G:         ⌊( ) bei Theissens? ⟨ungläubig⟩
40   R:   Bei Theissens! ⟨bekräftigend⟩
41   G:   Kann ich mir kaum vorst⌈ellen.
→ 42 R:                          ⌊Ich hab dat gesehen
→ 43      wie die da eh ausgeräumt haben.
44   G:   Ja, Kaffee noch!
45   R:   Und alles wat die noch dringelassen haben.
46        Ba:::h die Leute die da eingezogen sind-
```

4. Die Darbietung des Klatschwissens 145

```
→ 47        Hat die Frau!
  48        Die mußte so von hü hott weisse mußte die
  49        darein.
  50        Säcke! Säckeweise! hat die da (      ) de Lumpen
  51        und de Dreck gehabt.
  52        Säckeweis!
→ 53        Is Tatsach! Ich hab es ja ge(      ⌈         )
  54   H:                                    ⌊Die geht doch
  55        immer so so-
→ 56   R:   Ich hab da gesta⌈nden
  57   H:                   ⌊so elegant. Die hat doch
  58        immer alles ⌈(      )
  59   R:               ⌊Der Keller der war ha:lb voll
  60        Wäsche dreckige Wäsche ⌈ba:::h
  61   G:                          ⌊Denn ich kenn das von-
  62        von Theissens so aus der- aus der eh kleinen
  63        Siedlung. Das war unheimlich also ziemlich
  64        aufgeräumt immer. ne,
```

Frau R, konfrontiert mit dem Unglauben und den Widersprüchen ihrer Gesprächspartner, verweist wiederholt darauf, daß sie für ihre Behauptungen eigene Beobachtungen geltend machen und sich auf eine Zeugin berufen kann. Damit kann sie jedoch die Zweifel der anderen nicht zerstreuen, die ihrerseits auf ein Wissen aus erster Hand über die Verhältnisse bei den „Theissens" verweisen (61: „Denn ich kenn das..."). In dieser Situation ändert Frau R ihre Strategie und versucht zu argumentieren, daß die Meinung der anderen sich auf einen oberflächlichen Eindruck, ihr Wissen jedoch sich auf einen tieferen Einblick gründet. Dabei erlebt Frau R jedoch eine böse Überraschung:

⟨16/15⟩

```
  63   G:   ... Das war unheimlich also ziemlich
  64        aufgeräumt immer. ne,
  65   R:   Ja ⌈wenn de reinkam und reinkucktes würd ich
  66   G:      ⌊(      )
  67   R:   sagen, war dat immer auf⌈jeräumt.
  68   G:                            ⌊Hm
→ 69   R:   Du muß ja auch die Ecken bekucken.
```

```
      70  P:   ⟨lachend⟩
      71  ?:   (          ⌈           )
      72  H:               ⌊Der kann ja schließlich nich hingehen
      73       und kann die Ecken a⌈nkucken.
      74  P:                        ⌊Hehehehehehehe
      75  G:   (      )
→     76  R:   Dat tu ich ohne dat ich dat will.
      77  G:   Hm
→     78  R:   Wenn ich irjendwo reinkomm ⌈automatisch
      79  G:                              ⌊⟨leise lachend⟩
→     80  R:   gehen meine Augen überall.
      81  G:   Pau⌈l! ⟨Das Gespräch findet in P's Wohnung statt⟩
      82  H:      ⌊Hast du beim Paul auch schon ⌈in die Ecke⌉n =
      83  ?:                                    ⌊(          )⌋
      84  H:   =gekuckt? Haha⌈hahaha
      85  G:                 ⌊Hehe
      86  P:   Also wenn übermor⌈gen hier die (–) Fürsorge
      87  G:                    ⌊Hehe
      88  P:   erscheint ⌈weiß ich gleich woran es liecht.
      89  R:            ⌊Hahahahahahahaha⌈ha
      90  G:                             ⌊Hahahahaha
      91  P:   Hehehehe
```

Um die Glaubwürdigkeit ihrer Darstellung zu stützen, betont Frau R, daß man sich nicht vom äußeren Schein der Dinge täuschen lassen darf, sondern gezielt unter deren Oberfläche schauen muß. Sie bemerkt jedoch rasch selbst, daß diese Maxime, sofern sie ein absichtsvolles Nachforschen und Aufdecken einer verborgenen Wirklichkeit impliziert, gerade dort problematisch ist, wo es um das Wissen über die Privatangelegenheiten anderer geht. Mit der Beteuerung, sie würde nicht gezielt, sondern ohne Absicht, „automatisch" ihre Umgebung kontrollieren und demaskieren, versucht sie zwar, ihre Position zu retten, doch tatsächlich verstrickt sie sich damit nur um so mehr. Ihre Gesprächspartner spielen nun – wenn auch im Rahmen spaßhafter Modalität – mit dem Gedanken, daß sie andere Leute in deren Privatsphäre bespitzelt und diejenigen, die nicht ihren Sauberkeitsstandards entsprechen, bei der „Fürsorge" denunziert.

4. Die Darbietung des Klatschwissens 147

Diese Episode ist in verschiedener Hinsicht aufschlußreich. Zum einen kommt in ihr in aller Klarheit zum Ausdruck, *daß Klatschwissen ein passiv oder zufällig erworbenes Wissen zu sein hat* – was im übrigen nicht nur für unsere Gesellschaft gilt. Robert Levy schreibt in seiner Ethnographie über die Tahitianer auf den Society Islands: „Obwohl Klatsch ein wichtiger Teil der ‚shame control‘ ist, haben die Bezeichnungen für Klatsch einen pejorativen Ton, und gilt es als schlecht, sich am Klatsch zu beteiligen. Idealiter muß das Verhalten, das, wenn es bekannt wird, zur Schmach führt, von selbst zur Sichtbarkeit gelangen; anstößige Handlungen dürfen nicht ausgekundschaftet werden. Ein solches Auskundschaften ist selbst ein ‚ha'amā‘ ⟨= schändlicher Akt⟩."[47] Klatschproduzenten sind deshalb in der Regel bemüht, ihr Klatschwissen als passiv erworbenes Wissen zu kennzeichnen.

In den Segmenten ⟨12⟩ und ⟨13⟩ macht die Klatschproduzentin durch die Erwähnung situativer Details deutlich, daß die Ereignisse, die sie schildern wird, auf akustischem Weg in ihren Wahrnehmungsbereich eindrangen und sie gar nicht anders konnte, als von ihnen Notiz zu nehmen. Demgegenüber gerät die Klatschproduzentin in Segment ⟨16⟩ gerade dadurch in eine prekäre Situation, daß sie die Notwendigkeit betont („Du muß ja auch die Ecken bekucken"), die Umgebung aktiv durch visuelle Inspektion auf mögliche ‚Schandflecken‘ hin zu überprüfen. An dieser Stelle wird erkennbar, *daß sich das passiv rezipierende Ohr als Instanz zur Autorisierung von Klatschwissen besser eignet als das aktive Wahrnehmungsorgan Auge.* Bereits Georg Simmel hatte das Ohr als das „schlechthin egoistische Organ" bezeichnet, das im Gegensatz zum Auge nur nimmt, aber nicht gibt, und zu dieser Differenz weiter bemerkt: „Es büßt diesen Egoismus damit, daß es nicht wie das Auge sich wegwenden oder sich schließen kann, sondern, da es nun einmal bloß nimmt, auch dazu verurteilt ist, alles zu nehmen, was in seine Nähe kommt."[48] Das Ohr als permanente Registriermaschine ermöglicht dem Hörer, geltend zu machen, daß er absichtslos, ja unfreiwillig zur Kenntnis von Dingen gelangt ist, die ihn eigentlich nichts angehen.[49] Faktisch kann natürlich das Ohr ebenso wie das Auge als ein aktiv ausspionierendes Instrument eingesetzt werden – doch signifikanterweise verliert es damit dann auch seine Unschuld:

⟨17⟩   ⟨ „High-Life": GR: 42⟩

```
01  H:  ...Da stellt die sich (   ) nachts, wo der da
02          in die Wohnung is bei der, stellt die Jungblut
03          sich mit der Tekoek vor de Tür und horcht.
→ 04        Klar! Der Horcher an der Wand hört seine eigene
05          Schand!
06          Kriecht die da so etliches mit...
```

Auch die Berufung darauf, daß ein zu berichtendes Ereignis nur akustisch registriert wurde, schützt demnach den Klatschproduzenten nicht automatisch vor dem Verdacht, sein Wissen durch Bespitzelung erlangt zu haben.

Die dargestellten Schwierigkeiten, mit denen die Klatschproduzenten bei der Autorisierung ihres Klatschwissens konfrontiert sind, lassen sich nun zu einer *strukturellen Problematik der Klatschproduktion* zuspitzen. Da im Klatsch tatsächliche Geschehnisse verhandelt werden, unterliegen Klatschproduzenten der Pflicht, Nachweise zu erbringen für die Glaubwürdigkeit ihres Wissens und die Wahrhaftigkeit ihrer Darstellungen. Haben sie – als Augen- oder Ohrenzeugen – ein Wissen aus erster Hand über das zu rekonstruierende Ereignis, stehen sie vor einem prinzipiellen Dilemma: Je detaillierter sie ihre Klatschgeschichten erzählen und je mehr sie gezwungen sind, die Richtigkeit ihrer Darstellungen argumentativ zu begründen, desto stärker setzen sie sich dem Verdacht aus, daß sie nicht passiv und zufällig in den Besitz ihres Klatschwissens gelangt sind, sondern dieses sich durch aktive Invasionen in den Privatbereich des Klatschobjekts verschafft haben.

In dieser Situation, in der *Detaillierung auf Kosten der Reputation* geht, bietet sich dem Klatschproduzenten als möglicher Ausweg an, anstatt Wissen aus erster Hand zu vermitteln, Klatschgeschichten, die ihm zugetragen wurden, weiterzuerzählen. In einer Reihe von Ethnographien wird darauf hingewiesen, daß speziell Kinder und einzelne Berufsgruppen als Zwischenträger von Klatschinformationen eine wichtige Rolle in einer sozialen Gemeinschaft spielen.[50] Ein solches Klatschwissen aus zweiter Hand ist jedoch für den Klatschproduzenten immer mit bestimmten Mängeln behaftet. Vor allem ist es dem Klatschproduzenten in diesem Fall unmöglich, durch die Weitergabe seines Klatschwissens eine exklusive Beziehung zu dem Klatschobjekt zu demonstrieren. Seine Klatschgeschichte hat nicht mehr den Reiz eines ‚Originals', eher den Wert einer abgegriffenen Münze, in deren Zirkulation er eingeschaltet ist.

Klatschgeschichten aus zweiter Hand sind für den Klatschproduzenten nur ein schaler Ersatz für originale Klatschpräsentationen. Er wird deshalb persönlich bezeugte Ereignisse bevorzugen. Diese Behauptung läßt sich etwa durch die Beobachtung stützen, daß in längeren Unterhaltungen zumeist erst dann Klatschgeschichten aus zweiter Hand ausgetauscht werden, wenn sich das Wissen über persönlich bezeugte Klatschereignisse erschöpft hat. Dem Verdacht, sein Klatschwissen durch Bespitzelung erlangt zu haben, kann ein Klatschproduzent dabei auch auf andere Weise begegnen: insbesondere dadurch, daß er das Detaillierungsniveau seiner Darstellung auf einer verhältnismäßig niedrigen Ebene hält und immer nur punktuell anhebt. Auf diese Weise ergibt sich jene eigenartige und für die Klatschkommunikation doch so charakteristische Mischung aus präziser Information und raffender Umschreibung, aus detaillierten Angaben und vagen Andeutungen.

4.2. *Das Zitat als klatschspezifisches Element der Ereignisrekonstruktion*

Eine ganz ähnliche Problematik in der Klatschproduktion wie die eben aufgezeigte ist zu entdecken, wenn man sein Augenmerk auf den Vorgang der Ereignisrekonstruktion selbst richtet. Von den zahlreichen Darstellungstechniken, mittels derer die Klatschproduzenten ihr Wissen in Sprache transformieren, soll im folgenden eine herausgegriffen und genauer analysiert werden. Zu rechtfertigen ist diese Beschränkung damit, daß diese spezifische Darstellungstechnik innerhalb der Klatschkommunikation mehrere Funktionen zugleich erfüllt und insofern als ein „Knotenphänomen"[51] der klatschspezifischen Ereignisrekonstruktion gelten kann. Das Phänomen, auf das sich die folgenden Beobachtungen und Überlegungen konzentrieren, findet sich etwa gehäuft in dem folgenden Gesprächsausschnitt:

⟨18/6⟩   ⟨„Sizilianisch": AK: EM 14B⟩

```
  01  J:  Un der Dande Berta hats schon gutgfallen;
  02  M:  OH: ⌈Ob und wie:
  03  A:      ⌊Der! Oh Gott=e=Gott. I hob noch morgens-
→ 04      am Sonndoch morgends denk i „ha jetz kannsch
  05      noch net ouruafe die is beschtimmt erscht in
  06      d Nacht ⌈äh heumkomme". PROMPT zeh: Minutte
  07  J:         ⌊mhm
  08  A:  spätr schellts Telefon halb zwei in dr
  09      Nacht sin se heumkomme um halb neine
  10      ⌈un wor se widr fit.
  11  M:  ⌊schon=war=se⌈=widr=fit.
  12  L:              ⌊war se schon widr fit.
→ 13  A:  Soch=i „ja soch mol schlof doch" secht se
  14      „OHH i hob ausgschlofe ohh des war
  15      wunder⌈schön".
  16  J:         ⌊ehhhnhnhh (        ) loswerde misse.
  17  A:  Ha die wor- die hat ganz-;
→ 18  M:  Lediglich in dr Nacht secht se „wenn i nachts
  19      aufgwacht ben °un woisch °°i muaß scho manchmol
  20      raus in dr Nacht°° han i nemme gwißt wo e bin°",
→ 21  A:  zu re ⌈gsocht „mensch nimm⌉ doch e Häfele mit",
  22  M:        ⌊no isch se RAUS!  ⌋

  23  A:  nimm doch- laß dr a Häfele gäwe.=
  24  M:  =no isch se ⌈emmer raus⌉;
  25  A:              ⌊ha ja was  ⌋ denkt se moi-=
  26  L:  =ha: ja:!
→ 27  M:  „bei dene do waren mindeschtens so viel
  28      Diere wie bei dir da hanne"
  29  L:  Hhhihihhhihhinn
→ 30  M:  „bin raus no hanne immer noch net gwißt
  31      was hhh bei welcher Dier daß ins Klo nei geht
  32      no binn e halt mol beim Salvatore drin
  33      glandet ·hhhn in dr Nacht".
  34  A:  Hhhhje ⌈hhh
  35  L:         ⌊hhhn
```

4. Die Darbietung des Klatschwissens

In diesem Segment bestreiten A und M große Teile ihrer Darstellung in Form einer wörtlichen Wiedergabe fremder oder eigener Äußerungen (und Gedanken). Diese *Verwendung von Zitaten in der Ereignisrekonstruktion* ist ein für Klatsch in hohem Maß charakteristisches Phänomen. Mit ihm beschäftigen sich die folgenden Ausführungen.

Anhand von Segment ⟨18⟩ lassen sich bereits zwei charakteristische Strukturmerkmale dieser Darstellungstechnik beschreiben. Ein Sprecher kann die Worte, die er ausspricht, dadurch als „Zitat" markieren, daß er vor sie, zwischen sie oder an ihr Ende ein *verbum dicendi* in der ersten oder dritten Person plaziert – in Segment ⟨18⟩ etwa: ⟨Soch=i „ja soch mol *schlof* doch" secht se „*OHH* i hob *aus*gschlofe"⟩. Diese verba dicendi („soch=i", „secht se", „zu re gsocht" etc.) machen deutlich, daß jetzt ein Stück – fremder oder eigener – Rede wiedergegeben wird, das in einer anderen Situation, zu einer anderen Zeit produziert wurde. Nun kann ein solches verbum dicendi jedoch auch das Wiedergabeformat der indirekten Rede einleiten, – Zeile 13/14 in ⟨18⟩ könnte statt dessen etwa lauten: ‚Ich sagte zu ihr, sie solle doch schlafen; sie sagte, sie habe ausgeschlafen'. Das verbum dicendi ist deshalb zumeist nicht das einzige Markierungselement für „Zitate". Es wird fast immer dadurch ergänzt, daß der Sprecher die Rede, die er zitiert, intonatorisch und paralinguistisch (z. B. durch Lautstärke- oder Geschwindigkeitsänderungen) deutlich modifiziert, sie gewissermaßen in situ nachspielt und damit aus dem rekonstruktiven Darstellungsfluß heraushebt. Dieses zweite Strukturmerkmal des Produktionsformats von zitierter Rede, die *intonatorisch-paralinguistische Markierung*, findet sich nicht selten auch ohne ein zusätzliches verbum dicendi – wie etwa in dem folgenden Ausschnitt:

⟨19⟩   ⟨*„High-Life": GR: 33*⟩

```
   01  H:   Die hat dat ja anfangs übertrieben mit dat
   02       Kind zu schlagen.
→  03       Wenn jemand dabei ist dann „Ach ahach ja,
→  04       schön lieb ja so" ⟨affektiert⟩
   05       Und wehe wenn da keener is.
   06       Dann (gute Fuhre).
```

In den wenigen ethnographischen Studien, die auch detaillierte Beobachtungen zur Produktionsform von Klatsch enthalten, wird übereinstimmend darauf hingewiesen, daß das rekonstruktive Darstellungsmittel des Zitats ein signifikantes Merkmal von Klatschgesprächen ist. Susan Harding etwa bemerkt in ihrer Untersuchung über das Leben spanischer Dorfbewohnerinnen: „Zitatmarkierungen ⟨= quotation marks⟩ in der Form von ‚dije' und ‚dijo' (‚sagte ich' und ‚sagte er/sie') sind Oberflächenindikatoren für das Auftreten von Klatsch."[52] Und Donald Brenneis schreibt in seiner Arbeit über das Klatschgenre „talanoa", das er auf einer der Fiji-Inseln antraf: „Ein besonders auffälliges Merkmal des ‚talanoa'-Diskurses ist die ungewöhnliche Häufigkeit, mit der das Wort ‚bole' (wörtlich: die Präsensform des Verbums ‚sprechen' in der dritten Person Singular) verwendet wird."[53] Weshalb, so ist nun zu fragen, ist die Zitatform eine für die Klatschproduzenten so attraktive Darstellungstechnik? Aufgrund welcher Leistungen ist das Zitat den anderen narrativen Rekonstruktionsformen im Klatsch überlegen?

Zur Bestimmung der Funktionen, die das Zitat in der Klatschkommunikation erfüllt, müssen drei verschiedene Aspekte dieses Darstellungsmittels, die freilich eng miteinander verknüpft sind, differenziert werden. Auf den ersten Aspekt hat bereits Valentin Vološinov in seiner zuerst im Jahr 1929 erschienenen Arbeit „Marxismus und Sprachphilosophie" aufmerksam gemacht.[54] Um die von ihm dargestellte „soziologische Methode in der Sprachwissenschaft" auf ein konkretes Untersuchungsphänomen anzuwenden, stellt sich Vološinov dort die Aufgabe, „das Phänomen der Wiedergabe fremder Rede in soziologischer Richtung zu problematisieren". Zwar beschränkt sich Vološinov in seiner Analyse ausschließlich auf literarische Texte, doch er kommt dabei zu Resultaten, die auch für die Analyse alltagssprachlicher Interaktionstexte von Relevanz sind. Hilfreich für die Untersuchung von Klatsch sind u. a. seine Überlegungen zum Unterschied von direkter und indirekter Redewiedergabe. Dabei ist der entscheidende Punkt, auf den Vološinov hinweist, „daß alle emotional-affektiven Elemente der fremden Rede, sofern sie sich nicht im Inhalt, sondern in den *Formen* der Äußerung ausdrücken, so nicht in die indirekte Rede übergehen".[55] Die emotional-affektiven Ausdruckselemente einer Äußerung, die mimisch-gestisch oder intonatorisch-paralinguistisch realisiert werden, müssen in der indirekten Konstruktion inhaltlich benannt und durch sinnäquivalente Adjektive oder Kommentare wiedergegeben werden. Dies ist jedoch nur um den Preis einer gewissen Entpersönlichung und Verflachung der wiederzugebenden Rede möglich. Man kann sich diesen Effekt vergegenwärtigen, wenn man die in dem folgenden Gesprächsausschnitt auftauchenden wörtlichen Zitate in Gedanken in indirekte Rede transponiert:

⟨20/11⟩ ⟨„High-Life": GR: 29⟩

26	H:	Ich hab mein Badezimmer- der Dieter steht
→ 27		unten. Und da is die mim Dieter dran „Soll ich
→ 28		dich naß spritzen?" Und da spritzt die mit der
29		Brause da oben rum.
30		Und bei mir läuft das Wasser rein.
31		Ich rauf. Ich geschrien erstmal daß sie das
→ 32		unterläßt. „Der Dieter hat sonst gesacht ich
→ 33		wär en Feichling". ⟨affektiert⟩
34	G:	⟨leise lachend⟩
→ 35	H:	Ich sach „Mensch ⌈wenn der Dieter sagt ‚Spring
36	G:	⌊⟨weiter lachend⟩
→ 37	H:	ausem Fenster' springse och daraus". ⟨heftig
38		schimpfend⟩
39		Na jut!
40		Ne Stunde später (–) kommt aufm Balkon das
41		ganze Wasser runter.
42	R:	Ja
43	H:	Und ich hab doch den Teppich da liegen.
44	?:	(Hehehe)
45	H:	Ja u:::nd da kricht ich Wut.
46		Da kricht ich Wut.
47		Na. Und da hab ich hochgeschrien.
→ 48		Ich sach: „Verdammt und zugenäht! Du kanns wohl
→ 49		auch nichts anderes wie andern Männern anne
→ 50		Klöten spielen!" ⟨heftig⟩
51	G:	⟨lachend⟩

Dieses Gesprächssegment, das neben einfachen Zitaten (48–50) auch die komplexere Form von Zitaten und indirekter Redewiedergabe innerhalb von Zitaten (35–37, 32–33) enthält, läßt eine wesentliche Funktion der Zitatform im Klatsch plastisch deutlich werden: Klatschproduzenten können mittels der direkten Redewiedergabe die interaktive Dynamik und den affektiven ‚Tonus' eines vergangenen Ereignisses in der Rekonstruktion reanimieren. Das vergangene Ereignis wird weniger narrativ rekapituliert als vielmehr dramatisch in Szene gesetzt – um nicht zu sagen re-inszeniert. Zitate fungieren dabei als entscheidendes *stilistisches Mittel der szenischen Dramatisierung*, da sie es dem Sprecher gestatten, nicht nur die Worte, sondern auch die emotional-affektiven Ausdruckselemente einer vergangenen Äußerung zu vergegenwärtigen, und zwar ohne den Umweg der versachlichenden Umschreibung. (Im Transkript kann diese szenische Qualität von Zitaten wiederum nur über den Umweg der sinnäquivalenten Umschreibung – cf. etwa ⟨heftig⟩ oder ⟨affektiert⟩ – erfaßt werden.) Zitate sind Orte expressiver Intonation; durch sie erhält der Klatsch seine charakteristische emotionale Färbung – und nicht zuletzt einen wesentlichen Teil seines Unterhaltungswerts.

Der zweite Aspekt des Zitatformats, der von Bedeutung ist, will man die Funktionen dieses Darstellungsmittels in der Klatschkommunikation bestimmen, betrifft den Status dessen, was in dem Zitat wiedergegeben wird. Wenn ein Sprecher eine Äußerung als Zitat kennzeichnet, behauptet er damit gleichzeitig, daß dies eine vorfabrizierte Äußerung ist, die durch ihn nur reaktiviert, nicht aber ad hoc und in freier Entscheidung generiert wurde. Der Sprecher eines Äußerungszitats tritt also nicht als Erfinder, sondern als Übermittler dieser Äußerung auf. Damit aber bekommt die zitierte Äußerung einen von ihrer aktuellen Präsentation unabhängigen Charakter; sie wird vom Sprecher so dargeboten, als führe sie eine Präexistenz. Das bedeutet nun nicht automatisch, daß jedes Zitat den Anspruch erhebt, das Zitierte sei in der Form, in der es jetzt wiederholt wird, tatsächlich so geäußert worden. Das Zitatformat findet sich auch in Märchen, Fabeln oder Witzen, und dort sind es fiktive Figuren, Tiere, ja selbst unbelebte Gegenstände, denen – als Zitat – Äußerungen ‚in den Mund gelegt' werden können (eine etwas merkwürdige Formulierung im Hinblick auf unbelebte Objekte). Doch in dem Augenblick, in dem Zitate nicht innerhalb des Rahmens der Fiktionalität gebraucht werden, sondern – wie im Fall von Klatsch – sich auf Handelnde in der intersubjektiv konstituierten Welt des Alltags beziehen, in dem Augenblick verbindet sich dem Zitat der Anspruch, ein in dieser Form tatsächlich produziertes Stück Rede zu reproduzieren. Nur wenn, wie etwa im Fall einer Faschingsveranstaltung oder einer launigen Geburtstagsrede, die Interaktion im Situationsrahmen von ‚Spaß' oder ‚Spiel' stattfindet, ist es in der Alltagswelt (bis zu einem gewissen Grad!) möglich, einem Mitmenschen ungestraft frei erfundene ‚Zitate', die keine mehr sind, zuzuschreiben.

Das besagt nun keineswegs, daß Zitate in der Klatschkommunikation den Anspruch implizieren, die mitgeteilten Äußerungen seien ursprünglich in genau jener syntaktischen, lexikalischen und prosodischen Form hervorgebracht worden, in der sie jetzt zitiert werden. (Auch die Gesprächstranskripte, mit denen der vorliegende Text durchsetzt ist, sind in diesem Sinn ja als ‚Zitate' zu verstehen, und selbst für sie kann ein solcher Genauigkeitsanspruch nur mit gewissen Abstrichen erhoben werden.) Die Zitate von Klatschproduzenten können gar nicht die ‚Wiedergabequalität' von Tonbandaufzeichnungen haben; deshalb ist der allein entscheidende Punkt, daß die in wörtlicher Rede reproduzierten Äußerungen mittels des Zitatformats als authentisch dargeboten werden. D.h.: *Zitate fungieren in der Klatschkommunikation als Authentizitätsmarkierungen.* Sie demonstrieren die Echtheit einer Rekonstruktion und signalisieren, daß das Wissen, das der Klatschproduzent vor seinen Zuhörern ausbreitet, verbürgt, wenn nicht gar ein Wissen aus erster Hand ist.

Ein dritter Aspekt des Zitatformats, der für dessen Funktionsbestimmung im Klatsch relevant ist, wird sichtbar, wenn man den eben formulierten Gedanken: daß der Sprecher eines Äußerungszitats nicht als Erfinder, sondern nur als Übermittler dieser Äußerung auftritt, in entgegengesetzter Richtung weiterverfolgt. Erving Goffman hat diesen Aspekt, anknüpfend an die Untersuchung von Vološinov, in seinen letzten Arbeiten thematisiert und mit konzeptuellen Differenzierungen aufgeschlüsselt.[56] Jemand, der eine Äußerung als Zitat kennzeichnet, ‚spricht' zwar, doch er macht durch die Zitatmarkierung deutlich, daß nicht er selbst, sondern – durch ihn hindurch – ein anderer redet. Der Begriff des Sprechers (ver-)birgt also verschiedene Kapazitäten, die beim Sprechen zwar zumeist koinzidieren, in bestimmten Situationen jedoch – wie etwa beim Zitieren – auseinanderfallen können. Für Goffman setzt sich der ‚Sprecher' gewissermaßen aus drei Personen zusammen: 1) dem Aktivator („animator"), der wie eine „sounding box" den Worten durch seine akustische Aktivität Leben verleiht, 2) dem Urheber („author"), der die zum Ausdruck gebrachten Gefühle und Meinungen in Worte gefaßt hat, und 3) dem Auftraggeber („principal"), dessen Stellung und Meinung durch die ausgesprochenen Worte artikuliert und fixiert werden.[57] Beim Zitieren nun tritt der, der die Worte aktiviert, neben den, von dem diese Worte stammen. Diese Aufspaltung des Sprechers im Zitat hat zur Konsequenz, daß die Person, die spricht, die Verantwortung für die Äußerung, die sie wiedergibt, an denjenigen delegieren kann, dessen Worte sie zitiert und dem diese Worte ‚gehören'. Das heißt aber nichts anderes, als daß sich dem Sprecher im Zitat die Möglichkeit eröffnet, Ausdrücke zu gebrauchen, deren Verwendung er sich in seiner eigenen Rede aus Gründen der Etikette in der Regel verbietet.

Der Umstand, daß ein Sprecher beim Zitieren eine größere Freiheit hat, tabuisierte Ausdrücke zu verwenden, als bei der eigenen Rede,[58] macht das Zitat zu einem besonders geeigneten Darstellungsmittel für obszöne Witze[59] – aber auch für Klatsch, der sich ja oft genug mit sexuellen Themen beschäftigt. Beispiele dafür, wie das *Zitatformat als Mittel der Lockerung von Zensurregeln und Ausdrucksrestriktionen im Klatsch* eingesetzt werden kann, finden sich etwa in den folgenden Gesprächsausschnitten:

⟨21⟩ ⟨„High-Life": GR: 28⟩

⟨Der Ausschnitt setzt ein am Ende einer Geschichte über das Verhalten einer betrunkenen Frau.⟩

01 R: Bei uns wird dat jenauso schlimm ( ).
02 H: ⟨Wenn dat⟩
03 G: Hm

4. Die Darbietung des Klatschwissens

```
04  R:  Hättse jesehen. Die Schüren die ⌈war ma besoffen
05  H:                                  ⌊A::ch! ⟨bestärkend⟩
06  R:  Paul.
07      Ja die steht da aufm Balkon
08  H:  Paul⌈du wärs (laufen) gegangen. Du hättest
09  R:      ⌊Ich kuck so de Balkon (herauf)
10  H:  ech⌈t wenn du das (gehö⌈rt) hättest-
11  R:     ⌊a::h „Ich bin-       ⌊besoffen"
12  R:  Und ich mich ( ⌈                    )
13  H:                 ⌊Aber Anlaß war ich dafür.
14  R:  Ich hatte meine Haare gewaschen und Lockenwickler
15      dadrin. War die da rum am Panschen und mich
16      schüttet die dätt alles aufn Kopf.
→ 17    Un die Ausdrücke. „Habt er auch en langen
→ 18    Sack"? H⌈a chchch
19  H:          ⌊⟨mitlachend⟩
20  R:  Bo was hat- und dann als Frau!
```

⟨22/12⟩ ⟨„High-Life": GR: 30⟩

```
07  H:  Das war viertel nach acht. Da war-
08      en ⌈Krimi war drin.
09  R:     ⌊„San Francisco"
10  G:  ⟨leise lachend⟩
11  H:  Mit einmal aufm Bal(kon) „Ein Prost! Wollter
12      mit mir trinken? Prost!" ⟨Betrunkene nachahmend⟩
13      Und jetzt antworten die Männer, die auch drüben
14      bei der ihre Wohnung-
15      die hat ja auch Gott und Hunz Drunz und Kunz
16      oben in dem Stall drin. ⟨heftig⟩
17  P:  Hmhm
18  H:  Und dann gings los.
→ 19    „Eh eh du Sau geile Sau du" ⟨singend⟩
20      ⟨alle leicht lachend⟩
21  H:  Und all- all- auf diese Art schrie die da rum.
```

Zitate bilden, wie diese Ausschnitte zeigen, für die Klatschproduzenten eine Art Freiraum, in dem sie zur Übermittlung pikanter

IV. Die Klatschsequenz

Klatschinformationen sich solcher Ausdrucksweisen bedienen können, welche, wären sie selbst die ‚Autoren' dieser Rede, ein schlechtes Licht auf sie werfen würden. Die bereits erwähnte Vulgärsprache des Klatsches darf also nicht umstandslos zu einem Stilmerkmal dieser kommunikativen Gattung verabsolutiert werden, wie dies im Fall anderer kommunikativer Gattungen, etwa den rituellen Beschimpfungsduellen schwarzer Großstadtjugendlicher in Amerika,[60] möglich ist. In der Klatschkommunikation ist die Vulgärsprache eine durchaus gebrochene und von den Klatschproduzenten kontrollierte und nur punktuell eingesetzte Darstellungstechnik. Das läßt sich nicht zuletzt daran erkennen, daß Klatschproduzenten dann, wenn sie in eigener Rede auf ein sprachlich tabuisiertes Objekt referieren, es vorziehen, hierfür neutrale Bezeichnungen oder Euphemismen einzusetzen:

⟨23⟩   ⟨ „High-Life": GR: 33 ⟩

01   R: Da sagt der Brechmann „Die machen wer jetz voll.
02   Dann (muß) die Strip Tease".
03   P: ⟨leise lachend⟩
04   R: Da hatte die die schöne Yokohama-Hose da an chch
05   P: ⟨leise lachend⟩
06   R: Da saß die da.
07   Also wir haben eh wir haben uns beömmelt. =
08   =Die lag da bald auf dem Billiardti-isch.
09   Desto mehr die trank, desto doller wurd die auch.
10   Und da geht einer hin, macht die Hose auf und
→ 11   legt der dat Ding bald auf die Hand.
12   Aber ich hab (   ) ⟨jauchzend⟩
13   P: ⟨leise lachend⟩
14   R: Und die hat seelenruhich-
15   Wenn die getrunken hat is die- is die so so
16   so na so (löksch)

Es ist auffallend, daß Frau R sich hier bei der Beschreibung einer sexuell provozierenden Handlung im Gegensatz zu ihrer deftig-ungenierten Ausdrucksweise innerhalb von Zitaten – cf. ⟨21⟩: „Habt er auch en langen Sack?" – eine bemerkenswerte Zurück-

4. Die Darbietung des Klatschwissens 159

haltung auferlegt. Wie man aufgrund ihrer sonst nicht gerade zimperlichen Sprache annehmen kann, stehen ihr für das, was sie hier recht unspezifisch als „dat Ding" bezeichnet, auch noch ganz andere, weniger moderate Benennungen zur Verfügung, – Benennungen, die innerhalb von Zitaten zu verwenden sie sich kaum scheuen würde. Daß Klatschproduzenten tatsächlich darauf bedacht sind – bei aller Freizügigkeit der Sprache in der Wiedergabe fremder Rede – in der eigenen Rede sprachlich den ‚guten Ton' zu wahren, zeigt sich am eindrücklichsten vielleicht dort, wo eine ‚ordinäre' Ausdrucksweise von einem Sprecher selbst als sprachliche Entgleisung korrigiert und durch eine dezent-unschuldige Formulierung ersetzt wird:

⟨24⟩   ⟨„High-Life": GR: 46⟩

```
  01   R:   ... Die hat sich (          ) drauf entlobt,
  02        und jetzt jeht die mit den Jungblut.
  03        un- un- un wat weiß ich
  04        und der Marki jeht jetz mit den- mit den-
  05        mit der- mit der Brecht soll der da
  06        rum ⌈(hantieren).
  07   H:        ⌊Ja und da is vorher der- der
  08        Jochen ⌈mit gegangen.
→ 09   R:           ⌊Der Jochen drüber jestie- eh mit
→ 10        jejangen.
  11   H:   ⌈hihihihihihihihihihihi
  12   G:   ⌊°hahahahahahaha°
  13   R:   Bo wat (Zuständ   ) nä nä
```

Die Raffinesse von Frau R's Äußerung –

R: Der Jochen drüber jestie- eh mit jejangen.

– ist eine zweifache: Zum einen setzt sie den von Frau H begonnenen Redezug –

H: Ja und da is vorher der –

– nach dem Format einer kollaborativen Äußerungssequenz[61] fort und insinuiert damit, daß sie mit ihrer Formulierung nicht ihre eigenen, sondern Frau H's Redeabsichten in Worte faßt. Zum andern realisiert Frau R den Satz –

⟨H/R: Da ist vorher | der Jochen drüber gestie | gen⟩

– bis zu dem Punkt, an dem er unzweifelhaft von ihren Gesprächspartnern erkannt werden kann, um ihn dann aber zu unterbrechen und mit der euphemistisch-harmlosen Formulierung „mit jejangen" zu vollenden. Der Effekt dieser Selbstkorrektur ist unverkennbar: Durch sie demonstriert Frau R, daß sie von sich aus auf die reizvolle und greifbar nahe Möglichkeit verzichtet, einen delikaten Sachverhalt auf eine genüßlich-ordinäre Weise darzustellen. Mit dem Ungehörigen spielend, zeigt sie, daß sie weiß, was sich gehört. Die Grenzüberschreitung hin zum „Indezenten" (R. v. Jhering)[62] wird provokativ und scheinbar ohne Skrupel vollzogen, dann jedoch vor dem letzten Schritt rückgängig gemacht. Auch hier findet sich also wieder die Sinnstruktur des Kokettierens: Auf dem Weg zu einer Regelverletzung unterbricht der Klatschproduzent sein verwerfliches Tun und kehrt, wie es scheint, zurück auf den Pfad der Tugend. Dieses kunstvolle Manöver dient einerseits dem Schutz des Klatschproduzenten selbst, andererseits werden damit auch die Klatschrezipienten in das böse Spiel verstrickt: Wenn sie – wie dies in Segment ⟨24: 11–12⟩ geschieht – Frau R's kitzlige Formulierung durch Lachen honorieren, stellen sie damit unter Beweis, daß sie diese Äußerung trotz ihrer Unvollständigkeit verstanden, d. h. aber: mit ihrer eigenen ‚schmutzigen' Phantasie ergänzt und vervollständigt haben. Die Rezipienten zeichnen damit für diese moralisch problematische Interaktionssequenz ebenso verantwortlich wie die Sprecherin selbst, die mit ihrer listigen Äußerung diese Sequenz initiierte.

Im eben dargestellten Fall wurde von einem Klatschproduzenten, der in eigener Rede spricht, eine vulgäre Ausdrucksweise korrigiert und durch eine harmlose Formulierung ersetzt. Der folgende Gesprächsausschnitt enthält demgegenüber nun ein Beispiel dafür, wie ein Klatschproduzent in einem Zitat, also in der Wiedergabe fremder Rede, mittels einer Selbstkorrektur den Grad der Vulgarität seiner Ausdrucksweise nicht zu mindern, sondern zu steigern sucht:

⟨25⟩   ⟨ „High-Life": GR: 32⟩

```
01  H:  Ja du mußt mal hören, wenn die mit dat
02       kleene Kind da dran is.
03       „Du alte Sau! Du alte haaaa!"
04       Die Kleene sitzt da unten auf der Wiese
05       schreit rauf
→ 06     „Ach halt die- eh leck mich am Arsch! Du alte
07       Ziege"!
08       Ja (–) das sollte mal einer von meinen Kindern
09       sagen. Die würden nich mehr leben. ⟨drohend⟩
10       Die würd ich en Kopf kürzer machen.
11       ⟨leicht lachend⟩
12  G:   Mhh ⟨leise lachend⟩
13  H:   Ja die Frau die is echt nich mehr normal.
```

Die Interpretation der eskalierenden Selbstkorrektur in Frau H's Zitat „Ach halt die- eh leck mich am Arsch!" führt zu einer letzten Bemerkung über die Bedeutung des Zitatformats in der Klatschkommunikation. Wie gezeigt wurde, fungiert das Zitatformat im Klatsch, da der Sprecher nicht der Autor der von ihm zitierten Äußerung ist, als ein Mittel der Lockerung von Zensurregeln und Ausdrucksrestriktionen. Daß Frau H in ihrem Zitat durch eine Selbstkorrektur aus einem frechen „Halt die ⟨Klappe⟩" ein drastisches „Leck mich am Arsch" macht, läßt nun aber den Verdacht entstehen, daß Klatschproduzenten den Freiraum, den sie bei der Wiedergabe fremder Rede genießen, nicht selten zu Übertreibungen benutzen. Dieser Verdacht kann natürlich, sofern das ursprüngliche Geschehen nicht zufällig in irgendeiner Form aufgezeichnet wurde, faktisch weder bestätigt noch widerlegt werden. Doch ganz unabhängig von dem faktischen Nachweis oder auch der individuellen Motivation des Klatschproduzenten lassen sich mehrere Gründe dafür geltend machen, *daß das Zitatformat in der Klatschkommunikation aus strukturellen Gründen ein Feld für Übertreibungen ist.*

- Die Darstellungen des Klatschproduzenten können von den Klatschrezipienten aufgrund des *Wissensgefälles,* das zwischen diesen beiden Handlungsfiguren besteht, in ihrer Richtigkeit zumeist nicht kontrolliert und damit nur schwer bezweifelt werden — was zumal dann gilt, wenn der Klatschproduzent durch Verwendung des Zitatformats anzeigt, daß er ein Wissen aus erster Hand über das fragliche Ereignis hat. In solchen Situationen aber, in denen ein Sprecher sich als einziger Interaktionsteilnehmer wähnt, der über einen bestimmten Sachverhalt ein privilegiertes Wissen hat, erscheinen ihm kleinere Abweichungen von der Wahrheit als eine verführerische, weil gefahrlose Möglichkeit.[63]

- Um die Mitteilungswürdigkeit ihres Klatschwissens unter Beweis zu stellen, tendieren Klatschproduzenten generell dazu, das Außergewöhnliche zu akzentuieren, Regelverletzungen zu skandalisieren. Für diesen Zweck ist das Zitatformat aber in hohem Maß geeignet, da einerseits die prosodische Re-Aktualisierung emotional-affektiver Ausdrucksformen eine Dramatisierung des ursprünglichen Ereignisses ermöglicht, und andererseits die Lokkerung von Zensurregeln einer *skandalisierenden Rekonstruktion* Tür und Tor öffnet.

- Anhand der wiedergegebenen Transkriptionsausschnitte läßt sich leicht feststellen, daß den Klatschakteuren das Spielen mit verpönten Ausdrucksweisen und Redewendungen, die den guten Ton verletzen, ein besonderes *Vergnügen* bereitet. Auch hier gilt offensichtlich: daß die verbotenen Früchte die süßesten sind. Das Zitatformat gestattet den Klatschproduzenten, von diesen Früchten zu naschen; es bietet für dieses prickelnde, weil nicht ganz ungefährliche Vergnügen eine willkommene und sozial sanktionierte Gelegenheit.

- Wählt man als Bezugsebene für die Interpretation der Übertreibung die objektive Gegebenheit, die übertrieben wird, verstellt man sich, wie Charlotte von Reichenau (1936) zeigt,[64] die Möglichkeit, „Übertreibungen als soziologisches Phänomen" zu bestimmen. Die Übertreibung wäre nichts anderes als eine Unwahrheit, eine Lüge. Bezieht man aber die Übertreibung auf Denkvorgänge, Gefühle und Vorstellungen des Übertreibenden, wird erkennbar, daß sie eine wichtige Darstellungsfunktion erfüllen kann. Die Übertreibung kann dazu dienen, das gesteigerte

Erlebnis einer extremen Situation, für das es keine adäquate Mitteilungsmöglichkeit gibt, zum Ausdruck zu bringen – etwa wenn ein Kind den Hund, der ihm Schrecken eingejagt hat, sehr viel größer schildert, als er, in Wirklichkeit' war. Entsprechend ist in der Klatschkommunikation mit der Möglichkeit zu rechnen, daß der *Affekt der Entrüstung* (cf. hierzu den folgenden Abschnitt) in den Darstellungen der Klatschproduzenten seinen Ausdruck u. a. in Übertreibungen findet, wofür aber gerade das Zitatformat mit seinen erweiterten sprachlichen, prosodischen und mimisch-gestischen Ausdrucksmöglichkeiten ein ideales Medium bildet.

Diese Überlegungen führen nun aber, wenn man ihnen folgt, zur Feststellung eines paradoxen Sachverhalts: *Während Zitate einerseits in der Klatschkommunikation aus strukturellen Gründen ein Feld für Übertreibungen bilden, fungiert doch das Zitatformat andererseits gerade als Mittel der Authentizitätsmarkierung.* Damit manifestiert sich auch in der Prävalenz des Zitatformats jene paradoxe Struktur, welche in den vergangenen Abschnitten immer deutlicher als ein Grundzug der Klatschkommunikation zum Vorschein kam. *Im Klatsch geht es immer um die gleichzeitige Verletzung und Respektierung von Grenzen* – von Grenzen zwischen dem Privaten und dem Öffentlichen, zwischen dem Dezenten und dem Indezenten, zwischen der Moral und der Unmoral und – wie sich jetzt gezeigt hat – auch zwischen der Wahrheit und der Unwahrheit. Klatschakteure sind Grenzgänger, die bei ihren lustvollen Exkursionen in die Zonen des Ungehörigen die Grenze zwischen dem Reich der Tugend und dem Reich des Lasters nicht einfach ignorieren, sondern anerkennen und mißachten zugleich – ja, anerkennen müssen, um sie mißachten zu können. Gerade das verschafft dem Klatsch seine eigentümlich schillernde Qualität. Das Zitatformat, das als Mittel der Darstellung einer ‚wahren' Begebenheit zugleich die Möglichkeit der Fiktionalisierung – und damit auch: der Literarisierung – eröffnet,[65] ist ein Rekonstruktionsmodus, der diese schillernde Qualität des Klatsches auf besondere Weise widerspiegelt und verstärkt. Im Zitat wird ein soziales Geschehen in der Regel nicht dokumentarisch nachgespielt, sondern überzeichnet; die Klatschobjekte werden nicht realistisch imitiert, sondern in der Imitation stilisiert:

⟨26⟩ ⟨"High-Life": GR: 42⟩

⟨Gespräch über ein Ehepaar und das Auf und Ab in ihrer Beziehung⟩

```
01  H:  Und dann kommt er wieder angebettelt.
02      Dann setzt er sich so. ⟨ironisch⟩
03      „Ach Kätchen. Versuchs doch noch mal.
04      Ich besser mich doch auch so." ⟨pathetisch⟩
05      Und dann läuft das Wasser aus den Augen wie
06      en Wasserkran.
07      Ach und dann is die Kätchen wieder so glücklich.
08      Ach dann (       ) alles wieder zufrieden.
09      Dann (gehn) se mal wieder (         )
10      und vier Wochen muß er wieder woanders gehen.
11  R:  Ja das is-
12  H:  Dat sind- das is doch alles nichts.
```

Die Übertreibung der Klatschproduzentin, die in diesem Gesprächsausschnitt deutlich ins Auge springt, ist keine Übertreibung, die die Rezipienten hinters Licht führen will. Die Übertreibung, die sich als solche zu erkennen gibt, will bestimmte Merkmale der Situation und der Personen, die als charakteristisch eingeschätzt werden, besonders hervorheben. Das aber heißt: *Die Ereignisrekonstruktion im Klatsch – gerade auch im Zitat – wird bestimmt vom Formprinzip der Karikatur.* Sie zielt immer darauf ab, durch die Überzeichnung von Eigenarten ein – zumeist nicht sehr schmeichelhaftes – karikaturistisches Portrait eines abwesenden Dritten zu entwerfen. (Dazu gleich mehr.)

Wie zu Beginn dieses Abschnitts erwähnt, ist das Zitatformat natürlich nicht die einzige Darstellungstechnik, die im Klatsch zur Ereignisrekonstruktion eingesetzt wird. Die in den Text aufgenommenen Gesprächsausschnitte haben gezeigt, daß Klatschinformationen auch in der verhältnismäßig schmucklosen Form von Kurznachrichten –

⟨24⟩

```
04  R:  und der Marki jeht jetz mit den- mit den-
05      mit der- mit der Brecht soll der da
06      rum(hantieren).
```

4. Die Darbietung des Klatschwissens

– weitergegeben werden können, wobei allerdings nicht zu entscheiden ist, ob diese *Klatschnachrichten*, hätte sie der Rezipient thematisiert, zu längeren Geschichten ausgebaut worden wären. Klatschwissen kann aber auch in rein narrativer Weise in Gestalt von *Klatscherzählungen* übermittelt werden, bei denen der Klatschproduzent darauf verzichtet, das Zitatformat als Darstellungsmittel einzusetzen. Die Möglichkeiten des Erzählers, dramatische Ereignisse, Ärgernisse, Überraschungen u. ä. in der aktuellen Handlungssituation zu re-inszenieren, sind in diesem Fall jedoch beschränkt, was wiederum zur Folge haben kann, daß die Klatschgeschichte nicht den vom Sprecher erwünschten Effekt erzielt. Das ist der Hintergrund für die Beobachtung, daß in einigen Fällen eine Geschichte, die zunächst in rein narrativer Form präsentiert wurde, aber zu keiner (besonderen) Reaktion der Rezipienten geführt hat, vom Klatschproduzenten ein zweites Mal, nun aber – mit Zitaten versetzt – in einer dramatischeren Version dargeboten wird:

⟨27⟩   ⟨ *„High-Life"*: GR: 27⟩

```
01  R:  Da wa- da hab ich dat gesehen, wie die da
02      hausten, eh, ( ).
03      Der Hansi hat unten in so'n Küchenschrank
04      hat der Hansi geschlafen.
05      Das Tatsache.
06      Die ma- ⌈Türen hat der ausgehangen, da lagen⌉
07  H:         ⌊(                                  )⌋
08  R:  ⌈Decke drin, ne Ko⌉pfkissen.
09  H:  ⌊(                )⌋
10  G:  Da wo der ma kurz- wo- als die schon im
11      Gefängnis war, ⌈wo der da mit den Kindern.
12  R:                 ⌊Nei:n
13  R:  Da früher=
14  G:  =(Ach) in der kleinen Siedlung?
15  R:  Ja in der kleinen Siedlung.
16      Da hab ich noch ja nich da gewohnt, (    )
17      Ich komm rein (-) mit der Conrads,
18      die verke:hrte doch da.
19      Ich denk „Wo liegt der denn?"
20      Da lag der unten im Küchenschrank.
```

```
21         War der am Koxen?
22         Ich sach „Wat macht dä denn da?"
23         (            ) un Couch, lagen de Kinder
24         aufe Matratz.
25    ?:   Hm
26    R:   Dat is doch nie wart. Alles sone (Mischung)
27    ?:        ⌊Das och-
28    R:   und eh international. Sind Mondmenschen.
29    H:   Mondmenschen?
30    R:   Die wäschen sich och nett (            ).
```

Frau R schildert hier die merkwürdigen Schlafgewohnheiten, die sie bei einer ihr bekannten Familie beobachtet hatte, zunächst in einer beschreibend-erzählenden Weise (01–08). In seiner Reaktion auf ihre Darstellung geht G jedoch nicht auf die Merkwürdigkeiten des von ihr geschilderten Sachverhalts ein, sondern interessiert sich lediglich für eine Klärung des Zeitpunkts ihrer Beobachtung. Daraufhin rekonstruiert sie das Geschehen erneut (17–24), nun aber führt sie ihren Rezipienten das Überraschende ihrer Beobachtung deutlich durch eingeschobene Selbstzitate („Ich denk...", „Ich sach...") vor Augen. Auch wenn diesmal keine ‚angemessene' Reaktion erfolgt, macht diese eskalierende Wiederholung doch die wichtige dramaturgische Funktion deutlich, die dem Zitatformat als einem Element der Ereignisrekonstruktion im Klatsch zukommt.

5. Moralische Entrüstung und soziale Typisierung im Klatsch

Klatsch beschränkt sich prinzipiell nicht darauf, Ereignisse oder Sachverhalte, die die privaten Belange eines gemeinsamen Bekannten betreffen, zu rekonstruieren. Im Klatsch wird nicht nur *von* dem merkwürdigen oder regelverletzenden Verhalten einer anderen Person gesprochen, sondern immer auch *über* die Person selbst, über ihren Charakter und über das, was als typisch für sie gilt. Indem das Verhalten des Klatschobjekts, so interessant, so aufregend, so skurril es für sich sein mag, auf dessen ganze Person

5. Moralische Entrüstung und soziale Typisierung

bezogen wird, erhält es den Status des Exemplarischen oder auch des Rätselhaften, dessen Hintergründe spekulativ zu erkunden sind. Handlung und Person werden im Klatsch in eine enge Beziehung gesetzt. Was es an Neuigkeiten über das Klatschobjekt zu berichten gibt, wird von den Klatschakteuren durch den Rekurs auf ihr Vor-Wissen und ihr Vor-Urteil über den gemeinsamen Bekannten interpretativ aufgeschlüsselt und verortet. Ein Gespräch wird erst dadurch zu Klatsch, daß die Gesprächsteilnehmer über die bloße Rekonstruktion eines Ereignisses hinaus das partikulare Verhalten einer Person mit einer sozialen Typisierung dieser Person verknüpfen.

Neben der sozialen Typisierung des Klatschobjekts läßt sich noch eine zweite Interpretationskomponente identifizieren, die für die ‚Logik' der Klatschkommunikation von konstitutiver Bedeutung ist. Auch sie setzt an dem in der Ereignisrekonstruktion geschilderten Verhalten des Klatschobjekts an, bezieht dieses aber nicht auf eine personale Typisierung, sondern auf Werte und Regeln, die den Klatschakteuren als Bestandteile einer moralischen Ordnung gelten. Jeder Klatsch enthält immer auch Kommentare, Stellungnahmen und Bewertungen der Klatschakteure zu dem, was in der rekonstruktiven Darstellung über das Verhalten des Klatschobjekts bekannt wird. Dabei werden die als gültig unterstellten moralischen Regeln und Werte kaum explizit formuliert, sie dienen vielmehr als Hintergrundfolie für die Beurteilung des dargestellten Verhaltens.

Ereignisrekonstruktion, Typisierung und *Moralisierung* lassen sich zwar als drei Strukturkomponenten der Klatschkommunikation isolieren, doch es zeigt sich rasch, daß zwischen diesen Komponenten eine enge, nur analytisch aufzulösende Interdependenz besteht. Diese Interdependenz manifestiert sich etwa darin, daß die Ereignisrekonstruktion im Klatsch nicht ‚wertneutral' erfolgt, d. h. nicht allein die ‚Fakten' berichtet, sondern immer auch eine ‚Evaluation' dieser Fakten enthält. Die Klatschgeschichte ist von Beginn an durchsetzt mit mehr oder weniger deutlichen Hinweisen des Klatschproduzenten darauf, daß seine Darstellung sich auf ein moralisches Urteil gründet. Der Klatschproduzent kann diese moralische Indizierung etwa dadurch erreichen, daß er, wie in den folgenden Fällen, –

⟨21⟩   ⟨Detail/Vereinfacht⟩

→ 01 R: Bei uns wird dat jenauso schlimm (   ).
  04   Hättse jesehen. Die Schüren die war ma
  06   besoffen Paul...

⟨27⟩

  01 R: Da wa- da hab ich dat gesehen, wie die da
→ 02   hausten, eh, (   ).
  03   Der Hansi hat...

– sehr früh einen evaluierenden Deskriptor („schlimm", „hausten") einsetzt, der unmißverständlich seine Haltung zu dem Sachverhalt, der von ihm im folgenden rekonstruiert wird, zum Ausdruck bringt. Eine etwas andere Technik der moralischen Indizierung besteht darin, daß der Klatschproduzent, wie in den folgenden Fällen, –

⟨4⟩   ⟨Detail/Vereinfacht⟩

  24 G: Seit wann sind die denn schon ausgezogen?
  25   da aus der Oswaldstraße?
→ 27 R: Gunter! Der Möbelwagen kam.
  28   Mit *sol*che Handschuhe haben die Männer...

⟨7⟩

  01 R: Und die Dischingers ham sich jetzt tatsächlich
  02   nen Hund angeschafft.
→ 03 G: Ah du die spinnen doch. Nen Pudel...

– durch die Anredeform („Gunter!") als einer „Reflexäußerung von Empfindungen"[66] oder durch abfällige Pauschalurteile („die spinnen doch") seiner moralischen Entrüstung Ausdruck verleiht, noch ehe er das monierte Verhalten selbst zur Darstellung bringt. Durch die frühzeitige Plazierung solcher moralischen Interpretationsmarkierungen erreicht der Klatschproduzent zunächst zweierlei: Zum einen wird auf diese Weise der Rezipient darüber informiert und darauf vorbereitet, daß die Geschichte, die er im folgen-

5. Moralische Entrüstung und soziale Typisierung

den zu hören bekommt, ein Fehlverhalten, eine Normverletzung, eine Ungehörigkeit eines gemeinsamen Bekannten zum Gegenstand hat. Zum andern macht der Klatschproduzent aber auch deutlich, daß er die Sünden und Schattenseiten eines Dritten nicht um ihrer selbst willen – oder gar aus Schadenfreude – thematisiert, sondern daß der Weitergabe seines Wissens ein ehrbares Motiv: die Mißbilligung devianten oder unvernünftigen Verhaltens und damit indirekt die Orientierung an gemeinsamen Normen und Werten, zugrunde liegt. Ereignisrekonstruktionen im Klatsch geben sich also von Beginn an als *tendenziöse Darstellungen* zu erkennen, in denen die Klatschproduzenten Partei ergreifen gegen das nicht-konforme Verhalten des Klatschobjekts.

Drastischer noch als zu Beginn ihrer Darstellungen bringen Klatschproduzenten ihre Mißbilligung und moralische Empörung in der Regel im Anschluß an ihre Klatschgeschichten zum Ausdruck. In dieser nach-rekonstruktiven Interaktionsphase kann sich die Strukturkomponente der Moralisierung, die bereits der Ereignisrekonstruktion ihre spezifische ‚indignierte' Färbung verliehen hat, zum thematischen Fokus des Klatschgesprächs verselbständigen. Hier kann das dargestellte Verhalten des Klatschobjekts kommentiert, dessen devianter Charakter hervorgehoben, der Motivhintergrund des Klatschobjekts ausgeleuchtet, das Klatschobjekt selbst typisiert und im übrigen der Entrüstung und Empörung freier Lauf gelassen werden. Betrachtet man etwas genauer, wie die Klatschakteure in dieser Phase, die im Gegensatz zur Ereignisrekonstruktion selbst wieder stärker dialogisch verlaufen kann, das Klatschobjekt ‚traktieren', so stößt man auf ein *Spektrum von Mißbilligungsformen*. Einige dieser Formen sollen im folgenden – geordnet nach der Stärke der in ihnen zum Ausdruck gebrachten Mißbilligung – kurz beschrieben werden.

Relativ selten findet sich eine moderate Form der Mißbilligung, die darin besteht, daß der Klatschproduzent das von ihm geschilderte Verhalten des Klatschobjekts durch eine *unspezifische Bewertung pauschal*, doch entschlossen als unangemessen oder unvernünftig abtut:

⟨26⟩

07 H: Ach und dann is die Kätchen wieder so glücklich.
08   Ach dann (   ) alles wieder zufrieden.
09   Dann (gehn) se mal wieder (   )
10   und vier Wochen muß er wieder woanders gehen.
11 R: Ja das is-
→ 12 H: Dat sind- das is doch alles nichts.

Frau H kommentiert hier ihre Schilderung eines Ehepaares, bei dem es abwechselnd zu Trennung und Versöhnung kommt, mit einem einfachen „Das is doch alles nichts". Ganz offensichtlich vertraut sie darauf, daß ihre Rekonstruktion der ehelichen Beziehung für sich selbst spricht und ihre kritische Einschätzung keiner weiteren Begründung bedarf. Sie geht davon aus, daß auch ihre Rezipienten der (Lebens-)Regel zustimmen, wonach ein ständiges Hin und Her von Trennung und Versöhnung keine Grundlage für ein richtiges Eheleben bildet. Auch im folgenden Gesprächsausschnitt wird ein geschildertes Verhalten zunächst pauschal – cf. das anaphorische „dat" – mißbilligt, die Kritik dann jedoch mit einer Erklärung ergänzt:

⟨28⟩   ⟨ „High-Life": GR: 51/Vereinfacht⟩

⟨H schildert, wie eine Frau vor ihrem Ehemann damit prahlt, daß andere Männer sich für sie interessieren.⟩

01 H: Ja erstens mal das. Sabbelt die jedes bißchen
02   dem wieder. Und stellt sich noch hin-
03   „Ach ich hab heute en tollen Mann kennengelernt.
04   Aber Bernd, der sah schmuck aus!
05   Der sah so aus.
06   Der hat mir auf dem Deckel ein Liebessprüchlein
07   geschickt" ⟨Zitat sehr affektiert⟩
→ 08   Ja dat sind doch keine Sachen! ⟨heftig⟩
09   Da macht die den nämlich mit eifersüchtig.
10   Und dann geht der nämlich auf die Barrikaden.
11   Möcht ich en Mann sehen, der das nich tut.

5. Moralische Entrüstung und soziale Typisierung

In diesem Gesprächsausschnitt setzt die Klatschproduzentin ihre Äußerung im unmittelbaren Anschluß an ein rekonstruierendes Zitat mit einem Kommentar fort, der aus einer unspezifischen Mißbilligungsformel („dat sind doch keine Sachen!") und einer nachfolgenden Begründung besteht. Das Produktionsformat dieses Kommentars: ⟨*Mißbilligungsformel*⟩ + ⟨*Begründung*⟩ ist in der Klatschkommunikation häufig anzutreffen (wenngleich es nicht für Klatsch spezifisch ist).[67] Im Begründungsteil des Kommentars wird vom Klatschproduzenten in der Regel dargelegt, weshalb er das von ihm geschilderte Verhalten des Klatschobjekts für verwerflich hält und mißbilligt – im vorliegenden Fall etwa, weil das geschilderte Verhalten der Frau zu Unfrieden in der Ehe führt. Auch hier bleibt zwar die allgemeine (Lebens-)Regel, auf welche sich die Begründung bezieht, unausgesprochen, doch wird sie in der Argumentation sichtbar gemacht und nicht einfach – wie in Segment ⟨26⟩ – als gültig unterstellt.

Eine andere, verbreitete Mißbilligungstechnik besteht darin, daß die Klatschproduzenten sich selbst in die Situation des Klatschobjekts versetzen und darlegen, wie sie sich an dessen Stelle verhalten hätten:

⟨29⟩   ⟨*"High-Life": GR: 39*⟩

⟨H legt dar, inwiefern Frau J selbst Schuld an ihrer Ehemisere hat; alle Äußerungen hart, abfällig.⟩

```
01  H:  Was is denn? Sie is doch selber schuld:
02      Was is- was hat er denn schon gemacht!
03      Er hat von der Krysmanski Krankengeld abgeholt,
04      is drei Tage türmen gegangen, is nich nach
05      Haus gekommen bis das Geld alle war.
06      Dann is er eh kellnern gewesen.
07      Da hat er sich ne eh en Liebchen angeschafft,
08  R:  Hah⌈aha
09  H:      ⌊und is sein- seine Sachen gepackt, hat
10      Fernsehen mitgenommen und is dahin gezogen.
11      Ja da geht die Frau Jungblut hin, rennt hinter
12      das Weibsstück her.
```

13		Was will- was die von ihren Mann will!
14		(daß sie-) sie is da mit verheiratet!
→ 15		Mensch, dem- dem hätt ich den Rest noch
→ 16		nachgeschmissen!
17		(1.5 sec)
18		Ja!
19		Reisende soll man nich aufhalten!
20		Un- un- un- un- und wie er die dänn satt hatte,
21		da kommt die Taxi vorgefahren und die Taxi setzt
22		der dem seine Koffer wieder vor de Tür.
→ 23		Die Koffer hätt ich genommen.
→ 24		Die hätt ich nach Kusemuckel geschmissen!
→ 25		Die hätt ich doch nich reingenommen!
26	G:	Hm
27	H:	Dann steigt er nachts durchs Fenster bei ihr.
28		Da hat se angeblich das Portemonai auf de
29		Waschmaschine unterm Fenster hingelegt.
30		Er klaut die hundert Mark daraus.
31		(2 sec)
→ 32		Dat sind doch all keine Sa- son Kerl hätt
→ 33		ich schon geviertteilt!
34		(2 sec)
35		(Ja)

Dieser Gesprächsausschnitt zeigt recht deutlich, wie eine Klatschproduzentin mehrmals im Anschluß an einzelne, von ihr rekonstruierte Ereignisabschnitte und Episoden die Erzählperspektive verläßt und dazu übergeht, das von ihr dargestellte Verhalten des Klatschobjekts zu bewerten. Das Muster, dem sie dabei folgt, ist jedesmal das gleiche: Sie proklamiert in exaltierter Sprache, daß sie sich – wäre sie in der geschilderten Situation gewesen – völlig anders als das Klatschobjekt verhalten hätte. Dieses Muster der *Kontrastierung von eigener Verhaltensoption und tatsächlichem Verhalten eines anderen* kann prinzipiell als Mißbilligungstechnik eingesetzt werden (– wobei die Stärke der Kontrastierung ein direktes Maß für die Stärke der Mißbilligung ist). Denn was ein Sprecher – auch im konjunktivischen Modus – als seine Handlungspräferenz formuliert (und damit z. B. als vernünftig, moralisch etc.

5. Moralische Entrüstung und soziale Typisierung

geltend macht), läßt dessen Gegenteil implizit als unerwünscht (unvernünftig, unmoralisch etc.) erscheinen.

Ablehnungsformeln („Das sind doch keine Sachen") und präferierte Handlungsalternativen („Dem hätt ich den Rest noch hinterhergeschmissen") erhalten ihren Mißbilligungscharakter über das Prinzip der Negation: Das rekonstruierte Verhalten eines Klatschobjekts wird als nicht-akzeptables Verhalten gekennzeichnet. Demgegenüber können nun Klatschproduzenten ihre Mißbilligung dadurch in gesteigerter Form zum Ausdruck bringen, daß sie für das von ihnen inkriminierte Verhalten bestimmte charakterliche Fehler, moralische Mängel oder andere Defizite des Klatschobjekts benennen und verantwortlich machen.

⟨30⟩ ⟨„High-Life": GR: 50⟩

⟨Thema des Gesprächs ist erneut das Ehepaar J.⟩

```
01   R:   Gunter! Die hätte bei dem-
02             (-)
03        ein ⌈Leben wie eine Fürstin.
04   H:        ⌊Die könnte den lenken! De⌈nn der Jungblut=
05   R:                                   ⌊Die könnte das.
06   H:   =kann en Haushalt führen.
07   G:   Hm
08   R:   ⌈Die könnte das.
09   H:   ⌊Der kann alles.
10        Der kann dir eine Ge- eh eh Geburtstagsparty
11        hinlegen. Schnittchen, Tellerchen, und
12        alles. Der hat davon wat weg!
13   R:   (          )
14   H:   Der is Hausfrau. (      ) Mehr wie sie.
15        Und selbst mehr, besser wie ich.
16        Davon ⌈abgesehen.
17   G:          ⌊Hm
18   H:   Mit so'n Fiselmang geb ich mich sowieso nich
19        mit ab. ⟨verächtlich⟩
20        Aber die könnte sich den (tricken).
21   R:   Ja di⌈e-
22   H:        ⌊Die hätte ein Leben haben können.
→ 23 R:   Die is zu dumm dafür.
```

⟨31/13⟩ ⟨„High-Life": GR: 31⟩

```
06   H:   Und Sonntach früh sitz ich auf de Toilette.
07        Mit einmal hör ich da oben wieder
08        „Ha- Hilfe Hilfe ich geh kaputt, ich kann
09        nich mehr, ha ha" ⟨hohe verstellte Stimme;
10        nach Luft japsend⟩
11        Stellt die sich da an weg- ⟨grinsend⟩
12        Ich denk „Das darf nich wahr sein". =
→ 13 R:   =Ja die hat ne Meise.
→ 14 H:   Die hat en Dach⌈schaden.
  15 G/P:             ⌊⟨leise lachend⟩
→ 16 H:   Die is hier oben nich ganz normal.
→ 17      Der fehlt ne Schraube.
  18      Und anschließend hat der Alte die dann...
```

In Segment ⟨30⟩ wird zunächst eine präferierte Handlungsalternative durchgespielt („Die hätte bei dem ein Leben wie eine Fürstin") und dann eine Erklärung dafür gegeben, weshalb das Klatschobjekt die von den Klatschakteuren so verführerisch dargestellte Möglichkeit nicht ergreift: „Die is zu dumm dafür." Die Erklärung für das Rätsel, weshalb jemand eine für ihn so vorteilhafte Handlungsalternative übersieht oder ausschlägt, wird von den Klatschakteuren nicht in sozialen Handlungsumständen gesucht, sondern als psychische Disposition in die Person selbst verlegt. Damit erscheint das monierte Verhalten auch nicht als einmalige Entgleisung oder als zufälliger Fehltritt, es wird vielmehr auf ein wesenhaftes *Persönlichkeitsdefizit des Klatschobjekts* zurückgeführt. Dieses dem Klatschobjekt zugeschriebene Persönlichkeitsdefizit wird, wie Segment ⟨31⟩ zeigt, von den Klatschakteuren nicht selten mit drastischen, wenn nicht beleidigenden Formulierungen aufgegriffen und ist für sie ein fortwährender Anlaß für Spott, Hohn und degradierende Äußerungen.

Für die Klatschakteure bildet das Persönlichkeitsdefizit des Klatschobjekts in der Regel eine eigene Wirklichkeit hinter dem monierten Verhalten, gewissermaßen das Wesen hinter seiner Erscheinung. Seine Existenz kann somit auch dann behauptet werden, wenn im

5. Moralische Entrüstung und soziale Typisierung 175

Verhalten des Klatschobjekts selbst zu einer bestimmten Zeit nichts auf ein derartiges Defizit hinweist:

⟨32⟩   ⟨„High-Life": GR: 32⟩

```
01  G:  Wie kommt das denn bei der Frau Schüren?
02      Die war doch früher nich so.
03  H:  Die is immer schon gewesen. =
→ 04    = Bloß da is das nich zum Ausbruch gekommen.
```

⟨33/23⟩   ⟨„High-Life": GR: 34⟩

```
15  R:  Wenn die getrunken hat is die-
16      is ⌈die so so so na so (lö⌈ksch)
17  P:    ⌊⟨leise lachend⟩      ⌊
18  H:                           ⌊Dann kommt dat-
→ 19    die nä anä dann kommt das wahrscheinlich erst
→ 20    richtig zum Ausdruck die Bekloppheit. ⟨ernst⟩
21  R:  Hi(              ) ja das is Tat- deswegen will
22      der Mann...
```

An dieser Stelle zeigt sich nun, wie sich im Klatsch die Strukturkomponente der Moralisierung, die sich in den verschiedenen Mißbilligungsformen manifestiert, mit der Strukturkomponente der *sozialen Typisierung* verbindet. Denn von der Praxis, dem Klatschobjekt – getrennt von seinem Verhalten – ein Persönlichkeitsdefizit als ‚typische' Charaktereigenschaft zu attribuieren,[68] ist es nur ein kleiner Schritt dazu, gleich die ganze Person unter diese Eigenschaft zu subsumieren, d. h. sozial zu typisieren. Ein Klatschobjekt ist dann z. B. nicht mehr bloß „bekloppt", sondern gehört zur Gruppe der „Bekloppten":

⟨34/25⟩   ⟨„High-Life": GR: 32⟩

```
13  H:  Ja die Frau die is echt nich mehr normal.
14      Und der Alte is och bescheuert.
15  R:  In jedes, in dä Block bei uns, in jedes
→ 16    Haus eine Bekloppte.
17  P:  ⟨leise lachend⟩
18  R:  Is Tatsache.
```

```
19  H:  Bei der die Plattfußindiane⎡r, di- die Schüren,
20  R:  ja                         ⎣(            )
21  R:  Plattfußindianer
22  (P): ⟨leise lachend⟩
23  H:  Nebenweiter na die Strauß is och-
24  R:  De Bröllo.
25  H:  Der Bröllo der hat och nich mehr alle
26      Tassen im Schrank.
27  R:  Und dann kommt die- die-
28  H:  die Jaspers
29  R:  die Jaspers und dann kommt die- die- die-
30  H:  Krysmanski?
31  R:  Krysmanski
32  H:  Ja ⎡(das is-)
33  R:     ⎣Und alle fünf in eine (Block).
```

In diesem Gesprächsausschnitt läßt sich verfolgen, wie im Anschluß an eine Klatschgeschichte und mit Blick auf das Klatschobjekt der soziale Typus der „Bekloppten" eingeführt wird, und wie mit diesem Typus dann gleich noch weitere Personen aus der Nachbarschaft der Klatschakteure als ‚Exemplare' identifiziert und zur Gruppe der „Bekloppten" zusammengefaßt werden. In der sozialen Typisierung werden die individuellen Unterschiede der Typisierten nivelliert, d. h. an den typisierten Personen ist im Moment nichts anderes relevant als das, was sie zu ‚Exemplaren' eines bestimmten sozialen Typus macht. Im Rahmen von Klatsch verschärft sich dieser Reduktionseffekt noch dadurch, daß hier die sozialen Typen, unter die das Klatschobjekt gerechnet wird, prinzipiell eine negative gesellschaftliche Wertschätzung implizieren. Die Typisierung des Klatschobjekts, die aus ihm einen „Bekloppten", einen „Chauvi", einen „Dünnbrettbohrer", einen „Spießer", einen „Arschkriecher", einen „Mondmenschen" u. ä. m. macht, bildet damit eine nochmals zugespitzte Ausdrucksform der Mißbilligung. Das Klatschobjekt, dessen „moralische Identität"[69] mit dieser Typisierung auf den Punkt gebracht wird, wird mit Haut und Haar unter eine degradierende soziale Kategorie subsumiert – an ihm wird buchstäblich kein gutes Haar gelassen.

Moralisierung und Typisierung zusammen sorgen dafür, daß die

5. Moralische Entrüstung und soziale Typisierung

Rede im Klatsch hart, heftig, apodiktisch, verdammend und intolerant erscheint. Klatsch ignoriert das Selbstbild und die Selbstpräsentation des Klatschobjekts; er läßt sich vom Schein und der Fassade, mit denen sich das Klatschobjekt umgibt, nicht täuschen; unnachsichtig und verletzend bis zur Invektive spießt er die im Privaten verborgenen Fehler und Mängel des Klatschobjekts auf. Die Akteure im Klatsch verweisen indigniert auf die dunklen Punkte im Leben anderer und setzen sich auf diese Weise selbst ins beste Licht. Dadurch aber wirkt ihre Rede, so sehr sie auch für ihre Empörung das Interesse an der Erhaltung einer moralischen Ordnung reklamieren können, nicht gerecht, sondern selbstgerecht. Diese Selbstgerechtigkeit hat ihren Preis: Klatschakteure müssen nicht nur damit leben, daß sie als geschwätzig gelten, sondern auch damit, daß sie im Ruf stehen, üble Nachrede zu führen und andere Leute zu verleumden, schlecht zu machen, anzuschwärzen, ‚in die Pfanne zu hauen'. In diesen Wendungen schwingt mit, daß der Klatsch der anderen als Bedrohung empfunden wird.

Die vom Klatsch ausgehende Bedrohung für andere liegt – einfach ausgedrückt – darin, daß er das Ansehen, den Ruf, die Reputation, die Ehre der Person, die Opfer des Klatsches ist, schädigen kann. Schlüsselt man diese Bedrohung genauer auf, so zeigt sich, daß dabei zwei verschiedenartige Mechanismen ineinandergreifen und sich ergänzen. Der eine dieser Mechanismen arbeitet mit dem Mittel der *Konkretion:* In der Rekonstruktion eines Ereignisses wird ein ‚verwerfliches' Verhalten aus dem Privatbereich einer Person zur Sprache gebracht, und dieses konkrete ‚Datum' allein ist geeignet, das von dieser Person präsentierte Bild ihrer selbst zu unterlaufen und zu demontieren. Die Konkretheit der Klatschgeschichte ‚überindividualisiert' und ‚enttypisiert' gewissermaßen das Klatschobjekt; es wird – in Großaufnahme und ohne Weichzeichner – in seiner kruden Existenz gezeigt, fragmentarisiert, auf seine nackte Individualität reduziert und damit – zumindest tendenziell – seines Status, seiner Selbsttypisierung entkleidet.[70] (Hierin mag im übrigen ein besonderes Motiv für den Klatsch über Prominente und Vorgesetzte liegen.) – Der andere Mechanismus arbeitet nun mit dem Mittel der *Abstraktion:* Statt das konkrete Verhaltensdatum einer ‚Verfehlung' zu isolieren und als einmaligen Fauxpas zu bagatellisieren, wird es als Manifestation eines – das Klatschobjekt insgesamt kennzeichnenden – Charaktermusters interpretiert. Der Verhaltensfehler wird zum Charaktertypus überhöht, und in diesem Prozeß der Verallgemeinerung wird das Klatschobjekt gleichsam ‚entindividualisiert' und ‚übertypisiert'. So wird die moralische Identität des Klatschobjekts zum einen durch das konkrete Verhaltensdatum dekomponiert, und zum andern durch die abstrahierende Typisierung in neuer Gestalt rekomponiert.[71] Bedrohlich an diesem Vorgang ist vielleicht weniger, daß die singuläre Handlung einer Person generalisierend interpretiert wird, als vielmehr, daß sich ihr Ruf in der sozialen Gemeinschaft über die klatschspezifische soziale Typisierung verfestigt und so einen wesentlichen Einfluß auf die Interpretationen all ihrer zukünftigen Handlungen ausübt.[72] Vor diesem Hintergrund wird verständlich, weshalb Klatschinformationen für die Klatschakteure selbst dann, wenn sie ihnen neu sind, oft nicht überraschend sind – bestätigen sie doch nur den Ruf, den das Klatschobjekt bei ihnen bereits ‚genießt'.

Hält man sich noch einmal die zitierten Gesprächsausschnitte vor Augen, so muß zunächst als Rätsel erscheinen, weshalb die Klatschakteure mit einer solchen Heftigkeit und Schroffheit ihrer moralischen Entrüstung Ausdruck verleihen und das von ihnen monierte Verhalten des Klatschobjekts mißbilligen. Weshalb diese Vehemenz, wo doch die Verfehlung sich in der Privatsphäre des Klatschobjekts abgespielt hat und die Klatschakteure eigentlich gar nichts angeht? Weshalb diese Intoleranz, da es doch ‚nur' um das Gebot der Sauberkeit und andere, eher nebensächlich scheinende Fragen des Anstands, der Schicklichkeit, des guten Geschmacks, der guten Sitten und der moralischen Konventionen geht? Weshalb diese brüske Reaktion auf ein Verhalten, das oft nicht einmal einen Normverstoß impliziert, sondern von den Klatschakteuren lediglich als unvernünftig oder unpassend wahrgenommen wird (– wie etwa die Tatsache, daß Dischingers sich einen Pudel angeschafft haben)? Weshalb die Entrüstung über Regelverletzungen, von denen die Klatschakteure in keiner Weise direkt betroffen sind?

Man kann die Frage, ob im Klatsch nicht mit Kanonen auf Spatzen geschossen wird, zunächst mit dem Hinweis auf das soziologische Theorem der „moral indignation" (Svend Ranulf) beantworten.[73] Einer Soziologie des abweichenden Verhaltens stellt sich ja generell

5. Moralische Entrüstung und soziale Typisierung

das Problem, weshalb auch diejenigen Mitglieder einer Gesellschaft mit Ablehnung und Feindseligkeit auf deviante Akte reagieren, welche durch diese Normverletzung keinen direkten Schaden erleiden. Erklärt wird dies soziologisch üblicherweise damit, daß die Gesellschaftsmitglieder die moralischen Normen internalisiert haben und deshalb auch solche deviante Handlungen, von denen sie nicht unmittelbar betroffen sind, als Angriff auf die Gültigkeit dieser Normen wahrnehmen und mit entsprechenden Reaktionen beantworten. „Die Form dieser Vergeltungsmaßnahmen", schreibt Robert Merton im Anschluß an Ranulf, „läßt sich am besten als ‚moralische Indignation' beschreiben, eine desinteressierte Attacke gegen diejenigen, die von den Normen der Gruppe abweichen, selbst wenn diese Abweichungen das eigene Rollenverhalten nicht beinträchtigen, da keine direkte Beziehung zu dem Abweichler besteht. Gäbe es dieses Reservoir der moralischen Indignation nicht, wären die Mechanismen der sozialen Kontrolle in ihrer Wirksamkeit eng begrenzt. Sie wären beschränkt allein auf die Aktion derjenigen, für die das nonkonformistische und abweichende Verhalten *direkt* nachteilige Folgen hätte."[74] Aus dieser Perspektive betrachtet ist Klatsch nichts anderes als eine indirekte Form der sozialen Kontrolle. Die moralische Indignation, die den Ton der Rede im Klatsch so charakteristisch einfärbt, wird interpretiert als Empörung der Klatschakteure über einen Normverstoß, der sie zwar nicht unmittelbar betrifft, der aber internalisierte Normen verletzt und die moralische Ordnung mißachtet. Klatsch ist damit im wesentlichen zu erklären aus seiner Funktion, die Geltung moralischer Normen zu bestätigen und (prospektive) Abweichler durch Rufschädigung zu kontrollieren und abzuschrecken – auf diese Aussage läßt sich jedenfalls der überwiegende Teil der soziologischen und ethnologischen Literatur über Klatsch reduzieren. (Cf. dazu ausführlicher Kap. V.1.)

Für diese funktionalistische These scheint zunächst die geschilderte Beobachtung zu sprechen, daß Klatschakteure in der Tat die Verfehlungen des Klatschobjekts empört mißbilligen und in der sozialen Typisierung des Missetäters kein gutes Haar an ihm lassen. Doch bei näherer Betrachtung der Gesprächsaufzeichnungen stößt man auf eine Reihe von Details, die erhebliche Zweifel daran entstehen lassen, ob es sinnvoll und angemessen ist, das Phänomen

IV. Die Klatschsequenz

‚Klatsch' einfach unter das theoretische Konzept der sozialen Kontrolle zu subsumieren. So wäre etwa zu fragen: weshalb denn Klatsch, wenn er sich doch gegen Bedrohungen der moralischen Ordnung richtet, selbst eine moralisch diskreditierte Praxis ist? Oder: wie sich die vermeintliche normerhaltende Funktion von Klatsch vereinbaren läßt mit der Tatsache, daß den Klatschakteuren die kommunikative Rekonstruktion eines normverletzenden Verhaltens ein solches Vergnügen bereitet? Substantieller als diese zweifelnden Fragen können zwei andere Beobachtungen verdeutlichen, daß die funktionale ‚Erklärung', die Klatsch mit sozialer Kontrolle gleichsetzt, ihrem Gegenstand in wesentlichen Punkten nicht gerecht wird.

Erstens, bei der Analyse von Klatschgesprächen ist immer wieder die verblüffende Beobachtung zu machen, daß die Klatschakteure für das Klatschobjekt, das eben noch Gegenstand ihrer Kritik und ihrer Empörung war, plötzlich Sympathie und Verständnis äußern:

⟨35/33⟩ ⟨*„High-Life"*: *GR: 34*⟩

```
      15  R:  Wenn die getrunken hat is die-
      16      is ⌈die so so so na so (lö⌈ksch)
      17  P:  ⌊⟨leise lachend⟩       ⌊
      18  H:                         ⌊Dann kommt dat-
      19      die nä anä dann kommt das wahrscheinlich erst
  →   20      richtig zum Ausdruck die Bekloppheit. ⟨ernst⟩
      21  R:  Hi(            ) ja das is Tat- deswegen will
      22      der Mann-
      23      die hat ja auch für jeden Mist gesagt „ich muß nach
      24      die Studenten" oder „ich hab Versammlung" wenn
      25      die gar keine Ver⌈sammlung hat.
  →   26  H:                  ⌊Nee die hat so nichts
      27      vom Leben.
      28      Er geht eh eh eh außer vielleicht samstachs.
      29      Aber er geht jede Woche raus. Nach Wolters.
      30      Geht sich einen trinken.
      31      Unneh sie sitzt ja auch immer ⌈zu Hause.
      32  P:                                ⌊Hm
      33  G:  Hm
```

5. Moralische Entrüstung und soziale Typisierung

```
34  H:  Die kommt ja auch nirgendwo hin.
35      Klar eh sie aber ⌈(       ) der is- der is och
36  R:                  ⌊(       )
37  H:  nich besser. ⟨abfällig⟩
38      Anfangs wie die da oben eingezogen sind, Paul,
39      da war er so ...

⟨36⟩    ⟨ „Ganz Umgänglich": AK: EM 20⟩
        ⟨Sonja hat gerade eine Geschichte über das ausbeute-
        rische Verhalten ihres Chefs beendet.⟩

01  S:  Ja also die=die=die-
02                     (1.5 sec)
03      die Schowis=
04      =(      )s is *unglaublich* weisch
05      un die- (−) also: sobald de dene irgendwo n klein
06      Finger gibsch packn se zu
                           .
                           .
                           .
14  S:  ... andererseits wenn ich morgends komm no hat er
15      mir an *Tee* gmacht
16                          (−)
17  S:  Do macht er sein *Kaffee* und no stellt er n Tee auf
18      derweil.
                           .
                           .
                           .
28  S:  Find ich dann au *ange*nehm also ich mein gut-
```

In Segment ⟨35: 20⟩ konstatiert Frau H zunächst (zum wiederholten Male) „die Bekloppheit" von Frau S und bringt fast unmittelbar anschließend ihr Bedauern und Verständnis für deren unglückliche Ehesituation zum Ausdruck („Nee die hat so nichts vom Leben"). In ⟨36⟩ ordnet S ihren Chef zunächst dem sozialen Typus der „Schowis" (= Chauvinisten) zu, nur um wenig später anerkennend auf seine nette Gewohnheit zu verweisen, für sie am Morgen Tee zuzubereiten. Beide Gesprächsausschnitte machen deutlich, daß die Verurteilung des Klatschobjekts, die im Gestus der Entrüstung und in der sozialen Typisierung noch hart und degradierend ausfällt, von den Klatschakteuren an anderer Stelle abgemildert, wenn nicht grundsätzlich revidiert wird. Auch die Strukturkomponente der Mißbilligung manifestiert sich also im Klatsch nicht in reiner Form, sondern ist von jener Widersprüchlichkeit gekennzeichnet, welche bereits im Fall anderer Klatschelemente beobachtet wurde. Einen Hinweis auf den Hintergrund dieser verdammend-verständnisvollen Qualität von Klatsch liefert John Berger in der folgenden Passage seiner literarischen Ethnographie über das Leben in einem französischen Dorf:[75]

Das meiste von dem, was sich während eines Tages ereignet, wird schon von jemandem eingehend erzählt, bevor der Tag zu Ende ist. Die Geschichten sind Tatsachenberichte, die auf Beobachtungen oder auf einer Erzählung aus erster Hand beruhen. Diese Kombination aus schärfster Beobachtung, aus dem täglichen genauen Erzählen der Ereignisse und Begebenheiten des Tages und aus lebenslanger gegenseitiger Vertrautheit ist es, aus der sich der sogenannte Dorfklatsch zusammensetzt.

Manchmal enthält die Geschichte implizit ein moralisches Urteil, aber dieses Urteil – gerecht oder ungerecht – bleibt ein Detail: die Geschichte *als ein Ganzes* wird mit einer gewissen Toleranz erzählt, denn sie betrifft ja jemanden, mit dem der Geschichtenerzähler und der Hörer weiter zusammenleben werden.

Im Gegensatz zu John Bergers Beobachtung wird zwar in dem hier analysierten Datenmaterial das moralische Urteil über das Klatschobjekt oftmals explizit formuliert. (Das verweist darauf, daß es eine Variationsbreite der Realisierung von Klatsch gibt, die vom gehässig-denunziatorischen bis zum freundlich-wohlwollenden Klatsch reicht.) Doch in welche Form auch immer die Klatschakteure ihr moralisches Urteil kleiden, sie müssen darauf Rücksicht nehmen, daß sie selbst zu dem Klatschobjekt in einer Bekanntschaftsbeziehung stehen. D. h. jeder Klatschakteur ist mit der Situation konfrontiert, daß die Person, die heute als Klatschobjekt fungiert, morgen sein Interaktions-, ja sein Klatschpartner sein kann. Diese Situation aber verbietet es den Klatschakteuren, über das Klatschobjekt den Stab zu brechen, es in Grund und Boden zu verdammen. Denn zum einen ist es immer möglich, daß der

5. Moralische Entrüstung und soziale Typisierung 183

Klatsch dem Klatschobjekt hintertragen wird,[76] zum andern würde der Klatschakteur durch ein solch inkonsistentes Verhalten seine Selbstidentität gefährden und seine Glaubwürdigkeit einbüßen. *So läßt zwar die besondere personale Konstellation der Klatschtriade das private ‚Fehlverhalten' eines Bekannten überhaupt erst sozial relevant werden, zugleich aber verhindert sie gerade, daß dieser Bekannte im Klatsch gnadenlos moralisch verurteilt wird.*[77] Klatschakteure sind, wenn man überhaupt juridische Kategorien verwenden will, nie bloß Ankläger und Richter, sondern immer auch Verteidiger und Entlastungszeugen des Klatschobjekts. Die *Gleichzeitigkeit von Verurteilung und Toleranz, von Mißbilligung und Verständnis, von Empörung und Mitleid* ist ein konstitutives Strukturmerkmal von Klatsch. Deshalb ist die Funktionsthese, im Klatsch finde durch die gemeinsame Verurteilung eines Missetäters eine Bestätigung kollektiv geteilter Werte und Normen statt, bereits von ihrer sachlichen Voraussetzung her einäugig und damit in ihrer Gültigkeit zweifelhaft.

Zweitens, wenn man sein Augenmerk bei der Analyse des Datenmaterials auf die Frage richtet, welche ‚Vergehen' von den Klatschproduzenten moniert werden, stößt man auf einen Sachverhalt, der die Erklärung, wonach Klatsch als eine Ausdrucksform der „moralischen Indignation" über die Verletzung internalisierter Normen zu bestimmen sei, bereits von ihrem Ansatz her als verfehlt erscheinen läßt. Anstatt nämlich in der Erklärung davon auszugehen, daß eine ‚Verfehlung' vorliegt, über die sich dann die Klatschakteure moralisch empören, erscheint es weitaus angemessener, die Erklärungsrichtung umzukehren und ‚die Verfehlung' als ein Resultat der moralischen und selektiven Interpretationsleistungen der Klatschakteure zu bestimmen.

Prägnant zeigt sich dies in dem — oben auf S. 171 f. zitierten — Gesprächssegment ⟨29⟩. In ihm schildert Frau H Ereignisse, die zeigen sollen, daß Frau J selbst Schuld an ihrer Ehemisere hat. Auffallend an der Darstellung von Frau H ist nun, daß sich ihre Empörung primär gegen Frau J richtet, wogegen sie mit Herrn J, der doch ein Verhältnis mit einer anderen Frau begonnen, die eheliche Gemeinschaft verlassen, einen Diebstahl begangen und sich auch sonst wenig rücksichtsvoll gegenüber seiner Frau verhalten hat, merkwürdig schonend umgeht. (Cf. etwa den harmlos wohlwollenden Ausdruck „Liebchen" in ⟨29: 07⟩.) Nicht daß sie Herrn J's Verhalten gutheißen würde, doch ihre Mißbilligung gilt in erster Linie nicht seinen Verfehlungen, sondern dem Verhalten von Frau J, die sich trotz aller Vorfälle bislang nicht von ihrem Mann getrennt hat. – Einen ganz ähnlichen Fall von selektiver Empörung beschreibt der Anthropologe A. L. Epstein in seiner kurzen Fallstudie über die Verbreitungsweise einer Klatschgeschichte in einer afrikanischen Stadt in der Copperbelt-Region.[78] Eine verheiratete Frau hatte eine außereheliche Beziehung mit einem anderen Mann begonnen, und diese Geschichte verbreitete sich nun innerhalb verschiedener Klatschzirkel. Obwohl auch in dieser Region eheliche Treue als eine allgemeine Norm gilt, richtete sich, wie Epstein beobachten konnte, die moralische Empörung im Klatsch nicht etwa gegen das ehebrecherische Verhältnis, sondern dagegen, daß die Frau einen Mann geheiratet hatte, dessen sozialer Rang im Prestigesystem der Copperbelt-Gesellschaft niedriger war als ihr eigener. Diese Beobachtung beschränkt sich allerdings auf den Klatsch im Freundeskreis und in der Verwandtschaft der Frau; der Klatsch im sozialen Umfeld des gehörnten Ehemannes war Epstein nicht zugänglich.

Diese beiden Fälle lassen deutlich erkennen, daß die Klatschakteure nicht direkt auf eine ‚Normverletzung' reagieren, sondern diese immer erst vor dem Hintergrund ihrer eigenen sozialen Position und Interessen lokalisieren, interpretieren und so zu einer für sie relevanten ‚Verfehlung' umformen. D. h. im Klatsch geht es nicht um die Mißachtung und Erhaltung von sozialen Normen und moralischen Prinzipien in ihrer Allgemeinheit, sondern darum, ausgehend von der eigenen Situation das situative Verhalten anderer Gruppenmitglieder mit dem Wissen über gruppenspezifische Verhaltensregeln zu deuten, und umgekehrt: die Art der Geltung von sozialen Regeln in konkreten Einzelfällen zu spezifizieren. D. h.: Klatsch ist seiner Struktur nach wesentlich ein hermeneutisches Unternehmen.[79] Daß die Klatschakteure in diesem Prozeß der Regelinterpretation und Regelanwendung Partei sind, daß sie immer *pro domo* sprechen, zeigt sich in den Klatschgesprächen recht unverhüllt. Im Verborgenen dagegen bleibt zumeist, daß erst diese Regelaktualisierung und die zum Ausdruck gebrachte moralische Entrüstung das rekonstruierte Verhalten des Klatschobjekts zu jener, Verfehlung' machen, auf welche die Klatschakteure bloß zu reagieren scheinen. „Der Arme als soziologische Kategorie entsteht nicht durch ein bestimmtes Maß von Mangel und Entbehrung, sondern dadurch, daß er Unterstützung erhält oder sie nach sozialen Normen erhalten sollte", schreibt Georg Simmel,[80] und dieser Gedanke gilt – entsprechend modifiziert – auch für den ‚Missetäter', der zum Objekt von Klatsch wird. Soziologisch gesehen ist nicht die Verfehlung des Klatschobjekts zuerst gegeben, und darauf folgt das Gefühl der moralischen Entrüstung, das dann im Klatsch als Mißbilligung zum Ausdruck gebracht wird – diese Reihe ist vielmehr umzukehren: Es ist der Ausdruck der Mißbilligung, der dem Gefühl der Empörung seine Form und Richtung gibt[81] und der aus dem Verhalten des Klatschobjekts eine Verfehlung werden läßt. Skandalisierung, Karikierung und all die anderen Formelemente, die in diesem Kapitel beschrieben wurden, sind demnach für die Gattung ‚Klatsch' von konstitutiver Bedeutung. Sie machen aus einer privaten Handlung eine öffentlich relevante Verfehlung und legitimieren auf diese Weise die Indiskretion, die dem Klatsch so wesentlich ist wie die Ereignisrekonstruktion und die Moralisierung.

6. Die Beendigung von Klatsch als interaktives Problem: Anmerkungen zur Soziologie der Klatschsucht

Es gehört zu unserem Alltagswissen über Klatsch, daß er auf viele Leute eine geradezu magische Anziehungskraft ausübt und diejenigen, die sich ihm widmen, in seinen Bann schlägt. Wir wissen zwar, daß sich das moralisch anrüchige Interesse für Klatsch in der Regel anderen sozialen Obligationen und Aktivitäten unterzuordnen hat, doch die Erfahrung zeigt, daß der Klatsch gerade umgekehrt die Aufmerksamkeit der Akteure oft in einem solchen Maß absorbiert, daß sie darüber die Zeit, ihre Umgebung und ihre Arbeit vergessen. Obwohl die Klatschakteure als Hüter von Moral und Ordnung auftreten, steckt im Klatsch selbst ein anomischer Zug: Er wirft Ordnungen über den Haufen, mißachtet soziale Grenzen und verführt die Akteure zur Vernachlässigung ihrer gesellschaftlichen Pflichten. Für die Außenstehenden ist Klatsch ein Malum, für die Klatschakteure selbst ein Faszinosum – das meint der Alltagsbegriff der Klatschsucht.

IV. Die Klatschsequenz

Wie kommt es, daß man – in Klatsch vertieft – so leicht die Zeit vergißt? Daß man beim Klatsch kein Ende findet? Daß oft genug erst ein äußeres Zeichen – ein Telefonanruf, der Blick auf die Uhr, die Schläge der Kirchenglocke – die Akteure aus der Klatschwelt wieder in die Geschäftswelt des Alltags zurückholt? In seiner Erzählung „Unterhaltungen deutscher Ausgewanderten" läßt Goethe einen alten Geistlichen ein Loblied auf den Klatsch singen, in dem dieser auch auf die Frage eingeht, worin die Faszinationskraft des Klatsches begründet liegt:[82]

Ich habe selten bei einer Lektüre, bei irgendeiner Darstellung einer interessanten Materie, die Geist und Herz beleben sollten, einen Zirkel so aufmerksam und die Seelenkräfte so tätig gesehen, als wenn irgend etwas Neues und zwar eben etwas, das einen Mitbürger oder eine Mitbürgerin heruntersetzt, vorgetragen wurde. Fragen Sie sich selbst und fragen Sie viele andere, was gibt einer Begebenheit den Reiz? Nicht ihre Wichtigkeit, nicht der Einfluß, den sie hat, sondern die Neuheit. Nur das Neue scheint gewöhnlich wichtig, weil es ohne Zusammenhang Bewunderung erregt und unsere Einbildungskraft einen Augenblick in Bewegung setzt, unser Gefühl nur leicht berührt und unsern Verstand völlig in Ruhe läßt. Jeder Mensch kann, ohne die mindeste Rückkehr auf sich selbst, an allem, was neu ist, lebhaften Anteil nehmen; ja, da eine Folge von Neuigkeiten immer von einem Gegenstande zum andern fortreißt, so kann der großen Menschenmasse nichts willkommener sein, als ein solcher Anlaß zu ewiger Zerstreuung und eine solche Gelegenheit, Tücke und Schadenfreude auf eine bequeme und immer sich erneuernde Weise auszulassen.

Es trifft zwar einen richtigen Punkt, *Klatschsucht als eine Form der Neuigkeitssucht* zu erklären, doch wird mit dieser Interpretation gerade die Frage ausgeblendet, weshalb die Leute ein so starkes Verlangen spezifisch nach Klatsch – und nicht nach irgendeiner anderen Neuigkeit – entwickeln können. Positiv gewendet führt dieser Einwand dazu, die Beendigung – ebenso wie die Eröffnung – von Klatsch als ein strukturelles Problem der Klatschteilnehmer zu konzipieren, um dann der Frage nachzugehen, ob die Tatsache, daß die Klatschakteure zu keinem Ende kommen, nicht auch in der spezifischen Organisationsstruktur von Klatsch begründet liegt.

Ausgangspunkt für die folgenden Überlegungen zur Beendigung von Klatsch als einem interaktiven Problem ist die Beobachtung, daß eine Klatschgeschichte selten allein kommt. Im Klatsch folgt in

6. Die Beendigung von Klatsch

den allermeisten Fällen nach der Rekonstruktion und Kommentierung eines ersten Ereignisses eine zweite Geschichte, die vom gleichen oder einem anderen Klatschteilnehmer stammen und vom gleichen oder einem anderen Klatschobjekt handeln kann. In der Regel setzt sich dies über die zweite, dritte, vierte etc. Geschichte hinaus fort, so daß auf diese Weise eine Serie von Klatschrekonstruktionen entsteht, die sich – unter günstigen Bedingungen (Kaffeeklatsch!) – über Stunden erstrecken kann. Diese *Serialität von Geschichten* ist ein für Klatsch typisches, wenngleich kein auf Klatsch beschränktes Phänomen. Bereits Moritz Lazarus hatte in seinem Entwurf „Über Gespräche" die Beobachtung notiert: „Wenn eine Thatsache erzählt wird, ⟨...⟩ knüpfen sich an diese Thatsache für jede Person die Erinnerungen an die Vorfälle, welche mit der erzählten Begebenheit eine Aehnlichkeit haben. Das ist der natürliche Verlauf des Gesprächs. ⟨...⟩ Eine kleine Geschichte wird erzählt etwa in zwanzig verschiedenen Kreisen, wo je fünf Personen zusammen sind; in jedem Falle wird auf dieselbe Geschichte von allen Personen eine gleiche oder ähnliche Geschichte, die sie erlebt haben, reproduciert und mitgetheilt werden."[83] Erst in jüngster Zeit wurde dieses Thema erneut in der soziologischen Gesprächsanalyse aufgegriffen und im Hinblick auf die Frage untersucht, welche Art von Ähnlichkeitsbeziehung zwischen zwei Geschichten besteht, die innerhalb einer Unterhaltung in unmittelbarer Folge produziert werden.[84] Daß Geschichten – Witze sind hierfür ein illustrativer Sonderfall – nicht isoliert, sondern in Serien auftreten, ist also ein allgemeines Prinzip von Alltagsgesprächen. Fritz Mauthner hat für diesen Sachverhalt einen treffenden Vergleich gefunden: Ihm scheint der „Massengebrauch der Sprache als Schwatzvergnügen (sowohl mündlich als beim Lesen) viel Ähnlichkeit zu haben mit dem Dominospiel, wo doch auch die ganze Geistesarbeit darin besteht, an das Wertzeichen des Gegners sein Steinchen von gleichem Wert anzusetzen, solange man es aushält. Ganz wie in einer sogenannten Konversation."[85] Dieses allgemeine Serialitätsprinzip von Alltagsgesprächen wird nun aber aus einer Reihe von Gründen zu einem spezifischen Strukturmerkmal von Klatschgesprächen.

Zunächst ist daran zu erinnern, daß Klatsch als eine sozial geächtete Praxis gilt und deshalb die Teilnehmer an einem Gespräch in der

Regel gezwungen sind, bei der Initiierung von Klatsch bestimmte Vorkehrungen zu treffen und Absicherungen vorzunehmen, um sich nicht selbst zu diskreditieren. Das aber ist, wie gezeigt wurde, immer mit einem bestimmten interaktiven Aufwand verbunden. Ist nun ein Klatschgespräch erfolgreich in Gang gesetzt worden, so ist ein solcher Sicherungsaufwand nicht mehr – zumindest nicht mehr in diesem Maß – erforderlich; das moralisch kontaminierte Klatschwissen kann dann in einer verhältnismäßig ungeschützten Form weitergegeben werden. Dies ermöglicht den Klatschakteuren, rasch von Geschichte zu Geschichte, von Klatschobjekt zu Klatschobjekt zu springen. D. h., ein Gespräch, das durch ein moralisches „keying" (Goffman) als Klatschgespräch eingerahmt und intersubjektiv ratifiziert wurde, ist bereits von seinen strukturellen Voraussetzungen her ein kommunikativer Kontext, der zur seriellen Übermittlung von Neuigkeiten und Geschichten, die in anderen Kontexten diskret zurückgehalten werden müssen, einlädt.

Die moralische Problematik des Klatsches übt aber noch auf viel direktere Weise einen Zwang auf die Klatschakteure zur Serienproduktion von Klatschgeschichten aus. Die Klatschakteure stehen ja zueinander in einer Art Tauschbeziehung, in der der Klatschproduzent sein Wissen über die knappe Ressource „Intimes" preisgibt, dadurch aber den Klatschrezipienten implizit zu einer entsprechenden Gegenleistung verpflichtet. A erzählt eine Geschichte über X und erwartet, daß er dafür von B etwas über Y erfährt. Dieser Austausch von Klatschinformationen kann natürlich nicht Zug um Zug abgewickelt und ‚abgerechnet' werden. Doch wenn sich im Verlauf eines Gesprächs – oder auch erst über mehrere Klatschgespräche hinweg – herausstellt, daß einer der Gesprächsteilnehmer nur nimmt, ohne auch zu geben, kann es durchaus dazu kommen, daß die anderen über ihn einen Informationsboykott verhängen.[86]

Dabei spielt aber noch etwas anderes als nur die Verpflichtung zum Informationsaustausch eine Rolle. Wer beim Klatsch nur zuhört, aber selbst nichts beiträgt, setzt sich leicht dem Verdacht aus, ein sozialer Schmarotzer zu sein, der vom ‚unmoralischen' Tun der anderen profitieren, dabei aber selbst eine weiße Weste behalten möchte. Sowohl die Tauschverpflichtung wie der Zwang zur ‚Komplizenschaft' drängen also die Akteure zur aktiven Beteiligung am

6. Die Beendigung von Klatsch

Klatschgeschehen und stimulieren auf diese Weise die Serienproduktion von Klatschgeschichten.

Im Prinzip sind alle gemeinsamen Bekannten der Klatschakteure – mit Ausnahme derjenigen, die mit einem von ihnen in einer intimen sozialen Beziehung stehen – potentielle Klatschobjekte. Dieses Reservoir an Verwandten, Freunden, Nachbarn, Berufskollegen, Vereinskameraden und lokaler Prominenz ist zwar seiner Zahl nach durchaus begrenzt, unerschöpflich ist jedoch, was über jeden einzelnen von ihnen im Klatsch als mitteilungs-, interpretations- und spekulationswürdig erscheint. Selbst bereits Bekanntes erhält im Licht jüngster Ereignisse eine neue Relevanz. Es scheint, als könne die Flut an Einzelinformationen, Rekonstruktionen, Extrapolationen und Spekulationen durch die soziale Typisierung des Klatschobjekts gebändigt und zu einer bildhaften Gestalt geformt werden. Doch die soziale Typisierung bringt die Klatschlawine nicht zum Halten: Sie evoziert selbst nur neue Geschichten als Illustration oder Beleg für den behaupteten Charaktertypus des Klatschobjekts. *Im Gegensatz zu anderen kommunikativen Gattungen scheint Klatsch keinen internen Beendigungsmechanismus zu kennen; sein Ende bildet daher zumeist eine Unterbrechung oder einfach Erschöpfung.*

Wer verhindern will, zum Klatschobjekt gemacht zu werden, für den gibt es nur einen sicheren Platz: Er muß, da nur über Abwesende geklatscht wird, selbst als Akteur am Klatsch teilnehmen. „Jede Frau, die ihre Nachbarinnen in ein angeregtes Gespräch vertieft beobachtet, nimmt an, daß sie selbst der Gegenstand des Gesprächs ist. Deshalb gesellt sie sich zu der Gruppe, um zu verhindern, daß über sie geklatscht wird", wird in einer Studie über eine spanische Landgemeinde berichtet.[87] Was als Klatschsucht erscheint, kann demnach eine Gegenmaßnahme gegen Klatsch sein. Die Sorge, selbst zum Objekt von Klatsch zu werden, kann die Leute zum Klatsch zusammenführen – und natürlich auch beim Klatsch zusammenhalten. Denn auch das ist eine Alltagserfahrung, daß der, der eine Klatschrunde verläßt und damit zum Abwesenden wird, im nächsten Augenblick der Gegenstand dieses Klatschgesprächs ist. (Cf. Abb. 3) Wenn es so schwer ist, beim Klatsch ein Ende zu finden, dann auch deshalb, weil jeder der Klatschakteure sich scheut, (als erster) die Klatschrunde zu verlassen.

Abb. 3: „Ye Song of Ye Gossips" (Zeichnung von H. Pyle, 1885)[88]

V. Zu einer Theorie des klatschhaften Handelns*

Die folgenden Überlegungen zu einer Theorie des klatschhaften Handelns bilden nicht den Schwerpunkt und schon gar nicht den Höhepunkt der vorliegenden Arbeit. Das zu betonen scheint deshalb angebracht, weil diese Überlegungen leicht den fatalen Effekt haben können, die vorangegangene analytische Beschreibung der inneren Struktur und Organisation von Klatsch in ihrer Bedeutung zu einer Vorstudie für das, was ‚eigentlich' zählt: die Theorie, zu entwerten. Aus dieser Bemerkung spricht kein antitheoretischer Affekt, sondern die Überzeugung: daß die Soziologie als wissenschaftliche Disziplin nur überleben wird, wenn es ihr gelingt, sich als Wirklichkeitswissenschaft zu etablieren. „Ich denke, wir stimmen darin überein, daß unsere Aufgabe darin besteht, die Gesellschaft zu untersuchen", konstatierte Erving Goffman in seiner ‚Presidential Address' (1982) vor der American Sociological Association und fuhr fort: „Auf die Frage, warum und zu welchem Zweck, würde ich antworten: weil sie da ist. ⟨...⟩ Ich für meinen Teil glaube, daß es an uns ist, das menschliche Sozialleben auf naturalistische Weise – sub specie aeternitatis – zu untersuchen. Aus der Perspektive der physikalischen und biologischen Wissenschaften ist das soziale Leben der Menschen nur eine kleine verschorfte Unregelmäßigkeit im Gesicht der Natur und der gründlichen systematischen Analyse nicht besonders zugänglich. Und so ist es in der Tat. Aber das ist unser Gegenstand."[1] Daß sich die Soziologie den Zugang zur sozialen Wirklichkeit, ‚zu den Sachen selbst', durch hypertrophierende Theorien mit einem globalen Erklärungsanspruch eher verstellt als eröffnet hat, diese Meinung wird seit einigen Jahren in der Profession nicht mehr nur hinter vorgehaltener Hand artikuliert. Es ist keine bloß zufällige Koinzidenz, daß im gleichen Jahr, in dem Erving Goffman seine ‚Presidential Address' formulierte, der Vorsitzende der Deutschen Gesellschaft für Soziologie in seinem Eröffnungsvortrag vor dem 21. Deutschen Soziologentag eine „Degradation des deskriptiven

---

* Anmerkungen zu Kapitel V: S. 253–262

Wissens in den Sozialwissenschaften" beklagte und nicht zuletzt die Verarmung des soziologischen Beschreibungswissens für die gesellschaftliche Irrelevanz soziologischer Forschung verantwortlich machte.[2] Diese Irrelevanz hat freilich auch ihre positive Seite: Sie eröffnet die Möglichkeit, neue Beschreibungs- und Analyseverfahren zu entwickeln, die in der Lage sind, die soziale Wirklichkeit in einer bislang nicht gekannten Genauigkeit und Detailliertheit zu erfassen und in soziale Elementarprozesse zu zerlegen. Die Entwicklung einer solchen Methodologie, die erheblich von dem Blick über die Fachgrenzen hinweg sowohl zur Biologie (Verhaltensforschung) wie zur Sprach- und Literaturwissenschaft (Rezeptionsästhetik) profitieren wird, ist bislang jedoch kaum über das Entwurfs- und Experimentierstadium hinausgelangt. Sie verläuft zudem bis heute noch so desintegriert und marginalisiert, daß leicht der Eindruck entstehen kann, hier würden Schrebergärten gepflegt. Forschungsarbeiten, die in diesem Kontext entstehen, haben daher notwendigerweise – über das übliche Maß hinaus – den Charakter des Vorläufigen und Unabgeschlossenen und erscheinen aufgrund der Beschränkung und Zurückhaltung, die sie sich selbst auferlegen, oft nicht sehr aussagestark. Doch diesen Mangel wird man am wenigsten dadurch beheben können, daß man sie dazu zwingt, entgegen ihrer eigenen Forschungslogik sich zur großen Theorie aufzuplustern. Ob mit dieser Entwicklung nur eine vorübergehende Veränderung des Erscheinungsbilds der soziologischen Forschung oder aber – wie Clifford Geertz[3] vermutet – langfristig ein grundsätzlicher Wandel ihrer Theoriegestalt einhergeht, läßt sich heute kaum mit einiger Sicherheit vorhersagen.

* * *

Von wenigen Ausnahmen abgesehen wird die anthropologische und soziologische Literatur über Klatsch beherrscht von dem Bemühen, das Phänomen ‚Klatsch' in einen theoretischen Erklärungszusammenhang einzufügen. Die dabei vertretenen Positionen lassen sich zu drei theoretischen Ansätzen zusammenfassen – zu Ansätzen, die bei aller Verschiedenheit und wechselseitigen Kritik einen Zug gemeinsam haben: Sie argumentieren – offen oder verdeckt – durchwegs funktionalistisch. Die folgende Diskussion dieser Ansätze setzt auf einer gesamtgesellschaftlichen Erklärungsebene ein, behandelt dann eine gruppensoziologische Zugangsweise und greift zum Schluß einen eher sozialpsychologischen Erklärungsansatz auf.

1. Klatsch als Mittel der sozialen Kontrolle

Die These, daß Klatsch ein effektives Mittel der sozialen Kontrolle ist, wird bereits in den ersten Arbeiten, in denen dieses soziologische Konzept systematisch entwickelt wird, vertreten. E. A. Ross (1901) verweist auf Klatsch dort, wo er untersucht, welche Rolle die „öffentliche Meinung" für die Herstellung und Erhaltung von sozialer Ordnung spielt;[4] F. E. Lumley (1925) widmet in seiner Monographie „Means of social control" dem Klatsch gar ein eigenes Kapitel.[5] Heute ist die Feststellung, daß Klatsch bei allen Primärgruppen als ein wichtiges Kontrollmittel fungiert, fast schon ein soziologischer Gemeinplatz. Kaum einer kann ihr mehr etwas Besonderes abgewinnen; allenfalls führt sie in soziologischen Einführungsbüchern das Rentnerdasein eines „interessanten" Beispiels.[6]

Generelle Übereinstimmung herrscht darüber, daß Klatsch ein typisches *informelles* Kontrollmittel ist und seine verhaltensregulierende, Konformität erzwingende Funktion vor allem in kleinen, stabilen, moralisch homogen strukturierten Gruppen oder Gesellschaften entfaltet. Mit dieser Auffassung ist zumeist die These verknüpft, daß im Prozeß der gesellschaftlichen Modernisierung – der Bevölkerungszunahme, der Urbanisierung, der Pluralisierung von Werten und moralischen Standards – prinzipiell auch die informellen sozialen Kontrollen in ihrer Bedeutung zurückgedrängt und großteils durch die Institutionalisierung *formeller* sozialer Kontrollen ersetzt werden. In bezug auf Klatsch heißt es etwa bei W. F. Ogburn/M. F. Nimkoff dezidiert: „In einer großen Gemeinschaft, wie etwa einer modernen Stadt, werden Kontakte mehr und mehr unpersönlich, und es ist möglich, in die Anonymität zu flüchten. Klatsch ist unter diesen Umständen ein weniger wirkungsvolles Instrument, und sein Platz wird von der Polizei und den Gerichten eingenommen."[7] Aus der These, daß Klatsch vor allem in vormodernen Gesellschaften als Mittel der sozialen Kontrolle fungiert, erklärt sich, weshalb Klatsch zu einem Thema in der Rechtsethnologie und -soziologie geworden ist.[8] Zudem verbindet sich diese These mit der bereits erwähnten, in der Anthropologie verbreiteten Ansicht, daß sich ‚primitive' Gesellschaften durch besondere Klatschhaftigkeit auszeichnen. Denn wenn Klatsch in diesen einfachen Gesellschaften eine sehr viel größere Bedeutung für das System der sozialen Kontrolle besitzt als in unserer Gesellschaft, dann erscheint es naheliegend, daß die Anthropologen bei ihren Feldforschungen die von ihnen beobachteten Ethnien als besonders ‚klatschhaft' erlebten.

Betrachtet man die These, daß Klatsch in einfachen Gesellschaften als Mittel der sozialen Kontrolle fungiert, etwas genauer, so ergeben sich rasch erhebliche Zweifel an ihrer Gültigkeit. Zum einen haben ja die Rechtsethnologen selbst überzeugend demonstriert, daß es auch in vorstaatlichen, schriftlosen Gesellschaften eine bewußte Rechtsschöpfung mit festen Verfahrensregeln und differenzierten Sanktionskatalogen gibt.[9] Zudem hat bereits Malinowski in „Sitte und Verbrechen bei den Naturvölkern" an einem Fallbeispiel – dem Suizid eines jungen Mannes, der die Gesetze der Exogamie übertreten hatte – gezeigt, daß die anderen Stammesangehörigen im Klatsch über dieses Vergehen weder eine Sanktionierung bewirkten noch eine Bestrafung verlangten, sondern erst die öffentliche Beschimpfung des Verbrechens von seiten der Gegenpartei die Selbstbestrafung des Delinquenten nach sich zog.[10] Schließlich ist darauf zu verweisen, daß ja auch in unseren modernen, ‚verrechtlichten' Gesellschaften der Klatsch nicht verschwunden ist, sondern im Büro, in der Nachbarschaft, im Freundeskreis unvermindert blüht und gedeiht. Die soziologische Redeweise, die Klatsch unbesehen zu einem Mittel der sozialen Kontrolle macht, erscheint angesichts dieser Hinweise zumindest differenzierungsbedürftig. Zu fragen ist also: Inwiefern ist Klatsch einer jener „Einflüsse, mittels derer eine Gruppe ihre Mitglieder – und im Grenzfall die Gesellschaft ihre Gruppen und deren Angehörige – auf eine gemeinsame Ordnung festzulegen und abweichendes Verhalten zu verhindern vermag"?[11]

Klatsch, so die erste Antwort, fungiert als soziale Kontrolle für die Klatschenden selbst, insofern diese sich in kritischer und mißbilligender Weise auf das abweichende Verhalten eines anderen beziehen und damit implizit die Geltung geteilter Normen und Werte bestätigen. Wie bereits gezeigt, liegt das Problem dieser Antwort, die die Funktion von Klatsch ganz im Sinn von Durkheims Theorie der Strafe bestimmt,[12] darin, daß sie ein Bild von Klatsch entwirft, in dem dieser einseitig zu einem ablehnend-kritischen Reaktionstypus verzeichnet wird. Aufgrund der hier durchgeführten Materialanalyse wie auch aufgrund ethnographischer Berichte läßt sich aber behaupten, daß Klatsch, gerade was die Komponente der Mißbilligung des Klatschobjekts betrifft, seiner Struktur nach mehrschichtig, ja widersprüchlich ist: Sympathie für den Delinquenten zeigt, grobe Regelverletzungen übergeht, kleinere Fehler aufspießt. Dazu kommt, daß die Klatschenden ja selbst gegen eine Norm – gegen das Klatschverbot nämlich – verstoßen und ihr Verhalten deshalb nicht einfach als eine implizite Normbestätigung interpretiert werden kann.

Klatsch, so die zweite Antwort, fungiert dadurch als Mittel der sozialen Kontrolle, daß er auf das Klatschopfer sozialen Druck in der Richtung ausübt, sein mißbilligtes Verhalten entsprechend den Erwartungen seiner Umgebung, und allgemein: entsprechend dem Kodex an moralischen Normen und Werten zu ändern. Diese Funktionszuschreibung krankt freilich daran, daß sie sich primär gar nicht mehr auf Klatsch selbst, sondern auf die durch Klatsch ausgelösten Reaktionen gegenüber dem Klatschobjekt bezieht. Da das Klatschobjekt aus der Klatschkommunikation ausgeschlossen ist, kann ihm ja lange Zeit verborgen bleiben, daß das Gerede der anderen sich mit seinem Verhalten und seiner Person beschäftigt. Erst wenn ihm der Klatsch hintertragen wird, oder wenn die anderen ihm gegenüber offen oder verdeckt ihre Mißbilligung zum Ausdruck bringen, weiß bzw. ahnt es, daß es das Objekt von Klatsch war. Nicht der Klatsch selbst übt somit Druck auf das „Opfer" aus, sondern die sanktionierenden Reaktionen, zu denen er führt – Reaktionen, die aber ihrer kommunikativen Form nach nicht mehr als Klatsch zu bezeichnen sind. Klatsch ist also, wenn überhaupt, als eine Art Durchlaufstation Teil eines größeren Prozesses der sozialen Kontrolle, dessen Zirkelstruktur sich folgendermaßen veranschaulichen läßt:

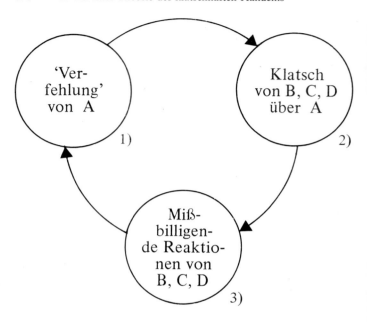

Die mißbilligenden Reaktionen, die durch den Klatsch ausgelöst werden können und sich gegen das Klatschobjekt richten, sind recht unterschiedlicher Art. Andeutungen und Anspielungen im Gespräch sowie die Vermeidung von Kontakten sind eher indirekte Maßnahmen, die es – wie der Klatsch selbst – gar nicht erst zur direkten Konfrontation kommen lassen.[13] Hänseln, spitze Bemerkungen und die Abkühlung der sozialen Anteilnahme lassen den ‚Missetäter‘ bereits deutlicher spüren, daß er sich etwas hat zuschulden kommen lassen. Streiche, die dem ‚Abweichler‘ gespielt werden,[14] sind eine weitere Eskalation und bilden eine Vorstufe zum Charivari und anderen in der rechtlichen Volkskunde beschriebenen Rügebräuchen.[15] In einigen Gesellschaften fungiert Klatsch gar als ein informelles System der vorgerichtlichen Entscheidungsfindung („gossip as adjudication"), an deren Ende die

1. Klatsch als Mittel der sozialen Kontrolle

Einschaltung der Polizei und der offiziellen Rechtsorgane stehen kann.[16] All diese Mißbilligungsreaktionen können zwar durch Klatsch ausgelöst worden sein, stellen ihrer Form nach jedoch keinen Klatsch mehr dar.

Klatsch, so die dritte Antwort, fungiert dadurch als Mittel der sozialen Kontrolle, daß er präventiv – als bloße Sanktionsdrohung – für ein normenkonformes Verhalten sorgt. Es muß also faktisch gar nicht zum Klatsch kommen, es genügt bereits die ängstliche Erwartung, daß die Leute über einen klatschen könnten, um ein nicht-konformes Verhalten zu verhindern. Die Angst davor, in Verruf zu geraten,[17] das eigene Ansehen zu beflecken, die Ehre zu verlieren – diese Angst ist in ihrer konkreten Form oft nichts anderes als die Angst vor Klatsch: „Wir fragten einmal einen Freund in Peihotien, was es eigentlich bedeutet, ‚Gesicht zu haben'", berichtet Margery Wolf in ihrer Ethnographie über ein taiwanesisches Dorf und fährt fort: „Er antwortete: ‚Wenn niemand über eine Familie redet, dann kann man sagen, daß sie Gesicht hat' ⟨= it has face⟩."[18] Klatsch scheint demnach vor allem in jenen Kulturen als Mittel der sozialen Kontrolle zu fungieren, die Ruth Benedict – in idealtypisierender Kontrastierung zu den „guilt cultures" – als „shame cultures" bezeichnet hat.[19] Tatsächlich ist jedoch auch hier nicht die Klatschkommunikation selbst der verhaltensbestimmende Faktor, sondern: die Angst vor Klatsch, oder genauer: die Angst vor Reputationsverlust durch Klatsch.

Daß die Angst davor, zum Gegenstand von Klatsch zu werden, einen eigenen, von der Klatschkommunikation weitgehend unabhängigen Komplex bildet, zeigt nichts deutlicher als ein Phänomen, das eine kleine Untersuchung für sich wert wäre: der Zusammenhang von Klatsch und Paranoia. Für die meisten Patienten, die das Krankheitsbild des sensitiven Beziehungswahns zeigen, ist charakteristisch, daß sie fortwährend Klage darüber führen, andere würden über sie klatschen.[20] Einem Paranoiker sind ein lautes Lachen in seiner Umgebung, eine zufällig aufgeschnappte Bemerkung, eine Gruppe von Leuten, die tuschelnd beieinanderstehen und andere unscheinbar-nichtige Ereignisse Beweis genug für die Richtigkeit seiner Überzeugung, daß die Leute über seine privaten Laster reden und abträgliche Dinge über ihn herumschwatzen. Der Paranoiker ist gleichsam das Negativ des Klatschmauls: Während das Klatschmaul ständig über die Sünden anderer herzieht, meint der Paranoiker, die anderen würden ständig über seine Sünden reden.

Die Feststellung, daß nicht die Klatschpraxis selbst, sondern die Antizipation von Klatsch nicht-konformes Verhalten verhindern kann, macht nun aber auf einen Schlag sichtbar, worin das zentrale Problem der eingangs formulierten These liegt. *Die These, Klatsch sei ein Mittel der sozialen Kontrolle, ist nämlich im Grunde nichts anderes als eine wissenschaftliche Umformulierung und Verdopplung des Alltagswissens, daß Klatsch den Ruf des Klatschobjekts schädigen, aber durch normenkonformes Verhalten unterbunden werden kann.* Die These liefert damit aber keine desinteressierte Beschreibung eines sozialen Sachverhalts, sie ist vielmehr selbst ein wesentlicher Bestandteil dessen, was sie scheinbar objektiv zu erfassen scheint. Überspitzt könnte man demnach sagen, daß die These, wonach Klatsch als ein Mittel der sozialen Kontrolle fungiert, so lange eine gewisse Gültigkeit hat, solange die Leute im Alltag an sie glauben und sich in ihrem Handeln an ihr orientieren.

2. Klatsch als Mechanismus der Erhaltung sozialer Gruppen

Die These, daß Klatsch, da er die Geltung moralischer Normen verstärkt, als ein Mittel der sozialen Kontrolle fungiert, bildet den Ausgangspunkt für einen Erklärungsansatz, der den Hauptakzent auf die gruppenstabilisierende Funktion von Klatsch legt. Dieser Erklärungsansatz ist eng mit dem Namen des Sozial- und Rechtsanthropologen Max Gluckman verbunden, der mit seinem 1963 publizierten Aufsatz „Gossip and scandal" über einen langen Zeitraum hinweg die anthropologische Diskussion über Klatsch beherrschte.[21] Das Argument, das Gluckman in diesem Aufsatz entwickelt, lautet im Kern, daß Klatsch keineswegs ein leeres und nichtiges Geschwätz ist, wie im Alltag angenommen wird, sondern im Gegenteil wichtige soziale Funktionen für den Erhalt einer sozialen Gruppe erfüllt. Bereits diese Formulierung macht einen grundsätzlichen Mangel in Gluckmans Argumentation deutlich.

2. Klatsch als Mechanismus der Erhaltung sozialer Gruppen 199

Vor dem Hintergrund seiner positiven Funktionsbestimmung von Klatsch als einem Mechanismus der Gruppenstabilisierung nimmt er die negative Einschätzung, die Klatsch im Alltag erfährt, nur als irrige Gegenmeinung wahr. Statt die soziale Geringschätzung von Klatsch als ein empirisches Merkmal von Klatsch zur Kenntnis zu nehmen und bei seiner Erklärung zu berücksichtigen, behandelt er sie wie eine wissenschaftliche Aussage über Klatsch, die es zu widerlegen gilt. Es ist deshalb auch kein Zufall, daß in Gluckmans Erklärung die gesellschaftliche Ächtung von Klatsch von keinerlei Bedeutung ist und einfach übergangen wird.

Betrachtet man Gluckmans Argumentation genauer, so zeigt sich, daß sie aus einer Reihe von Teilstücken besteht.[22] Die These, daß Klatsch der Abgrenzung und dem Erhalt von sozialen Gruppen dient, wird vor allem mit den folgenden Überlegungen begründet: *Erstens,* im Klatsch wird durch die Mißbilligung von Verfehlungen nicht ein Kodex allgemeiner Regeln, sondern die Geltung gruppenspezifischer moralischer Normen und Werte verstärkt. Klatsch in einem Dorf etwa hat den Effekt, die Dorfbewohner zur Konformität mit den im Dorf gültigen Moral- und Wertvorstellungen zu bringen.[23] Diese Orientierung hin auf den gruppenspezifischen Kodex von Regeln und Werten bedeutet aber implizit, daß die Klatschakteure sich und das Klatschobjekt auf ihre gemeinsame Mitgliedschaft in einer sozialen Gruppe verpflichten und damit die Gruppe als eine verbindliche soziale Einheit anerkennen und stärken. *Zweitens,* wesentlich für Klatsch ist, daß er sich auf diejenigen beschränkt, die Mitglieder in einer sozialen Gruppe sind, d. h. Nicht-Mitglieder sind aus der Klatschkommunikation in der Regel ausgeschlossen. Das Recht, abträgliche Dinge über andere Gruppenmitglieder zu sagen, kommt nur denen zu, die selbst Mitglieder dieser Gruppe sind. „Das Recht, am Klatsch teilzunehmen, ist ein Kennzeichen von Mitgliedschaft." Dadurch aber, daß die Mitglieder im Klatsch fortwährend übereinander sprechen, sorgen sie dafür, daß die Gruppe als ein soziales System erneuert und gestärkt wird.[24] Mit der Mitgliedschaft in einer Gruppe ist deshalb auch, so Gluckman, „die Pflicht zum Klatsch" verbunden. Und *drittens,* im Klatsch werden Aggressionen gegen andere so zum Ausdruck gebracht[25] und Konflikte zwischen Einzelpersonen und Cliquen so ausgetragen,[26] daß dadurch der Anschein des guten Einvernehmens in der Gruppe („the pretence of group amity") gewahrt und die Integration der Gruppe nicht durch offenen Streit gefährdet wird.

Während Gluckman einerseits argumentiert, daß Klatsch die Identität und Kohäsion einer sozialen Gruppe stärkt, betont er andererseits, daß Klatsch diese Funktion nur in solchen Gruppen erfüllt, deren Mitglieder bereits durch ein Gefühl der Zusammengehörigkeit zu einer Gruppe integriert sind.[27] Wenn eine soziale Gruppe zerfällt und deren Mitglieder die gruppenspezifischen Wert- und Zielvorstellungen nicht mehr als verpflichtend anerkennen, verkehrt sich die Funktion von Klatsch in ihr Gegenteil: Er beschleunigt dann den Prozeß der Desintegration. All diese Überlegungen führen Gluckman schließlich dazu, für den Zusammenhang von Klatsch und sozialer Gruppe ein „Gesetz" zu formulieren, das besagt: „Je exklusiver eine soziale Gruppe ist, desto mehr werden sich ihre Mitglieder mit Klatsch und Skandalgeschichten übereinander beschäftigen." Beispiele für Gruppen mit einem hohen Grad an Exklusivität wären etwa: professionelle Gruppen (Rechtsanwälte, Anthropologen etc.); Gruppen, die sich selbst einen hohen sozialen Status zuweisen und bestrebt sind, Emporkömmlinge fernzuhalten; sowie Gruppen, die durch räumliche Isolation, aufgrund ihres Minoritätsstatus oder aufgrund eines anderen Unterscheidungskriteriums zur Exklusivität gezwungen sind.[28] Die primäre Funktion von Klatsch in diesen Gruppen ist es, durch die indirekte Mißbilligung von Fehlverhalten die Geltung von gruppenspezifischen Wertvorstellungen und Moralgesetzen zu demonstrieren und so die Identität und Integration der Gruppe zu festigen.

Auch wenn viele ethnographische Studien bei der Interpretation von Klatsch sich die Argumentation von Gluckman zu eigen machten, sind die Schwächen seines Erklärungsansatzes nicht zu übersehen. Ein für funktionalistische Erklärungen typischer Kategorienfehler unterläuft ihm immer dort, wo er seine Bestimmung der latenten Funktion von Klatsch den Klatschakteuren stillschweigend als Handlungsziel unterschiebt: So etwa, wenn er den Mitgliedern einer Gruppe als Klatschmotiv unterstellt, durch die Vermeidung eines offenen Streits einer Gefährdung der Gruppenintegration vorzubeugen. Haben Gruppenmitglieder aber wirklich den

2. Klatsch als Mechanismus der Erhaltung sozialer Gruppen 201

Bestand ihrer Gruppe im Auge, wenn sie einer offenen Auseinandersetzung aus dem Weg gehen und statt dessen hinter dem Rücken des Kontrahenten über ihn klatschen? Macht man die Handelnden nicht zu kleinen Funktionalisten, wenn man ihnen, weil Klatsch eine positive Funktion für die Gruppenerhaltung erfüllt, die „Pflicht zum Klatsch" auferlegt? Man mag das Problem, das mit diesen Fragen angerissen ist und das mit dem Umstand zu tun hat, daß die Bestimmung latenter Funktionen von sozialen Prozessen sich empirisch kaum erhärten läßt, als nicht sonderlich gravierend einschätzen. Schwerer wiegt ein anderer Mangel, der Gluckmans Klatschinterpretation kennzeichnet.

Gluckman steht so im Bann seiner These von der gruppenerhaltenden Funktion von Klatsch, daß ihn Einzelheiten der Klatschkommunikation nur wenig interessieren – er weiß immer schon mehr über Klatsch, als er eigentlich wissen kann. Er nimmt nicht zur Kenntnis, daß sich im Verhalten der Klatschakteure eine durchaus gebrochene Beziehung zu moralischen Regeln und Wertvorstellungen widerspiegelt und jedenfalls von einer simplen, unzweideutigen Bestätigung geltender Normen keine Rede sein kann. Er übersieht, daß Klatsch, da in ihm Wissen über die privaten Dinge anderer weitergegeben wird, eine moralisch geächtete Praxis ist und prinzipiell sein muß; statt dessen läßt er sich angesichts seiner Funktionsthese dazu hinreißen, eine „school for scandal" zu fordern. Er ignoriert nicht nur die spezifische Form und innere Organisation von Klatsch, sondern unterscheidet auch nicht zwischen Klatsch und den durch Klatsch ausgelösten Mißbilligungsreaktionen gegenüber dem Klatschobjekt. Zusammenfassend kann man sagen, daß man in Gluckmans Arbeit nur wenig über Klatsch selbst erfährt, dafür in immer neuen Variationen mit der These von der gruppenerhaltenden Funktion von Klatsch konfrontiert wird. Diese Funktionszuschreibung resultiert erkennbar nicht aus einer Analyse des sozialen Phänomens ‚Klatsch'; sie bildet vielmehr eine Fortschreibung der These Durkheims, daß das Verbrechen, da es kollektive Empörung und Bestrafung durch die soziale Gemeinschaft hervorruft, eine wichtige Rolle dabei spielt, die Geltung des Gesetzes zu verstärken und im gesellschaftlichen Bewußtsein zu verankern.

Zweifellos hat Gluckman darin recht, Klatsch und soziale Gruppe in eine enge Beziehung zueinander zu setzen. Doch welcher Art diese Beziehung ist, wird durch den funktionalistischen Erklärungsansatz eher verdunkelt als aufgehellt. Dies wurde offensichtlich auch im Umkreis von Max Gluckman von anderen mit der „Manchester School" assoziierten Anthropologen gesehen,[29] jedenfalls entstanden hier einige Studien, die – zunächst noch recht vorsichtig und zögernd – damit begannen, den Zusammenhang von Klatsch und sozialer Gruppe nicht mehr ausschließlich unter funktionalen Gesichtspunkten, sondern vom Ansatz der Netzwerkanalyse her zu bestimmen.[30] Mit diesem Ansatz rückte anstelle der sozialen Funktion die Transaktion, anstelle der Gruppe das handelnde Individuum in den Mittelpunkt des Interesses.

3. Klatsch als Technik des Informationsmanagements

Hatte Gluckman die recht allgemeine These von der sozialen Kontrollfunktion von Klatsch eingeengt auf die Rolle, die Klatsch für die Erhaltung sozialer Gruppen spielt, so schränkten die Kritiker Gluckmans in ihrem Erklärungsansatz die Bedeutung von Klatsch fast ganz auf das handelnde Individuum ein. „Es ist das Individuum, das klatscht, und nicht die Gemeinschaft", postulierte Robert Paine in einem Aufsatz, der in kritischer Absetzung von Gluckman eine alternative Hypothese zur Erklärung von Klatsch entwickelte.[31] Dieser alternative Erklärungsansatz geht von der Überlegung aus, daß Klatsch zunächst einmal als ein Muster der informellen Kommunikation zu bestimmen ist, bei der es primär um den Austausch von Informationen geht. Diese Informationen sind für die Kommunikationsteilnehmer deshalb von Relevanz, weil sie Personen und Ereignisse in jener sozialen Gemeinschaft betreffen, welcher sie selbst angehören. Als Mitglieder dieser sozialen Gemeinschaft sind die Klatschakteure aber selbst Partei, was bedeutet, daß der Austausch von Klatschinformationen wesentlich von den Interessen der Beteiligten bestimmt wird. Mehr noch: Klatsch selbst kann als eine Einrichtung zur Durchsetzung und Verteidigung individueller Interessen betrachtet werden.

Es wird erkennbar, daß Klatsch in diesem Erklärungsrahmen als eine Form des strategischen Handelns konzipiert wird, dessen primärer Zweck es ist, die jeweiligen Interessen, welche die Klatschakteure verfolgen, zur Geltung zu bringen. Robert Paine hat für diesen interessenorientierten Umgang mit Informationen im Klatsch in Anlehnung an Erving Goffmans Konzept des „impression management" den Begriff des „information management" geprägt.[32] Die Interessen, die das Verhalten der Kommunikationsteilnehmer im Klatsch bestimmen, gehen im wesentlichen in drei Richtungen: Das vordringliche Interesse eines jeden Klatschakteurs ist es, Informationen über das Geschehen in seiner sozialen Umgebung zu erhalten; dementsprechend ist er bestrebt, den Informationsfluß, der ihn mit Nachrichten und Neuigkeiten über relevante Ereignisse versorgt, in Gang zu halten. Klatschakteure sind andererseits aber auch daran interessiert, bestimmte Informationen, die nach ihrem Wissen für andere von Interesse sind, weiterzugeben. Sie versuchen damit nicht nur, Einfluß darauf zu nehmen, daß ihre Interpretation eines sozialen Sachverhalts bei der Verbreitung einer Information sich durchsetzt, sondern sie kalkulieren auch entsprechend dem Prinzip des *do ut des*, daß ihre Informationsgabe kurz- oder langfristig einen noch größeren Informationsgewinn abwerfen wird. Und schließlich verfolgen Klatschakteure immer auch das Ziel, die Wert- und Moralvorstellungen, auf die sie sich implizit oder explizit mit ihren Klatschinformationen beziehen, zur Durchsetzung ihrer eigenen Interessen auszunutzen und durch entsprechende Interpretationen ihren Interessen anzupassen. Wenn Klatschakteure sich auf moralische Normen und Regeln berufen, dann nicht mit der Absicht, die soziale Gemeinschaft zu festigen, sondern mit dem Interesse, den eigenen Status zu erhöhen.

Die beiden Erklärungsansätze, die Klatsch als Mittel der sozialen Kontrolle bzw. als Mechanismus der Erhaltung sozialer Gruppen konzipieren, lassen aufgrund ihrer starken theoretischen Prämissen und aufgrund der zirkelhaften Struktur ihrer Erklärungsschemata kaum einen Spielraum für neue, aus empirischen Studien gewonnene Erkenntnisse über Klatsch. Dagegen betont Paine für den transaktionalen Erklärungsansatz, daß „über den elementaren konzeptionellen Rahmen hinaus zu Beginn einer Untersuchung von Klatsch keine Annahmen über die Verteilung, die Stärke und den

Charakter sozialer Gruppierungen in einer Gemeinschaft gemacht werden sollten. Diese Merkmale sollten aufgrund der gesammelten Daten über die Richtungen der Kommunikation und den Fluß von (verschiedenartigen) Informationen in einer sozialen Gemeinschaft konstruiert werden."[33] Tatsächlich ist der Erklärungsansatz, der den Informationsaspekt von Klatsch in den Vordergrund rückt, erheblich empirieoffener als die anderen beiden Ansätze. Das zeigt sich deutlich an einer Reihe von Studien, die auf empirischem Weg einzelne Aspekte des Informationsmanagements im Klatsch herausgearbeitet haben.[34]

Die Konzeption eines Untersuchungsansatzes auf der Grundlage der Idee, daß Klatsch als ein interessengebundener Austausch von Informationen über andere bestimmt werden kann, war von Beginn an ausdrücklich gegen die funktionalistische Erklärung von Klatsch gerichtet, wie sie vor allem von Max Gluckman vorgetragen worden war. Diese Gegnerschaft, die von beiden Seiten auch als eine solche wahrgenommen wurde, erweist sich jedoch bei näherer Betrachtung als ein Pseudokonflikt, und zwar aus zwei Gründen: Zum einen bewegen sich die beiden Erklärungen von Klatsch auf zwei verschiedenen Ebenen – die eine auf der Ebene von Gruppen und Institutionen, die andere auf der Ebene individueller Prozesse. Sie argumentieren demnach gar nicht über ein und denselben sozialen Sachverhalt und geraten so auch nicht in ihren inhaltlichen Aussagen, sondern nur in ihren Ansprüchen im Hinblick auf die Reichweite ihrer Erklärungsansätze in Konflikt miteinander. Faktisch ergänzen sich sogar die jeweiligen inhaltlichen Aussagen wechselseitig. – Zum andern kann man hier deshalb von einem Pseudokonflikt sprechen, weil auch die Erklärung von Klatsch als einer Technik des Informationsmanagements entgegen dem, was sie von sich aus sein will, im Prinzip funktionalistisch argumentiert. Klatsch wird in dieser Erklärung zu einer Technik instrumentalisiert, die es den Interagierenden ermöglicht, Informationen zu akquirieren und zu distribuieren und auf diese Weise ihre individuellen Interessen durchzusetzen.[35] Auf einen einfachen Nenner gebracht, kann man sagen, daß die beiden scheinbar so gegensätzlichen Erklärungsansätze insofern komplementär zueinander sind, als der eine die eher latenten Funktionen von Klatsch für den Gruppenerhalt und der andere die eher manifesten Funktionen von

Klatsch für die Interessen des einzelnen Klatschakteurs zu erfassen sucht.

Betrachtet man die auf den vergangenen Seiten diskutierten Erklärungsansätze noch einmal im Rückblick, so wird man erkennen, daß jeder dieser Ansätze ein anderes soziales Element in den Mittelpunkt rückt und funktional auf Klatsch bezieht: Der erste ist ausgerichtet auf die „Moral", der zweite auf die „Gruppe" und der dritte auf die „Information". Das mag nun insofern überraschen (oder gerade nicht überraschen), als ja auch die vorangegangene Materialanalyse ergeben hat, daß in der Klatschkommunikation die Moral (in Form der moralischen Entrüstung und sozialen Typisierung), die Gruppenbeziehung (in der Struktur der Klatschtriade) sowie die Information (als Klatschneuigkeit) eine konstitutive Rolle spielen. Heißt das nun, daß die mühsame Materialanalyse nur bestätigt, was vorher bereits in der wissenschaftlichen Literatur bekannt war? War damit womöglich der ganze Aufwand umsonst? – Einmal abgesehen davon, daß keiner dieser drei Erklärungsansätze den entscheidenden Punkt auch nur ansatzweise berücksichtigt, daß das Klatschwissen ein moralisch kontaminiertes Wissen ist und Klatsch als eine sozial geächtete Praxis gilt, – *der entscheidende Fehler dieser Erklärungsansätze liegt darin, daß jeder für sich eines dieser sozialen Elemente isoliert und zur alleinigen funktionalen Bezugsgröße von Klatsch verabsolutiert.* Klatsch erhält aber seine Dynamik und seinen widersprüchlichen Charakter gerade dadurch, daß diese verschiedenen sozialen Elemente in der Klatschkommunikation gleichzeitig vorhanden sind, ineinanderspielen, sich gegenseitig in die Quere kommen und neutralisieren. Klatsch beruht auf einer paradoxen Grundstruktur, für welche diese funktionalistischen Erklärungsansätze weder konzeptionell noch methodologisch ein Sensorium haben.

4. Klatsch als Sozialform der diskreten Indiskretion

Klatsch wird durch ein Strukturmerkmal gekennzeichnet, das nach dem Muster einer Puppe in der Puppe in Erscheinung tritt: Es charakterisiert nicht nur das Klatschgespräch insgesamt, sondern zeigt sich auch bei kleineren Gesprächseinheiten, es manifestiert sich in Sequenzen und einzelnen Äußerungen und reproduziert sich letztlich gar in der Minimalform einer Selbstkorrektur. Dieses Strukurmerkmal ist seine schillernd-widersprüchliche Qualität: Klatsch wird öffentlich geächtet und zugleich lustvoll privat praktiziert; Klatsch ist präzis und detailliert und bleibt doch auch vage und andeutend; authentische Darstellungen verwandeln sich im Klatsch unversehens in Übertreibungen; Indezentes vermischt sich mit dezenter Zurückhaltung; Entrüstung über Fehlverhalten paart sich mit Ergötzen, Empörung mit Mitleid, Mißbilligung mit Verständnis; moralisch kontaminiertes Wissen wird in unschuldiger Verpackung präsentiert; selbstzweckhafte Geselligkeit mischt sich mit berechnender Verunglimpfung; schamhaftes Sich-Zieren und Kokettieren wechseln ab mit schamloser Direktheit; Klatsch gleicht einem moralischen Balanceakt, einer Grenzüberschreitung, die im nächsten Schritt wieder annulliert wird. – Diese schillernd-widersprüchliche Qualität ist so charakteristisch für Klatsch, daß man hierfür strukturelle, in der Anlage von Klatsch verborgene Gründe vermuten muß. Welcher Art sind diese Gründe?

Im Alltag ist es, worauf Georg Simmel hingewiesen hat, unvermeidlich, „daß jeder vom andren etwas mehr weiß, als dieser ihm willentlich offenbart, und vielfach solches, dessen Erkanntwerden durch den andren, wenn jener es wüßte, ihm unerwünscht wäre".[36] Im Fall eines Fremden dringt dieses indiskrete Wissen, das man bereits erwirbt, wenn man sorgfältig auf den Tonfall, die Versprecher, die Mimik und auf alles, was immer ein anderer unwillentlich von sich offenbart, achtet, nicht sehr tief in die fremde Privatsphäre ein. Über Freunde und Bekannte jedoch eignet man sich, auch ohne es zu wollen, ein Wissen an, das oft recht intime Dinge betrifft – Dinge, die, wenn sie allgemein publik werden würden, für den Betreffenden unangenehme, wenn nicht gefährliche Folgen haben können.

Man kann sich die Situation desjenigen, der in den Besitz eines solch indiskreten Wissens gelangt, durch ein Gedankenexperiment vergegenwärtigen. Einmal angenommen, jemand hat Informationen über eine etwas merkwürdige oder peinliche Angelegenheit eines Freundes erhalten, z. B.: Er sieht, wie Petra, die z. Z. arbeits-

4. Klatsch als Sozialform der diskreten Indiskretion

los ist, vom Einkauf aus einer teuren Boutique kommt. Oder: Peter erzählt ihm, daß er vergangene Woche zwei Bücher aus der Bibliothek hat ‚mitgehen' lassen. In welche Situation kommt derjenige, der diese Informationen über seine Freunde erhält? Welche Handlungsalternativen stehen ihm offen?

Auf den ersten Blick scheint es ja so zu sein, daß das Wissen um die persönlichen Angelegenheiten eines anderen gerade bei einem Freund in guten Händen liegt. Schließlich bedeutet Freundschaft auch Vertrauen, und private Dinge weiterzuerzählen wäre ein Vertrauensbruch, ein Akt der Indiskretion und kann u. U. die Freundschaftsbeziehung in Frage stellen. Nun hat aber bereits Nietzsche mit der ihm eigenen psychologischen Nüchternheit festgestellt: „Es wird wenige geben, welche, wenn sie um Stoff zur Unterhaltung verlegen sind, nicht die geheimeren Angelegenheiten ihrer Freunde preisgeben."[37] Dies führt zu der soziologischen Frage, ob sich für diese Beobachtung anstelle der bloßen Tautologie, daß die Menschen eben schwatzhaft seien, nicht eine andere, strukturelle Erklärung finden läßt.

Als Antwort auf diese Frage soll hier die These aufgestellt werden, daß so, wie im Geheimnis strukturell die Möglichkeit des Verrats angelegt ist, *so ist dem Wissen über Privates strukturell die Tendenz zum Klatsch eigen*. Die Argumentation Georg Simmels zum Geheimnis[38] modifizierend und ergänzend, läßt sich diese These folgendermaßen begründen: Wenn jemand etwas über die persönlichen Angelegenheiten von Peter/Petra erfahren hat, dann bleibt seiner Umgebung in der Regel zunächst nicht nur verborgen, *was* er über Peter/Petra weiß, sondern auch, *daß* er Informationen über Peters/Petras Privatleben hat. Nur er selbst weiß also, daß er etwas weiß, und dies ist ihrer Struktur nach eine recht instabile Situation, die ihn aus verschiedenen Gründen zur Preisgabe seines Wissens führen kann.

Um zunächst kurz auf einen eher strukturell-psychologischen Grund einzugehen: Das Wissen um persönliche Angelegenheiten anderer kann den Träger des Wissens dazu verführen, es im Klatsch weiterzugeben, weil es als geheimes Wissen gleichsam sozial inaktiviert bleibt. Nur wenn das Wissen weitergetragen, das Geheimnis ausgeplaudert wird, kann der Wissende die Tatsache, daß er etwas weiß, für sich ummünzen in soziale Werte wie etwa gesellschaftliche Anerkennung, Prestige und Gefragtsein. Solange nur er selbst um sein Wissen weiß, mag er sich den anderen, die nicht wissen, überlegen fühlen, aber der Zustand des bloßen Wissens ermöglicht ihm noch nicht jene Erfahrung der „Superiorität, die im Geheimnis sozusagen in latenter Form liegend, sich erst im Augenblick der Enthüllung für das Gefühl voll aktualisiert".[39] Vor allem der Klatsch über Prominente und Vorgesetzte hat hier sein besonderes Motiv, darf doch der Klatschproduzent damit rechnen, daß etwas von dem ‚Ruhm' des Klatschobjekts, als dessen ‚Vertrauter' er sich mit seiner Klatschinformation zu erkennen gibt, auf ihn abfärbt.

Neben diesem psychologischen Grund, der durch andere zu ergänzen wäre,[40] lassen sich auch mehrere soziologische Gründe dafür nennen, daß im Wissen um das Privatleben anderer strukturell die Tendenz zum Klatsch angelegt ist; zwei dieser Gründe sollen kurz dargestellt werden. Zum einen ist auf das universelle Phänomen zu verweisen, daß es eine deutlich wahrnehmbare Tendenz gibt, nichtanwesende Dritte im Gegensatz zu den jeweils anwesenden Gesprächspartnern unverhüllt zu kritisieren, herabzusetzen, zu beschuldigen und zum Sündenbock zu machen. Es ist ein allgemeines Organisationsprinzip von alltäglichen Unterhaltungen, „face threatening acts" zu vermeiden und wenn möglich Übereinstimmung mit dem Interaktionspartner zu erzielen[41] – doch dieses Organisationsprinzip ist in seinem Geltungsbereich auf die in der Face-to-Face Situation Anwesenden beschränkt. Fehlt nun der interaktive Schutz dieses Organisationsprinzips, so schwindet auch schlagartig die Hemmung der Gesprächsteilnehmer, abträgliche Dinge über andere Personen von sich zu geben. In dem bekannten Gebot „De mortuis nil nisi bene", mit welchem dem lästerlichen Reden über eine besonders schutzlose Gruppe von ‚Abwesenden' ein Riegel vorgeschoben werden soll, kann man ein deutliches Indiz dafür sehen, daß Abwesenden generell mit weit weniger Rücksicht und Vorsicht begegnet wird als Anwesenden. Die Alltagserfahrung, daß derjenige, der eine Gesprächsrunde verläßt (und sei's nur für kurze Zeit), oft unmittelbar nach seinem Abgang zum Klatschobjekt gemacht wird, verweist auf den gleichen Sachverhalt. Daß dieses Organisationsprinzip, das die Anwesenden vor wechselseitiger Kritik schützt, dafür aber die Abwesenden zur

Kritik ‚freigibt', die Bereitschaft zum Klatsch wesentlich fördert, liegt auf der Hand.

Entscheidend für die spezifische Gestalt von Klatsch ist nun aber der zweite soziologische Grund, der dafür verantwortlich zu machen ist, daß dem indiskreten Wissen über Privates strukturell die Tendenz zum Klatsch eigen ist. Freundschafts- und Bekanntschaftsbeziehungen implizieren (in unterschiedlicher Stärke) wechselseitiges Vertrauen, was auch bedeutet, den jeweils anderen „ins Vertrauen zu ziehen", ihm bestimmte Dinge „anzuvertrauen". Hat also Peter Informationen über die persönlichen Angelegenheiten seines Freundes Paul, so hat Petra, wenn sie mit den beiden befreundet ist, bis zu einem gewissen Grad einen Anspruch darauf, diese Informationen mitgeteilt zu bekommen. Ihr diese Informationen vorzuenthalten, würde ja bedeuten, ihr kein Vertrauen zu schenken.

An dieser Stelle *tut sich nun die zutiefst widersprüchliche, ja paradoxe Loyalitätsstruktur von Freundschafts- und Bekanntschaftsbeziehungen auf, die als Hauptenergiequelle für die schillernde Gestalt wie für den überdauernden Erfolg der kommunikativen Gattung ‚Klatsch' gelten kann.* Jemand, der Informationen über die persönlichen Angelegenheiten eines Freundes hat, ist einerseits diesem Freund gegenüber zur Diskretion verpflichtet, und in der Regel wird er diese Verpflichtung auch insofern beachten, als er seine Informationen nicht beliebig streuen oder an eine diffuse Öffentlichkeit weiterleiten wird. Andererseits aber ist derjenige, der dieses indiskrete Wissen hat, auch seinen anderen Freunden gegenüber zur Loyalität verpflichtet,[42] was in der Regel auch bedeutet, ihnen nicht Informationen, die für sie von Interesse sind, zu verschweigen und vorzuenthalten. Genau in dieser widersprüchlichen Situation hat sich nun die kommunikative Gattung ‚Klatsch' herausgebildet und etabliert. Indem der Klatschproduzent sein Wissen über das Klatschobjekt weitergibt, begeht er einen Akt der Indiskretion; indem er aber darauf verzichtet, sein Wissen wahllos zu verbreiten, es statt dessen gezielt (cf. *discernere*) an spezifische Klatschrezipienten, und das heißt: an gemeinsame Freunde und Bekannte, weitererzählt, verhält er sich wieder rücksichtsvoll, schonend, mit einem Wort: diskret. Klatsch – so lautet die zentrale

These – *Klatsch ist die Sozialform der diskreten Indiskretion*. Diese Sozialform der diskreten Indiskretion[43] bildet die institutionalisierte Lösung eines strukturellen Widerspruchs, und sie bezieht von dort her ihre paradoxe Grundstruktur, ihre Dynamik und ihre schillernde Gestalt. Klatsch verstößt gegen das Diskretionsgebot und respektiert es doch auch gleichzeitig. Beim Klatsch wird zwar ein Geheimnis verraten, aber nur insofern, als ein gemeinsamer Freund in das Geheimnis eingeweiht und damit ein neues Geheimnis begründet wird.

In der Bestimmung von Klatsch als Sozialform der diskreten Indiskretion sind die sozialen Elemente der Moral, der Gruppe und der Information, die in den oben diskutierten Erklärungsansätzen auseinanderfielen, vereint. Dieser Punkt muß hier nicht erneut diskutiert werden; ebenso müßig erscheint es, diese Bestimmung von Klatsch im einzelnen mit den Resultaten der Materialanalyse in Beziehung zu setzen. Exemplarisch soll nur eine Konsequenz erläutert werden, die sich aus der paradoxen Grundstruktur des Klatsches ableiten läßt: Sobald der Klatschrezipient die ‚vertraulichen' Informationen über das Klatschobjekt erhalten hat, kann er natürlich selbst zum Klatschproduzenten avancieren. Dabei steht er allerdings vor einem Dilemma: Verbreitet er die Informationen rasch, können sie – da sie ja zunehmend öffentlich werden – auch schnell ihren Neuigkeitscharakter einbüßen. Bleibt er dagegen auf seinen Informationen wie auf einem Schatz sitzen, kann es ihm passieren, daß die Informationen, da sie ohne ihn durch andere verbreitet werden, bald keinerlei Marktwert mehr haben. Dazu kommt nun als weiterer Punkt, daß die Zurückhaltung interessanter Informationen von denjenigen, die aufgrund ihrer Freundschaftsbeziehung einen Anspruch darauf anmelden können, als Ausdruck mangelnden Vertrauens interpretiert und mit entsprechenden Reaktionen quittiert werden kann.

Aus diesen Überlegungen ergibt sich, daß indiskrete Informationen eine – wie man sagen könnte – geringe Halbwertszeit haben. Dies aber führt einerseits zur Bildung von *Klatschketten,* in denen indiskrete Informationen rasch weitergereicht werden, und andererseits zu dem bekannten Phänomen des *Durchhechelns,* das darin besteht, daß in einem Gespräch eine große Anzahl von

4. Klatsch als Sozialform der diskreten Indiskretion

Freunden und Bekannten in kürzester Zeit auf mögliche klatschträchtige Informationen hin durchgegangen werden. Funktionieren diese Verbreitungsmechanismen von Klatsch, so kann es dazu kommen, daß eine private Information – z. B. daß eine Frau schwanger ist –, ohne offiziell verbreitet worden zu sein, innerhalb kurzer Zeit bei den meisten Freunden und Verwandten bekannt ist und damit das bildet, was man ein „öffentliches Geheimnis" nennt. Auch in diesem Ausdruck offenbart sich noch einmal die paradoxe Struktur des Klatsches als der Sozialform der diskreten Indiskretion.

Im übrigen ist jetzt auch erkennbar, daß die Diskrepanz zwischen der öffentlichen Ächtung und der privaten Praktizierung von Klatsch in einem direkten Zusammenhang mit dessen paradoxer Grundstruktur steht. Ohne die Ächtung von Klatsch und Indiskretion bestünde ja für jemanden, der Informationen über persönliche Angelegenheiten anderer hat, keinerlei Veranlassung, irgendwelche Rücksichten bei der Verbreitung seines Wissens walten zu lassen. Erst die Ächtung von Klatsch und Indiskretion führt zur Aktivierung des sozialen Beziehungsnetzes aus Freunden und Bekannten als dem angemessenen-weil-eingeschränkten Informationsvertriebssystem. Durch die gesellschaftliche Ächtung von Klatsch und Indiskretion wird das soziale Beziehungsnetz der Klatschakteure – funktionalistisch gesprochen – verstärkt. Mehr noch: Indem zwei Personen miteinander klatschen und somit gemeinsam etwas Ungehöriges tun, und auch indem sie miteinander ihre indiskreten Informationen und ihre Empörung über gemeinsam bekannte Dritte teilen, produzieren und reproduzieren sie zwischen sich eine soziale Beziehung mit einem hohen Intimitätsgrad. Damit ist Klatsch als Sozialform der diskreten Indiskretion ein Vergemeinschaftungsmechanismus ersten Ranges[44] – freilich nur unter der Voraussetzung, daß er auch weiterhin einer gesellschaftlichen Ächtung unterliegt.

Nun läßt sich seit einiger Zeit schon beobachten, daß die kollektive öffentliche Ächtung von Klatsch an verschiedenen Stellen Risse bekommen hat und zu bröckeln beginnt. Klatsch gilt heute nicht mehr wie selbstverständlich als eine verpönte Praxis, von der man sich distanziert, sondern wird weithin als ein ‚Alltagstherapeutikum' entdeckt und unverhohlen als eine Art von Volks-Psychotherapie gefeiert. „Klatsch – Balsam für die Seele", unter solchen und ähnlichen Überschriften finden sich seit einigen Jahren in Frauenjournalen und anderen Zeitschriften kleine Ratgeberartikel oder Glossen, die öffentlich zu einer Lobpreisung des Klatsches ansetzen.[45] Es scheint so, als wäre der moralische Diskurs, der seit jeher die öffentliche Rede über den Klatsch beherrscht hat, in unserer Zeit auf dem besten Weg, sich in einen medizinischen Diskurs über Klatsch zu verwandeln. Doch dieser *Prozeß der therapeutischen Nobilitierung* ist, insofern er auf eine öffentliche Rehabilitation des Klatsches hinausläuft, von einem Paradoxon gekennzeichnet: Er muß gerade dann scheitern, wenn er erfolgreich ist. Mit der Aufhebung seiner gesellschaftlichen Ächtung bräuchte der Klatsch ja nicht mehr heimlich betrieben, bräuchte indiskretes Wissen nicht mehr diskret kommuniziert zu werden – es gäbe kein Tuscheln mehr, kein Die-Köpfe-Zusammenstecken, kein verschwörerisches „Nur zu Dir!". D. h.: die gesellschaftliche Ehrenrettung des Klatsches würde zwangsläufig auch dessen gemeinschaftsbildende Funktion zum Verschwinden bringen, also gerade jenes Merkmal, auf welches sich die therapeutische Nobilitierung gründet. Die Vergemeinschaftungsfunktion von Klatsch ist ohne dessen gesellschaftliche Ächtung nicht zu haben; nur als etwas Böses kann Klatsch Gutes tun.

Anmerkungen

Fremdsprachige Zitate im Text wie in den Anmerkungen wurden, wenn keine vorliegenden deutschen Übersetzungen aufgeführt sind, vom Autor ins Deutsche übertragen.

Kapitel I

1 A. Schütz, *Der sinnhafte Aufbau der sozialen Welt*, Wien ²1960, S. 78.
2 „Welche Unordnungen ⟨...⟩ das Bewußtsein anrichtet", – das demonstriert Heinrich v. Kleist, *Über das Marionettentheater*, Reinbek 1964, S. 9 f., in jener bekannten Geschichte eines Jünglings, der, seine anmutige Haltung zufällig im Spiegel beobachtend, sogleich seine Unschuld verlor und sich vergeblich bemühte, diese Bewegung zu wiederholen.
3 G. W. F. Hegel, Enzyklopädie der philosophischen Wissenschaften im Grundrisse, Dritter Teil, in: id., *Werke in zwanzig Bänden*, Bd. 10, Frankfurt 1970, S. 80.
4 Cf. E. Durkheim, *Die Regeln der soziologischen Methode*, Neuwied 1961, S. 128 f.
5 H. Plessner, *Grenzen der Gemeinschaft: Eine Kritik des sozialen Radikalismus*, Bonn ²1972, S. 64.
6 Tatsächlich handelt es sich um ein Zitat aus der Untersuchung des Elias-Schülers H.-V. Krumrey, *Entwicklungsstrukturen von Verhaltensstandarden*, Frankfurt 1984, S. 233. Über Wissenschaftsparodien gibt es bis heute leider kaum Untersuchungen. Cf. aber als vielversprechenden Anfang: M. Mulkay/G. N. Gilbert, Joking apart: Some recommendations concerning the analysis of scientific culture, *Social Studies of Science*, 12 (1982), S. 585–613.
7 M. Weber, *Wirtschaft und Gesellschaft*, Tübingen ⁵1972, S. 23.
8 In jüngster Zeit hat vor allem Hans-Georg Soeffner energisch diese hermeneutischen Implikationen der sozialwissenschaftlichen Methodologie wieder in die Diskussion eingeführt, – was umso verdienstvoller ist, als den interpretativen Forschungsansätzen, die seit Anfang der 70er Jahre aus der amerikanischen Soziologie in die europäische Forschungsszene eindrangen (und im deutschsprachigen Raum – man denke an Alfred Schütz – teilweise reimportiert wurden), ein methodologisches, insbesondere hermeneutisches Traditionsbewußtsein weitgehend fehlte. Cf. dagegen etwa H.-G. Soeffner, Hermeneutik – zur Genese einer wissenschaftlichen Einstellung durch die Praxis der Aus-

legung, in: H.-G. Soeffner (Hrsg.), *Beiträge zu einer Soziologie der Interaktion*, Frankfurt 1984, S. 9–52.

9 Von den Vertretern der „Chicagoer Schule" wurde in den 20er Jahren, ohne daß sie bereits den Begriff „participant observation" verwendet hätten, die Methode der teilnehmenden Beobachtung in die Soziologie eingeführt, wobei die anthropologische Methode der ethnographischen Feldforschung einen deutlichen Einfluß ausübte, cf. J. Platt, The development of the ‚participant observation' method in sociology: Origin myth and history, *Journal of the History of the Behavioral Sciences*, 19 (1983), S. 379–393.

10 Zur Bedeutung und zu den persönlichen und sozialen Hintergründen von Malinowskis Arbeiten, mit denen die wissenschaftliche Ethnographie ihren Anfang nahm, cf. P. Kaberry, Malinowski's contribution to fieldwork methods and the writing of ethnography, in: R. Firth (ed.), *Man and culture*, London 1957, S. 71–91, sowie: F. Kramer, *Verkehrte Welten: Zur imaginären Ethnographie des 19. Jahrhunderts*, Frankfurt 1977, S. 82–92.

11 B. Malinowski, *Argonauten des westlichen Pazifik*, Frankfurt 1979, S. 29. (Die deutsche Übersetzung wurde nach dem Original korrigiert.)

12 ibid.

13 „Ein eiliger Sozialforscher, der sich ganz auf die Frage-Antwort-Methode verläßt, bringt bestenfalls ein lebloses Gerippe von Gesetzen, Vorschriften, Sitten und Bräuchen zusammen, denen zwar gehorcht werden sollte, die aber in Wirklichkeit oft umgangen werden. ⟨...⟩ Die meiste moderne wissenschaftliche Feldforschung ist mit Hilfe jener raschen und präzisen, manchmal überpräzisen Methoden geleistet worden, die sich auf der Frage-und-Antwort-Technik aufbauen. Diese Arbeit leidet daran, daß die rechtlichen und gesetzlichen Einrichtungen der Eingeborenenkultur übermäßig vereinfacht und übermäßig gleichförmig dargestellt werden. Derartiges Material hat unglücklicherweise in der Anthropologie die Anschauung aufkommen lassen, daß bei den Eingeborenen Gesetzesüberschreitungen und Verfehlungen nicht vorkämen, und daß Brauch und Sitte unfehlbar und automatisch befolgt würden", in: B. Malinowski, *Das Geschlechtsleben der Wilden in Nordwest-Melanesien*, Frankfurt 1979, S. 392.

14 Zur Rolle des Alltagswissens bei der Durchführung von Interviews und zu den daraus resultierenden Problemen cf. A. V. Cicourel, *Methode und Messung in der Soziologie*, Frankfurt 1970, S. 110 ff. Daran läßt sich die Frage knüpfen, ob nicht in den gängigen Formen des journalistischen und sozialwissenschaftlichen Interviews Struktur- und Bedeutungselemente – wie auch immer transformiert – enthalten sind, die auch heute noch auf ihre Herkunft aus den älteren Interrogativformen

der Beichte, der Beratung und der Vernehmung verweisen.
15 Cf. etwa J. Rubinstein, *City police*, New York 1973, S. 200 ff. („Private information").
16 Cf. R. Rohr, Auf Abruf bereit: Lokaljournalisten bei der Arbeit, in: H. M. Kepplinger (Hrsg.), *Angepaßte Außenseiter*, Freiburg 1979, S. 79 ff. (über die Bedeutung der „Kontaktpflege" für Lokaljournalisten).
17 M. N. Srinivas, *The remembered village*, Berkeley 1976, S. 23. (Die Feldforschung, die dieser Studie zugrundeliegt, wurde bereits in den 40er Jahren durchgeführt.)
18 K. Elwert-Kretschmer, Zwischen Tratsch und Anpassung: Der Prozeß der Feldforschung in einem malaiischen Dorf, Working Paper No. 53, Universität Bielefeld, Fakultät für Soziologie, Forschungsschwerpunkt Entwicklungssoziologie, 1984, S. 25.
19 R. Frankenberg, *Village on the border: A social study of religion, politics and football in a North Wales community*, London 1957, S. 21.
20 C. Bell, *Middle class families: Social and geographical mobility*, London 1968, S. 139. Auf diese Gefahr, die der Klatsch für den Feldforscher birgt, hat bereits F. Schütze, Exkurs über Klatschkommunikation in der Ortsgesellschaft, in: id., Die Technik des narrativen Interviews in Interaktionsfeldstudien, Ms. 1977, S. 21, deutlich hingewiesen: „Auf keinen Fall sollte der Feldforscher, um seine Chancen des Zugangs zu den Informationsquellen zu erhöhen, auf dem Markt inoffizieller Kommunikation mitzumischen versuchen, indem er von in der Feldforschung bereits erhobenen Inhalten berichtet, die bisher nur auf dem inoffiziellen Informationsmarkt gehandelt wurden. Das würde nämlich seine Rolle als neutrale Instanz gefährden und ihm in Zukunft weite Informationsbereiche verschließen." Kaum vermeiden läßt sich allerdings, daß der Feldforscher bei den von ihm Beobachteten selbst zum Gegenstand von Klatsch wird. Darauf verweist M. D. Murphy, Rumors of identity: Gossip and rapport in ethnographic research, *Human Organization*, 44 (1985), S. 132–137, der vorschlägt, den kursierenden Klatsch über den Feldforscher als aufschlußreiche ethnographische Information zu sammeln und zu interpretieren.
21 Aristoteles, *Nikomachische Ethik*, Jena 1909, S. 83 (Übers.: A. Lasson); Leipzig 1911, S. 78 (Übers.: E. Rolfes); Berlin [8]1983, S. 84 (Übers.: F. Dirlmeier); *The Nicomachean ethics*, London 1954, S. 94 (Übers.: D. Ross); Cambridge, Mass. 1982, S. 225 (Übers.: H. Rackham).
22 In der Regel wird heute davon ausgegangen, daß sich drei gesellschaftliche Entwicklungsstufen unterscheiden lassen: Jäger- und Sammlergesellschaften (mit ‚food-gathering'), segmentäre Gesellschaften (mit ‚food-producing') und kephale Gesellschaften. Für die Untersuchung

von Klatsch spielen derartige Unterschiedungen zunächst keine erkennbare Rolle: Es gibt keine einzige Ethnographie, die für eine Gesellschaft explizit das Fehlen von Klatsch feststellt.

23 P. Radin, *Primitive man as philosopher,* New York ²1957, S. 77. Cf. in neuerer Zeit etwa M. S. Edmonson, Play: Games, gossip, and humor, in: M. Nash (ed.), *Handbook of Middle American Indians,* Austin 1967, S. 191: „Middle American Indians ⟨...⟩ are inveterate and vivacious gossips."

24 Cf. A. Hahn/H.-A. Schubert/H.-J. Siewert, *Gemeindesoziologie: Eine Einführung,* Stuttgart 1979, S. 19: „Methoden und Theorien, die bei Forschungen etwa in Asien, Polynesien oder Neuguinea entwickelt wurden, wandte man jetzt ⟨sc. in den zwanziger Jahren⟩ auf die amerikanische Gemeinde an."

25 E. LeRoy Ladurie, *Montaillou: Ein Dorf vor dem Inquisitor 1294 bis 1324,* Frankfurt 1983, S. 298. Die deutsche Übersetzung wurde stilistisch korrigiert.

26 C. Geertz, Slide show: Evans-Pritchard's African transparencies, *Raritan,* III:2 (1984), S. 80.

27 Eine Darstellung des Problems und einen Überblick über die seit einigen Jahren stark zunehmende Literatur, in der sich soziologische, anthropologische, methodologische, literaturwissenschaftliche und rhetorische Argumente miteinander verschränken, liefern G. E. Marcus/D. Cushman, Ethnographies as texts, *Annual Review of Anthropology,* 11 (1982), S. 25–69. Von der soziologischen Seite her wird das Problem entwickelt bei P. Atkinson, Writing ethnography, in: H. J. Helle (Hrsg.), *Kultur und Institution,* Berlin 1982, S. 77–105, der bemüht ist, die naheliegende Gefahr des Relativismus zu vermeiden; von der anthropologischen Seite her wird das Problem unter Bezugnahme auf hermeneutische Positionen (Dilthey, Ricœur) diskutiert bei J. Clifford, On ethnographic authority, *Representations,* 1:2 (Spring 1983), S. 118–146. Im deutschsprachigen Raum ist diese Diskussion bislang kaum registriert worden, cf. aber F. Kramer, Die ‚social anthropology' und das Problem der Darstellung anderer Gesellschaften, in: F. Kramer/ Ch. Sigrist (Hrsg.), *Gesellschaften ohne Staat I: Gleichheit und Gegenseitigkeit,* Frankfurt 1978, S. 9–27, der freilich das Problem allzu rasch ideologiekritisch angeht und auf den „bürgerlichen Ethnozentrismus" der Sozialanthropologie reduziert.

28 Ein Gespür für diese Entwicklung, die möglicherweise die Diskussionen um das Selbstverständnis der Soziologie in den nächsten Jahren nicht unwesentlich beeinflussen wird, hat C. Geertz, Blurred genres: The refiguration of social thought, *American Scholar,* 49 (1980), S. 165–179, gezeigt. Im französischen Kontext – man denke etwa an die

Arbeiten von Michel Leiris oder an Lévi-Strauss' „Traurige Tropen" – erscheint eine solche Verwischung von Gattungsgrenzen weit weniger fremdartig als im deutschen. Cf. zu den Wechselwirkungen von Ethnologie, Soziologie und surrealistischer Bewegung im Frankreich der 20er und 30er Jahre J. Clifford, On ethnographic surrealism, *Comparative Studies in Society and History*, 23 (1981), S. 539–564. Im deutschsprachigen Raum werden die literarisch-poetischen Ethnographien von Hubert Fichte – etwa die über den afro-amerikanischen Synkretismus („Xango"; „Petersilie") – bisland nur im literaturwissenschaftlichen, nicht aber im sozialwissenschaftlichen Kontext rezipiert. Cf. etwa G. Dischner, Das poetische Auge des Ethnographen, *Text + Kritik*, „Hubert Fichte", Nr. 72 (Okt. 1981), S. 30–47.

29 L. Tiger/R. Fox, *Das Herrentier: Steinzeitjäger im Spätkapitalismus*, München 1973, S. 229.

30 L. Wylie, *Dorf in der Vaucluse: Der Alltag einer französischen Gemeinde*, Frankfurt 1969, S. 274–277. (Der Text wurde an mehreren Stellen ohne Auslassungszeichen gekürzt.)

31 W. Benjamin, Der Erzähler. Betrachtungen zum Werk Nikolai Lesskows, in: id., *Über Literatur*, Frankfurt 1969, S. 39.

32 E. E. Evans-Pritchard, Zande conversation pieces, in: J. Pouillon/ P. Maranda (eds.), *Échanges et communications*, The Hague/Paris 1970, S. 29 u. S. 49. Evans-Pritchard hat in seinem letzten Werk ausdrücklich auf die Darstellungsmängel auch seiner eigenen Arbeiten hingewiesen: „Ich habe den Eindruck gewonnen, daß Anthropologen (rechnen Sie mich dazu, wenn Sie wollen) in ihren Schriften über afrikanische Gesellschaften die Afrikaner in Systeme und Strukturen enthumanisiert und dabei das Fleisch und Blut vergessen haben", in: E. E. Evans-Pritchard, *Man and woman among the Azande*, London 1974, S. 9, zit. nach: F. Kramer, l. c., S. 25.

33 E. C. Parsons, Town gossip, in: id., *Mitla, town of the souls, and other Zapoteco-speaking pueblos of Oaxaca, Mexico*, Chicago ²1966, S. 386.

34 Th. Gladwin/S. B. Sarason, *Truk: Man in paradise*, New York 1953, S. 148 f.

35 J. West, *Plainville, U.S.A.*, New York 1945, S. 99 ff., hat in seiner Studie über eine amerikanische Kleinstadt solche intimen Kleingruppen, die einen Großteil ihrer Freizeit mit Klatsch verbringen, studiert und als „gossip cells" bezeichnet. (‚J. West' ist im übrigen ein Pseudonym für Withers, – es gibt mehrere Gemeindestudien, die unter einem Pseudonym veröffentlicht werden mußten; cf. etwa W. Lancaster, Correspondence, *Man*, 9 (1974), S. 626–627, über die Gründe, weshalb er seine Untersuchung über ein englisches Dorf unter dem Namen C. Harris

publizieren mußte.) A. Gallaher, *Plainville fifteen years later*, New York 1961, S. 136 ff., ist in seiner Nachfolgestudie über die gleiche Kleinstadt – „Plainville" ist natürlich selbst ein Deckname – wieder den von J. West beschriebenen Klatschcliquen begegnet.

36 Daß bei den Tchambuli, einer kleinen pazifischen Stammeskultur, die Männer als klatschsüchtig gelten, beschreibt M. Mead, *Mann und Weib: Das Verhältnis der Geschlechter in einer sich wandelnden Welt*, Reinbek 1958, S. 79 f. Ausführlich wird die geschlechtsspezifische Zuordnung von Klatsch unten in Kap. III.3 behandelt.

37 Cf. L. Wylie, *Dorf in der Vaucluse*, l. c., S. 274 ff.

38 Cf. R. Frankenberg, *Village on the border*, l. c., S. 20.

39 Cf. S. Harding, Women and words in a Spanish village, in: R. Reiter (ed.), *Towards an anthropology of women*, New York 1975, S. 300.

40 Cf. M. Wolf, *Women and the family in rural Taiwan*, Stanford 1972, S. 146.

41 Cf. A. L. Epstein, The network and urban social organization, *Rhodes-Livingstone Institute Journal*, 29 (1961), S. 44.

42 Cf. B. Malinowski, *Das Geschlechtsleben der Wilden in Nordwest-Melanesien*, l. c., S. 31.

43 Cf. L. Bennett, *Dangerous wives and sacred sisters: Social and symbolic roles of high-caste women in Nepal*, New York 1983, S. 3.

44 Cf. J. du Boulay, Gossip, friendship, and quarrels, in: id., *Portrait of a Greek mountain village*, Oxford 1974, S. 208.

45 Cf. Y. Murphy/R. F. Murphy, *Women of the forest*, New York 1974, S. 135.

46 Cf. J. F. Embree, *Suye Mura: A Japanese village*, Chicago 1939, S. 53.

47 Cf. D. Gilmore, Varieties of gossip in a Spanish rural community, *Ethnology*, 17 (1978), S. 91.

48 Cf. J. C. Faris, The dynamics of verbal exchange: A Newfoundland example, *Anthropologica*, 8 (1966), S. 238 f.

49 Über alleinstehende Frauen und Witwen als bevorzugte Klatschobjekte in einem griechischen Bergdorf, cf. J. du Boulay, l. c., S. 122 u. passim.

50 M. Wolf, l. c., S. 48, 146, berichtet, daß die Frauen in einem taiwanesischen Dorf extensiv über jede einheiratende Schwiegertochter klatschen, die erst nach einer gewissen Zeit selbst in diesen Klatschzirkel aufgenommen wird.

51 Zahlreiche Beispiele über den Lehrer als Zielperson des Klatsches in einer amerikanischen Kleinstadt der 30er Jahre enthält W. Waller, *The sociology of teaching*, New York 1961, Kap. V: „Teachers in the community".

52 Eigene Beobachtungen, sowie: R. L. Coser, Insulation from observability and types of social conformity, *American Sociological Review*, 26 (1961), S. 38.

53 Eine Auflistung von Klatschthemen findet sich etwa in: F. E. Lumley, Gossip, in: id., *Means of social control*, New York 1925, S. 222 f., sowie in: D. E. Allen/R. F. Guy, *Conversation analysis: The sociology of talk*, The Hague 1974, S. 247 f.

54 Seit längerer Zeit bereits wird in der Ethnologie die These diskutiert, daß in den Gesellschaften, in denen die Frauen segregiert und aus dem öffentlichen Leben ausgeschlossen sind, ein dichtes Netz aus Freundschaftsbeziehungen zwischen den Frauen anzutreffen ist. Dieses Netzwerk verhilft den Frauen zu einem hohen Maß an sozialer Kontrolle über die Entscheidungen und das Verhalten der Männer, und zwar dadurch, daß die Frauen über dieses Netzwerk an wichtige Informationen gelangen sowie Klatschinformationen über die Männer in Umlauf setzen können. Vermittels der Drohung, Klatsch auszustreuen, üben Frauen in diesen Gesellschaften – so die These – eine zwar heimliche aber dennoch wirkungsvolle Macht über die Männer aus. Cf. hierzu etwa: E. Friedl, The position of women: Appearance and reality, *Anthropological Quarterly*, 40 (1967), S. 97–108; C. Nelson, Public and private politics: Women in the Middle Eastern world, *American Ethnologist*, 1 (1974), S. 551–563; S. C. Rogers, Female forms of power and the myth of male dominance: A model of female/male interaction in peasant society, *American Ethnologist*, 2 (1975), S. 727–756; L. Lamphere, Women and domestic power: Political and economic strategies in domestic groups, in: D. Raphael (ed.), *Being female: Reproduction, power, and change*, The Hague/Paris 1975, S. 123 f. („Diese informellen Frauengruppen üben durch Klatsch eine andere Art von informellem Druck auf die Männer aus.") Cf. hierzu auch unten Kap. III, Anm. 58.

55 „Gossip ⟨...⟩ is intimately linked with sorcery", bemerkt Y. A. Cohen, Four categories of interpersonal relationships in the family and community in a Jamaican village, in: M. M. Horowitz (ed.), *Peoples and cultures of the Caribbean*, Garden City, N.Y. 1971, S. 421, und spricht damit einen Sachverhalt an, der sowohl von Historikern als auch von Ethnologen oftmals bestätigt wurde. Cf. C. Kluckhohn, *Navaho witchcraft*, Boston 1967, S. 92, 101 u. passim, der „witchcraft gossip" rasch funktionalistisch als eine Form des verdeckten Ausdrucks von Aggression erklärt. Zur Kritik an Kluckhohns mechanistischer Anwendung der Psychoanalyse bei der Interpretation von Klatsch cf. E. Devons/ M. Gluckman, Conclusion: Modes and consequences of limiting a field of study, in: M. Gluckman (ed.), *Closed systems and open minds*, Edinburgh 1964, S. 247 ff. Cf. daran im Anschluß auch L. Lamphere, The Navajo cultural system: An analysis of concepts of cooperation and autonomy and their relation to gossip and witchcraft, in: K. Basso/

M. Opler (eds.), *Apachean culture history and ethnology*, Tucson, Ariz. 1971, S. 91–114, die im Gegensatz zu Kluchhohns psychologischer Erklärung betont, daß der Klatsch, in dem andere der Zauberei beschuldigt werden, vorrangig darauf abzielt, unkooperatives Verhalten zu unterbinden. Cf. für den Stamm der Paiute in Oregon: B. B. Whiting, *Paiute sorcery*, New York 1950, S. 64 f., sowie für die Kwahu in Ghana W. Bleek, Witchcraft, gossip and death: A social drama, *Man*, 11 (1976), S. 526–541, der auch eine detaillierte Fallanalyse enthält. Eine Reihe historischer und anthropologischer Verweise auf den Zusammenhang von Klatsch und Zauberei enthält der Band von M. Douglas (ed.), *Witchcraft confessions and accusations*, London 1970 (S. 67; 91; 229 f.). W. I. Thomas/F. Znaniecki, *The Polish peasant in Europe and America*, New York 1958, S. 1060, fragen sich, „ob die enorme Bedeutung, die jeder böse Klatsch in den Augen der verklatschten Person erhält, ihren Ursprung nicht in dem primitiven magischen Glauben an die reale Wirkung von Wörtern hat". In der Tat lassen sich fast immer beide Möglichkeiten beobachten: Im Klatsch werden andere der Hexerei beschuldigt, aber wer viel klatscht, zieht selbst Hexereiverdächtigungen auf sich. Cf. hierzu bereits E. E. Evans-Pritchard, *Hexerei, Orakel und Magie bei den Zande*, Frankfurt 1978, S. 98 ff.

56 Cf. A. Silbermann, Systematische Inhaltsanalyse, in: R. König (Hrsg.), *Handbuch der empirischen Sozialforschung*, Bd. 4, Stuttgart ³1974, S. 254.

Kapitel II

1 Zeitungsschlagzeilen bilden ganz allgemein, weil sie unter dem Zwang zur Ökonomie und zur Attrahierung der Aufmerksamkeit in extensiver Weise mit dem Alltagswissen des Lesers spielen, ein interessantes Objekt für die Wissenssoziologie. Mehrere konversationsanalytisch orientierte Autoren haben sich in den vergangenen Jahren unter diesem Aspekt mit Zeitungsüberschriften beschäftigt. Cf. etwa die Analyse der Schlagzeile „Girl Guide Aged 14 Raped At Hell's Angels Convention" bei J. Lee, Innocent victims and evil-doers, *Women's Studies International Forum*, 7 (1984), S. 69–73, sowie P. Eglin, Readers' work in making news: A study of a newspaper headline and a direction for research, Ms. 1983. Die kritische Distanz derartiger wissenssoziologischer Arbeiten zu herkömmlichen mediensoziologischen Ansätzen wird betont bei: D. C. Anderson/W. W. Sharrock, Biasing the news: Technical issues in ‚media studies', *Sociology*, 13 (1979), S. 375 ff.

2 D. Lessing, *Das goldene Notizbuch*, Frankfurt 1978, S. 25.

3 Als „formulations" werden derartige metakommunikative Gesprächstypisierungen von H. Garfinkel/H. Sacks, On formal structures of practical actions, in: J. C. McKinney/E. A. Tiryakian (eds.), *Theoretical sociology*, New York 1970, S. 350 ff., bezeichnet; eine spezifische Plazierung und Funktion derartiger ‚formulations' wird analysiert von J. C. Heritage/D. R. Watson, Formulations as conversational objects, in: G. Psathas (ed.), *Everyday language: Studies in ethnomethodology*, New York 1979, S. 123–162. Eine gute allgemeine Darstellung solcher Grenzmarkierungen von Diskurseinheiten liefert D. Schiffrin, Metatalk: Organizational and evaluative brackets in discourse, *Sociological Inquiry*, 50 (1980), S. 199–236.

4 Cf. G. Ryle, *Der Begriff des Geistes*, Stuttgart 1969, Kap. 2 (besonders auch die Anmerkung des Übersetzers, S. 26); A. Schütz/Th. Luckmann, *Strukturen der Lebenswelt*, Bd. 1, Frankfurt 1979, Kap. III.A.1c.

5 K. Vossler, Die Grenzen der Sprachsoziologie, in: id., *Gesammelte Aufsätze zur Sprachphilosophie*, München 1923, S. 239.

6 Als Quelle dient im folgenden vor allem die vorzügliche Sammlung von Texten zur Theoriegeschichte des Gesprächs von C. Schmölders (Hrsg.), *Die Kunst des Gesprächs: Texte zur Geschichte der europäischen Konversationstheorie*, München 1979.

7 Theophrast, Charakterskizzen, in: C. Schmölders, l. c., S. 90.

8 Jesus Sirach, Unterricht über den Mund, in: C. Schmölders, l. c., S. 92.

9 G. della Casa, Vom täglichen Gespräch, in: C. Schmölders, l. c., S. 124.

10 N. L. G. Zinzendorf, Gedanken vom Reden und Gebrauch der Worte, in. C. Schmölders, l. c., S. 193.

11 Cf. W. Martens, *Die Botschaft der Tugend: Die Aufklärung im Spiegel der deutschen Moralischen Wochenschriften*, Stuttgart 1968, S. 344 ff., 359, 377, 507, 519, 536. Steele und Addison, die im Jahr 1709 die erste Nummer des „Tatler" herausbrachten, verstanden sich als „censors of manners and morals"; cf. hierzu auch J. Habermas, *Strukturwandel der Öffentlichkeit: Untersuchungen zu einer Kategorie der bürgerlichen Gesellschaft*, Neuwied 1962, S. 54 f.

12 Knigge selbst trat bereits in der Vorrede zu einer Neuauflage seines Buches einer reduktionistischen Lektüre entgegen: „Wenn die Regeln des Umgangs nicht bloß Vorschriften einer konversationellen Höflichkeit oder gar einer gefährlichen Politik sein sollen, so müssen sie auf den Lehren von den Pflichten gegründet sein, die wir allen Arten von Menschen schuldig sind, und wiederum von ihnen fordern können. Das heißt: ein System, dessen Grundpfeiler *Moral und Weltklugheit* sind, muß dabei zum Grunde liegen." Cf. A. v. Knigge, *Über den Umgang mit Menschen*, Berlin 1966, S. 6. Im übrigen warnt natürlich auch Knigge (ibid., S. 28) davor, „von einem Haus in das andere Nachrichten

zu tragen, vertrauliche Tischreden, Familiengespräche, Bemerkungen, die du über das häusliche Leben von Leuten, mit welchen du viel umgehst, gemacht hast, und dergleichen auszuplaudern".

13 N. u. D. Schäfer-Elmayer, *Der neue Elmayer: Gutes Benehmen immer gefragt*, Wien 1969, S. 56. Cf. unter vielen anderen die folgenden eindringlichen Warnungen: „Klatsch! Hast du schon gehört? Wissen Sie schon? Fräulein X und Herr Y haben sich getrennt. Und dabei hat sie sich solche Mühe gegeben! Ah, ist ihm doch noch ein Licht aufgegangen? Aber nein, gerade umgekehrt, er ist einfach abgeblitzt, die Eltern haben es endlich verboten. Aber da muß doch etwas passiert sein? Natürlich, und dabei sind liebliche Dinge herausgekommen. Das wissen Sie nicht? Davon hast du nichts gehört? Kss... Ks... – Klatsch! – Hoffen wir wenigstens, wenn sie schon so ungeschickt war, diese trübe Flut der Gerüchte nicht rechtzeitig zu vermeiden, daß weder sie noch er sich zu ihrer ‚Rechtfertigung' daran beteiligen. Schweigen!", in: H. Dietrich, *Menschen miteinander: Ein Brevier des taktvollen und guten Benehmens*, Berlin 1965, S. 272. „Klatsch: Ist nicht nur feige, weil er ja hinter dem Rücken ausgeführt wird, so daß der Beklatschte sich nicht einmal verteidigen kann, sondern ist auch dazu angetan, tiefe Feindschaft zu säen", in: I. Wolter, *Benimm-Brevier für junge Menschen*, Wiesbaden o. J., S. 91. Eine Technik zur Unterbindung von Klatsch empfiehlt die folgende Autorin: „Am liebsten redet man über Abwesende. Da kann man so schön schimpfen, klatschen, Gerüchte verbreiten. Und man ist sich über die üble Person herrlich einig. ‚Also haben Sie das schon wieder gehört...', ‚Und neulich überhaupt, da...'. Wenn du das stoppen könntest! Du brauchst nicht gleich aufzuspringen und eine flammende Rede gegen böse Nachrede zu halten. Ich schlage vor: ‚Aber Irene, du? Gestern habe ich dich noch untergehakt mit ihr auf der Straße getroffen. Außerdem – ich finde sie ganz nett, es mag Geschmacksache sein. Wer möchte noch ein Glas Sprudel?'", in: R. Harbert, *Bitte so! Anstandsbüchlein für junge Damen und solche, die es werden wollen*, Recklinghausen [5]1954, S. 26. Es gar nicht erst zum Klatsch kommen zu lassen, ist der Rat der folgenden Benimmexpertin: „Durch lieblose Klatschereien sind schon manche unglücklich geworden. ⟨...⟩ Jemandem etwas ‚unter dem Siegel der Verschwiegenheit' nach feierlichen Beschwörungen, es auch ‚ganz bestimmt niemandem weiterzusagen', zu berichten, ist nicht gestattet, auch dort nicht, wo es kaum zu vermeiden ist. Es macht auf unser Gegenüber einen viel besseren Eindruck, wenn wir ehrlich sagen: ‚Ich bedaure, aber über diese Angelegenheit möchte ich nicht sprechen', als wenn wir ein anvertrautes Gut preisgeben. Menschen, die dieses tun, geraten mit Recht in den Verdacht, daß sie selbst nicht imstande sind, etwas für sich

zu behalten", in: R. Andreas-Friedrich, *So benimmt sich die junge Dame*, Heidelberg ²1954, S. 74.
14 Folianten ließen sich füllen mit künstlerischen Darstellungen von Klatschszenen und klatschhaften Personen in der Literatur (von Boccaccios „Dekameron" über Jane Austen, Theodor Fontane bis zu James Joyce), in der Dramenliteratur (bei Shakespeare, bei Molière oder in den Salon- und Intrigenkomödien – Beaumarchais – des 18. Jahrhunderts) oder in der bildenden Kunst (etwa bei Grandville oder Doré). Zahlreiche Darstellungen lassen sich finden bei E. Fuchs, *Die Frau in der Karikatur*, Frankfurt 1973; einige Hinweise liefert die populärwissenschaftliche, psychologisierende Arbeit von K. Thiele-Dohrmann, *Unter dem Siegel der Verschwiegenheit: Die Psychologie des Klatsches*, Düsseldorf 1975, Kap. 2.
15 Ch. Thomasius, Von der Klugheit, sich in täglicher Konversation wohl aufzuführen, in: C. Schmölders, l. c., S. 184.
16 Cf. etwa den Artikel „Conversation, entretien", in: D. Diderot/J. L. D'Alembert/De Jaucourt, *Synonymes français*, Paris 1801, S. 94–96, oder N. Trublet, Gedanken über die Konversation, in: C. Schmölders, l. c., S. 194–198.
17 Cf. etwa F. E. D. Schleiermacher, Versuch einer Theorie des geselligen Betragens, in: id., *Werke*, Bd. II, Leipzig ²1927, S. 1–31.
18 Cf. W. v. Humboldt, Über den Dualis, in: id., *Schriften zur Sprache*, Stuttgart 1973, S. 21–29, vor allem S. 21: „Die Sprache ist aber durchaus kein bloßes Verständigungsmittel, sondern der Abdruck des Geistes und der Weltansicht der Redenden, *die Geselligkeit ist das unentbehrliche Hülfsmittel zu ihrer Entfaltung.*" (Meine Hervorhebung)
19 Moritz Lazarus und Heymann Steinthal, die 1859 die „Zeitschrift für Völkerpsychologie und Sprachwissenschaft" gründeten, sind heute – nicht nur – als Lehrer Georg Simmels weitgehend vergessen, wie K. Ch. Köhnke, Von der Völkerpsychologie zur Soziologie: Unbekannte Texte des jungen Georg Simmel, in: H.-J. Dahme/O. Rammstedt (Hrsg.), *Georg Simmel und die Moderne*, Frankfurt 1984, S. 391, bemerkt. Cf. auch die dort (S. 393–401) referierte Besprechung von Steinthals ‚Allgemeiner Ethik' durch Georg Simmel aus dem Jahr 1886.
20 M. Lazarus, Über Gespräche, in: id., *Ideale Fragen*, Berlin 1878, S. 233–265.
21 ibid., S. 238 resp. 237.
22 R. Hirzel, *Der Dialog: Ein literarhistorischer Versuch*, 2 Bde., Leipzig 1895, S. 2 ff.
23 A. Heller, *Das Alltagsleben: Versuch einer Erklärung der individuellen Reproduktion*, Frankfurt 1978, S. 286 f. Als „das kleinbürgerlichste aller Phänomene" wird Klatsch bezeichnet von W. Benjamin, Der

destruktive Charakter, in: id., *Gesammelte Schriften*, Bd. IV.1 (WA 10), Frankfurt 1980, S. 397. E. Bloch beginnt seine Soziologie des niedergehenden Bürgertums mit einem kurzen Stück über Klatsch: „Klatsch kriecht die Treppen auf und ab, hält diese Menschen zusammen, indem er sie trennt. Er ist die schiefe Art, unzufrieden zu sein." Cf. E. Bloch, Der Klatsch, in: id., *Erbschaft dieser Zeit*, Frankfurt 1962, S. 25 f.
24 B. F. Skinner, *Futurum zwei – „Walden Two": Die Vision einer aggressionsfreien Gesellschaft*, Reinbek 1972, S. 152. In diesen Kontext läßt sich auch die Arbeit von H. Lanz, Metaphysics of gossip, *International Journal of Ethics*, 46 (1936), S. 492–499 stellen, dessen Ziel es ist, „die Existenz des Teufels mittels einer Analyse des Phänomens ‚Klatsch' zu veranschaulichen" (S. 493).
25 M. Lazarus, Über Gespräche, l. c., S. 242.
26 E. B. Almirol, Chasing the elusive butterfly: Gossip and the pursuit of reputation, *Ethnicity*, 8 (1981), S. 294.
27 J. Cutileiro, *A Portuguese rural society*, Oxford 1971, S. 138.
28 Th. Gregor, *Mehinaku: The drama of daily life in a Brazilian Indian village*, Chicago 1977, S. 85 f.
29 *Duden-Stilwörterbuch*, Mannheim ⁵1963.
30 Wissenschaftshistorisch betrachtet taucht das Gattungskonzept in Anlehnung an und in Absetzung von seinem literaturwissenschaftlichen Vorbild zuerst in den 30er Jahren in der Folkloreforschung zur mündlichen Dichtung („oral literature") auf. Einen großen Einfluß übte dabei der Aufsatz von P. G. Bogatyrev/R. Jakobson, Die Folklore als eine besondere Form des Schaffens, in: *Donum Natalicium Schrijnen*, Nijmegen 1929, S. 900–913, aus. Das Bemühen der beiden Autoren ist es, unter Bezugnahme auf Saussures Unterscheidung von ‚langue' und ‚parole' die mündliche Dichtung oder Folklore prinzipiell von der Literatur abzugrenzen. Diese Bemühungen führen, wie die Autoren selbst bemerken, zu einer Rehabilitierung der romantischen Konzeption der Naturpoesie, – ähnlich wie in der zur gleichen Zeit erschienenen Arbeit von A. Jolles, *Einfache Formen: Legende, Sage, Mythe, Rätsel, Spruch, Kasus, Memorabile, Märchen, Witz*, Halle 1930, die jedoch davor zurückscheut, den Bereich des Schriftlich-Literarischen zu verlassen. Auf breiter Front wird das Gattungskonzept in der Volkskunde und Folkloreforschung dann in den 60er Jahren diskutiert: cf. etwa die seit dem Jahr 1968 erscheinende Zeitschrift *Genre* sowie H. Bausingers Untersuchung *Formen der „Volkspoesie"*, Berlin 1968. (Bereits Bausingers Dissertation 1952 beschäftigte sich mit dem Thema „Lebendiges Erzählen".) In die von Anthropologie und Linguistik gleichermaßen inspirierte „Ethnographie der Kommunikation" wird das Konzept der „communicative genres" in den 60er Jahren eingeführt von D. Hymes,

Introduction: Toward ethnographies of communication, in: J. J. Gumperz/D. Hymes (eds.), *The ethnography of communication, ‚American Anthropologist'* (Special Issue), 66:6, Pt. 2 (1964), S. 13 f. Für eine neuere Darstellung cf. etwa D. Ben-Amos, The concept of genre in folklore, in: J. Pentikäinen/T. Juurika (eds.), *Folk narrative research*, Helsinki 1976, S. 30–43.

31 Cf. J. Ruesch/G. Bateson, *Communication: The social matrix of psychiatry*, New York 1951, S. 183 f.

32 Bereits M. Lazarus, l. c., S. 240, benutzt die Geschichte der Botanik als Analogie zu der – für ihn noch in der Zukunft liegenden – Geschichte der Wissenschaft über die Gespräche.

33 Cf. M. Weber, Die „Objektivität" sozialwissenschaftlicher und sozialpolitischer Erkenntnis, in: id., *Methodologische Schriften*, Frankfurt 1968, S. 53.

34 Cf. A. Schütz, Begriffs- und Theoriebildung in den Sozialwissenschaften, in: id., *Gesammelte Aufsätze*, Bd. 1, Den Haag 1971, S. 70.

35 Cf. O. Marquard, Die Frage nach der Frage, auf die die Hermeneutik die Antwort ist, in: id., *Abschied vom Prinzipiellen*, Stuttgart 1981, S. 117–146.

36 Cf. A. Schütz/Th. Luckmann, *Strukturen der Lebenswelt*, Bd. 2, Frankfurt 1984, S. 13: „In allen Gesellschaften werden Stileinheiten des Sinns als kommunikative Gattungen objektiviert und bilden Sinnsetzungstraditionen."

37 Zum Konzept der „unproblematischen Probleme" cf. P. Berger/Th. Luckmann, *Die gesellschaftliche Konstruktion der Wirklichkeit*, Frankfurt 1970, S. 27.

38 Kommunikative Vorgänge in diesem Sinn als Resultat von sich überlagernden, stellenweise in Widerspruch zueinander geratenden Ordnungsstrukturen zu konzipieren, war der zentrale Ausgangspunkt für die de- und rekomponierenden Analysen eines von Thomas Luckmann und Peter Gross geleiteten Forschungsprojekts zum Problem der Datenkonstitution. Cf. den Projektabschlußbericht: J. R. Bergmann/J. Bossi-Dünker/J. Fuhrmann/P. Gross/Th. Luckmann/J. Schmuker/S. Uhmann/P. Winkler, *Zur Produktion und Konstitution sozialwissenschaftlicher Daten* (Arbeitstitel), Ms. 1986.

39 D. Hymes, Ways of speaking, in: R. Bauman/J. Sherzer (eds.), *Explorations in the ethnography of speaking*, London 1974, S. 443.

40 Es ist völlig unmöglich, hier auch nur andeutungsweise die Fülle und Diversifikation der vorliegenden Literatur zu einzelnen kommunikativen Gattungen wiederzugeben. Cf. die mehrere hundert Eintragungen umfassende Bibliographie „Mündliche Gattungen alltäglicher Kommunikation" von Th. Luckmann/J. R. Bergmann, Ms., Universität Kon-

stanz, 1982. Einen ersten Einblick ermöglichen die beiden Sammelbände von R. Baumann/J. Sherzer (eds.), *Explorations in the ethnography of speaking*, London 1974, und D. Ben-Amos (ed.), *Folklore genres*, Austin 1976.

41 Cf. Th. Luckmann, Grundformen der gesellschaftlichen Vermittlung des Wissens: Kommunikative Gattungen, in: F. Neidhardt/M. R. Lepsius/J. Weiss (Hrsg.), *Kultur und Gesellschaft* (Sonderheft 27 der ‚KZfSS'), Opladen 1986, S. 191–211.

42 R. Schott, Das Geschichtsbewußtsein schriftloser Völker, *Archiv für Begriffsgeschichte*, 12 (1968), S. 169f.

43 O. Marquard, Beitrag zur Philosophie der Geschichte des Abschieds von der Philosophie der Geschichte, in: R. Koselleck/W.-D. Stempel (Hrsg.), *Geschichte – Ereignis und Erzählung* (Poetik und Hermeneutik, Bd. V), München 1973, S. 241.

44 Cf. etwa G. Albrecht, Zur Stellung historischer Forschungsmethoden und nichtreaktiver Methoden im System der empirischen Sozialforschung, in: P. Ch. Ludz (Hrsg.), *Soziologie und Sozialgeschichte* (Sonderheft 16 der ‚KZfSS'), Köln 1972, S. 242–293.

45 C. Ginzburg, Spurensicherung: Der Jäger entziffert die Fährte, Sherlock Holmes nimmt die Lupe, Freud liest Morelli – die Wissenschaft auf der Suche nach sich selbst, *Freibeuter*, Heft 4 (1980), S. 12.

46 Das hier entwickelte Konzept der rekonstruktiven Gattungen bildet die leitende Idee für das seit 1984 von der DFG geförderte Forschungsprojekt „Strukturen und Funktionen von rekonstruktiven Gattungen in der alltäglichen Kommunikation" (Leitung: Th. Luckmann/J. R. Bergmann).

47 Zum Gespräch als dem beherrschenden Medium der Wirklichkeitsmodellierung etwa bei Fontane cf. W. Preisendanz, Zur Ästhetizität des Gesprächs bei Fontane, in: K. Stierle/R. Warning (Hrsg.), *Das Gespräch* (Poetik und Hermeneutik, Bd. XI), München 1984, S. 473–487.

48 L. N. Tolstoj, *Anna Karenina*, Frankfurt 1966, S. 201.

49 Die Problematik der rekonstruktiven Qualität von sozialwissenschaftlichen Daten wird ausführlich diskutiert in J. R. Bergmann, Flüchtigkeit und methodische Fixierung sozialer Wirklichkeit: Aufzeichnungen als Daten der interpretativen Soziologie, in: W. Bonß/H. Hartmann (Hrsg.), *Entzauberte Wissenschaft* (Sonderband 3 der ‚Sozialen Welt'), Göttingen 1985, S. 299–320.

50 Th. Luckmann, Zum hermeneutischen Problem der Handlungswissenschaften, in: M. Fuhrmann u. a. (Hrsg.), *Text und Applikation* (Poetik und Hermeneutik, Bd. IX), München 1981, S. 518.

51 Die Unterscheidung von rekonstruierender und registrierender Konservierung sowie deren Bedeutung für das Problem der Konstitution sozialwissenschaftlicher Daten werden entwickelt und erläutert in J. R.

Bergmann, Flüchtigkeit und methodische Fixierung sozialer Wirklichkeit, l. c., S. 305 ff.
52 Cf. vor allem die Ausführungen zum Textbegriff bei H.-G. Soeffner, Statt einer Einleitung: Prämissen einer sozialwissenschaftlichen Hermeneutik, in: id. (Hrsg.), *Beiträge zu einer empirischen Sprachsoziologie*, Tübingen 1982, S. 9–48; sowie: H.-G. Soeffner, Anmerkungen zu gemeinsamen Standards standardisierter und nicht-standardisierter Verfahren in der Sozialforschung, in: M. Kaase/M. Küchler (Hrsg.), *Herausforderungen der Empirischen Sozialforschung*, Mannheim 1985, S. 109–126.
53 J. B. Haviland, *Gossip, reputation, and knowledge in Zinacantan*, Chicago 1977.
54 Während die Konversationsanalyse – in unterschiedlicher Explizitheit – an Schütz, die Ethnomethodologie, Goffman, Wittgenstein, die Ethnotheorie und die Ethnographie des Sprechens anknüpft, reklamiert die Objektive Hermeneutik für sich die Kritische Theorie, den Strukturalismus, Piaget und die deutsche geisteswissenschaftliche Tradition.
55 Eine Darstellung der Konversationsanalyse findet sich in: J. R. Bergmann, Ethnomethodologische Konversationsanalyse, in: P. Schröder/H. Steger (Hrsg.), *Dialogforschung: Jahrbuch 1980 des Instituts für deutsche Sprache*, Düsseldorf 1981, S. 9–51. Für die Objektive Hermeneutik ist der wichtigste – wenngleich bereits etwas veraltete – Quellentext: U. Oevermann u. a., Die Methodologie einer ‚objektiven Hermeneutik' und ihre allgemeine forschungslogische Bedeutung in den Sozialwissenschaften, in: H.-G. Soeffner (Hrsg.), *Interpretative Verfahren in den Sozial- und Textwissenschaften*, Stuttgart 1979, S. 352–434. Beide Ansätze werden unter methodologischen Gesichtspunkten vergleichend diskutiert in: J. R. Bergmann, Flüchtigkeit und methodische Fixierung sozialer Wirklichkeit, l. c., S. 310–315.
56 Cf. K. W. Hempfer, *Gattungstheorie: Information und Synthese*, München 1973, S. 128 ff.
57 Daß das Bewußtsein, aufgezeichnet zu werden, und der psychische Druck, für das Honorar auch eine entsprechende „Leistung" abzuliefern, zu allen möglichen Artefakten und fatalen Konsequenzen führen können, ist in der psychologischen und soziologischen Methodenlehre mittlerweile eine Binsenweisheit. C. Bell, l. c., S. 7, berichtet von einer Frau, die ihre Freundin mit der Begründung, morgen komme „ihr" Soziologe, kurzfristig zum Kaffeeklatsch einlud.
58 P. M. Spacks, *Gossip*, New York 1985.
59 Cf. G. Simmel, Exkurs über den schriftlichen Verkehr, in: id., *Soziologie: Untersuchungen über die Formen der Vergesellschaftung*, Berlin ⁵1968, S. 287 f.

60 Cf. C. Giedion-Welcker, Einführung zu James Joyce: Ulysses, in: J. Joyce, *Ulysses,* München 1966, S. 829.
61 Um eine systematische Deskription der Bestimmungselemente eines kommunikativen Geschehens hat sich vor allem die Ethnographie der Kommunikation bemüht. Cf. etwa D. Hymes, Models of the interaction of language and social life, in: J. J. Gumperz/D. Hymes (ed.), *Directions in sociolinguistics: The ethnography of communication,* New York 1972, S. 35–71.
62 Ch. H. Cooley, *Social organization: A study of the larger mind,* New York 1962.
63 E. Goffman, *Frame analysis: An essay in the organization of experience,* New York 1974.
64 A. Kaplan, *The conduct of inquiry: Methodology for behavioral science,* San Francisco 1964, S. 3–11.
65 E. O. Arewa/A. Dundes, Proverbs and the ethnography of speaking folklore, *American Anthropologist,* 66 (1964), S. 70.
66 In der neueren wissenschaftssoziologischen Forschung ist die Organisation der Textform sozialwissenschaftlicher Einführungsbücher und Forschungsberichte und deren methodologische Bedeutung zu einem wichtigen Thema geworden. Cf. J. Gusfield, The literary rhetoric of science: Comedy and pathos in drinking driver research, *American Sociological Review,* 41 (1976), S. 16–34; J. O'Neill, The literary production of natural and social science inquiry: Issues and applications in the social organization of science, *Canadian Journal of Sociology,* 6 (1981), S. 105–120; R. Edmondson, *Rhetoric in sociology,* London 1984. Cf. auch Anm. 26 in Kap. I.
67 Exemplarisch: H. Sacks, An analysis of the course of a joke's telling in conversation, in: R. Bauman/J. Sherzer (eds.), *Explorations in the ethnography of speaking,* London 1974, S. 337–353.
68 Spektakulär: U. Oevermann, Zur Sache. Die Bedeutung von Adornos methodologischem Selbstverständnis für die Begründung einer materialen soziologischen Strukturanalyse, in: L. v. Friedeburg/J. Habermas (Hrsg.), *Adorno-Konferenz 1983,* Frankfurt 1983, S. 234–289.
69 Ein gelungenes Beispiel ist etwa die Analyse verschiedener Typen der Identifizierungs- und Erkennungssequenz am Beginn von Telefonaten bei E. A. Schegloff, Identification and recognition in telephone conversation openings, in: G. Psathas (ed.), *Everyday language: Studies in ethnomethodology,* New York 1979, S. 23–78.

Kapitel III

1 D. Sudnow, *Organisiertes Sterben,* Frankfurt 1973, Kap. 6.
2 Diese Interviewpassage wurde entnommen aus: R. Turner, Talk and troubles: Contact problems of former mental patients, Unpubl. Dissertation, UC Berkeley, 1968, S. 293 f. Turner analysiert diese Passage in seiner Arbeit im Hinblick auf die Frage, welche Probleme sich für ehemalige psychiatrische Patienten aus der Mitteilung oder dem Verschweigen ihrer psychiatrischen Erkrankung ergeben.
3 L. v. Wiese, *System der Allgemeinen Soziologie als Lehre von den sozialen Prozessen und den sozialen Gebilden der Menschen (Beziehungslehre),* Berlin ³1955, S. 310.
4 Zitiert nach S. Bok, Gossip, in: id., *Secrets: On the ethics of concealment and revelation,* New York 1984, S. 94.
5 D. Handelman, Gossip in encounters: The transmission of information in a bounded social setting, *Man* (N.S.), 8 (1973), S. 213. Cf. auch M. Harrington, Co-operation and collusion in a group of young housewives, *Sociological Review,* 12:3 (1964), S. 268: „Drei Frauen klatschen und machen Späße über eine vierte Person, später wird diese vierte Person sich mit zwei dieser drei Frauen treffen und über die dritte klatschen usw. Als ich in Gegenwart von Mrs. Brown ein Gruppentreffen mit Mrs. Young arrangierte, fragte eine von ihnen ‚Worüber werden wir denn reden?', worauf die andere sofort mit lautem Lachen sagte: ‚Natürlich über diejenigen, die nicht da sind'."
6 Cf. E. Goffmans Ausführungen zur „Institution ‚Bekanntschaft'" in: E. Goffman, *Verhalten in sozialen Situationen: Strukturen und Regeln der Interaktion im öffentlichen Raum,* Gütersloh 1971, S. 111–121.
7 G. Simmel, *Soziologie,* Berlin ⁵1968, S. 264 f.
8 Cf. die Ausführungen zu den sozialen Implikationen von „Ruhm" bei E. Goffman, *Stigma: Über Techniken der Bewältigung beschädigter Identität,* Frankfurt 1967, S. 88 ff.
9 Über Prominentenklatsch in Zeitschriften cf. K. Thiele-Dohrmann, *Unter dem Siegel der Verschwiegenheit: Die Psychologie des Klatsches,* Düsseldorf 1975, Kap. 7; J. Levin/A. J. Kimmel, Gossip columns: Media small talk, *Journal of Communication,* 27 (1977), S. 169–175; C. Lopate, Jackie!, in G. Tuchman/A. K. Daniels/J. Benét (eds.), *Hearth and home: Images of women in the mass media,* New York 1978, S. 130–140; S. J. Zeitlin, Pop lore: The aesthetic principles in celebrity gossip, *Journal of American Culture,* 2 (1979), S. 186–192; P. M. Spacks, *Gossip,* New York 1985, S. 65–69; H. Treiber, Obertanen: Gesellschaftsklatsch – ein Zugang zur geschlossenen Gesellschaft der Prestige-Oberschicht, *Journal für Sozialforschung,* 26 (1986), S. 140–159.

10 J. du Boulay, *Portrait of a Greek mountain village*, Oxford 1974, S. 157. Ähnlich auch J. K. Campbell, *Honour, family and patronage*, Oxford 1964, S. 112f., der in seiner Studie über das griechische Hirtenvolk der Sarakatsani darauf verweist, daß die Mitglieder einer Familie die Pflicht haben, dem Gerede im Dorf über einen Verwandten entgegenzutreten, und zwar selbst dann, wenn sie selbst dessen Verhalten mißbilligen und *innerhalb* des Familienverbands dessen Bestrafung betreiben. Für ein taiwanesisches Dorf bemerkt M. Wolf, *Women and the family in rural Taiwan*, Stanford 1972, S. 38: „Eine Frau, die freiweg über die Vorgänge im Haushalt ihres Ehemannes klatscht, findet sich bald als Unruhestifterin etikettiert."

11 G. Simmel, Das Geheimnis und die geheime Gesellschaft, in: id., *Soziologie*, Berlin [5]1968, S. 256–304.

12 G. Simmel, ibid., S. 259.

13 Diese These Simmels ist in verschiedenen soziologischen und sozialpsychologischen Theorieansätzen immer wieder aufgegriffen worden, – in einem funktionalistischen Zusammenhang etwa von R. K. Merton: „Was manchmal als ‚das Bedürfnis nach Alleinsein' bezeichnet wird – d. h. die Abschottung von Handlungen und Gedanken vor der Überwachung durch andere – ist das individuelle Gegenstück zu dem funktionalen Erfordernis der Sozialstruktur, auch einige Gelegenheiten zur Befreiung von totaler Beobachtbarkeit bereitzustellen. (...) ‚Privatheit' ist nicht bloß ein persönlicher Wunsch; sie ist ein wichtiges funktionales Erfordernis für die effektive Wirkung der Sozialstruktur", Continuities in the theory of reference groups and social structure, in: id., *Social theory and social structure*, New York [2]1968, S. 429. Im Anschluß an Merton und Simmel wird etwa der Zusammenhang von Verhaltensinformation und sozialer Kontrolle behandelt bei H. Popitz, *Über die Präventivwirkung des Nichtwissens*, Tübingen 1968. Im Rahmen eines allgemeinen Entwurfs einer Psychologie der Privatheit wird Simmels These ausführlich diskutiert bei L. Kruse, *Privatheit als Problem und Gegenstand der Psychologie*, Bern 1980, S. 68ff.

14 G. Simmel, l. c., S. 272.

15 Wie bereits Sören Kierkegaard – am Beispiel des Pressewesens – deutlich erkannt und heftig kritisiert hat, ist diese entgrenzende, nivellierende Wirkung ein allgemeines Kennzeichen von Geschwätz: „Was heißt *schwatzen*? Es ist die Aufhebung des leidenschaftlichen Entweder-Oder zwischen Reden und Schweigen. Allein der, welcher wesentlich schweigen kann, vermag wesentlich zu reden. ⟨...⟩ Je weniger Idealität und je mehr Äußerlichkeit, umso mehr wird das Gespräch zu einem unbedeutenden Herzählen und Referieren von Personennamen, von ‚völlig zuverlässigen' Privatnachrichten über das, was der und jener nament-

lich Genannte gesagt habe usw. ⟨...⟩ Durch dies Schwatzen wird nun die Unterscheidung zwischen dem Privaten und dem Öffentlichen aufgehoben in einer privat-öffentlichen Geschwätzigkeit", in: id., *Eine literarische Anzeige* (T. Gyllembourg, „Zwei Zeitalter", 1845), Düsseldorf 1954, S. 104–107.

16 Noch eher als für Gespräche über kleine Kinder gilt dies etwa für Gespräche über eine andere Gruppe von „Familienangehörigen": über Haustiere. Niemand würde die zahlreichen Erzählungen und Gespräche über die Streiche und Unarten von Katzen, Hunden, Goldhamstern und anderem fragwürdigen Familienanhang als „Klatsch" empfinden.

17 *Brockhaus' Konversations-Lexikon*, Bd. 2, Leipzig [14]1894.

18 Zur Etymologie von „gossip" cf. A. Rysman, How the „gossip" became a woman, *Journal of Communication*, 27 (1977), S. 176–180.

19 Diese Situation wird beschrieben etwa für ein Dorf im Mittleren Osten an der türkisch-syrischen Grenze bei B. C. Aswad, Key and peripheral roles of noble women in a Middle Eastern plains village, *Anthropological Quarterly*, 40 (1967), S. 150; oder für ein taiwanesisches Dorf bei M. Wolf, l. c., S. 144 ff.

20 A. Schütz, Der gut informierte Bürger: Ein Versuch über die soziale Verteilung des Wissens, in: id., *Gesammelte Aufsätze*, Bd. 2, Den Haag 1972, S. 85–101.

21 A. Schütz, ibid., S. 88.

22 Zu dem Begriffspaar „Vorderbühne" und „Hinterbühne" cf. E. Goffman, *Wir alle spielen Theater: Die Selbstdarstellung im Alltag*, München 1969, S. 100 ff. In seiner Studie über den profanen politischen Alltag in den heiligen Hallen der Wissenschaft zeigt der Anthropologe F. G. Bailey, *Morality and expediency: The folklore of academic politics*, Chicago 1977, S. 114 ff., daß diese Unterscheidung insofern erweitert werden muß, als weder die Vorder- noch die Hinterbühne, sondern „die Unterbühne die Welt ist, in der Klatsch und die Verbreitung von Skandal stattfindet" (S. 115).

23 Zu dieser Marktmetapher im Zusammenhang mit Klatsch, die an späterer Stelle noch einmal aufgegriffen werden wird, cf. R. L. Rosnow, Gossip and marketplace psychology, *Journal of Communication*, 27 (1977), S. 158–163.

24 Zur Unterscheidung von realer und virtualer sozialer Identität vor allem im Hinblick auf die Wirkung von diskreditierenden Personenmerkmalen cf. E. Goffmann, *Stigma*, l. c., S. 10 ff., 72.

25 M. Scheler, Das Ressentiment im Aufbau der Moralen, in: id., *Vom Umsturz der Werte*, Bd. 1, Leipzig 1923, S. 78.

26 C. F. Sulzberger, Why it is hard to keep secrets, *Psychoanalysis*, 2 (Fall 1953), S. 42. Andere Psychoanalytiker sehen im Klatsch „ein komple-

xes sozialpsychologisches Phänomen, das aus einem ungelösten innerfamiliären und innerpsychischen Konflikt, etwa einer Geschwisterrivalität oder der ödipalen Beziehung entsteht", – so J. B. Rosenbaum/M. Subrin, The psychology of gossip, *Journal of the American Psychoanalytic Association,* 11 (1963), S. 830.

27 Cf. L. Tiger/R. Fox, *Das Herrentier: Steinzeitjäger im Spätkapitalismus,* München 1973, S. 229 ff.

28 D. Brenneis, Grog and gossip in Bhatgon: Style and substance in Fiji Indian conversation, *American Ethnologist,* 11 (1984), S. 492.

29 R. D. Abrahams, A performance-centred approach to gossip, *Man* (N.S.), 5 (1970), S. 298.

30 J. Levin/A. Arluke, An exploratory analysis of sex differences in gossip, *Sex Roles,* 12 (1985), S. 281–286.

31 Cf. W. I. Thomas, *The unadjusted girl,* Montclair, N.J. 1969, S. 42 ff., 49; W. I. Thomas/F. Znaniecki, *The Polish peasant in Europe and America,* New York 1958, S. 1060. (Cf. W. I. Thomas' Bemerkungen über Klatsch in Kap. I, Anm. 55.)

32 Die Literatur hierzu ist mittlerweile recht umfangreich. Cf. den Überblick bei J. R. Bergmann, Ethnomethodologische Konversationsanalyse, l. c., S. 30 f.; die klassische Darstellung des Problems findet sich in H. Sacks, On the analyzability of stories by children, in: J. J. Gumperz/D. Hymes (eds.), *Directions in sociolinguistics: The ethnography of communication,* New York 1972, S. 325–345; eine neuere systematische Darstellung, Erweiterung und Anwendung liefert L. Jayyusi, *Categorization and moral order,* Boston 1984.

33 F. G. Bailey, Gifts and poison, in: id. (ed.), *Gifts and poison: The politics of reputation,* New York 1971, S. 1. Die Beobachtung, die Bailey berichtet, stammt von Susan Hutson, von der in diesem Sammelband eine eigene Studie über das Dorf Valloire zu finden ist. Der Begriff „bavardage" wird allerdings – entgegen seiner freundlich-harmlosen Bedeutung bei Bailey – als pejoratives, diskreditierendes, auf Frauengeschwätz gemünztes Etikett interpretiert bei A.-M. Waliullah, Potiches ou moulins à paroles: Réflexions sur le bavardage – Qui bavarde? De quoi? Pourquoi?, *Langage et Société,* 21 (1982), S. 93–99.

34 Cf. etwa entsprechende Darstellungen für die Insel Désirade in der französischen Karibik bei J. Naish, Désirade: A negative case, in: P. Caplan/J. M. Bujra (eds.), *Women united, women divided,* London 1978, S. 246: „Daß Männer müßig herumsitzen und plaudern, gilt als normal und wird akzeptiert. Wenn Frauen ausgehen und plaudern, werden sie als ‚macrelle' etikettiert." Oder für eine amerikanische Kleinstadt bei A. Gallaher, *Plainville fifteen years later,* New York 1961, S. 138.

35 Als Quellen wurden herangezogen: J. Campe, *Wörterbuch der deutschen Sprache*, Braunschweig 1808; J. u. W. Grimm, *Deutsches Wörterbuch*, Bd. 5, Leipzig 1873; A. Götze (Hrsg.), *Trübners Deutsches Wörterbuch*, Berlin 1943; F. Kluge, *Etymologisches Wörterbuch der deutschen Sprache*, Berlin [20]1967.
36 Zitiert nach: J. u. W. Grimm, l. c., Sp. 1011.
37 E. B. Almirol, Chasing the elusive butterfly: Gossip and the pursuit of reputation, *Ethnicity*, 8 (1981), S. 294.
38 Cf. Anmerkung 35.
39 Ähnlich argumentiert auch B. Althans in ihrem Aufsatz: „Halte dich fern von den klatschenden Weibern...": Zur Phänomenologie des Klatsches, *Feministische Studien*, 2 (1985), S. 48, dem ich im übrigen den folgenden Literaturhinweis entnommen habe.
40 J. Paul, Das heimliche Klaglied der jetzigen Männer, in id., *Werke in zwölf Bänden*, Bd. 8 (hg. von N. Miller), München 1975, S. 1095.
41 Ich nenne hier nur eine kleine Auswahl: M. Weigle, Women as verbal artists: Reclaiming the sisters of Enheduanna, *Frontiers*, III: 3 (1978), S. 3 f.; V. Aebischer, Chit-chat: Women in interaction, *Osnabrücker Beiträge zur Sprachtheorie*, No. 9 (1979), S. 96–108; R. Borker, Anthropology: Social and cultural perspectives, in: S. McConnell-Ginet et al. (eds.), *Women and language in literature and society*, New York 1980, S. 31–37 (mit vielen bibliographischen Hinweisen); D. Jones, Gossip: Notes on women's oral culture, in: Ch. Kramarae (ed.), *The voices and words of women and men*, Oxford 1980, S. 193–198; Ch. Benard/E. Schlaffer, Männerdiskurs und Frauentratsch: Zum Doppelstandard in der Soziologie. Ein Beitrag zur Methodeninnovation, *Soziale Welt*, 32 (1981), S. 119–136; A.-M. Waliullah, l.c. (1982); B. Althans, l.c. (1985).
42 Cf. etwa M. Perrot, Rebellische Weiber: Die Frau in der französischen Stadt des 19. Jahrhunderts, in: C. Honegger/B. Heinz (Hrsg.), *Listen der Ohnmacht. Zur Sozialgeschichte weiblicher Widerstandsformen*, Frankfurt 1981, S. 87: „Der öffentliche Waschplatz ⟨...⟩ ist auch ein Ort des Konflikts zwischen den Frauen und der Staatsmacht ⟨...⟩. Als unter dem Zweiten Kaiserreich in einzelne Kammern aufgeteilte Waschhäuser eingerichtet werden, um Zank und Tratsch zu verhindern, protestieren die Hausfrauen und boykottieren diese Waschhäuser. Man mußte darauf verzichten."
43 Eine gelungene, gut dokumentierte und differenziert argumentierende Darstellung der Ethnologie des Geschlechterkonflikts liefert K. E. Müller, *Die bessere und die schlechtere Hälfte*, Frankfurt 1984. Auch Müller bleibt freilich bei der These stehen, daß die Kommunikation der Frauen, da sie sich der männlichen Kontrolle entzieht, von den Män-

nern als „Klatsch" verunglimpft wird (ibid., S. 318 f.). Zu diskutieren wären vor allem seine Ausführungen darüber, welche Rolle die Exogamie sowie die größere Lokomotion der Männer für die Ausbildung zweier geschlechtsspezifischer Interessen- und Lebenssphären spielten: Die Männer eroberten sich die Exosphäre jenseits der Territoriumsgrenzen des Stammes, und die Erzählungen, die sie von dort mit nach Hause brachten, „trugen zur Entstehung von Märchen und Mythen, von Sagen, Legenden und Wundergeschichten aller Art bei; was Frauen dagegen vom Leben im Lager, von Kindern, Nachbarn und Verwandten mitzuteilen wußten, erschien im Verhältnis dazu langweilig, banal und unbedeutend – war lediglich ‚Weibergewäsch' bzw. ‚Klatsch'". (ibid., S. 381)

44 E. LeRoy Ladurie, *Montaillou: Ein Dorf vor dem Inquisitor 1294 bis 1324*, Frankfurt 1983, S. 274; cf. auch das auf S. 109 wiedergegebene satirische Flugblatt aus dem Jahr 1652.

45 Materialien und Bemerkungen zum Zusammenhang von Klatsch und städtischen Dienstboten im 18. und 19. Jh. finden sich in: R. Schulte, Dienstmädchen im herrschaftlichen Haushalt: Zur Genese ihrer Sozialpsychologie, *Zeitschrift für bayerische Landesgeschichte*, 41 (1978), S. 902 f.; H. Müller, *Dienstbare Geister: Leben und Arbeitswelt städtischer Dienstboten*, Berlin 1981, S. 201–205; D. Müller-Staats, Klagen über Dienstboten: Eine Untersuchung zum Verhältnis von Herrschaften und Dienstboten, mit besonderer Berücksichtigung Hamburgs im 19. Jahrhundert, Dissertation, Universität Hamburg, 1983, S. 218 f., 442; K. Walser, Prostitutionsverdacht und Geschlechterforschung: Das Beispiel der Dienstmädchen um 1900, *Geschichte und Gesellschaft*, 11 (1985), S. 105; J. Cutileiro, *A Portuguese rural society*, Oxford 1971, S. 139, weist darauf hin, daß das Dienstmädchen auch umgekehrt ihrer ‚Madam' den im Dorf kursierenden Klatsch übermitteln konnte. Unter funktionalistischen Gesichtspunkten wird das Problem des ‚Geheimnisverrats' durch Dienstboten diskutiert bei L. A. Coser, Domestic servants: The obsolescence of an occupational role, in: id., *Greedy institutions: Patterns of undivided commitment*, New York 1974, S. 76 f. E. Goffman, *Wir alle spielen Theater*, l.c., S. 193 f. weist darauf hin, daß die sprichwörtliche Klatschhaftigkeit des Dienstpersonals der Hintergrund dafür war, daß es im 18. Jahrhundert zur Einführung des sog. „stummen Dieners" kam, – eines Serviertisches, „der vor dem Diner von den Dienstboten mit Speisen, Getränken und Speiseutensilien gefüllt wurde, worauf sich die Dienstboten zurückzogen, und die Gäste sich selbst bedienten".

46 C. Viebig, *Das tägliche Brot*, Berlin 1925, S. 44 f.

47 Cf. D. Gilmore, Varieties of gossip in a Spanish rural community,

Ethnology, 17 (1978), S. 91 f., der folgende Erfahrung berichtet: „Einmal versuchte ich, mit einem jungen Mann für einen bestimmten Nachmittag ein Interview zu vereinbaren. Er zögerte und erklärte mir, daß er den ganzen Tag über nicht erreichbar sein würde, da er beabsichtige, sich im Friseurladen in der Nachbarschaft die Haare schneiden zu lassen. Wie er auf meine Frage hin etwas einfältig zugab, würde die meiste Zeit natürlich zugebracht mit *oral ‚cutting' rather than tonsorial.* Die Männer in Fuenmayor klatschen genauso viel wie die Frauen." Daß Friseurläden als Klatschorte gelten und gleichzeitig Friseuren effeminierte Verhaltensmerkmale nachgesagt werden, scheint mehr zu sein als eine bloß zufällige Koinzidenz.

48 G. C. Lichtenberg, Sudelbücher, in: id., *Schriften und Briefe* (hg. v. F. H. Mautner), Bd. 1, Frankfurt 1983, S. 402.

49 Cf. hierzu die fundierte Arbeit von R. Gold, Janitor versus tenants: A status-income dilemma, *American Journal of Sociology,* 57 (1952), S. 491.

50 Cf. R. Frankenberg, *Communities in Britain: Social life in town and country,* Harmondsworth 1966, S. 67.

51 Cf. C. Harris, *Hennage: A social system in miniature,* New York 1974, S. 55.

52 Cf. R. Frankenberg, l. c., S. 67; A. Dieck, Der Weltuntergang am 17. März 1949 in Südhannover: Ein Beitrag zur Erforschung von Gerüchten, *Neues Archiv für Niedersachsen,* 4: 20 (1950), S. 719; J. F. Embree, *Suye Mura: A Japanese village,* Chicago 1939, S. 76.

53 Cf. zum Klatschverbot von Ärzten, Rechtsanwälten etc.: U. Hannerz, Gossip, networks and culture in a Black American ghetto, *Ethnos,* 32 (1967), S. 37; allgemeiner zum Verhältnis von beruflicher Geheimniswahrung und gesellschaftlicher Informationskontrolle: R. Merton, l. c., S. 429. I. M. G. Schuster, *New women of Lusaka,* Palo Alto 1979, S. 46 f., berichtet in ihrer Studie über die soziale Situation der Frau im sich modernisierenden Sambia: Studentinnen der Universität in Lusaka gehen nur ungern in das University Teaching Hospital, um sich dort Verhütungsmittel verschreiben zu lassen, „denn junge sambische Ärzte und Schwestern halten sich nicht an die westliche Idee des Arzt-Patient-Geheimnisses, sondern klatschen freizügig über unverheiratete Patientinnen. Wenn ein Mann den Verdacht hat, daß seine Freundin die Pille nimmt, kann er dies ganz einfach mit Hilfe eines ihm bekannten Arztes nachprüfen, der aus Gefälligkeit die Krankenakte des Mädchens durchschaut und ihm dann den Inhalt berichtet." Die Psychoanalytiker bilden sicher nicht die einzige Gruppe unter diesen Professionen, die zuweilen in Konflikt mit dem ihnen auferlegten Klatschverbot geraten, – sie sind nur die einzigen, die darüber schreiben: cf. etwa S. L. Olinick,

The gossiping psychoanalyst, *International Review of Psychoanalysis*, 7 (1980), S. 439–445, sowie E. G. Caruth, Secret bearer or secret barer? Countertransference and the gossiping therapist, *Contemporary Psychoanalysis*, 21 (1985), S. 548–562.

54 Leider gibt es zum Büroklatsch und zur Klatschreputation von Sekretärinnen bislang kaum Beobachtungsstudien; dies wohl deshalb, weil die systemtheoretisch okkupierte Organisationssoziologie wenig Sinn für derartige empirische Arbeiten hat. Cf. aber über informelle Kommunikationskanäle, Bürocliquen, „grapevine" etc. in formalen Organisationen den Übersichtsartikel von S. A. Hellweg, Organizational grapevines, in: B. Dervin/M. J. Voigt (eds.), *Progress in communication sciences*, vol. 8, Norwood, N. J. 1987, S. 213–230. Cf. ferner N. Luhmann, Der neue Chef, *Verwaltungsarchiv*, 53 (1962), S. 11–24; id., *Funktionen und Folgen formaler Organisation*, Berlin ³1976, S. 324–331; H. Grünberger, Formale Organisation und soziales System: Soziologische Orte des Sprechhandelns von Mitgliedern – Die subcutane Gewalt des Klatsches, Ms. 1978; H. Sutton/L. W. Porter, A study of the grapevine in a governmental organization, *Personnel Psychology*, 21 (1968), S. 223–230.

55 Cf. R. D. Abrahams, l. c., S. 297; J. K. Campbell, *Honour, family and patronage*, l. c., S. 95: „Ein Mann ⟨...⟩ wird nicht schweigend erdulden, wenn einer seiner Familienangehörigen öffentlich kritisiert wird."

56 Diese Beobachtung wird übereinstimmend in verschiedenen Ethnographien berichtet, z. B.: E. B. Almirol, Chasing the elusive butterfly, l. c., S. 300; D. Brenneis, Grog and gossip in Bhatgon, l. c., S. 492; C. Harris, *Hennage*, l. c., S. 55; M. Wolf, *Women and the family in rural Taiwan*, l. c., S. 38, hat in dem taiwanesischen Dorf beobachtet, daß die Dorffrauen ihre Gespräche selbst dann auf allgemeine Themen lenkten, wenn sich eine junge Frau, die ins Dorf eingeheiratet hatte, der Gruppe am Waschplatz näherte; dieses vorsichtige und mißtrauische Verhalten der Frauen, das das neue Dorfmitglied zunächst zu einer Fremden machte, änderte sich nur langsam.

57 Cf. M. Lazarus, Über Gespräche, l. c., S. 243 f.; G. Simmel, *Soziologie*, l. c., S. 500.

58 R. Frankenberg, *Communities in Britain*, l. c., S. 79, berichtet, daß in den Dörfern die Frauen den Männern den Klatsch nach Hause bringen, während sich auf den alleinstehenden Bauernhöfen eine umgekehrte Situation ergibt: dort sind die immobilen, an den Hof gebundenen Frauen darauf angewiesen, daß ihre Ehemänner und Söhne den Klatsch aus dem Dorf und von den – räumlich oft weit entfernten – Nachbarn berichten. J. F. Riegelhaupt, Saloio women: An analysis of informal and formal political and economic roles of Portuguese peasant women,

Anthropological Quarterly, 40 (1967), S. 125, schreibt: „Entsprechend der landwirtschaftlichen Struktur des Dorfes arbeiten die Männer allein oder in begrenzten Gruppen, während es den Frauen an jedem beliebigen Tag möglich ist, sich in großen und verschiedenen Gruppen zu versammeln. Der Informationsfluß verläuft in der Regel von Frau zu Frau und über die Frauen zu ihren Ehemännern." J. M. Boissevain, Some notes on the position of women in Maltese society, *Nord Nytt*, 3 (1972), S. 210, hebt folgenden wichtigen Aspekt hervor: „Wenn der Ehemann am Abend ⟨von der Arbeit⟩ nach Hause kommt, wird er von seiner Frau, während sie ihm seinen Tee serviert, mit den Neuigkeiten und Kommentaren des Tages ‚gefüttert'. Nach dem Tee geht er auf den Hauptplatz oder in seinen Klub. Dort diskutiert er die Neuigkeiten und den Klatsch, die ihm von seiner Frau berichtet wurden ⟨about which his wife has briefed him⟩. Er diskutiert sie mit andern Männern, die von ihren Ehefrauen auf die gleiche Weise unterrichtet wurden. Sie benutzen Argumente, die sie zuerst von ihren Frauen hörten. Die Argumente gleichen sich, denn die Frauen haben die Angelegenheiten bereits unter sich diskutiert. Den Männern wird die Entscheidung überlassen, wie es ihnen auch als Inhabern formaler Autorität zusteht. Doch die Frauen haben sich in ihrem Gespräch über die Angelegenheit bereits eine Meinung darüber gebildet, wie die Entscheidung aussehen soll, und sie haben die Berichte, die sie ihren Männern gaben, dementsprechend gestaltet." Ein ähnliches Muster des Austausches von Klatschinformationen zwischen Eheleuten wird für Sizilien beschrieben von C. Cronin, Illusion and reality in Sicily, in: A. Schlegel (ed.), *Sexual stratification: A cross-cultural view*, New York 1977, S. 79; und für die USA von O. E. Klapp, *Opening and closing: Strategies of information adaption in society*, Cambridge 1978, S. 32 (unter Verweis auf A. Blumenthal, *Small-town stuff*, Chicago 1932, der mir leider nicht zugänglich war). Cf. hierzu auch Kap. I., Anm. 54.

59 Auf diese attraktiv-gefährliche Doppelcharakteristik von Gaben spielt der Titel der von F. G. Bailey edierten Aufsatzsammlung *Gifts and poison*, l. c., an, in dem mehrere Beiträge u. a. auf Klatsch eingehen. Bereits M. Mauss hatte auf den Doppelsinn des Wortes „Gift" aufmerksam gemacht, das einerseits Gabe (engl. gift; cf. ‚Mitgift') und andererseits Gift (engl. poison) bedeutet. Cf. M. Mauss, Die Gabe, in: id., *Soziologie und Anthropologie*, Bd. II, Frankfurt 1978, S. 120.

60 Cf. N. Luhmann, *Funktionen und Folgen formaler Organisation*, l. c., S. 326.

61 „A ‚verklatscht' B bei C. Die feindliche Handlung des A gegen B ist zugleich eine vertrauliche Annäherung des A an C", bemerkt L. v. Wiese, *System der Allgemeinen Soziologie*, l. c., S. 310.

62 Cf. etwa die Beobachtungen zur Verbreitung von Klatsch in einer afrikanischen Stadt bei A. L. Epstein, Gossip, norms and social network, in: J. C. Mitchell (ed.), *Social networks in urban situations*, Manchester 1969, S. 119; in einem griechischen Dorf bei J. K. Campbell, *Honour, family and patronage*, l. c., S. 313, oder auf einer pazifischen Insel bei Th. Gladwin/S. B. Sarason, *Truk: Man in paradise*, New York 1953, S. 149.

63 J. C. Faris, The dynamics of verbal exchange: A Newfoundland example, *Anthropologica*, 8 (1966), S. 240 ff.

64 G. C. Lichtenberg, Sudelbücher, l. c., S. 376.

65 Cf. E. Goffman, *Wir alle spielen Theater*, l. c., S. 193.

66 Auf Klatsch gehen die bekannten sozialpsychologischen Untersuchungen über Gerüchte nur am Rande ein. Während G. W. Allport/L. Postman, *The psychology of rumor*, New York 1965, S. 182, mit Klatsch überhaupt nichts anzufangen wissen und sich in recht unplausible Behauptungen und ausgedachte Beispiele flüchten, findet sich bei T. Shibutani, *Improvised news: A sociological study of rumor*, Indianapolis 1966, S. 41 f., immerhin eine gelungene Kurzdarstellung. In beiden Arbeiten wird Klatsch als eine wenig interessante Unterform von Gerücht behandelt. Enttäuschend ist auch die neuere Arbeit von G. A. Fine, Rumors and gossiping, in: T. A. van Dijk (ed.), *Handbook of discourse analysis*, vol. 3, London 1985, S. 223–237, in der – trotz des diskursanalytischen Publikationsrahmens – Klatsch und Gerücht achtlos vermengt werden.

67 So Horst Krüger in seiner Glosse „Kleine Soziologie des Klatsches", *Streit-Zeit-Schrift*, VI: 1 (Juni 1967), S. 34.

68 Cf. M. Gluckman, Gossip and scandal, *Current Anthropology*, 4 (1963), S. 313.

69 Der Begriff „gossip cell" geht zurück auf J. West, *Plainville, U.S.A.*, New York 1945, S. 99.

70 E. Bott, *Family and social network: Roles, norms, and external relationships in ordinary urban families*, London 1957, S. 67.

Kapitel IV

1 Ich beziehe mich hier und im folgenden hauptsächlich auf W. Schivelbusch, *Das Paradies, der Geschmack und die Vernunft: Eine Geschichte der Genußmittel*, München 1980, S. 59–80 („Vom Kaffeehaus zum Kaffeekränzchen").
2 Cf. K. W. Back/D. Polisar, Salons und Kaffeehäuser, in: F. Neidhardt (Hrsg.), *Gruppensoziologie* (Sonderheft 25 der ‚KZfSS'), Opladen 1983, S. 280.
3 Cf. hierzu auch G. S. Felton, Psychosocial implications of the coffeebreak, *Journal of Human Relations*, 14 (1966), S. 446. Die deutsche Bezeichnung „Kaffeeklatsch" wird im übrigen auch in den angelsächsischen Ländern verwendet, cf. etwa im gemeindesoziologischen Kontext: M. R. Stein, *The eclipse of community: An interpretation of American studies*, Princeton, N. J. ²1972, S. 205. Ob hier die spezifisch deutsche „Kaffee-Ideologie" eine Rolle spielt, deren Genese Schivelbusch, l. c., S. 82 ff., herausarbeitet? Oder die aufgrund ihrer Alliteration so eingängige Bezeichnung für ein Phänomen, das auch im angloamerikanischen Raum geläufig ist?
4 Entnommen aus: W. Schivelbusch, *Das Paradies, der Geschmack und die Vernunft. Eine Geschichte der Genußmittel*, München 1980, S. 81. Mit freundlicher Genehmigung des Carl Hanser Verlags.
5 J. West, *Plainville, U.S.A.*, New York 1945, S. 99 ff., bezeichnet solche Gruppen als „loafing groups" und schreibt: „Obwohl nicht streng organisiert, beinhaltet jede ‚herumlungernde Gruppe' einen zentralen Mitgliedschaftskern, irgendein gemeinschaftliches Interesse und häufig auch einen informellen Treffplatz. Die sichtbarste derartige Gruppe in Plainville ist die der alten Männer, die ‚ihre Zeit damit verbringen', herumzulungern. Sie werden die ‚Alten Männer', der ‚Club', die ‚Geschichtenerzähler' ⟨...⟩ genannt. ⟨...⟩ Der Club ‚sitzt' fast den ganzen Sommer über auf zwei Eisenbänken unter einem schattigen Baum in einer Ecke des Dorfplatzes. ⟨...⟩ Die Eisenbänke haben eine Sichtkontrolle über die Straße und über jeden, der sie von welcher Richtung auch immer betritt. Täglich sammeln die Alten Männer die Fäden der jüngsten Ereignisse und des Klatsches zusammen." Das Verhalten einer derartigen Gruppe ‚herumlungernder' Jugendlicher in Wales wird beschrieben und interpretiert von E. L. Peters, Aspects of the control of moral ambiguities: A comparative analysis of two culturally disparate modes of social control, in: M. Gluckman (ed.), *The allocation of responsibility*, Manchester 1972, S. 109–130.
6 W. H. Whyte, *Herr und Opfer der Organisation*, Düsseldorf 1958, S. 356.

7 Gasthäuser können natürlich selbst in den Ruf geraten, Klatschnester zu sein, etwa wenn sie von den Besuchern und Gästen als „Hangout" benutzt werden; cf. die Fallstudie über einen solchen großstädtischen, auf ein Bohemepublikum ausgerichteten Gasthaustypus bei P. A. Nathe, Prickly Pear coffee house: The hangout, *Urban Life*, 5 (1976), S. 86 ff.

8 Zu den soziologisch interessantesten Arbeiten über Parties zählen nach wie vor jene, die aus dem „Sociability-Project" hervorgegangen sind, das in den 50er Jahren unter der Leitung von David Riesman durchgeführt wurde. Zur Anlage und zum wechselhaften – geradezu prototypischen – Verlauf dieses Projekts, cf. D. Riesman/J. Watson, The sociability project: A chronicle of frustration and achievement, in: P. E. Hammond (ed.), *Sociologists at work*, New York 1964, S. 235–321. Klatsch als Partyverhalten spielte in diesem Projekt nur eine untergeordnete Rolle, u. a. deshalb, weil die Projektmitarbeiter beobachtet hatten, daß Klatsch von den Gastgebern als ein Verhalten eingeschätzt wurde, das den „Erfolg" einer Party gefährdet und das von ihnen deshalb durch verschiedene intervenierende Maßnahmen unterbunden wurde, cf. aber über Klatsch und „Kaffee-Klatsch" (sic!): D. Riesman/ R. J. Potter/J. Watson, Sociability, permissiveness, and equality, in: D. Riesman, *Abundance for what?*, Garden City, N. Y. 1965, S. 189, 196.

9 Daß die Sauna ein Ort ist, an dem viel geklatscht wird, wurde mir von mehreren Informanten unabhängig voneinander berichtet.

10 Hier stütze ich mich vor allem auf eigene Beobachtungen in einer wöchentlichen Doppelkopfrunde, deren Mitgliedern – obwohl sie hier aus verständlichen Gründen anonym bleiben müssen – mein herzlicher Dank gilt.

11 Cf. E. Goffman, *Verhalten in sozialen Situationen: Strukturen und Regeln der Interaktion im öffentlichen Raum*, Gütersloh 1971, S. 51. In der deutschen Übersetzung findet sich hier „dominantes Engagement", das mir jedoch gegenüber dem Goffmanschen Original („dominant involvement", 1963, S. 44) zu intentionalistisch erscheint, – ein Vorbehalt, der sich gegen die meisten deutschen Übersetzungen der Texte Goffmans richtet.

12 Diese peripheren Aktivitäten, die im Alltag oft einen enormen Teil unserer Zeit beanspruchen, sind bislang in der Soziologie selbst ein peripheres Thema geblieben. Cf. aber M. Wenglinsky, Errands, in: A. Birenbaum/E. Sagarin (eds.), *People in places*, New York 1973, S. 83–100, der eine – allerdings ausufernde – soziologische Konzeption dieses Randphänomens entwickelt; sowie L. Clausen, Schlangen: Exkursion in den Quellsumpf der Theorien, in: H. v. Alemann/H. P. Thurn (Hrsg.), *Soziologie in weltbürgerlicher Absicht*, Opladen 1981,

S. 307–322, der bei Beobachtungen über ‚ordinäre' Warteschlangen ansetzt, dann aber zu Spekulationen über sensationelle Riesenschlangen als „Superzeichen sehr langwieriger sozialer Prozesse" übergeht.
13 Über „Selbst-Engagements" in der Interaktion, cf. E. Goffman, *Verhalten in sozialen Situationen*, l. c., S. 69 ff.
14 Mitteilung von Ska Wiltschek.
15 Bereits G. Lomer, Über den Klatsch: Eine psychologische Studie, *Psychiatrisch-neurologische Wochenschrift*, 15 (5.7. 1913), S. 174, erwähnt den „Beamtenklatsch" und sieht in ihm „eine Art von sozialer Rache (...) für die mancherlei Unzuträglichkeiten und Demütigungen, die das Beamtenleben nun einmal mit sich bringt".
16 Cf. etwa das folgende Segment aus einem Gespräch, das im Text an späterer Stelle noch ausführlich dargestellt und analysiert wird. Der Ausschnitt setzt an der Stelle ein, an der G, nachdem ihm mehrere Klatschgeschichten erzählt wurden, danach fragt, wo solche Klatschgespräche stattfinden:
⟨„High-Life": GR: 46/Vereinfachte Version⟩
G: Wo reden denn die Leute darüber? Also-
R: Allemale, überall. Wenne- anjenommen Du komms einkaufen. Wenn ein- wenn ich einkaufen geh, da stehen da schon mal zwei Frauen anne Tür. Da sach ich: „Guten Tach." Und dann jeht's los: „Hasse schon gehört?" Bums bums bums dann wird Dich dat (   ). Ja wenn ich dann sowat hör, dann interessier ich mich dann für alles. Dann frag ich „Wann? Wie?" und so.
Interessant ist, daß diese Auskunft in einem über weite Strecken typischen Kaffeeklatschgespräch gegeben wird.
17 J. Boissevain, Some notes on the position of women in Maltese society, *Nord Nytt*, 3 (1972), S. 210.
18 Dieser Ausdruck ist durch die mittlerweile klassische Fallstudie von D. F. Roy, „Banana time": Job satisfaction and informal interaction, *Human Organization*, 18: 4 (1960), S. 158–168, fast schon zu einem Sinnbild für Arbeitsunterbrechungen durch informelle Interaktionen geworden.
19 Entnommen aus: E. Fuchs, *Die Frau in der Karikatur*, Frankfurt/M. (Neuauflage Verlag Neue Kritik) 1973, S. 379.
20 Die frühen Arbeiten von Harvey Sacks und Emanuel Schegloff zur sozialen Organisation der Eröffnungs- und Beendigungsphase von Gesprächen, wo auf engstem Raum verschiedene interaktive Prozesse sich überlagern, waren für die Konversationsanalyse von paradigmatischer Bedeutung; cf. E. A. Schegloff, Sequencing in conversational openings, *American Anthropologist*, 70 (1968), S. 1075–1095, sowie E. A. Schegloff/H. Sacks, Opening up closings, *Semiotica*, 8 (1973),

S. 289–327. Zur besonderen interaktiven Struktur und Bedeutung der Gesprächseröffnungsphase in einem spezifischen Handlungskontext cf. J. R. Bergmann, Interaktion und Exploration: Eine konversationsanalytische Studie zur sozialen Organisation der Eröffnungsphase von psychiatrischen Aufnahmegesprächen, Dissertation, Universität Konstanz, 1980.

21 Bei der Analyse der Ablauforganisation von Klatsch waren mir mehrere datenanalytische Arbeitssitzungen mit Angela Keppler im Rahmen des DFG-Projekts „Rekonstruktive Gattungen" (cf. Kap. II, Anm. 46) von Nutzen. Cf. auch die Paralleluntersuchung von Angela Keppler, Zur Verlaufsform von Klatschgesprächen, Ms., Universität Konstanz, 1985.

22 Eine systematische Darstellung des Konzepts der Prä-Sequenz, das von Harvey Sacks (in seinen „Lectures") bereits in den 60er Jahren entwickelt wurde, findet sich bei S. C. Levinson, Conversational structure, in: id., *Pragmatics*, Cambridge 1983, S. 345 ff.; dort wird auch gezeigt, wie mit Hilfe dieses Konzepts das Problem der indirekten Sprechakte („Gibt's noch Kaffee?"), das der Sprechakttheorie erhebliche Mühen bereitet, auf elegante Weise gelöst werden kann. Eine kurze Diskussion mehrerer konversationsanalytischer Studien über verschiedene Typen von Prä-Sequenzen ist enthalten in W. A. Beach/D. G. Dunning, Preindexing and conversational organization, *Quarterly Journal of Speech*, 68 (1982), S. 170–185.

23 Erläuterungen zur Transkriptionsweise und zu den einzelnen Transkriptionssymbolen finden sich im Anhang. Bei dem Gespräch, das im Text mit der Sigle „High-Life:GR" gekennzeichnet wird, handelt es sich um ein mehrstündiges Klatschgespräch, das von Gerhard Riemann (Kassel) aufgezeichnet und transkribiert wurde; ihm bin ich für die Überlassung des Transkripts sehr zu Dank verpflichtet. G. Riemann hat selbst Teile dieses Gesprächs in seiner Diplomarbeit „Stigma, formelle soziale Kontrolle, das Leben mit den anderen: Eine empirische Untersuchung zu drei Gegenstandsbereichen des Alltagswissens von Obdachlosen", Universität Bielefeld 1977, im Hinblick auf Muster der Handlungs- und Wertorientierung sowie der sozialen Typisierung von Obdachlosen – also unter einem eher inhaltsanalytischen Gesichtspunkt – untersucht.

24 H. Sacks/E. Schegloff, Two preferences in the organization of reference to persons in conversation and their interaction, in: G. Psathas (ed.), *Everyday language: Studies in ethnomethodology*, New York 1979, S. 15–21, zeigen, daß die personale Referenz in Gesprächen von zwei Präferenzen bestimmt wird: der Präferenz der Minimisierung (d. h. es ist, wenn möglich, eine einzelne Referenzform zu verwenden) und der Präferenz des „recipient design", also des rezipientenspezifischen Zuschnitts von Äußerungen (d. h. es ist, wenn möglich, eine Erkennungs-

form – „recognitional" – zu verwenden). Beide Präferenzen werden in idealer Weise erfüllt, wenn auf eine Person mit deren Vor- oder Familiennamen referiert wird. – Beide Präferenzen verweisen im übrigen auf die zentrale Bedeutung von Präsuppositionen in der sozialen Interaktion, die das Thema der posthum erschienenen Arbeit von E. Goffman, Felicity's condition, *American Journal of Sociology*, 89 (1983), S. 1–53, sind.

25 Dieses Gesprächssegment – sowie andere Ausschnitte, die mit der Sigle „AK" gekennzeichnet sind – entstammen einem Materialkorpus, den Angela Keppler im Rahmen des DFG-Projekts „Rekonstruktive Gattungen" zusammengestellt hat und zu dem sie mir freundlicherweise Zugang gewährte.

26 Cf. zur sozialen Organisation von Nebensequenzen allgemein G. Jefferson, Side sequences, in: D. Sudnow (ed.), *Studies in social interaction*, New York 1972, S. 294–338, sowie E. Schegloff, Notes on a conversational practice: Formulating place, in: D. Sudnow (ed.), *Studies in social interaction*, New York 1972, S. 76 ff., der von „Einschubsequenzen" spricht. Die Struktur derartiger Nebensequenzen, in denen es speziell um das Problem der Referenzherstellung geht, wurde untersucht von J. C. P. Auer, Referenzierungssequenzen: Ein Beitrag zur Ethno-Konversationsanalyse des Referierens, Magisterarbeit, Universität Konstanz, 1980. S. M. Yerkovich, Gossiping; or, the creation of fictional lives, being a study of the subject in an urban American setting drawing upon vignettes from upper middle class lives, Dissertation, University of Pennsylvania, 1976, S. 34 ff., weist darauf hin, daß Klatschsequenzen auch durch „Do-you-know-X"-Fragen eingeleitet werden können, wobei häufig zunächst in Form einer Nebensequenz die Bekanntschaft der auf diese Weise ins Gespräch eingeführten Person geklärt werden muß. In diesem Fall ist jedoch die wechselseitige Bekanntschaft der Klatschakteure prinzipiell recht niedrig, mit der Konsequenz, daß das nachfolgende Gespräch eher den Charakter eines Informationsaustauschs als den von Klatsch hat (– was Yerkovich in ihrer Arbeit völlig übersieht).

27 E. B. Almirol, Chasing the elusive butterfly: Gossip and the pursuit of reputation, *Ethnicity*, 8 (1981), S. 300.

28 Von „invited and non-invited stories" sprechen E. C. Cuff/D. W. Francis, Some features of ,invited stories' about marriage breakdown, *International Journal of the Sociology of Language*, 18 (1978), S. 111–133.

29 Cf. A. Pomerantz, Telling my side: ,Limited access' as a ,fishing' device, *Sociological Inquiry*, 50 (1980), S. 186–198.

30 Der „fishing"-Charakter und die problematischen Implikationen von

psychiatrischen Äußerungen wie etwa: „Ich habe Nachricht, daß es Ihnen nicht ganz gut geht" oder „Sie haben sich offensichtlich sehr zurückgezogen in der letzten Zeit" wird eingehend analysiert in: J. R. Bergmann, Exploring with discretion: Notes on an ‚explosive' utterance format, Manuskript, Universität Konstanz, 1984.

31 Ein ganz ähnlicher Effekt wird dadurch erzielt, daß eine Frage, noch ehe darauf eine Antwort erfolgt, vom Fragesteller in paraphrasierender Form wiederholt wird, cf. J. R. Bergmann, Frage und Frageparaphrase: Aspekte der redezuginternen und sequentiellen Organisation eines Äußerungsformats, in: P. Winkler (Hrsg.), *Methoden der Analyse von Face-to-Face-Situationen,* Stuttgart 1981, S. 128–142.

32 Die Segmentnumerierung ⟨4/1⟩ bedeutet, daß der Gesprächsausschnitt ⟨4⟩ – auch in der Zeilennumerierung – den Gesprächsausschnitt ⟨1⟩ fortsetzt. Auf diese Weise können über den Text hinweg auch längere Gesprächspassagen in ihrem Ablauf verfolgt werden.

33 Cf. den bereits zitierten (oben S. 27) Beginn von Doris Lessings Roman, *Das goldene Notizbuch,* Frankfurt 1978, S. 25, wo eine Frau ihre Freundin frägt: „Also, was gibt's für Klatsch?"

34 Im vorliegenden Fall wird der sich ankündigende Widerspruch von E indiziert durch:
   07: Wiederholung mit Frage-Intonation
   08: Verzögerungspause
   10: abgeschwächte Nicht-Zustimmung
   12: deskalierte zweite Bewertung

Systematisch werden solche Vorlaufelemente zu Nicht-Zustimmungen („pre-disagreement") untersucht von A. Pomerantz, Agreeing and disagreeing with assessments: Some features of preferred/dispreferred turn shapes, in: J. M. Atkinson/J. Heritage (eds.), *Structures of social action: Studies in conversation analysis,* Cambridge 1984, S. 57–101.

35 Das läßt sich auch so formulieren, daß ein Sprecher zunächst eine Art Rätsel produziert, das den Rezipienten, der dieses Rätsel nicht zu lösen vermag, zur Nachfrage zwingt, wodurch der erste Sprecher in die Lage kommt, nicht von sich aus, sondern auf Wunsch des Rezipienten sein Wissen auszubreiten. Solche, durch ein „Rätsel" initiierte Interaktionssequenzen finden sich natürlich auch außerhalb von Klatsch, cf. J. Schenkein, Identity negotiations in conversation, in: id. (ed.), *Studies in the organization of conversational interaction,* New York 1978, S. 69 ff.

36 Derartige Ankündigungen von Neuigkeiten werden sequenzanalytisch untersucht von A. K. Terasaki, Pre-announcement sequences in conversation, Social Science Working Paper, No. 99, UC Irvine, 1976.

37 Das gleiche sequentielle Trägerformat kennzeichnet auch die Vorlaufphase von „non-invited stories", in der zunächst die Ankündigung des

späteren Geschichtenerzählers („Mir ist heute was Furchtbares passiert") die bereitschaftsindizierende Nachfrage des Rezipienten („Was denn?") provoziert, ehe es zur eigentlichen Erzählung kommt; cf. hierzu: H. Sacks, Das Erzählen von Geschichten innerhalb von Unterhaltungen, in: R. Kjolseth/F. Sack (Hrsg.), *Zur Soziologie der Sprache,* Opladen 1971, S. 307–314.

38 Prinzipiell gilt, daß für die hier beschriebenen Manöver der indirekten Einladung und des verdeckten Angebots die intonatorisch-paralinguistischen und mimisch-gestischen Ausdrucksformen eine wichtige Rolle spielen, da sie den Sprecher nicht im gleichen Maß wie die verbale Äußerung festlegen und ihm zugleich die Möglichkeit geben, seine Formulierungen unauffällig-andeutungsweise zu nuancieren, zu kommentieren, ja selbst zu annullieren.

39 Zum Thema „Sequenzexpansion" cf. G. Jefferson/J. Schenkein, Some sequential negotiations in conversation: Unexpanded and expanded versions of projected action sequences, *Sociology,* 11 (1977), S. 87–103. Daß im Gespräch der Übergang von der Zug-um-Zug-Abfolgeordnung zur Erzählung einer Geschichte in ökonomischer wie auch in elaborierter Weise erfolgen kann, zeigt G. Jefferson, Sequential aspects of storytelling in conversation, in: J. Schenkein (ed.), *Studies in the organization of conversational interaction,* New York 1978, S. 224ff.

40 Cf. hierzu E. Goffman, *Rahmen-Analyse: Ein Versuch über die Organisation von Alltagserfahrungen,* Frankfurt 1980, S. 544: „Die Spannung ist etwas so Wichtiges, daß viele Sprecher besonders bemühen, den prospektiven Zuhörer in dieser Weise einzustimmen. Daher der sehr verbreitete Gebrauch ritualistischer Absicherungen (‚tickets', wie Harvey Sacks sie nennt), etwa wenn jemand, der sprechen oder weitersprechen will, mit kleinen Worten oder Gesten sich vom Zuhörer die Erlaubnis dazu verschafft: ‚Wissen Sie, was ich glaube?', ‚Wissen Sie, was geschah?', ‚Jetzt hören Sie mal zu', ‚Haben Sie gehört, was Maria passiert ist?' und so weiter." (Die deutsche Übersetzung wurde nach dem Original stilistisch korrigiert.)

41 Cf. etwa W. Labov/J. Waletzky, Erzählanalyse: Mündliche Versionen persönlicher Erfahrung, in: J. Ihwe (Hrsg.), *Literaturwissenschaft und Linguistik,* Bd. 2, Frankfurt 1973, S. 78–126; oder K. Ehlich (Hrsg.), *Erzählen im Alltag,* Frankfurt 1980, mit verschiedenen Arbeiten über das Erzählen vor Gericht, das Erzählen in der Klinik, das Erzählen im psychoanalytischen Interview, das Erzählen im Unterricht etc., – Arbeiten, die oft in Gefahr geraten, das Erzählschema dadurch zu hypostasieren, daß sie nur mehr dessen gelungene oder mißlungene Aktivierung in verschiedenen, extern definierten Handlungskontexten verfolgen.

42 Cf. H. Garfinkel, What is ethnomethodology?, in: id., *Studies in ethnmethodology,* Englewood Cliffs, N.J. 1967, S. 33: „The policy is recommended that any social setting be viewed as self-organizing with respect to the intelligible character of its own appearances as either representations of or as evidences-of-a-social-order. Any setting organizes its activities to make its properties as an organized environment of practical activities detectable, countable, recordable, reportable, tell-a-story-aboutable, analyzable – in short, *accountable.*" Zum „account"-Begriff von H. Garfinkel cf. J. R. Bergmann, Ethnomethodologische Konversationsanalyse, in: P. Schröder/H. Steger (Hrsg.), *Dialogforschung: Jahrbuch 1980 des Instituts für deutsche Sprache,* Düsseldorf 1981, S. 9 ff.

43 Die soziologische Literatur über „Lügen" ist – quantitativ wie qualitativ – dünn; cf. aber über „die Lüge als einen Überbau über eine Verheimlichung", W. Stok, *Geheimnis, Lüge und Mißverständnis: Eine beziehungswissenschaftliche Untersuchung,* München 1929, S. 16 ff., mit einigen – nicht sehr hilfreichen – Differenzierungen (Decklüge, Zwecklüge etc.).

44 Verschiedene Typen solcher präventiven Dementis werden beschrieben bei J. P. Hewitt/R. Stokes, Disclaimers, *American Sociological Review,* 40 (1975), S. 1–11, sowie bei Ch. Baker, „This is just a first approximation, but...", in: *Papers from the eleventh regional meeting of the Chicago Linguistic Society,* Chicago 1975, S. 37–47.

45 H. Sacks, Das Erzählen von Geschichten innerhalb von Unterhaltungen, l. c., sowie H. Sacks, An analysis of the course of joke's telling in conversation, in: R. Bauman/J. Sherzer (eds.), *Explorations in the ethnography of speaking,* London 1974, S. 340 ff., weist auf den besonderen gesprächsorganisatorischen Effekt solcher Vorlaufphasen hin, der darin besteht, daß in ihnen dem Sprecher das Rederecht für mehr als einen Redezug zugewiesen und damit die Möglichkeit gegeben wird, seine Geschichte/Neuigkeit zu erzählen, ohne daß er dabei Gefahr läuft, vor dem Ende der Erzählung das Rederecht an einen anderen Gesprächsteilnehmer zu verlieren.

46 Cf. die seit dem Jahr 1977 erscheinende Zeitschrift *Maledicta* (hg. von Reinhold Aman), die sich mit Graffiti, Flüchen, kulturspezifischen Formen von Obszönität, erotischen Vokabularien und anderen Praktiken der Malediktion beschäftigt. Freilich enden viele Beiträge in dieser Zeitschrift allzu rasch bei psychoanalytischen Interpretationen. Cf. dagegen die gelungene, sprach- wie sozialwissenschaftliche Untersuchung verschiedener Phänomene der Malediktion von R. M. Adams, *Bad mouth: Fugitive papers on the dark side,* Berkeley 1977.

47 R. I. Levy, *Tahitians: Mind and experience in the Society Islands*, Chicago 1973, S. 340.
48 G. Simmel, *Soziologie: Untersuchungen über die Formen der Vergesellschaftung*, Berlin ⁵1968, S. 487.
49 In einer gemeindesoziologischen Studie beschreibt Leo Kuper, Blueprint for living together, in: L. Kuper (ed.), *Living in towns*, London 1953, S. 14 f., welche Konsequenzen sich daraus ergeben, daß in einem Häuserblock die Wohnungen der Mieter durch dünne, ‚hellhörige‘ (!) Trennwände zwar visuell, nicht aber akustisch voneinander getrennt werden: „Die Bewohner kennen viele ‚benachbarte‘ Geräusche, vom üblichen Gebrüll bei Geburtstagsfeiern bis zu Geräuschen des Alltagslebens. ⟨...⟩ Im ehelichen Schlafzimmer können die Dinge, die man über den Nachbarn erfährt, schockierend sein: ‚Man kann sogar hören, wie sie auf den Topf gehen, so schlimm ist es. Es ist einfach grauenhaft‘, oder störend: ‚Ich habe gehört, wie sie sich im Bett gestritten haben. Er wollte lesen, sie wollte einschlafen. Es ist peinlich, im Bett Geräusche zu hören, deshalb habe ich mein Bett an die andere Wand gestellt.‘" Wie Kuper (l. c., S. 45 ff.) an späterer Stelle bemerkt, machen die auf diese Weise erhaltenen Informationen über den Nachbarn dann nicht selten als Klatsch die Runde. Er zitiert etwa folgende Aussage eines Bewohners: „Wir haben es oft erlebt, daß auf der Straße oder sogar in den Geschäften uns gegenüber Dinge wiederholt wurden, die wir zueinander gesagt haben und die sie (die Nachbarin auf der anderen Seite der ‚gemeinsamen Wand‘) gehört hat."
50 Über Kinder als Zwischenträger von Klatschinformationen cf. insbesondere J. C. Hotchkiss, Children and conduct in a Ladino community of Chiapas, Mexico, *American Anthropologist*, 69 (1967), S. 715 f., der darauf verweist, daß Kinder leicht in die Rolle von Doppelagenten geraten können: Sie bringen Informationen über Dritte, die für die Erwachsenen interessant sind, nach Hause, lassen sich andererseits aber oft von Außenstehenden über innerfamiliäre Angelegenheiten befragen. Über das Sonderthema „Klatsch und Kinder" cf. ferner: G. A. Fine, Social components of children's gossip, *Journal of Communication*, 27 (1977), S. 181–185; G. Mettetal, Fantasy, gossip, and self-disclosure: Children's conversations with friends, in: R. Bostrom (ed.), *Communication Yearbook*, vol. 7, Beverly Hills, 1978, S. 730 ff., die beim Vergleich dreier Altersgruppen von Kindern (6–7, 11–12 und 16–17 Jahre) ein Desinteresse an Klatsch bei der jüngsten und einen dramatischen Anstieg von Klatsch bei der mittleren Altersgruppe feststellte. Eine enge Verwandtschaft zu Klatsch besteht im übrigen zu einer anderen, bereits unter kleinen Kindern verbreiteten Gattung der „moralischen Kommunikation": zum Petzen. Im Unterschied zum Klatsch fehlt dem Petzen

der selbstzweckhafte Charakter (oder zumindest dessen Anschein). Da der Petzer ja in der Regel sein Wissen an eine Autoritätsperson weitergibt, verläßt er zudem das Beziehungsnetz, das die Kinder untereinander verbindet.

51 Für V. N. Vološinov, *Marxismus und Sprachphilosophie*, Frankfurt 1975, S. 177, ist die sogenannte „fremde Rede", um die es im folgenden geht, vor allem in methodologischer Hinsicht ein „Knotenphänomen", das lange Zeit für ein nebensächliches Teilproblem gehalten wurde, aber für das soziologisch ausgerichtete wissenschaftliche Interesse an Sprache von „ungeheurer" Wichtigkeit ist. Für eine literaturwissenschaftliche Abhandlung über das Phänomen der Wiedergabe fremder Rede cf. M. Sternberg, Proteus in quotation-land: Mimesis and the forms of reported discourse, *Poetics Today*, 3 (1982), S. 107–156.

52 S. Harding, Women and words in a Spanish village, in: R. Reiter (ed.), *Towards an anthropology of women*, New York 1975, S. 298.

53 D. Brenneis, Grog and gossip in Bhatgon: Style and substance in Fiji Indian conversation, *American Ethnologist*, 11 (1984), S. 494.

54 V. N. Vološinov, *Marxismus und Sprachphilosophie*, l. c., S. 173 ff. („3. Teil: Zur Geschichte der Formen der Äußerung in den Konstruktionen der Sprache"). V. N. Vološinov ist wohl nicht, wie der Herausgeber S. M. Weber meint, ein Kollege, sondern ein Pseudonym von Michail Bachtin.

55 V. N. Vološinov, l. c., S. 194.

56 Cf. E. Goffman, *Rahmen-Analyse*, l. c., S. 568 ff. („Zitierte Figuren"); E. Goffman, Footing, in: id., *Forms of talk*, Oxford 1981, S. 124–159.

57 E. Goffman, Footing, l. c., S. 144 ff.

58 „Beim Zitieren von Flüchen und anderen tabuisierten Ausdrücken hat man etwas größere Freiheit als bei der eigenen Rede, aber wo hört sie auf?" fragt E. Goffman, *Rahmen-Analyse*, l. c., S. 578, bleibt aber eine Antwort schuldig. Die Neutralisierungskraft des Zitatformats ist sicher nicht unbegrenzt, doch wie weit sie reicht, läßt sich kaum allgemein, sondern immer nur im Hinblick auf situative Umstände bestimmen.

59 Cf. J. Streeck, Die leichte Muse des gewöhnlichen Gesprächs: Über die Unterhaltungskunst einiger älterer Frauen, Manuskript, FU Berlin, 1985, S. 10 ff.

60 Cf. etwa W. Labov, Rules for ritual insults, in: D. Sudnow (ed.), *Studies in social interaction*, New York 1972, S. 120–169, als ein Beispiel für die zahlreichen Studien, die sich seit den 30er Jahren mit jenen (männlichen) Beschimpfungsritualen beschäftigt haben, welche u. a. als „playing the dozens", „sounding", „signifying" bezeichnet werden und für die der wettbewerbsartige Gebrauch obszöner Ausdrücke und beleidigender Formulierungen von konstitutiver Bedeutung ist.

61 Eine solche Sequenz liegt immer dann vor, wenn *ein* Redezug von mindestens *zwei* Sprechern gleichsam arbeitsteilig produziert wird, z. B.:
A: Wenn er seine Augen so zusammenkneift;
B: dann mußt du dich in Acht nehmen.
62 Cf. R. v. Jhering, *Der Zweck im Recht*, 2. Bd., Leipzig ⁴1905, S. 364. Auch wenn v. Jhering geradezu zwanghaft auf die Idee vom Zweck im Recht fixiert blieb und ihn der Systematisierungsdrang der Juristen, der jedes Thema spaltete und erneut spaltete, letztlich an seinem, auf diese Weise nicht beherrschbaren Gegenstand scheitern ließ, bleibt die Konsequenz seines Vorgehens beeindruckend. Seine Ausführungen zur Mode, zur Freude, zu verschiedenen Bräuchen, zu einer Theorie der Umgangsformen, zum Anstand, zur Kleidung, zur Phänomenologie und Syntax der Höflichkeit, zum Takt u. v. m. sind von einer kulturhistorisch orientierten Soziologie der Interaktion jedenfalls noch zu entdecken.
63 Cf. die Analyse einer solchen als „sicher" geglaubten, jedoch sogleich entdeckten Lüge bei J. R. Bergmann, Exploring with discretion, l. c.
64 Cf. Ch. v. Reichenau, Die Übertreibung, in: *Reine und angewandte Soziologie* (Festschrift für Ferdinand Tönnies), Leipzig 1936, S. 202–217.
65 Die Beziehung zwischen Klatsch und Roman, auf die zahlreiche Literaturwissenschaftler hingewiesen haben, mag hier einen ihrer Ursprünge haben. Cf. zur empirisch begründeten Kritik an der falschen Gegenüberstellung von Alltagsrede und literarischer Fiktion W.-D. Stempel, Fiktion in konversationellen Erzählungen, in: D. Henrich/W. Iser (Hrsg.), *Funktionen des Fiktiven* (Poetik und Hermeneutik, Bd. X), München 1983, S. 331–356. Spezifischer im Hinblick auf diese Beziehung schreibt M. McCarthy, The fact of fiction, in: id., *On the contrary*, New York 1962, S. 264 f.: „Selbst dann, wenn er am ernsthaftesten ist, ist der charakteristische Ton des Romans von der Art, wie er dem Klatsch und dem Geschwätz eigen ist. ⟨...⟩ Die Stimmen, die wir in ihren ⟨Tolstojs, Flauberts, Prousts, Jane Austens etc.⟩ Erzählungen mithören, sind – wenn wir für einen Augenblick innehalten und Vorbegriffe beiseite lassen – die Stimmen von Nachbarn, die den neuesten Klatsch berichten." Klatsch kann sich, wie C. Rotzoll, Klatsch: Ein Kulturgut, *Frankfurter Allgemeine Zeitung*, 21. 8. 1982, bemerkt, „zu Weisheit steigern – und zu Weltliteratur. Zwei Provinzlerinnen waren ihren Männern untreu. Es kam – jeweils – auf, sprach sich herum. Ein Segen! Ohne das Getuschel eines früheren Jahrhunderts wären wir nie Effi Briest begegnet und nie Emma Bovary." Klatsch erschafft wie Literatur eine Welt für sich – so M. Peckham, Romanticism, science, and gossip, *Shenandoah*, 23:4 (1972), S. 86 f., und im Klatsch findet

wie in der Literatur eine Rollendifferenzierung von „Unterhalter" und „Publikum" statt – so D. W. Harding, The role of the onlooker, *Scrutiny*, 6:3 (1937), S. 257 f. Allerdings bleibt im Fall von Klatsch zumeist verborgen, wer hier eigentlich spricht. Klatsch ist anonym, und doch fängt irgendeiner damit an. „Klatsch etabliert eine Autorität ohne Autor", schreibt H. O. Brown, The errant letter and the whispering gallery, *Genre*, 10 (1977), S. 579. Cf. zum Thema auch E. W. B. Hess-Lüttich, Klatsch als Kunstform: Lust und Lüsternheit des Lästerns, in: id., *Kommunikation als ästhetisches Problem,* Tübingen 1984, S. 91–96, wo verschiedene Klatschelemente in Sheridans „The school for scandal" beschrieben werden.

66 Cf. H. Wunderlich, *Unsere Umgangssprache in der Eigenart ihrer Satzfügung,* Weimar 1894, S. 41.

67 Während Zustimmungen im Gespräch zumeist unbegründet erfolgen können, machen Verneinungen, Nicht-Zustimmungen, Ablehnungen, Mißbilligungen in der Regel eine Begründung erforderlich und haben dementsprechend eine sequenzexpandierende Wirkung – was im übrigen auch für den wissenschaftlichen Dialog gilt.

68 A. Mitscherlich spricht in seiner „Kurzen Apologie des Klatsches" davon, daß im Klatsch „das Vokabular der Vulgärcharakterologie ⟨...⟩ zu handlichen Vorurteilen aufbereitet ⟨wird⟩: Ehrgeiz, Hinterlist, Feigheit und so weiter werden zu Ganzurteilen über einen Menschen, der so zur Zielscheibe wird". Cf. id., *Auf dem Weg zur vaterlosen Gesellschaft,* München 1963, S. 328.

69 Cf. hierzu besonders J. Katz, Essences as moral identities: Verifiability and responsibility in imputations of deviance and charisma, *American Journal of Sociology,* 80 (1975), S. 1369–1390. Spätestens an dieser Stelle tritt im übrigen deutlich zutage, daß im Klatsch auch eine rechtliche Problematik verborgen ist. Insofern die „Ehre" als Rechtsgut im geltenden Recht verankert ist, kann eine Klatschäußerung u. U. sehr leicht den Tatbestand der üblen Nachrede, der Verleumdung bzw. der Beleidigung erfüllen. Mit diesen Äußerungsdelikten hat die Justiz seit jeher ihre Probleme. Dabei geht es im Kern immer um die Frage, ob man Ehrenrühriges über das Privat- und Intimleben einer Person äußern dürfe, wofern man dafür nur den Beweis erbringen könne, oder ob der Ehrenschutz – im Interesse des potentiellen Opfers einer Ehrverletzung – so weit vorverlegt werden solle, daß jemand ein „Indiskretionsdelikt" selbst dann begeht, wenn er für seine ehrenrührigen Behauptungen einen Wahrheitsbeweis erbringen kann. Cf. zur Problematik allgemein die klassische, auch psychologisch begründete strafrechtliche Abhandlung von E. Kern, *Die Äußerungsdelikte,* Tübingen 1919. Zur Dogmengeschichte der Iniuria cf. K. Thiel, *Iniuria und Beleidigung: Eine*

Vorarbeit zur Bestimmung des Begriffes der Beleidigung, Breslau 1905. U. a. mit dem Argument: „Die privaten Mitteilungen über die Privatangelegenheiten des lieben Nächsten kann man nicht verbieten, ohne drei Vierteln der Menschheit drei Viertel ihres Gesprächsstoffes zu rauben", plädiert E. W. Roth, *Die materiellrechtliche und prozessuale Bedeutung des Indiskretionsdelikts*, Breslau 1927, S. 48, dafür, nur die öffentliche, nicht aber die private Indiskretion unter Strafe zu stellen. H. J. Hirsch, *Ehre und Beleidigung: Grundfragen des strafrechtlichen Ehrenschutzes*, Karlsruhe 1967, S. 35, wendet sich gegen die Einführung eines Indiskretionsdelikts mit dem Argument, „daß das ‚Gerede der Leute' – vorausgesetzt, daß es wahr ist – eine bedeutende soziale Aufgabe erfüllt. Es stellt eine der stärksten Garantien für die Gewährleistung der sozialen Ordnung und den sittlichen Zustand einer Gesellschaft dar, so daß wir es bei seiner Zulässigkeit mit einem wertbildenden und -erhaltenden Faktor hohen Ranges zu tun haben." Cf. zum Problem der beleidigenden Äußerungen im engsten Kreis (etwa in Form des Lästerns), die „nicht mit einem einfachen dogmatischen Rezept zu bewältigen sind", auch K. Engisch, Beleidigende Äußerungen über dritte Personen im engsten Kreise, *Goltdammer's Archiv*, (1957), S. 326–337.

70 Dieser Punkt wird gut herausgearbeitet in einer Studie über ein türkisches Dorf von W. Schiffauer, Weltbild und Selbstverständnis der Bauern von Subay: Eine Ethnographie, Dissertation, FU Berlin, 1985, S. 289. Schiffauer meint, daß die entblößende Tendenz des Klatsches eine Art Gegengewicht zum „impression management" darstellt.

71 An diesem Punkt wird deutlich, daß der Klatsch auf geradezu paradigmatische Weise die von Harold Garfinkel analysierten „Bedingungen für den Erfolg von Degradierungszeremonien", *Gruppendynamik*, 5 (1974), S. 77–88 erfüllt. Zum Zusammenhang von Degradierungszeremonie, Hexereivorwurf, öffentlicher Gerichtsverhandlung und Klatsch cf. die Studie über den Stamm der Pedi im südafrikanischen Megwang-Bezirk von B. Sansom, When witches are not named, in: M. Gluckman (ed.), *The allocation of responsibility*, Manchester 1972, S. 197 ff., 216 ff.

72 Cf. hierzu U. Wesel, *Frühformen des Rechts in vorstaatlichen Gesellschaften*, Frankfurt 1985, S. 321: „In kleinen Gemeinschaften bildet sich sehr schnell ein Konsens, der sich gegen den Betreffenden wendet, und zwar nicht so sehr im Hinblick auf einzelne Übertretungen, sondern als Urteil über seine ganze Person. Denn wichtiger als die einzelne Tat ist die Frage, was von ihm in Zukunft wieder droht." Generell zeichnet sich das vorstaatliche Recht, so Wesel, durch eine Einheit von Person und Handlung aus, während im staatlichen Recht Handlung und Person getrennt sind, also Sanktionen für ein Vergehen sich nicht

gleich gegen die ganze Person richten müssen. Cf. hierzu auch E. Colson, *Tradition and contract: The problem of order*, London 1975, S. 51 ff.
73 Cf. S. Ranulf, *Moral indignation and middle class psychology: A sociological study*, Copenhagen 1938, S. 1: „Moral indignation (which is the emotion behind the desinterested tendency to inflict punishment) is a kind of disguised envy."
74 R. K. Merton, Continuities in the theory of reference groups and social structure, in: id., *Social theory and social structure*, New York ²1968, S. 416.
75 J. Berger, *SauErde: Geschichten vom Lande*, Hamburg 1982, S. 17.
76 Mit den Informationen, die dem Klatschobjekt hintertragen werden, kann dieses dann den Klatschproduzenten ‚zur Rede stellen' — eine seltene Praxis unter Erwachsenen, nicht aber unter Kindern. Cf. hierzu die konversationsanalytischen Studien von M. H. Goodwin, He-said-she-said: Formal cultural procedures for the construction of a gossip dispute activity, *American Ethnologist*, 7 (1980), S. 674–695, sowie: id., „Instigating": Storytelling as social process, *American Ethnologist*, 9 (1982) S. 799–819.
77 Cf. bereits V. Vedel, *By og Borger i Middelalderen*, Copenhagen 1901, S. 294, in seinem Versuch, die Neigung zum moralischen Rigorismus in mittelalterlichen Städten zu erklären: „Im Stadtklatsch ist auch ein soziales Element der Sympathie vorhanden. Es stimmt zwar, daß diese oft zu den sehr primitiven Spielarten dessen gehört, was man ‚mißgünstige Sympathie' genannt hat. Die hämische Freude am Leid anderer und der neidische Verdruß über das Glück anderer ist jedoch ein kultureller Fortschritt gegenüber der gefühllosen Eigenliebe, der das Wohl und Wehe anderer völlig gleichgültig ist." Cit. nach S. Ranulf, l. c., S. 47.
78 A. L. Epstein, Gossip, norms and social network, in: J. C. Mitchell (ed.), *Social networks in urban situations*, Manchester 1969, S. 117–127.
79 Als „rudimentärer hermeneutischer Akt" wird Klatsch charakterisiert von T. G. Pavel, Literary criticism and methodology, *Dispositio*, 3 (1978), S. 147. Das Argument, daß Klatsch in erster Linie als eine Einrichtung zur Interpretation und Anwendung von sozialen Regeln zu betrachten ist, wird — ohne ausdrückliche Bezugnahme auf die Hermeneutik — in Anknüpfung an Wittgenstein, Winch, Rawls, Garfinkel u. a. ausführlich entwickelt bei: J. B. Haviland, *Gossip, reputation, and knowledge in Zinacantan*, Chicago 1977, Kap. 8 („Rules in gossip"); sowie bei J. Sabini/M. Silver, A plea for gossip, in: id., *Moralities of everyday life*, Oxford 1982, S. 100 ff.

80 G. Simmel, *Soziologie*, l. c., S. 371 f.
81 Cf. hierzu dezidiert die Kritik von V. N. Vološinov, l. c., S. 145, an dem sprachwissenschaftlichen Dualismus zwischen dem Innen und dem Außen: „Nicht das Erlebnis organisiert den Ausdruck, sondern umgekehrt, der Ausdruck organisiert das Erlebnis, gibt ihm zum ersten Mal Form und bestimmt seine Richtung."
82 J. W. v. Goethe, Unterhaltungen deutscher Ausgewanderten (1794–95), in: id., *Sämtliche Werke*, Bd. 9, München 1911, S. 100.
83 M. Lazarus, Über Gespräche, l. c., S. 251 f.
84 Das Phänomen der „second stories" wurde zuerst von Harvey Sacks aufgegriffen und – seinen Anregungen folgend – empirisch untersucht von A. L. Ryave, On the achievement of a series of stories, in: J. Schenkein (ed.), *Studies in the organization of conversational interaction*, New York 1978, S. 113–132. M. Moerman, The use of precedent in natural conversation: A study in practical legal reasoning, *Semiotica*, 9 (1973), S. 193–218, entwickelt das Argument, daß das juristische Muster des Präzedenzfalles seiner Struktur nach bereits in der Abfolge von Geschichten in alltäglichen Unterhaltungen zu finden ist, – ein Argument, das sich direkt beziehen läßt auf die Funktion von solchen Rekonstruktionsserien für die soziale Typisierung im Klatsch.
85 F. Mauthner, *Beiträge zu einer Kritik der Sprache*, Bd. 1, Frankfurt 1982, S. 149.
86 Cf. als Beispiel: M. W. Hodges/C. S. Smith, *Neighbourhood and community*, Liverpool 1954, S. 112 f.
87 Cf. D. Gilmore, Varieties of gossip in a Spanish rural community, *Ethnology*, 17 (1978), S. 91. Cf. auch die Ausführungen über Klatsch in der ethnographischen Monographie über die gleiche Landgemeinde bei D. Gilmore, *The people of the plain: Class and community in lower Andalusia*, New York 1980, S. 173, 196 f.
88 Entnommen aus: R. L. Rosnow/G. A. Fine, *Rumor and gossip: The social psychology of hearsay*, New York 1976, S. 82. Mit freundlicher Genehmigung der Elsevier Science Publishing Co., inc.

Kapitel V

1 E. Goffman, The interaction order, *American Sociological Review*, 48 (1983), S. 16 f. Aufgrund seiner fortgeschrittenen Krankheit konnte Goffman diesen Eröffnungsvortrag nicht mehr halten – was er in der für ihn typischen Weise selbst reflektiert: „Was ich dem Leser anbiete, ist also die nacherlebte Teilnahme an etwas, das selbst gar nicht stattfand. Eine Podiumsveranstaltung, aber nur Leser in den Zuschauersesseln."

2 Cf. J. Matthes, Die Soziologen und ihre Zukunft, in: J. Matthes (Hrsg.), *Krise der Arbeitsgesellschaft? Verhandlungen des 21. Deutschen Soziologentages in Bamberg 1982,* Frankfurt 1983, S. 22.
3 Cf. C. Geertz, Blurred genres: The refiguration of social thought, *American Scholar,* 49 (1980), S. 165–179.
4 E. A. Ross, *Social control: A survey of the foundations of order,* New York 1929, S. 89 ff. Cf. auch: J. S. Rouček, *Social control,* New York 1956, S. 312 f., sowie: G. Gurvitch, Social control, in: G. Gurvitch/ W. E. Moore (eds.), *Twentieth century sociology,* New York 1945, S. 278 f.
5 F. E. Lumley, Gossip, in: id., *Means of social control,* New York 1925, S. 211–236.
6 So etwa bei P. L. Berger, *Einladung zur Soziologie: Eine humanistische Perspektive,* München 1971, S. 83 f., oder A. M. Rose, *Sociology: The study of human relations,* New York 1965, S. 114 f.
7 W. F. Ogburn/M. F. Nimkoff, *Sociology,* vol. I, Washington 1944, S. 267. Hinweise auf den Funktionsverlust informeller sozialer Kontrollmittel finden sich bereits etwa bei R. E. Park, The city: Suggestions for the investigation of human behavior in the city environment, *American Journal of Sociology,* 20 (1915), S. 597 ff. Cf. dagegen aber die Beobachtungen von M. P. Baumgartner, Social control in suburbia, in: D. Black (ed.), *Toward a general theory of social control,* vol. II, Orlando, Fl. 1984, S. 79–103, der bei Mittelschichtangehörigen in einer nordamerikanischen Vorstadt eine deutliche Präferenz für informelle, nicht-konfrontative Formen der Lösung von Konflikten und der Reaktion auf Regelverletzungen feststellte.
8 Es war vor allem der Aufsatz von Max Gluckman, Gossip and scandal, *Current Anthropology,* 4 (1963), S. 307–316, der Klatsch zu einem Thema in der Rechtsethnologie gemacht hat. Zur Literatur cf. die neuere Darstellung und Diskussion bei S. E. Merry, Rethinking gossip and scandal, in: D. Black (ed.), *Toward a general theory of social control,* vol. I, Orlando, Fl. 1984, S. 271–302. Als rechtssoziologisches Beispiel cf. P. Lewis, Defamation: Reputation and encounter, in: L. M. Friedman/M. Rehbinder (Hrsg.), *Zur Soziologie des Gerichtsverfahrens,* Opladen 1976, S. 276 ff.
9 Cf. etwa die gelungene Darstellung von U. Wesel, *Frühformen des Rechts in vorstaatlichen Gesellschaften,* Frankfurt 1985.
10 B. Malinowski, *Sitte und Verbrechen bei den Naturvölkern,* Bern o. J., S. 72–75.
11 Diese Definition gibt F. H. Tenbruck, Soziale Kontrolle, in: *Staatslexikon der Görres-Gesellschaft,* Bd. 7, Freiburg ⁶1962, Sp. 226.
12 Cf. E. Durkheim, *Über die Teilung der sozialen Arbeit,* Frankfurt 1977,

S. 127–151. Direkt relevant ist etwa seine folgende Ausführung: „Das Verbrechen bringt das Gewissen aller ehrbaren Leute zusammen und verdichtet es. Man braucht nur zu sehen, wie es, besonders in einer kleinen Stadt, zugeht, wenn sich ein Moralskandal ereignet hat. Man bleibt in der Stadt stehen, man besucht sich, man trifft sich an bestimmten Orten, um über das Ereignis zu reden, und man empört sich gemeinsam. Aus allen diesen einander ähnlichen Eindrücken, die ausgetauscht werden, aus all dem Zorn, der ausgedrückt wird, entsteht ein mehr oder weniger bestimmter Einheitszorn, der der Zorn eines jeden ist, ohne der Zorn eines einzelnen zu sein; der öffentliche Zorn." (l. c., S. 144)

13 Cf. allgemein zur Sequenz eskalierender Maßnahmen gegen den ‚Abweichler': F. G. Bailey, The management of reputations in the process of change, in: id. (ed.), *Gifts and poison: The politics of reputation*, New York 1971, S. 286–290; ein gutes Beispiel für die Sequenz: Klatsch – Andeutung – direkte Konfrontation findet sich bei J. L. Briggs, *Never in anger: Portrait of an Eskimo family*, Cambridge, Mass. 1970, S. 222; zur engen Beziehung von Klatsch und ‚Hänseln' („teasing") cf. W. Lancaster, Correspondence, *Man*, 9 (1974), S. 627; über die kunstvolle Technik, eine Äußerung nicht direkt an den Abweichler zu adressieren, aber so zu artikulieren, daß sie von ihm gehört werden kann, cf. C. M. Kernan, Loud-talking, in: id., *Language behavior in a black urban community*, Berkeley 1971, S. 96–102, sowie R. D. Abrahams, Black talking on the streets, in: R. Bauman/J. Sherzer (eds.), *Explorations in the ethnography of speaking*, London 1974, S. 259–261, über die Technik des „Put-On".

14 Cf. vor allem die Arbeit von E. L. Peters, Aspects of the control of moral ambiguities: A comparative analysis of two culturally disparate modes of social control, in: M. Gluckman (ed.), *The allocation of responsibility*, Manchester 1972, S. 109–162, in der gezeigt wird, wie in einer englischen Kleinstadt einer Gruppe junger Männer über Klatsch Informationen über Abweichler zugespielt werden und diese dann – mit Billigung der sozialen Gemeinschaft – von der Gruppe zu Opfern von oft recht deftigen Streichen gemacht werden. S. E. Merry, *Urban danger: Life in a neighborhood of strangers*, Philadelphia 1981, S. 186 ff., zeigt am Beispiel einer ethnisch gemischten Wohnsiedlung in einer nordamerikanischen Großstadt, daß Klatsch dort u. a. deshalb nicht als Mittel der sozialen Kontrolle fungieren kann, weil moralische Urteile von Personen außerhalb des eigenen engen Netzwerks ignoriert werden und keine informellen Gruppen für den Vollzug von Sanktionen existieren. Cf. für einen ganz anderen kulturellen Kontext: P. Riviere, Factions and exclusions in two South American village systems, in: M.

Douglas (ed.), *Witchcraft confessions and accusations*, London 1970, S. 249: „Gossip always precedes open accusation."

15 Zum Charivari cf. G. Phillips, Über den Ursprung der Katzenmusiken: Eine canonistisch-mythologische Abhandlung, in: id., *Vermischte Schriften*, Bd. 3, Wien 1860, S. 26–92, sowie K. Meuli, Charivari, in: H. Kusch (Hrsg.), *Festschrift Franz Dornseiff*, Leipzig 1953, S. 231–243.

16 Cf. A. Arno, Fijian gossip as adjudication: A communication model of informal social control, *Journal of Anthropological Research*, 36 (1980), S. 343–360; H. A. Selby, *Zapotec deviance: The convergence of folk and modern sociology*, Austin 1974, S. 124, stellt fest, daß Klatsch eine wichtige Rolle im Prozeß der Etikettierung von Hexen spielt: „Wie kommt es dann dazu, daß eine Person letztendlich als Hexe etikettiert wird? Ganz einfach, durch den sozialen Prozeß des Klatschens." T. V. Smith, Custom, gossip, legislation, *Social Forces*, 16 (1937), S. 24–34, betrachtet Brauch, Klatsch und Recht als drei Stadien der sozialen Kontrolle und schreibt: „Klatsch erstreckt sich über das ganze Territorium zwischen dem, was als selbstverständlich hingenommen wird, und dem Bereich des Rechts." (l. c., S. 26)

17 Cf. hierzu vor allem: G. Lutz, Sitte und Infamie: Untersuchungen zur rechtlichen Volkskunde am Phänomen des Verrufs, Dissertation, Universität Würzburg, 1954.

18 M. Wolf, *Women and the family in rural Taiwan*, Stanford, Ca. 1972, S. 40. Ganz ähnliche Formulierungen von polnischen Einwanderern berichtet W. I. Thomas, *The unadjusted girl*, Montclair, N. J. 1969, S. 44. Die Hinweise in der Literatur auf die verhaltenssteuernde Wirkung der Angst vor Klatsch sind so zahlreich, daß hier nur eine kleine Auswahl vorgelegt werden kann: D. Gilmore, Varieties of gossip in a Spanish rural community, *Ethnology*, 17 (1978), S. 94, berichtet, daß „viele junge Ehepaare ihre Entscheidungen über die Familienplanung nicht auf eigene Vorlieben gründen, sondern auf das, ‚was die Leute sagen werden'". Cf. für entsprechende Beobachtungen in einem österreichischen Dorf: M. A. Heppenstall, Reputation, criticism and information in an Austrian village, in F. G. Bailey (ed.), *Gifts and poison: The politics of reputation*, New York 1971, S. 139–166. H. Lewis, *Blackways of Kent*, Chapel Hill 1955, S. 193, verweist darauf, daß nur diejenigen Leute Angst vor Klatsch haben, die auch eine Reputation zu verlieren haben. E. M. Albert, Culture patterning of speech behavior in Burundi, in: J. J. Gumperz/D. Hymes (eds.), *Directions in sociolinguistics: The ethnography of communication*, New York 1972, S. 87 f., berichtet über große Angst bei den Burundi vor verleumderischen Reden. W. I. Thomas/F. Znaniecki, *The Polish peasant in Europe and America*, New York 1958, S. 1060, bringen die Angst vor Klatsch in

einen Zusammenhang mit der Angst vor Magie und dem primitiven Glauben an die reale Wirkung von Worten und Flüchen.
19 Cf. R. Benedict, *The chrysanthemum and the sword: Patterns of Japanese culture*, Boston 1946, S. 223: „Reine Schmach-Kulturen ⟨shame cultures⟩ gründen sich auf externe Sanktionen für fehlerhaftes Verhalten, nicht aber – wie reine Schuld-Kulturen ⟨guilt cultures⟩ – auf ein internalisiertes Sündenbewußtsein. Schmach ist eine Reaktion auf die Kritik anderer Leute. ⟨...⟩ Sie erfordert ein Publikum oder zumindest ein imaginiertes Publikum. Nicht so Schuld. In einer Nation, in der Ehre so viel bedeutet wie: entsprechend dem Bild zu leben, das man von sich selbst hat, kann ein Mensch unter seiner Schuld leiden, obwohl kein anderer von seiner Verfehlung weiß." Cf. zu dieser Unterscheidung im Zusammenhang mit Klatsch auch: R. I. Levy, *Tahitians: Mind and experience in the Society Islands*, Chicago 1973, S. 326, 340; S. H. Brandes, Social structure and interpersonal relations in Navanogal (Spain), *American Anthropologist*, 75 (1973), S. 756. Zum ‚Gesicht' und ‚Gesichtsverlust' cf. D. Y. Ho, On the concept of face, *American Journal of Sociology*, 81 (1976), S. 867–884.
20 Vor allem die Fallberichte in E. Kretschmer, *Der sensitive Beziehungswahn: Ein Beitrag zur Paranoiafrage und zur psychiatrischen Charakterlehre*, Berlin ³1950, enthalten fortwährende Klagen der Paranoiker über das Verklatschtwerden durch andere; entsprechende Stellen finden sich auch in den Fallbeschreibungen etwa bei K. Conrad, *Die beginnende Schizophrenie: Versuch einer Gestaltanalyse des Wahns*, Stuttgart ²1966. Einen frühen Hinweis liefert bereits G. Lomer, Über den Klatsch, *Psychiatrisch-neurologische Wochenschrift*, 15 (5. Juli 1913), S. 175: „...scheint es fast, daß gewisse Psychosen durch das Element des (halluzinierten) Klatsches ganz und gar beherrscht werden. Man denke an die Verfolgungsvorstellungen des Paranoikers." Auf den Zusammenhang von Klatsch und Paranoia spielt auch R. Barthes, *Über mich selbst*, München 1978, S. 183, an. Generell für das Thema relevant ist E. Lemert, Paranoia und die Dynamik der Ausschließung, in: F. Basaglia/F. Basaglia Ongaro (Hrsg.), *Die abweichende Mehrheit: Die Ideologie der totalen sozialen Kontrolle*, Frankfurt 1972, S. 33–60, der für die Situation der Ausgeschlossenen – ob Paranoiker oder Klatschobjekt – eine strukturelle Beschreibung liefert.
21 M. Gluckman, Gossip and scandal, l. c. Gluckman knüpft vor allem an die kurzen Bemerkungen über Klatsch an bei M. J. Herskovits/F. S. Herskovits, *Trinidad village*, New York 1976, S. 185 und passim, und J. West, *Plainville, U.S.A.*, New York 1945, S. 99–107. Soziologische Arbeiten über Klatsch – etwa von A. Blumenthal oder F. E. Lumley – berücksichtigt Gluckman nicht.

22 Eine Darstellung von Gluckmans Argumentation findet sich etwa bei U. Hannerz, *Exploring the city: Inquiries toward an urban anthropology,* New York 1980, S. 186 ff.

23 Cf. hierzu entsprechende Bemerkungen über Klatsch bei L. v. Wiese (Hrsg.), *Das Dorf als soziales Gebilde,* (Heft 1 der Beiträge zur Beziehungslehre), München/Leipzig 1928, S. 32, 74 f.; bei J. B. Loudon, Kinship and crisis in South Wales, *British Journal of Sociology,* 12 (1961), S. 347, oder bei W. M. Williams, *The sociology of an English village: Gosforth,* London 1956, S. 143.

24 Diese Argumentation wird – im Anschluß an Durkheim – vor allem entwickelt bei S. C. Heilman, *Synagogue life: A study in symbolic interaction,* Chicago 1976, S. 158–160, sowie bei J. K. Campbell, *Honour, family and patronage: A study of institutions and moral values in a Greek mountain community,* Oxford 1964, S. 314.

25 Als verdeckte Aggression wird Klatsch etwa interpretiert bei D. F. Aberle, The psychosocial analysis of a Hopi life-history, in: R. Hunt (ed.), *Personalities and cultures: Readings in psychological anthropology,* Garden City, N. Y. 1967, S. 135 ff.; bei A. Balikci, Bad friends, *Human Organization,* 27 (1968), S. 191–199; bei R. B. Stirling, Some psychological mechanisms operative in gossip, *Social Forces,* 34 (1956), S. 262–267; J. Dollard et al., *Frustration and aggression,* New Haven 1950, S. 186, berichten über die Ashanti, daß dort Klatsch als ein schwerwiegender Verstoß gegen die Etikette gilt, dafür aber jährliche Zeremonien stattfinden, bei denen jeder jedem – auch dem König – seinen Ärger ungestraft ins Gesicht sagen kann.

26 Über Klatsch im Zusammenhang mit lokalen oder politischen Gruppenkonflikten cf. C. A. Dawson/W. E. Gettys, *An introduction to sociology,* New York 1929, S. 317 f., sowie: B. A. Cox, What is Hopi gossip about? Information management and Hopi factions, *Man* (N. S.), 5 (1970), S. 88–98.

27 Cf. hierzu auch N. Elias/J. L. Scotson, Observations on gossip, in: id., *The established and the outsiders: A sociological enquiry into community problems,* London 1965, S. 100: „Dem Klatsch eine integrierende Funktion zuzuschreiben, kann leicht suggerieren, daß Klatsch die Ursache und deren Wirkung die Integration sei. Man dürfte jedoch den Sachverhalt genauer erfassen mit der Formulierung, daß die besser integrierte Gruppe wahrscheinlich freizügiger klatscht als die weniger gut integrierte Gruppe, und daß im ersten Fall die Klatschgespräche der Leute den bereits bestehenden Zusammenhalt verstärken." Ähnlich auch E. Colson, *Tradition and contract: The problem of order,* London 1975, S. 45–59.

28 Gluckman selbst bezieht sich auf die Untersuchung von E. Colson, *The*

Makah Indians: A study of an Indian tribe in modern American society, Manchester 1953, S. 228 u. passim. Eine luzide Kritik an Colsons Studie liefert P. J. Wilson, Filcher of good names: An enquiry into anthropology and gossip, *Man* (N. S.), 9 (1974), S. 93–102. Als Untersuchungen über Klatsch in Gruppen mit einem hohen Ausmaß an Exklusivität seien genannt: F. G. Bailey, *Morality and expediency: The folklore of academic politics,* Chicago 1977, S. 114–120, 124 f., 203 f., über Klatsch in der Universität und in Universitätsgremien; R. E. S. Tanner, Conflict within small European communities in Tanganyika, *Human Organization,* 23 (1964), S. 319–327; D. Koster, ‚Why is *he* here?' White gossip, in: R. Paine (ed.), *The white Arctic: Anthropological essays on tutelage and ethnicity,* Toronto 1977, S. 144–165, über Klatsch in der Enge einer kolonialen Situation (einer heterogenen Siedlergruppe im Norden Kanadas); S. C. Heilman, *Synagogue life,* l. c., S. 151–192, über Klatsch in einer jüdischen Gemeinde in Nordamerika; J. Henry, *Culture against man,* New York 1963, S. 149–159, über Klatsch in amerikanischen Teenagergruppen.

29 Zur zentralen Stellung von Max Gluckman cf. R. P. Werbner, The Manchester School in South-Central Africa, *Annual Review of Anthropology,* 13 (1984), S. 157–185. Im übrigen ist erstaunlich, weshalb Gluckman in seinem Klatschaufsatz so ungebrochen funktionalistisch argumentiert, während er in den meisten seiner anderen – insbesondere in den rechtssoziologischen – Arbeiten einem sehr viel differenzierteren Erklärungsansatz folgt.

30 Cf. allgemein zum Netzwerkansatz: M. Schenk, Das Konzept des sozialen Netzwerks, in: F. Neidhardt (Hrsg.), *Gruppensoziologie* (Sonderheft 25 der ‚KZfSS'), Opladen 1983, S. 88–104, sowie B. Streck, Netzwerk: Der transaktionale Einspruch gegen das Paradigma der struktural-funktionalistischen Ethnologie, *Anthropos,* 80 (1985), S. 569–586, der die Differenz zwischen funktionaler und transaktionaler Betrachtungsweise prägnant herausarbeitet; sowie J. C. Mitchell, Networks, norms and institutions, in: J. Boissevain/J. C. Mitchell (eds.), *Network analysis: Studies in human interaction,* The Hague 1973, S. 15–35. – Beispiele für Arbeiten, die im Umkreis von Max Gluckman entstanden und sich u. a. mit Klatsch beschäftigen, sind etwa: E. Bott, *Family and social network: Roles, norms, and external relationships in ordinary urban families,* London ²1971, S. 67, 75–76 u. passim; oder: A. L. Epstein, The network and urban social organization, *Rhodes-Livingstone Institute Journal,* 29 (1961), S. 45, 58 f., und: id., Gossip, norms and social network, in: J. C. Mitchell (ed.), *Social networks in urban situations,* Manchester 1969, S. 117–127. – Cf. auch die heftige Kritik an Gluckman und am Funktionalismus in der klassischen Netz-

werkstudie von J. Boissevain, *Friends of friends: Networks, manipulators and coalitions,* Oxford 1974, S. 9–23, bes. S. 21 f.

31 Cf. R. Paine, What is gossip about? An alternative hypothesis, *Man* (N. S.), 2 (1967), S. 278–285; Gluckmans Replik findet sich in: M. Gluckman, Psychological, sociological and anthropological explanations of witchcraft and gossip: A clarification, *Man* (N. S.), 3 (1968), S. 20–34; eine kurze Antwort wird formuliert bei R. Paine, Gossip and transaction, *Man* (N. S.), 3 (1968), S. 305–308.

32 Dieses Konzept wird in einem weiteren Zusammenhang entwickelt in: R. Paine, Informal communication and information management, *Canadian Review of Sociology and Anthropology,* 7 (1970), S. 172–188. Relevant sind hier auch die Überlegungen von J. M. Roberts, The self-management of cultures, in: W. H. Goodenough (ed.), *Explorations in cultural anthropology,* New York 1964, S. 441, über Klatsch als Methode des „informational storage and retrieval".

33 R. Paine, What is gossip about?, l. c., S. 283.

34 Cf. etwa die Arbeiten von: B. A. Cox, What is Hopi gossip about?, l. c.; U. Hannerz, Gossip, networks and culture in a Black American ghetto, *Ethnos,* 32 (1967), S. 35–60; J. Szwed, Gossip, drinking and social control: Consensus and communication in a Newfoundland parish, *Ethnology,* 5 (1966), S. 434–441; G. McFarlane, Gossip and social relationships in a Northern Irish community, in: M. Stuchlik (ed.), *The Queen's University Papers in Social Anthropology, vol. 2: Goals and behaviour,* Belfast 1977, S. 95–118; D. Handelman, Gossip in encounters: The transmission of information in a bounded social setting, *Man* (N. S.), 8 (1973), S. 210–227; cf. auch die Bemerkungen über die Funktion von Klatsch bei der Brautschau bei T. Tentori, Social class and family in a Southern Italian town: Matera, in: J. G. Peristiany (ed.), *Mediterranean family structures,* Cambridge 1976, S. 279; die Konzeption von Klatsch als einem „running commentary" bei F. O. Gearing, *The face of the Fox,* Chicago 1970, S. 102, 114, und bei S. Silverman, *Three bells of civilization: The life of an Italian hill town,* New York 1975, S. 38.

35 Cf. etwa die Beobachtungen von U. Wikan, *Life among the poor in Cairo,* London 1980, S. 57 f., 130 f., über die Bedeutung von Klatsch als Mittel, durch Interpretation und Kritik des Verhaltens anderer den eigenen moralischen Status zu erhöhen; sowie die Bemerkungen von Ch. C. Hughes et al., *People of Cove and Woodlot: Communities from the viewpoint of social psychiatry,* New York 1960, S. 302, über Klatsch als Technik der sozialen Distinktion. Von Psychologen wird zudem die These vertreten, daß Klatsch als Mittel eingesetzt wird, um auf indirektem und ungefährlichem Weg Vergleichsinformationen ein-

zuholen, die zur Meinungs- und Identitätsbildung unerläßlich sind, – cf. hierzu: G. A. Fine/R. L. Rosnow, Gossip, gossipers, gossiping, *Personality and Social Psychology Bulletin*, 4 (1978), S. 162 f., sowie: J. M. Suls, Gossip as social comparison, *Journal of Communication*, 27 (1977), S. 164–168, und Ph. Brickman/R. J. Bulman, Pleasure and pain in social comparison, in: J. M. Suls/R. L. Miller (eds.), *Social comparison processes: Theoretical and empirical perspectives*, Washington, D. C. 1976, S. 149–186. Diese psychologischen Interpretationen, die dem Klatsch vor allem eine Vergleichsfunktion zuweisen, können sich bereits auf G. H. Mead, *Mind, self and society*, Chicago 1970, S. 205 f. (dt.: S. 249 f.), berufen: „Gleichwohl besteht ständig die Forderung, die eigene Identität durch irgendeine Art der Überlegenheit über die uns umgebenden Mitmenschen zu realisieren. ⟨...⟩ Es macht irgendwie Spaß, von den Rückschlägen anderer Menschen zu hören, besonders jener, die in engem Kontakt zur eigenen Persönlichkeit stehen. Das äußert sich in Klatsch, sogar in böswilligem Klatsch, vor dem wir uns zu hüten haben. Wir können ein Ereignis aufrichtig bedauern und doch irgendwie befriedigt sein über das, was einem anderen, nicht aber uns selbst geschieht."

36 G. Simmel, *Soziologie: Untersuchungen über die Formen der Vergesellschaftung*, Berlin ⁵1968, S. 267.

37 F. W. Nietzsche, Menschliches, Allzumenschliches: Ein Buch für freie Geister, in: id., *Studienausgabe in vier Bänden*, Bd. 2, Frankfurt 1968, S. 182.

38 G. Simmel, *Soziologie*, l. c., S. 274 f.

39 G. Simmel, *Soziologie*, l. c., S. 275.

40 Cf. allgemein: R. B. Stirling, Some psychological mechanisms operative in gossip, *Social Forces*, 34 (1956), S. 262–267; sowie die psychoanalytischen Interpretationen (Klatsch als Vorspiel etc.) bei S. L. Olinick, The gossiping psychoanalyst, *International Review of Psychoanalysis*, 7 (1980), S. 439–445; ferner die Versuche, Klatsch in Beziehung zu setzen zu Phänomenen wie Isolation, Selbstwertgefühl, Neid, Voyeurismus und Empathie, von G. Medini/E. H. Rosenberg, Gossip and psychotherapy, *American Journal of Psychotherapy*, 30 (1976), S. 452–462; oder den (negativ verlaufenen) Test, Klatschbereitschaft mit Introversion/Extroversion in Beziehung zu setzen bei F. B. Davis/P. J. Rulon, Gossip and the introvert, *Journal of Abnormal and Social Psychology*, 30 (1935/36), S. 17–21.

41 Zu dem Konzept des „face-threatening act" und dessen interaktionsstruktureller Bedeutung cf. P. Brown/S. Levinson, Universals in language usage: Politeness phenomena, in: E. N. Goody (ed.), *Questions and politeness: Strategies in social interaction*, Cambridge 1978, S. 56–

310, sowie: W.-D. Stempel, Bemerkungen zur Kommunikation im Alltagsgespräch, in: K. Stierle/R. Warning (Hrsg.), *Das Gespräch* (Poetik und Hermeneutik, Bd. XI), München 1984, S. 160 ff. Zur „preference for agreement" im alltäglichen Gespräch, cf. A. Pomerantz, Agreeing and disagreeing with assessments: Some features of preferred/dispreferred turn shapes, in: J. M. Atkinson/J. Heritage (eds.), *Structures of social action: Studies in conversation analysis*, Cambridge 1984, S. 57–101.

42 Über „cross-cutting loyalities" und deren Konsequenzen für Konfliktregelungen, cf. E. Colson, Social control and vengeance in Plateau Tongo society, *Africa*, 23 (1953), S. 199–212. Eine ähnliche Argumentation wie die hier vorgetragene findet sich bei A. Blumenthal, *Small-town stuff*, Chicago 1932. Blumenthals Argument wird referiert von O. E. Klapp, *Opening and closing: Strategies of information adaption in society*, Cambridge 1978, S. 32f.

43 Ähnlich bereits O. Kühne, *Allgemeine Soziologie: Lebenswissenschaftlicher Aufriß ihrer Grundprobleme, Erster Halbband: Die Lehre vom Sozialen Verhalten und von den Sozialen Prozessen*, Berlin 1958, S. 578, der – noch ganz in der Tradition L. v. Wieses stehend – schreibt: „Einen dem indiskreten Verhalten verwandten sozialen Ausleseprozeß stellt das ‚Klatschen' dar. Bei ihm wird im allgemeinen eine – meist versteckte – unfreundliche Distanz-Haltung (also mit negativem Auslesecharakter) gegenüber dem ‚Verklatschten' eingenommen, welche zugleich eine vertrauliche Annäherung an denjenigen herbeiführen soll, dem der Klatsch zugetragen wird. Dabei kann natürlich dem äußeren Verhalten des Klatschenden der Mantel des ‚Diskreten' umgehängt werden, die indiskrete Grundhaltung bleibt aber hiervon unberührt."

44 Klatsch bildet somit, wie bereits B. Malinowski, The problem of meaning in primitive languages, in: C. K. Ogden/I. A. Richards, *The meaning of meaning*, New York [8]1946, S. 314f. (dt.: S. 350f.), selbst festgestellt hat, ein Kernstück der von ihm so genannten „phatischen Kommunion".

45 Cf. etwa E. Wolf, Klatsch – Balsam für die Seele, *Journal für die Frau*, 16 (1984), S. 131–132, oder S. G. Schönfeldt, Was ist noch schöner als Klatsch?, *ZEIT-Magazin*, 39, 23. 9. 1983, S. 64.

Verzeichnis der Transkriptionssymbole

[	Beginn einer Überlappung, d. h. gleichzeitiges Sprechen von zwei Parteien
]	Ende einer Überlappung
=	Schneller Anschluß einer nachfolgenden Äußerung, oder auch schnelles Sprechen innerhalb einer Äußerung
(0.8)	Pause; Dauer in Sekunden
(–)	Kurzes Absetzen; kurze Pause (ca. ¼ Sek.)
ja:::	Dehnung eines Vokals; die Anzahl der Doppelpunkte entspricht der Länge der Dehnung
°ja°	Leise
°°ja°°	Sehr leise
nein	Betont
NEIN	Laut
. ;	Stark bzw. schwach fallende Intonationskurve
? ,	Stark bzw. schwach steigende Intonationskurve
viellei-	Abbruch eines Wortes oder einer Äußerung
·hh hh	Hörbares Einatmen bzw. Ausatmen
aber	Äußerung ist mit Lachen unterlegt
(ach)	Unsichere Transkription
( )	Sprecher unbekannt bzw. Inhalt der Äußerung unverständlich; Länge der Klammer entspricht der Dauer der unverständlichen Äußerung
⟨lachen⟩	Umschreibung von para-linguistischen, mimisch-gestischen und gesprächsexternen Ereignissen bzw. Informationen zur Situation und zum Kontext des Gesprächs
⋮	Auslassung im Transkript

Die Personennamen sowie die Orts- und Zeitangaben, die in den Transkripten auftauchen, sind durchweg Pseudonyme bzw. Deckangaben.

Literaturverzeichnis

Aberle, D. F., The psychosocial analysis of a Hopi life-history, in: R. Hunt (ed.), *Personalities and cultures: Readings in psychological anthropology*, Garden City, N.Y. 1967, S. 79–138.

Abrahams, R. D., A performance-centred approach to gossip, *Man* (N.S.), 5 (1970), S. 290–301.

Abrahams, R. D., Black talking on the streets, in: R. Bauman/ J. Sherzer (eds.), *Explorations in the ethnography of speaking*, London 1974, S. 240–262.

Adams, R. M., *Bad mouth: Fugitive papers on the dark side*, Berkeley 1977.

Aebischer, V., Chit-chat: Women in interaction, *OBST (= Osnabrücker Beiträge zur Sprachtheorie)*, 9 (1979), S. 96–108.

Albert, E. M., Culture patterning of speech behavior in Burundi, in: J. J. Gumperz/D. Hymes (eds.), *Directions in sociolinguistics: The ethnography of communication*, New York 1972, S. 72–105.

Albrecht, G., Zur Stellung historischer Forschungsmethoden und nichtreaktiver Methoden im System der empirischen Sozialforschung, in: P. Ch. Ludz (Hrsg.), *Soziologie und Sozialgeschichte* (Sonderheft 16 der ‚Kölner Zeitschrift für Soziologie und Sozialpsychologie'), Köln 1972, S. 242–293.

Allen, D. E./R. F. Guy, *Conversation analysis: The sociology of talk*, The Hague 1974.

Allport, G. W./L. Postman, *The psychology of rumor*, New York 1965.

Almirol, E. B., Chasing the elusive butterfly: Gossip and the pursuit of reputation, *Ethnicity*, 8 (1981), S. 293–304.

Althans, B., „Halte dich fern von den klatschenden Weibern...": Zur Phänomenologie des Klatsches, *Feministische Studien*, 2 (1985), S. 46–53.

Anderson, D. C./W. W. Sharrock, Biasing the news: Technical issues in ‚media studies', *Sociology*, 13 (1979), S. 367–385.

Andreas-Friedrich, R., *So benimmt sich die junge Dame*, Heidelberg ²1954.
Arewa, E. O./A. Dundes, Proverbs and the ethnography of speaking folklore, *American Anthropologist*, 66 (1964), S. 70–85.
Aristoteles, *Nikomachische Ethik* (Übersetzung: F. Dirlmeier), Stuttgart 1969; Berlin ⁸1983.
Arno, A., Fijian gossip as adjudication: A communication model of informal social control, *Journal of Anthropological Research*, 36 (1980), S. 343–360.
Aswad, B. C., Key and peripheral roles of noble women in a Middle Eastern plains village, *Anthropological Quarterly*, 40 (1967), S. 139–152.
Atkinson, P., Writing ethnography, in: H. J. Helle (Hrsg.), *Kultur und Institution*, Berlin 1982, S. 77–105.
Auer, J. C. P., Referenzierungssequenzen: Ein Beitrag zur Ethno-Konversationsanalyse des Referierens, Magisterarbeit, Universität Konstanz, 1980.
Back, K. W./D. Polisar, Salons und Kaffeehäuser, in: F. Neidhardt (Hrsg.), *Gruppensoziologie* (Sonderheft 25 der ‚Kölner Zeitschrift für Soziologie und Sozialpsychologie'), Opladen 1983, S. 276–286.
Bailey, F. G., Gifts and poison, in: id. (ed.), *Gifts and poison: The politics of reputation*, New York 1971, S. 1–25.
Bailey, F. G., The management of reputations in the process of change, in: id. (ed.), *Gifts and poison: The politics of reputation*, New York 1971, S. 281–301.
Bailey, F. G., Losa, in: id. (ed.), *Debate and compromise: The politics of innovation*, Totowa, N.J. 1973, S. 164–199.
Bailey, F. G., *Morality and expediency: The folklore of academic politics*, Chicago 1977.
Baker, Ch., „This is just a first approximation, but..", in: *Papers from the eleventh regional meeting of the Chicago Linguistic Society*, Chicago 1975, S. 37–47.
Balikci, A., Bad Friends, *Human Organization*, 27 (1968), S. 191–199.
Barthes, R., *Über mich selbst*, München 1978 (orig.: 1975).
Baumann, R./J. Sherzer (eds.), *Explorations in the ethnography of speaking*, London 1974.

Baumgartner, M. P., Social control in suburbia, in: D. Black (ed.), *Toward a general theory of social control*, vol. II, Orlando, Fl. 1984, S. 79–103.
Bausinger, H., *Formen der „Volkspoesie"*, Berlin ²1980 (orig.: 1968).
Beach, W. A./D. G. Dunning, Pre-indexing and conversational organization, *Quarterly Journal of Speech*, 68 (1982), S. 170–185.
Bell, C., *Middle class families: Social and geographical mobility*, London 1968.
Ben-Amos, S., The concept of genre in folklore, in: J. Pentikäinen/T. Juurika (eds.), *Folk narrative research*, Helsinki 1976, S. 30–43.
Ben-Amos, D. (ed.), *Folklore genres*, Austin 1976.
Benard, Ch./E. Schlaffer, Männerdiskurs und Frauentratsch: Zum Doppelstandard in der Soziologie. Ein Beitrag zur Methodeninnovation, *Soziale Welt*, 32 (1981), S. 119–136.
Benedict, R., *The chrysanthemum and the sword: Patterns of Japanese culture*, Boston 1946.
Benjamin, W., Der destruktive Charakter, in: id., *Gesammelte Schriften*, Bd. IV.1 (WA 10), Frankfurt 1980, S. 396–398 (orig.: 1931).
Benjamin, W., Der Erzähler: Betrachtungen zum Werk Nikolai Lesskows, in: id., *Über Literatur*, Frankfurt 1969, S. 33–61 (orig. 1936).
Bennett, L., *Dangerous wives and sacred sisters: Social and symbolic roles of high-caste women in Nepal*, New York 1983.
Berger, J., *SauErde: Geschichten vom Lande*, Hamburg 1982 (orig.: 1979).
Berger, P. L., *Einladung zur Soziologie: Eine humanistische Perspektive*, München 1971 (orig.: 1963).
Berger, P./Th. Luckmann, *Die gesellschaftliche Konstruktion der Wirklichkeit*, Frankfurt 1970 (orig.: 1966).
Bergmann, J. R., Interaktion und Exploration: Eine konversationsanalytische Studie zur sozialen Organisation der Eröffnungsphase von psychiatrischen Aufnahmegesprächen, Dissertation, Universität Konstanz, 1980.
Bergmann, J. R., Ethnomethodologische Konversationsanalyse, in: P. Schröder/H. Steger (Hrsg.), *Dialogforschung: Jahrbuch 1980 des Instituts für deutsche Sprache*, Düsseldorf 1981, S. 9–51.

Bergmann, J. R., Frage und Frageparaphrase: Aspekte der redezuginternen und sequenziellen Organisation eines Äußerungsformats, in: P. Winkler (Hrsg.), *Methoden der Analyse von Face-to-Face-Situationen*, Stuttgart 1981, S. 128–142.

Bergmann, J. R., Exploring with discretion: Notes on an ‚explosive' utterance format, Ms., Universität Konstanz, 1984.

Bergmann, J. R., Flüchtigkeit und methodische Fixierung sozialer Wirklichkeit: Aufzeichnungen als Daten der interpretativen Soziologie, in: W. Bonß/H. Hartmann (Hrsg.), *Entzauberte Wissenschaft* (Sonderband 3 der ‚Sozialen Welt'), Göttingen 1985, S. 299–320.

Bergmann, J. R./J. Bossi-Dünker/J. Fuhrmann/P. Gross/Th. Luckmann/J. Schmuker/S. Uhmann/P. Winkler, Zur Produktion und Konstitution sozialwissenschaftlicher Daten (Arbeitstitel), Ms., Universität Konstanz, 1986.

Bittner, E., The police on Skid-row: A study of peace-keeping, *American Sociological Review*, 32 (1967), S. 699–715.

Bleek, W., Witchcraft, gossip and death: A social drama, *Man* (N.S.), 11 (1976), S. 526–541.

Bloch, E., Der Klatsch, in: id., *Erbschaft dieser Zeit*, Frankfurt 1962, S. 25–26 (orig.: 1935).

Blumenthal, A., *Small-town stuff*, Chicago 1932.

Blumenthal, A., The nature of gossip, *Sociology and Social Research*, 22 (1937), S. 31–37.

Bogatyrev, P. G./R. Jakobson, Die Folklore als eine besondere Form des Schaffens, in: H. Blumensath (Hrsg.), *Strukturalismus in der Literaturwissenschaft*, Köln 1972, S. 13–24 (orig. in: *Donum Natalicium Schrijnen*, Nijmegen 1929, S. 900–913).

Boissevain, J. M., Some notes on the position of women in Maltese society, *Nord Nytt*, 3 (1972), S. 195–213.

Boissevain, J., *Friends of friends: Networks, manipulators and coalitions*, Oxford 1974.

Bok, S., Gossip, in: id., *Secrets: On the ethics of concealment and revelation*, New York 1984, S. 89–101.

Borker, R., Anthropology: Social and cultural perspectives, in: S. McConnell-Ginet et al. (eds.), *Women and language in literature and society*, New York 1980, S. 26–44.

Bott, E., *Family and social network: Roles, norms, and external relationships in ordinary urban families*, London ²1971 (orig.: 1957).

Boulay, J. du, Gossip, friendship, and quarrels in: id., *Portrait of a Greek mountain village*, Oxford 1974, S. 201–229.

Brandes, S. H., Social structure and interpersonal relations in Navanogal (Spain), *American Anthropologist*, 75 (1973), S. 750–765.

Brenneis, D., Grog and gossip in Bhatgon: Style and substance in Fiji Indian conversation, *American Ethnologist*, 11 (1984), S. 487–506.

Brickman, Ph./R. J. Bulman, Pleasure and pain in social comparison, in: J. M. Suls/R. L. Miller (eds.), *Social comparison processes: Theoretical and empirical perspectives*, Washington, D. C. 1976, S. 149–186.

Briggs, J. L., *Never in anger: Portrait of an Eskimo family*, Cambridge, Mass. 1970.

Brockhaus' Konversations-Lexikon, Bd. 2, Leipzig ¹⁴1894.

Brown, H. O., The errant letter and the whispering gallery, *Genre*, 10 (1977), S. 573–599.

Brown, P./S. Levinson, Universals in language usage: Politeness phenomena, in: E. N. Goody (ed.), *Questions and politeness: Strategies in social interaction*, Cambridge 1978, S. 56–310.

Campbell, J. K., *Honour, family and patronage: A study of institutions and moral values in a Greek mountain community*, Oxford 1964.

Campe, J. H., *Wörterbuch der deutschen Sprache*, Braunschweig 1808.

Caruth, E. G., Secret bearer or secret barer? Countertransference and the gossiping therapist, *Contemporary Psychoanalysis*, 21 (1985), S. 548–562.

Casa, G. della, Vom täglichen Gespräch, in: C. Schmölders (Hrsg.), *Die Kunst des Gesprächs: Texte zur Geschichte der europäischen Konversationstheorie*, München 1979, S. 124–127 (orig.: 1558).

Cicourel, A. V., *Methode und Messung in der Soziologie*, Frankfurt 1970 (orig.: 1964).

Clausen, L., Schlangen: Exkursion in den Quellsumpf der Theorien, in: H. v. Alemann/H. P. Thurn (Hrsg.), *Soziologie in weltbürgerlicher Absicht* (Festschrift für René König zum 75. Geburtstag), Opladen 1981, S. 307–322.

Clifford, J., On ethnographic surrealism, *Comparative Studies in Society and History*, 23 (1981), S. 539–564.

Clifford, J., On ethnographic authority, *Representations*, 1:2 (Spring 1983), S. 118–146.

Cohen, Y. A., Four categories of interpersonal relationships in the family and community in a Jamaican village, in: M. M. Horowitz (ed.), *Peoples and cultures of the Caribbean*, Garden City, N.Y. 1971, S. 412–435 (orig.: 1955).

Colson, E., *The Makah Indians: A study of an Indian tribe in modern American society*, Manchester 1953.

Colson, E., Social control and vengeance in Plateau Tonga society, *Africa*, 23 (1953), S. 199–212.

Colson, E., *Tradition and contract: The problem of order*, London 1975.

Conrad, K., *Die beginnende Schizophrenie: Versuch einer Gestaltanalyse des Wahns*, Stuttgart ²1966 (orig.: 1958).

Cooley, Ch. H., *Social organization: A study of the larger mind*, New York 1962 (orig.: 1909).

Coser, L. A., Domestic servants: The obsolescence of an occupational role, in: id., *Greedy institutions: Patterns of undivided commitment*, New York 1974, S. 67–88.

Coser, R. L., Insulation from observability and types of social conformity, *American Sociological Review*, 26 (1961), S. 28–39.

Cox, B. A., What is Hopi gossip about? Information management and Hopi factions, *Man* (N.S.), 5 (1970), S. 88–98.

Cronin, C., Illusion and reality in Sicily, in: A. Schlegel (ed.), *Sexual stratification: A cross-cultural view*, New York 1977, S. 67–93.

Cuff, E. C./D. W. Francis, Some features of ‚invited stories' about marriage breakdown, *International Journal of the Sociology of Language*, 18 (1978), S. 111–133.

Cutileiro, J., *A Portuguese rural society*, Oxford 1971.

Davis, F. B./P. J. Rulon, Gossip and the introvert, *Journal of Abnormal and Social Psychology*, 30 (1935/36), S. 17–21.

Dawson, C. A./W. E. Gettys, *An introduction to sociology*, New York 1929.
Devons, E./M. Gluckman, Conclusion: Modes and consequences of limiting a field of study, in: M. Gluckman (ed.), *Closed systems and open minds*, Edinburgh 1964, S. 158–261.
Diderot, D./J. L. D'Alembert/de Jaucourt, Conversation, entretien, in: id., *Synonymes français*, Paris 1801, S. 94–96.
Dieck, A., Der Weltuntergang am 17. März 1949 in Südhannover: Ein Beitrag zur Erforschung von Gerüchten, *Neues Archiv für Niedersachsen*, 4:20 (N.F.) (1950), S. 704–720.
Dietrich, H., *Menschen miteinander: Ein Brevier des taktvollen und guten Benehmens*, Berlin 1965.
Dischner, G., Das poetische Auge des Ethnographen, *Text + Kritik*, „Hubert Fichte", 72 (Okt. 1981), S. 30–47.
Dollard, J. et al., *Frustration and aggression*, New Haven 1950.
Douglas, M. (ed.), *Witchcraft confessions and accusations*, London 1970.
Duden-Stilwörterbuch, Mannheim ⁵1963.
Durkheim, E., *Die Regeln der soziologischen Methode*, Neuwied 1961 (orig.: 1895).
Durkheim, E., *Über die Teilung der sozialen Arbeit*, Frankfurt 1977 (orig.: 1893).
Edmondson, R., *Rhetoric in sociology*, London 1984.
Edmonson, M. S., Play: Games, gossip, and humor, in: M. Nash (ed.), *Handbook of Middle American Indians*, Austin 1967, S. 191–206.
Eglin, P., Readers' work in making news: A study of a newspaper headline and a direction for research, Ms. 1983.
Ehlich, K. (Hrsg.), *Erzählen im Alltag*, Frankfurt 1980.
Elias, N./J. L. Scotson, Observations on gossip, in: id., *The established and the outsiders: A sociological enquiry into community problems*, London 1965, S. 89–105.
Elwert-Kretschmer, K., Zwischen Tratsch und Anpassung: Der Prozeß der Feldforschung in einem malaiischen Dorf, Working Paper No. 53, Universität Bielefeld, Fakultät für Soziologie, Forschungsschwerpunkt Entwicklungssoziologie, 1984.
Embree, J. F., *Suye Mura: A Japanese village*, Chicago 1939.
Engisch, K., Beleidigende Äußerungen über dritte Personen im engsten Kreise, *Goltdammer's Archiv* (1957), S. 326–337.

Epstein, A. L., The network and urban social organization, *Rhodes-Livingstone Institute Journal*, 29 (1961), S. 29–62.

Epstein, A. L., Gossip, normes and social network, in: J. C. Mitchell (ed.), *Social networks in urban situations*, Manchester 1969, S. 117–127.

Evans-Pritchard, E. E., *Hexerei, Orakel und Magie bei den Zande*, Frankfurt 1978 (orig.: 1939).

Evans-Pritchard, E. E., Zande conversation pieces, in: J. Pouillon/P. Maranda (eds.), *Échanges et communications. Festschrift für Claude Lévi-Strauss zum 60. Geburtstag*, vol. I, The Hague/Paris 1970, S. 29–49.

Evans-Pritchard, E. E., *Man and woman among the Azande*, London 1974.

Faris, J. C., The dynamics of verbal exchange: A Newfoundland example, *Anthropologica*, 8 (1966), S. 235–248.

Felton, G. S., Psychosocial implications of the coffee-break, *Journal of Human Relations*, 14 (1966), S. 434–449.

Fine, G. A., Social components of children's gossip, *Journal of Communication*, 27 (1977), S. 181–185.

Fine, G. A., Rumors and gossiping, in: T. A. van Dijk (ed.), *Handbook of discourse analysis*, vol. 3, London 1985, S. 223–237.

Fine, G. A./R. L. Rosnow, Gossip, gossipers, gossiping, *Personality and Social Psychology Bulletin*, 4 (1978), S. 161–168.

Frankenberg, R., *Village on the border: A social study of religion, politics and football in a North Wales community*, London 1957.

Frankenberg, R., *Communities in Britain: Social life in town and country*, Harmondsworth 1966.

Friedl, E., The position of women: Appearance and reality, *Anthropological Quarterly*, 40 (1967), S. 97–108.

Fuchs, E., *Die Frau in der Karikatur*, Frankfurt 1973 (orig.: 1906).

Gallaher, A., Jr., *Plainville fifteen years later*, New York 1961.

Gans, H. J., *The urban villagers: Group and class in the life of Italian-Americans*, New York 1962.

Garfinkel, H., Bedingungen für den Erfolg von Degradierungszeremonien, *Gruppendynamik*, 5 (1974), S. 77–83 (orig.: 1956).

Garfinkel, H., What is ethnomethodology?, in: id., *Studies in ethnomethodology*, Englewood Cliffs, N.J. 1967, S. 1–34.

Garfinkel, H./H. Sacks, On formal structures of practical actions, in: J. C. McKinney/E. A. Tiryakian (eds.), *Theoretical Sociology*, New York 1970; dt.: Über formale Strukturen praktischer Handlungen, in: E. Weingarten/F. Sack/J. Schenkein (Hrsg.), *Ethnomethodologie: Beiträge zu einer Soziologie des Alltagslebens*, Frankfurt 1976, S. 130–176.

Gearing, F. O., *The face of the Fox*, Chicago 1970.

Geertz, C., Blurred genres: The refiguration of social thought, *American Scholar*, 49 (1980), S. 165–179.

Geertz, C., Slide show: Evans-Pritchard's African transparencies, *Raritan*, III:2 (1984), S. 62–80.

Giedion-Welcker, C., Einführung zu James Joyce: Ulysses, in: J. Joyce, *Ulysses*, München 1966.

Gilmore, D., Varieties of gossip in a Spanish rural community, *Ethnology*, 17 (1978), S. 89–99.

Gilmore, D., *The people of the plain: Class and community in lower Andalusia*, New York 1980.

Ginzburg, C., Spurensicherung: Der Jäger entziffert die Fährte, Sherlock Holmes nimmt die Lupe, Freud liest Morelli – die Wissenschaft auf der Suche nach sich selbst, *Freibeuter*, 3 (1980), S. 7–19; 4 (1980), S. 11–36.

Gladwin, Th./S. B. Sarason, *Truk: Man in paradise*, (Viking Fund Publications in Anthropology, No. 20), New York 1953.

Gluckman, M., Gossip and scandal, *Current Anthropology*, 4 (1963), S. 307–316.

Gluckman, M., Psychological, sociological and anthropological explanations of witchcraft and gossip: A clarification, *Man* (N.S.), 3 (1968), S. 20–34.

Goethe, J. W. v., Unterhaltungen deutscher Ausgewanderten (1794–95), in: id., *Sämtliche Werke*, Bd. 9, München 1911, S. 86–186.

Götze, A. (Hrsg.), *Trübners Deutsches Wörterbuch*, Berlin 1943.

Goffman, E., *Wir alle spielen Theater: Die Selbstdarstellung im Alltag*, München 1969 (orig.: 1959).

Goffman, E., *Verhalten in sozialen Situationen: Strukturen und Regeln der Interaktion im öffentlichen Raum*, Gütersloh 1971 (orig.: 1963).

Goffman, E., *Stigma: Über Techniken der Bewältigung beschädigter Identität*, Frankfurt 1967 (orig.: 1964).

Goffman, E., *Rahmen-Analyse: Ein Versuch über die Organisation von Alltagserfahrungen*, Frankfurt 1980 (orig.: 1974).

Goffman, E., Footing, in: id., *Forms of talk*, Oxford 1981, S. 124–159.

Goffman, E., The interaction order (American Sociological Association, 1982 Presidential Address), *American Sociological Review*, 48 (1983), S. 1–17.

Goffman, E., Felicity's condition, *American Journal of Sociology*, 89 (1983), S. 1–53.

Gold, R., Janitors versus tenants: A status-income dilemma, *American Journal of Sociology*, 57 (1952), S. 486–493.

Goodwin, M. H., He-said-she-said: Formal cultural procedures for the construction of a gossip dispute activity, *American Ethnologist*, 7 (1980), S. 674–695.

Goodwin, M. H., „Instigating": Storytelling as social process, *American Ethnologist*, 9 (1982), S. 799–819.

Gregor, Th., *Mehinaku: The drama of daily life in a Brazilian Indian village*, Chicago 1977.

Grimm, J. u. W., *Deutsches Wörterbuch*, Bd. 5, Leipzig 1873.

Grünberger, H., Formale Organisation und soziales System: Soziologische Orte des Sprechhandelns von Mitgliedern – Die subcutane Gewalt des Klatsches, Ms., Frankfurt 1978.

Gurvitch, G., Social control, in: G. Gurvitch/W. E. Moore (eds.), *Twentieth century sociology*, New York 1945.

Gusfield, J., The literary rhetoric of science: Comedy and pathos in drinking driver research, *American Sociological Review*, 41 (1976), S. 16–34.

Habermas, J., *Strukturwandel der Öffentlichkeit: Untersuchungen zu einer Kategorie der bürgerlichen Gesellschaft*, Neuwied 1962.

Hahn, A./H.-A. Schubert/H.-J. Siewert, *Gemeindesoziologie: Eine Einführung*, Stuttgart 1979.

Handelman, D., Gossip in encounters: The transmission of information in a bounded social setting, *Man* (N.S.), 8 (1973), S. 210–227.

Hannerz, U., Gossip, networks and culture in a Black American ghetto, *Ethnos*, 32 (1967), S. 35–60.

Hannerz, U., *Exploring the city: Inquiries toward an urban anthropology*, New York 1980.
Harbert, R., *Bitte so! Anstandsbüchlein für junge Damen und solche, die es werden wollen*, Recklinghausen ⁵1954.
Harding, D. W., The role of the onlooker, *Scrutiny*, 6:3 (1937), S. 247–258.
Harding, S., Women and words in a Spanish village, in: R. Reiter (ed.), *Towards an anthropology of women*, New York 1975, S. 283–308.
Harrington, M., Co-operation and collusion in a group of young housewives, *Sociological Review* 12:3 (1964), S. 255–282.
Harris, C., *Hennage: A social system in miniature*, New York 1974.
Hart, Ch. W./A. R. Pilling, *The Tiwi of North Australia*, New York 1960.
Haviland, J. B., *Gossip, reputation, and knowledge in Zinacantan*, Chicago 1977.
Haviland, J. B., Gossip as competition in Zinacantan, *Journal of Communication*, 27 (1977), S. 186–191.
Hegel, G. W. F., Enzyklopädie der philosophischen Wissenschaften im Grundrisse, Dritter Teil, in: id., *Werke in zwanzig Bänden*, Bd. 10, Frankfurt 1970 (orig.: 1830).
Heilman, S. C., *Synagogue life: A study in symbolic interaction*, Chicago 1976.
Heller, A., *Das Alltagsleben: Versuch einer Erklärung der individuellen Reproduktion*, Frankfurt 1978.
Hellweg, S. A., Organizational grapevines, in: B. Dervin/M. J. Voigt (eds.), *Progress in communication sciences*, vol. 8, Norwood, N. J. 1987, S. 213–230.
Hempfer, K. W., *Gattungstheorie: Information und Synthese*, München 1973.
Henry, J., *Culture against man*, New York 1963.
Heppenstall, M. A., Reputation, criticism and information in an Austrian village, in: F. G. Bailey (ed.), *Gifts and poison: The politics of reputation*, New York 1971, S. 139–166.
Heritage, J. C./D. R. Watson, Formulations as conversational objects, in: G. Psathas (ed.), *Everyday language: Studies in ethnomethodology*, New York 1979, S. 123–162.

Herskovits, M. J., *Life in a Haitian valley,* New York 1937.

Herskovits, M. J./F. S. Herskovits, *Trinidad village,* New York 1976 (orig.: 1947).

Hess-Lüttich, E. W. B., Klatsch als Kunstform. Lust und Lüsternheit des Lästerns, in: id., *Kommunikation als ästhetisches Problem,* Tübingen 1984, S. 91–96.

Hewitt, J. P./R. Stokes, Disclaimers, *American Sociological Review,* 40 (1975), S. 1–11.

Hirsch, H. J., *Ehre und Beleidigung: Grundfragen des strafrechtlichen Ehrenschutzes,* Karlsruhe 1967.

Hirzel, R., *Der Dialog: Ein literarhistorischer Versuch,* 2 Bde., Hildesheim 1963 (orig.: 1895).

Ho, D. Y., On the concept of face, *American Journal of Sociology,* 81 (1976), S. 867–884.

Hodges, M. W./C. S. Smith, *Neighbourhood and community: An enquiry into social relationships on housing estates in Liverpool and Sheffield,* Liverpool 1954.

Hoggart, R., *The uses of literacy: Aspects of working-class life with special reference to publications and entertainments,* Harmondsworth 1958.

Hotchkiss, J. C., Children and conduct in a Ladino community of Chiapas, Mexico, *American Anthropologist,* 69 (1967), S. 711–718.

Hughes, Ch. C./M.-A. Tremblay/R. N. Rapoport/A. H. Leighton, *People of Cove and Woodlot: Communities from the viewpoint of social psychiatry* (The Stirling County study of psychiatric disorder and sociocultural environment, vol. 2), New York 1960.

Humboldt, W. v., Über den Dualis, in: id., *Schriften zur Sprache,* Stuttgart 1973, S. 21–29 (orig.: 1827).

Hymes, D., Introduction: Toward ethnographies of communication, in: J. J. Gumperz/D. Hymes (eds.), The ethnography of communication, *American Anthropologist* (Special Issue), 66:6 Pt. 2 (1964), S. 1–34.

Hymes, D., Models of the interaction of language and social life, in: J. J. Gumperz/D. Hymes (eds.), *Directions in sociolinguistics: The ethnography of communication,* New York 1972, S. 35–71.

Hymes, D., Über Sprechweisen, in: id., *Soziolinguistik: Zur Ethno-*

graphie der Kommunikation (hg. v. F. Coulmas), Frankfurt 1979, S. 166–192 (orig.: Ways of speaking, in: R. Bauman/J. Sherzer (eds.), *Explorations in the ethnography of speaking*, London 1974).

Jayyusi, L., *Categorization and moral order*, Boston 1984.

Jefferson, G., Side sequences, in: D. Sudnow (ed.), *Studies in social interaction*, New York 1972, S. 294–338.

Jefferson, G., Sequential aspects of storytelling in conversation, in: J. Schenkein (ed.), *Studies in the organization of conversational interaction*, New York 1978, S. 219–248.

Jefferson, G./J. R. E. Lee, On the sequential organization of troublestalk in ordinary conversation, Ms. (Final Report to the SSRC), 1981.

Jefferson, G./J. Schenkein, Some sequential negotiations in conversation: Unexpanded and expanded versions of projected action sequences, *Sociology*, 11 (1977), S. 87–103.

Jesus Sirach, Unterricht über den Mund, in: C. Schmölders (Hrsg.), *Die Kunst des Gesprächs: Texte zur Geschichte der europäischen Konversationstheorie*, München 1979, S. 91–95.

Jhering, R. v., *Der Zweck im Recht*, 2. Bd., Leipzig ^{4}1905 (orig.: 1877).

Jolles, A., *Einfache Formen: Legende, Sage, Mythe, Rätsel, Spruch, Kasus, Memorabile, Märchen, Witz*, Halle ^{6}1982 (orig.: 1930).

Jones, D., Gossip: Notes on women's oral culture, in: Ch. Kramarae (ed.), *The voices and words of women and men*, Oxford 1980, S. 193–198.

Joyce, J., *Ulysses*, München 1966 (orig.: 1922).

Kaberry, Ph., Malinowski's contribution to fieldwork methods and the writing of ethnography, in: R. Firth (ed.), *Man and culture*, London 1957, S. 71–91.

Kaplan, A., *The conduct of inquiry: Methodology for behavioral science*, San Francisco 1964.

Katz, J., Essences as moral identities: Verifiability and responsibility in imputations of deviance and charisma, *American Journal of Sociology*, 80 (1975), S. 1369–1390.

Keppler, A., Zur Verlaufsform von Klatschgesprächen, Ms., Universität Konstanz, 1985.

Kern, E., *Die Äußerungsdelikte*, Tübingen 1919.

Kernan, C. M., Loud-talking, in: id., *Language behavior in a black urban community*, Berkeley 1971 (Monographs of the Language Behavior Research Laboratory, No. 2), S. 96–102.

Kierkegaard, S., *Eine literarische Anzeige* (T. Gyllembourg, „Zwei Zeitalter", 1845), Düsseldorf 1954.

Klapp, O. E., *Opening and closing: Strategies of information adaption in society*, Cambridge 1978.

Klein, J., *Samples from English cultures*, London 1965.

Kleist, H. v., *Über das Marionettentheater*, Reinbek 1964, S. 5–12 (orig.: 1810).

Kluckhohn, C., *Navaho witchcraft*, Boston 1967 (orig.: 1944).

Kluge, F., *Etymologisches Wörterbuch der deutschen Sprache*, Berlin [20]1967.

Knigge, A. v., *Über den Umgang mit Menschen*, Berlin 1966 (orig.: 1788).

Köhnke, K. Ch., Von der Völkerpsychologie zur Soziologie: Unbekannte Texte des jungen Georg Simmel, in: H.-J. Dahme/O. Rammstedt (Hrsg.), *Georg Simmel und die Moderne: Neue Interpretationen und Materialien*, Frankfurt 1984, S. 388–429.

Koster, D., ‚Why is *he* here?' White gossip, in: R. Paine (ed.), *The white Arctic: Anthropological essays on tutelage and ethnicity*, Toronto 1977 (Newfoundland Social and Economic Papers No. 7), S. 144–165.

Kramer, F., *Verkehrte Welten: Zur imaginären Ethnographie des 19. Jahrhunderts*, Frankfurt 1977.

Kramer, F., Die ‚social anthropology' und das Problem der Darstellung anderer Gesellschaften, in: F. Kramer/Ch. Sigrist (Hrsg.), *Gesellschaften ohne Staat I: Gleichheit und Gegenseitigkeit*, Frankfurt 1978, S. 9–27.

Kretschmer, E., *Der sensitive Beziehungswahn: Ein Beitrag zur Paranoiafrage und zur psychiatrischen Charakterlehre*, Berlin [3]1950.

Krüger, H., Kleine Soziologie des Klatsches, *Streit-Zeit-Schrift*, Heft VI:1 (Juni 1967), S. 33–35.

Krumrey, H.-V., *Entwicklungsstrukturen von Verhaltensstandarden. Eine soziologische Prozeßanalyse auf der Grundlage deutscher Anstands- und Manierenbücher von 1870–1970*, Frankfurt 1984.

Kruse, L., *Privatheit als Problem und Gegenstand der Psychologie,* Bern 1980.
Kühne, O., *Allgemeine Soziologie: Lebenswissenschaftlicher Aufriß ihrer Grundprobleme,* 1. Halbband, Berlin 1958.
Kuper, L., Blueprint for living together, in: id. (ed.), *Living in towns,* London 1953.
Labov, W., Rules for ritual insults, in: D. Sudnow (ed.), *Studies in social interaction,* New York 1972, S. 120–169,
Labov, W./J. Waletzky, Erzählanalyse: Mündliche Versionen persönlicher Erfahrungen, in: J. Ihwe (Hrsg.), *Literaturwissenschaft und Linguistik,* Bd. 2, Frankfurt 1973, S. 78–126 (orig.: 1967).
Lamphere, L., The Navajo cultural system: An analysis of concepts of cooperation and autonomy and their relation to gossip and witchcraft, in: K. Basso/M. Opler (eds.), *Apachean culture history and ethnology,* Tucson, Ariz. 1971, S. 91–114.
Lamphere, L., Women and domestic power: Political and economic strategies in domestic groups, in: D. Raphael (ed.), *Being female: Reproduction, power, and change,* The Hague/Paris 1975, S. 117–130.
Lancaster, W., Correspondence, *Man,* 9 (1974), S. 626–627.
Lanz, H., Metaphysics of gossip, *International Journal of Ethics,* 46 (1936), S. 492–499.
Lazarus, M., Über Gespräche, in: id., *Ideale Fragen,* Berlin 1878, S. 233–265.
Lee, J., Innocent victims and evil-doers, *Women's Studies International Forum,* 7 (1984), S. 69–73.
Lemert, E., Paranoia und die Dynamik der Ausschließung, in: F. Basaglia/F. Basaglia Ongaro (Hrsg.), *Die abweichende Mehrheit: Die Ideologie der totalen sozialen Kontrolle,* Frankfurt 1972, S. 33–60.
LeRoy Ladurie, E., *Montaillou: Ein Dorf vor dem Inquisitor 1294–1324,* Frankfurt 1983 (orig.: 1975).
Lessing, D., *Das goldene Notizbuch,* Frankfurt 1978 (orig.: 1962).
Levin, J./A. Arluke, An exploratory analysis of sex differences in gossip, *Sex Roles,* 12 (1985), S. 281–286.
Levin, J./A. J. Kimmel, Gossip columns: Media small talk, *Journal of Communication,* 27 (1977), S. 169–175.

Levinson, S. C., Conversational structure, in: id., *Pragmatics*, Cambridge 1983, S. 284–370.

Levy, R. I., *Tahitians: Mind and experience in the Society Islands*, Chicago 1973.

Lewis, H., *Blackways of Kent*, Chapel Hill 1955.

Lewis, Ph., Defamation: Reputation and encounter, in: L. M. Friedman/M. Rehbinder (Hrsg.), *Zur Soziologie des Gerichtsverfahrens* (Jahrbuch für Rechtssoziologie und Rechtstheorie, Bd. 4), Opladen 1976, S. 271–284.

Lichtenberg, G. Ch., Sudelbücher (1765–1799), in: id., *Schriften und Briefe*, Bd. 1 (hg. von F. H. Mautner), Frankfurt 1983, S. 63–526.

Lomer, G., Über den Klatsch: Eine psychologische Studie, *Psychiatrisch-neurologische Wochenschrift*, 15 (5. Juli 1913), S. 171–175.

Lopate, C., Jackie!, in: G. Tuchman/A. K. Daniels/J. Benét (eds.), *Hearth and home: Images of women in the mass media*, New York 1978, S. 130–140.

Loudon, J., Kinship and crisis in South Wales, *British Journal of Sociology*, 12 (1961), S. 333–350.

Luckmann, Th., Zum hermeneutischen Problem der Handlungswissenschaften, in: M. Fuhrmann u. a. (Hrsg.), *Text und Applikation* (Poetik und Hermeneutik, Bd. IX), München 1981, S. 513–523.

Luckmann, Th., Grundformen der gesellschaftlichen Vermittlung des Wissens: Kommunikative Gattungen, in: F. Neidhardt/M. R. Lepsius/J. Weiß (Hrsg.), *Kultur und Gesellschaft* (Sonderheft 27 der 'Kölner Zeitschrift für Soziologie und Sozialpsychologie'), Opladen 1986, S. 191–211.

Luckmann, Th./J. R. Bergmann, Bibliographie: Mündliche Gattungen alltäglicher Kommunikation, Ms., Universität Konstanz 1982.

Luhmann, N., Der neue Chef, *Verwaltungsarchiv*, 53 (1962), S. 11–24.

Luhmann, N., *Funktionen und Folgen formaler Organisation*, Berlin ³1976 (orig.: 1964).

Lumley, F. E., Gossip, in: id., *Means of social control*, New York 1925, S. 211–236.

Lutz, G., Sitte und Infamie: Untersuchungen zur rechtlichen Volkskunde am Phänomen des Verrufs, Dissertation, Universität Würzburg, 1954.

Malinowski, B., *Argonauten des westlichen Pazifik*, Frankfurt 1979 (orig.: 1922).

Malinowski, B., Das Problem der Bedeutung in primitiven Sprachen, in: C. K. Ogden/I. A. Richards, *Die Bedeutung der Bedeutung*, Frankfurt 1974, S. 323–384 (orig.: 1923, [8]1946).

Malinowski, B., *Sitte und Verbrechen bei den Naturvölkern*, Bern o. J. (orig.: 1926).

Malinowski, B., *Das Geschlechtsleben der Wilden in Nordwest-Melanesien: Liebe, Ehe und Familienleben bei den Eingeborenen der Trobriand-Inseln, Britisch-Neuguinea*, Frankfurt 1979 (orig.: 1929).

Marcus, G. E./D. Cushman, Ethnographies as texts, *Annual Review of Anthropology*, 11 (1982), S. 25–69.

Marquard, O., Beitrag zur Philosophie der Geschichte des Abschieds von der Philosophie der Geschichte, in: R. Koselleck/W.-D. Stempel (Hrsg.), *Geschichte – Ereignis und Erzählung* (Poetik und Hermeneutik, Bd. V), München 1973, S. 241–250.

Marquard, O., Die Frage nach der Frage, auf die die Hermeneutik die Antwort ist, in: id., *Abschied vom Prinzipiellen*, Stuttgart 1981, S. 117–146.

Martens, W., *Die Botschaft der Tugend: Die Aufklärung im Spiegel der deutschen Moralischen Wochenschriften*, Stuttgart 1968.

Matthes, J., Die Soziologen und ihre Zukunft, in: J. Matthes (Hrsg.), *Krise der Arbeitsgesellschaft? Verhandlungen des 21. Deutschen Soziologentages in Bamberg 1982*, Frankfurt 1983, S. 19–24.

Mauss, M., Die Gabe, in: id., *Soziologie und Anthropologie*, Bd. II, Frankfurt 1978, S. 9–144 (orig.: 1925).

Mauthner, F., *Beiträge zu einer Kritik der Sprache*, Bd. 1, Frankfurt 1982 (orig.: 1906).

McCarthy, M., The fact of fiction, in: id., *On the contrary: Articles of beliefs*, New York 1962, S. 249–270.

McFarlane, G., Gossip and social relationships in a Northern Irish community, in: M. Stuchlik (ed.), *The Queen's University Papers in Social Anthropology, vol. 2: Goals and behaviour*, Belfast 1977, S. 95–118.

Mead, G. H., *Geist, Identität und Gesellschaft*, Frankfurt 1968 (orig.: *Mind, self and society*, Chicago 1934).

Mead, M., *Mann und Weib: Das Verhältnis der Geschlechter in einer sich wandelnden Welt*, Reinbek 1958 (orig. 1949).

Medini, G./E. H. Rosenberg, Gossip and psychotherapy, *American Journal of Psychotherapy*, 30 (1976), S. 452–462.

Merry, S. E., *Urban danger: Life in a neighborhood of strangers*, Philadelphia 1981.

Merry, S. E., Rethinking gossip and scandal, in: D. Black (ed.), *Toward a general theory of social control*, vol. I, Orlando, Fl. 1984, S. 271–302.

Merton, R. K., Continuities in the theory of reference groups and social structure, in: id., *Social theory and social structure*, New York ²1968, S. 335–440.

Mettetal, G., Fantasy, gossip, and self-disclosure: Children's conversations with friends, in: R. Bostrom (ed.), *Communication yearbook*, vol. 7, Beverly Hills 1978, S. 717–736.

Meuli, K., Charivari, in: H. Kusch (Hrsg.), *Festschrift Franz Dornseiff*, Leipzig 1953, S. 231–243.

Mitchell, J. C., Networks, norms and institutions, in: J. Boissevain/ J. C. Mitchell (eds.), *Network analysis: Studies in human interaction*, The Hague 1973, S. 15–35.

Mitscherlich, A., Kurze Apologie des Klatsches, in: id., *Auf dem Weg zur vaterlosen Gesellschaft*, München 1963, S. 327–329.

Moerman, M., The use of precedent in natural conversation: A study in practical legal reasoning, *Semiotica*, 9 (1973), S. 193–218.

Müller, H., *Dienstbare Geister: Leben und Arbeitswelt städtischer Dienstboten* (Schriften des Museums für Deutsche Volkskunde, Bd. 6), Berlin 1981.

Müller, K. E., *Die bessere und die schlechtere Hälfte: Ethnologie des Geschlechterkonflikts*, Frankfurt 1984.

Müller-Staats, D., Klagen über Dienstboten: Eine Untersuchung zum Verhältnis von Herrschaften und Dienstboten, mit besonderer Berücksichtigung Hamburgs im 19. Jahrhundert, Dissertation, Universität Hamburg, 1983.

Mulkay, M./G. N. Gilbert, Joking apart: Some recommendations

concerning the analysis of scientific culture, *Social Studies of Science,* 12 (1982), S. 585–613.
Murphy, M. D., Rumors of identity: Gossip and rapport in ethnographic research, *Human Organization,* 44, (1985), S. 132–137.
Murphy, Y./R. F. Murphy, *Women of the forest,* New York 1974.
Naish, J., Désirade: A negative case, in: P. Caplan/J. M. Bujra (eds.), *Women united, women divided: Cross-cultural perspectives on female solidarity,* London 1978, S. 238–258.
Nathe, P. A., Prickly Pear coffee house: The hangout, *Urban Life,* 5 (1976), S. 75–104.
Nelson, C., Public and private politics: Women in the Middle Eastern world, *American Ethnologist,* 1 (1974), S. 551–563.
Nietzsche, F., Menschliches, Allzumenschliches: Ein Buch für freie Geister, in: id., *Studienausgabe in vier Bänden,* Bd. 2, Frankfurt 1968 (orig. 1878).
Oevermann, U., Zur Sache: Die Bedeutung von Adornos methodologischem Selbstverständnis für die Begründung einer materialen soziologischen Strukturanalyse, in: L. v. Friedeburg/J. Habermas (Hrsg.), *Adorno-Konferenz 1983,* Frankfurt 1983, S. 234–289.
Oevermann, U./T. Allert/E. Konau/J. Krambeck, Die Methodologie einer ‚objektiven Hermeneutik' und ihre allgemeine forschungslogische Bedeutung in den Sozialwissenschaften, in: H.-G. Soeffner (Hrsg.), *Interpretative Verfahren in den Sozial- und Textwissenschaften,* Stuttgart 1979, S. 352–434.
Ogburn, W. F./M. F. Nimkoff, *Sociology,* Washington, D. C. 1944.
Olinick, S. L., The gossiping psychoanalyst, *International Review of Psychoanalysis,* 7 (1980), S. 439–445.
O'Neill, J., The literary production of natural and social science inquiry: Issues and applications in the social organization of science, *Canadian Journal of Sociology,* 6 (1981), S. 105–120.
Paine, R., What is gossip about? An alternative hypothesis, *Man* (N. S.), 2 (1967), S. 278–285.
Paine, R., Gossip and transaction, *Man* (N. S.), 3 (1968), S. 305–308.
Paine, R., Informal communication and information management, *Canadian Revue of Sociology and Anthropology,* 7 (1970), S. 172–188.
Park, R. E., The city: Suggestions for the investigation of human

behavior in the city environment, *American Journal of Sociology*, 20 (1915), S. 577–612.

Parsons, E. C., Town gossip, in: id., *Mitla: Town of the souls and other Zapoteco-speaking Pueblos of Oaxaca, Mexico*, Chicago 1936, S. 386–478.

Paul, J., Das heimliche Klaglied der jetzigen Männer, in: id., *Werke in zwölf Bänden*, Bd. 8 (hg. v. N. Miller), München 1975, S. 1087–1120 (orig.: 1801).

Pavel, T. G., Literary criticism and methodology, *Dispositio*, 3 (1978), S. 145–156.

Peckham, M., Romanticism, Science, and gossip, *Shenandoah*, 23:4 (1972), S. 81–89.

Perrot, M., Rebellische Weiber: Die Frau in der französischen Stadt des 19. Jahrhunderts, in: C. Honegger/B. Heinz (Hrsg.), *Listen der Ohnmacht: Zur Sozialgeschichte weiblicher Widerstandsformen*, Frankfurt 1981, S. 71–98.

Peters, E. L., Aspects of the control of moral ambiguities: A comparative analysis of two culturally disparate modes of social control, in: M. Gluckman (ed.), *The allocation of responsibility*, Manchester 1972, S. 109–162.

Phillips, G., Über den Ursprung der Katzenmusiken: Eine canonistisch-mythologische Abhandlung, in: id., *Vermischte Schriften*, Bd. 3, Wien 1860, S. 26–92.

Pitt-Rivers, J. A., *The people of the Sierra*, Chicago ²1971 (orig.: 1954).

Platt, J., The development of the ‚participant observation' method in sociology: Origin myth and history, *Journal of the History of the Behavioral Sciences*, 19, (1983), S. 379–393.

Plessner, H., *Grenzen der Gemeinschaft: Eine Kritik des sozialen Radikalismus*, Bonn ²1972 (orig.: 1924).

Pomerantz, A., Telling my side: „Limited access" as a „fishing" device, *Sociological Inquiry*, 50 (1980), S. 186–198.

Pomerantz, A., Agreeing and disagreeing with assessments: Some features of preferred/dispreferred turn shapes, in: J. M. Atkinson/J. Heritage (eds.), *Structures of social action: Studies in conversation analysis*, Cambridge 1984, S. 57–101.

Popitz, H., *Über die Präventivwirkung des Nichtwissens*, Tübingen 1968.

Preisendanz, W., Zur Ästhetizität des Gesprächs bei Fontane, in: K. Stierle/R. Warning (Hrsg.), *Das Gespräch* (Poetik und Hermeneutik, Bd. XI), München 1984, S. 473–487.
Radin, P., *Primitive man as philosopher*, New York ²1957 (orig.: 1927).
Ranulf, S., *Moral indignation and middle class psychology: A sociological study*, Copenhagen 1938.
Reichenau, Ch. v., Die Übertreibung, in: *Reine und angewandte Soziologie* (Festschrift für Ferdinand Tönnies), Leipzig 1936, S. 202–217.
Riegelhaupt, J. F., Saloio women: An analysis of informal and formal political and economic roles of Portuguese peasant women, *Anthropological Quarterly*, 40 (1967), S. 109–126.
Riemann, G., Stigma, formelle soziale Kontrolle, das Leben mit den anderen: Eine empirische Untersuchung zu drei Gegenstandsbereichen des Alltagswissens von Obdachlosen, Diplomarbeit, Universität Bielefeld, 1977.
Riesman, D./J. Watson, The sociability project: A chronicle of frustration and achievement, in: P. E. Hammond (ed.), *Sociologists at work*, New York 1964, S. 235–321.
Riesman, D./R. J. Potter/J. Watson, Sociability, permissiveness, and equality, in: D. Riesman, *Abundance for what?* Garden City, N. Y. 1965, S. 185–212.
Riviere, P., Factions and exclusions in two South American village systems, in: M. Douglas (ed.), *Witchcraft confessions and accusations*, London 1970, S. 245–255.
Roberts, J. M., The self-management of cultures, in: W. H. Goodenough (ed.), *Explorations in cultural anthropology*, New York 1964, S. 433–454.
Rogers, S. C., Female forms of power and the myth of male dominance: A model of female/male interaction in peasant society, *American Ethnologist*, 2 (1975), S. 727–756.
Rohr, R., Auf Abruf bereit: Lokaljournalisten bei der Arbeit, in: H. M. Kepplinger (Hrsg.), *Angepaßte Außenseiter: Wie Journalisten denken und wie sie arbeiten*, Freiburg 1979, S. 76–96.
Rose, A. M., *Sociology: The study of human relations*, New York ²1965 (orig.: 1956).
Rosenbaum, J. B./M. Subrin, The psychology of gossip, *Journal of*

the American Psychoanalytic Association, 11 (1963), S. 817–831.

Rosnow, R. L., Gossip and marketplace psychology, *Journal of Communication*, 27 (1977), S. 158–163.

Rosnow, R. L./G. A. Fine, *Rumor and gossip: The social psychology of hearsay*, New York 1976.

Ross, E. A., *Social control: A survey of the foundations of order*, New York 1929 (orig.: 1901).

Roth, E. W., *Die materiellrechtliche und prozessuale Bedeutung des Indiskretionsdelikts*, Breslau 1927.

Rotzoll, C., Klatsch: Ein Kulturgut, *Frankfurter Allgemeine Zeitung*, 21.8.1982.

Rouček, J. S., *Social control*, New York ²1956 (orig.: 1947).

Roy, D. F., „Banana time": Job satisfaction and informal interaction, *Human Organization*, 18:4 (1960), S. 158–168.

Rubinstein, J., *City police*, New York 1973.

Ruesch, J./G. Bateson, *Communication: The social matrix of psychiatry*, New York 1951.

Ryave, A. L., On the achievement of a series of stories, in: J. Schenkein (ed.), *Studies in the organization of conversational interaction*, New York 1978.

Ryle, G., *Der Begriff des Geistes*, Stuttgart 1969 (orig.: 1949).

Rysman, A., How the „gossip" became a woman, *Journal of Communication*, 27 (1977), S. 176–180.

Sabini, J./M. Silver, A plea for gossip, in: id., *Moralities of everyday life*, Oxford 1982, S. 89–106.

Sacks, H., Das Erzählen von Geschichten innerhalb von Unterhaltungen, in: R. Kjolseth/F. Sack (Hrsg.), *Zur Soziologie der Sprache*, Opladen 1971, S. 307–314.

Sacks, H., On the analyzability of stories by children, in: J. J. Gumperz/D. Hymes (eds.), *Directions in sociolinguistics: The ethnography of communication*, New York 1972, S. 325–345.

Sacks, H., An analysis of the course of a joke's telling in conversation, in: R. Bauman/J. Sherzer (eds.), *Explorations in the ethnography of speaking*, London 1974, S. 337–353.

Sacks, H./E. Schegloff, Two preferences in the organization of reference to persons in conversation and their interaction, in: G. Psathas (ed.), *Everyday language: Studies in ethnomethodology*, New York 1979, S. 15–21.

Sansom, B., When witches are not named, in: M. Gluckman (ed.), *The allocation of responsibility*, Manchester 1972, S. 193–226.

Schäfer-Elmayer, N. u. D., *Der neue Elmayer: Gutes Benehmen immer gefragt*, Wien 1969.

Scharfe, M., Rügebräuche, in: H. Bausinger et al., *Dörfliche Fasnacht zwischen Neckar und Bodensee*, Tübingen 1966, S. 196–266.

Schegloff, E., Sequencing in conversational openings, *American Anthropologist*, 70 (1968), S. 1075–1095.

Schegloff, E., Notes on a conversational practice: Formulating place, in: D. Sudnow (ed.), *Studies in social interaction*, New York 1972, S. 75–119.

Schegloff, E., Identification and recognition in telephone conversation openings, in: G. Psathas (ed.), *Everyday language: Studies in ethnomethodology*, New York 1979, S. 23–78.

Schegloff, E./H. Sacks, Opening up closings, *Semiotica*, 8 (1973), S. 289–327.

Scheler, M., Das Ressentiment im Aufbau der Moralen, in: id., *Vom Umsturz der Werte*, Bd. 1, Leipzig 1923, S. 47–233 (orig.: 1915).

Schenk, M., Das Konzept des sozialen Netzwerks, in: F. Neidhardt (Hrsg.), *Gruppensoziologie* (Sonderheft 25 der ‚Kölner Zeitschrift für Soziologie und Sozialpsychologie'), Opladen 1983, S. 88–104.

Schenkein, J. N., Identity negotiations in conversation, in: id. (ed.), *Studies in the organization of conversational interaction*, New York 1978, S. 57–78.

Schiffauer, W., Weltbild und Selbstverständnis der Bauern von Subay: Eine Ethnographie, Dissertation, FU Berlin, 1985.

Schiffrin, D., Meta-talk: Organizational and evaluative brackets in discourse, *Sociological Inquiry*, 50 (1980), S. 199–236.

Schivelbusch, W., *Das Paradies, der Geschmack und die Vernunft: Eine Geschichte der Genußmittel*, München 1980.

Schleiermacher, F. E. D., Versuch einer Theorie des geselligen Betragens, in: id., *Werke. Auswahl in vier Bänden*, Bd. II, Leipzig ²1927, S. 1–31 (orig.: 1799).

Schmölders, C. (Hrsg.), *Die Kunst des Gesprächs: Texte zur Geschichte der europäischen Konversationstheorie*, München 1979.

Schönfeldt, S. G., Was ist noch schöner als Klatsch?, *ZEIT-Magazin*, 39, 23. 9. 1983.

Schott, R., Das Geschichtsbewußtsein schriftloser Völker, *Archiv für Begriffsgeschichte*, 12 (1968), S. 166–205.

Schütz, A., *Der sinnhafte Aufbau der sozialen Welt*, Wien ²1960 (orig.: 1932).

Schütz, A., Der gut informierte Bürger: Ein Versuch über die soziale Verteilung des Wissens, in: id., *Gesammelte Aufsätze*, Bd. 2, Den Haag 1972, S. 85–101 (orig.: 1946).

Schütz A., Begriffs- und Theoriebildung in den Sozialwissenschaften, in: id., *Gesammelte Aufsätze*, Bd. 1, Den Haag 1971, S. 55–76 (orig.: 1954).

Schütz, A./Th. Luckmann, *Strukturen der Lebenswelt*, Bd. 1: Frankfurt 1979; Bd. 2: Frankfurt 1984.

Schütze, F., Exkurs über Klatschkommunikation in der Ortsgesellschaft, in: id., Die Technik des narrativen Interviews in Interaktionsfeldstudien – dargestellt an einem Projekt zur Erforschung von kommunalen Machtstrukturen, Universität Bielefeld, Fakultät für Soziologie, Arbeitsberichte und Forschungsmaterialien Nr. 1 (1977), S. 19–22.

Schulte, R., Dienstmädchen im herrschaftlichen Haushalt: Zur Genese ihrer Sozialpsychologie, *Zeitschrift für bayerische Landesgeschichte*, 41 (1978), S. 879–920.

Schuster, I. M. G., *New women of Lusaka*, Palo Alto, Ca. 1979.

Selby, H. A., *Zapotec deviance: The convergence of folk and modern sociology*, Austin 1974.

Shibutani, T., *Improvised news: A sociological study of rumor*, Indianapolis 1966.

Silbermann, A., Systematische Inhaltsanalyse, in: R. König (Hrsg.), *Handbuch der empirischen Sozialforschung*, Bd. 4, Stuttgart ³1974, S. 253–339.

Silverman, S., *Three bells of civilization: The life of an Italian hill town*, New York 1975.

Simmel, G., *Soziologie: Untersuchungen über die Formen der Vergesellschaftung*, Berlin ⁵1968 (orig.: 1908).

Simmel, G., Das Geheimnis und die geheime Gesellschaft, in: id., *Soziologie: Untersuchungen über die Formen der Vergesellschaftung*, Berlin ⁵1968, S. 256–304.

Simmel, G., Exkurs über den schriftlichen Verkehr, in: id., *Soziologie: Untersuchungen über die Formen der Vergesellschaftung*, Berlin ⁵1968, S. 287–288.

Simmel, G., Die Geselligkeit (Beispiel der Reinen oder Formalen Soziologie), in: id., *Grundfragen der Soziologie*, Berlin 1970, S. 48–68 (orig.: 1917).

Skinner, B. F., *Futurum zwei: „Walden two" – Die Vision einer aggressionsfreien Gesellschaft*, Reinbek 1972 (orig.: 1948).

Smith, Th. V., Custom, gossip, legislation, *Social Forces*, 16 (1937), S. 24–34.

Soeffner, H.-G., Statt einer Einleitung: Prämissen einer sozialwissenschaftlichen Hermeneutik, in: id. (Hrsg.), *Beiträge zu einer empirischen Sprachsoziologie*, Tübingen 1982, S. 9–48.

Soeffner, H.-G., Hermeneutik – Zur Genese einer wissenschaftlichen Einstellung durch die Praxis der Auslegung, in: H.-G. Soeffner (Hrsg.), *Beiträge zu einer Soziologie der Interaktion*, Frankfurt 1984, S. 9–52.

Soeffner, H.-G., Anmerkungen zu gemeinsamen Standards standardisierter und nicht-standardisierter Verfahren in der Sozialforschung, in: M. Kaase/M. Küchler (Hrsg.), *Herausforderungen der Empirischen Sozialforschung*, Mannheim 1985, S. 109–126.

Spacks, P. M., In praise of gossip, *The Hudson Review*, 25 (1982), S. 19–38.

Spacks, P. M., *Gossip*, New York 1985.

Srinivas, M. N., *The remembered village*, Berkeley 1976.

Stein, M. R., *The eclipse of community: An interpretation of American studies*, Princeton, N. J. ²1972 (orig.: 1960).

Stempel, W.-D., Fiktion in konversationellen Erzählungen, in: D. Henrich/W. Iser (Hrsg.), *Funktionen des Fiktiven* (Poetik und Hermeneutik, Bd. X), München 1983, S. 331–356.

Stempel, W.-D., Bemerkungen zur Kommunikation im Alltagsgespräch, in: K. Stierle/R. Warning (Hrsg.), *Das Gespräch* (Poetik und Hermeneutik, Bd. XI), München 1984, S. 151–169.

Sternberg, M., Proteus in quotation-land: Mimesis and the forms of reported discourse, *Poetics Today*, 3 (1982), S. 107–156.

Stirling, R. B., Some psychological mechanisms operative in gossip, *Social Forces*, 34 (1956), S. 262–267.

Stok, W., *Geheimnis, Lüge und Mißverständnis: Eine beziehungs-*

wissenschaftliche Untersuchung (Beiträge zur Beziehungslehre, Heft II), München 1929.

Streck, B., Netzwerk: Der transaktionale Einspruch gegen das Paradigma der struktural-funktionalistischen Ethnologie, *Anthropos,* 80 (1985), S. 569–586.

Streeck, J., Die leichte Muse des gewöhnlichen Gesprächs: Über die Unterhaltungskunst einiger älterer Frauen, Manuskript, FU Berlin, 1985.

Sudnow, D., *Organisiertes Sterben,* Frankfurt 1973 (orig.: 1967).

Suls, J. M., Gossip as social comparison, *Journal of Communication,* 27 (1977), S. 164–168.

Sulzberger, C. F., Why it is hard to keep secrets, *Psychoanalysis,* 2 (Fall 1953), S. 37–43.

Sutton, H./L. W. Porter, A study of the grapevine in a governmental organization, *Personnel Psychology,* 21 (1968), S. 223–230.

Szwed, J., Gossip, drinking and social control: Consensus and communication in a Newfoundland parish, *Ethnology,* 5 (1966), S. 434–441.

Tanner, R. E. S., Conflict within small European communities in Tanganyika, *Human Organization,* 23 (1964), S. 319–327.

Tenbruck, F., Soziale Kontrolle, in: *Staatslexikon der Görres-Gesellschaft,* Bd. 7, Freiburg ⁶1962, Sp. 226–231.

Tentori, T., Social class and family in a Southern Italien town: Matera, in: J. G. Peristiany (ed.), *Mediterranean family structures,* Cambridge 1976, S. 273–285.

Terasaki, A. K., Pre-announcement sequences in conversation, Social Science Working Papers, No. 99, UC Irvine, 1976.

Theophrast, Charakterskizzen, in: C. Schmölders (Hrsg.), *Die Kunst des Gesprächs: Texte zur Geschichte der europäischen Konversationstheorie,* München 1979, S. 86–90.

Thiel, K., *Iniuria und Beleidigung: Eine Vorarbeit zur Bestimmung des Begriffes der Beleidigung,* Breslau 1905.

Thiele-Dohrmann, K., *Unter dem Siegel der Verschwiegenheit: Die Psychologie des Klatsches,* Düsseldorf 1975.

Thomas, W. I., *The unadjusted girl,* Montclair, N. J. 1969 (orig.: 1928).

Thomas, W. I./F. Znaniecki, *The Polish peasant in Europe and America,* New York 1958 (orig.: 1919).

Thomasius, Ch., Von der Klugheit, sich in täglicher Konversation wohl aufzuführen, in: C. Schmölders (Hrsg.), *Die Kunst des Gesprächs: Texte zur Geschichte der europäischen Konversationstheorie*, München 1979, S. 183–186 (orig.: 1710).

Tiger, L./R. Fox, *Das Herrentier: Steinzeitjäger im Spätkapitalismus*, München 1973 (orig.: 1971).

Tolstoj, L. N., *Anna Karenina*, Frankfurt 1966 (orig.: 1873–76).

Treiber, H., Obertanen: Gesellschaftsklatsch – ein Zugang zur geschlossenen Gesellschaft der Prestige-Oberschicht, *Journal für Sozialforschung*, 26 (1986), S. 140–159.

Trublet, N., Gedanken über die Konversation, in: C. Schmölders (Hrsg.), *Die Kunst des Gesprächs: Texte zur Geschichte der europäischen Konversationstheorie*, München 1979, S. 194–198 (orig.: 1735).

Turner, R., Talk and troubles: Contact problems of former mental patients, Unpubl. Dissertation, UC Berkeley, 1968.

Vedel, V., *By og Borger i Middelalderen*, Copenhagen 1901.

Vidich, A. J./J. Bensman, *Small town in mass society: Class, power and religion in a rural community*, Princeton, N. J. 1958.

Viebig, C., *Das tägliche Brot*, Berlin 1925.

Vološinov, V. N., *Marxismus und Sprachphilosophie: Grundlegende Probleme der soziologischen Methode in der Sprachwissenschaft*, Frankfurt 1975 (orig.: 1929).

Vossler, K., Die Grenzen der Sprachsoziologie, in: id., *Gesammelte Aufsätze zur Sprachphilosophie*, München 1923, S. 210–260.

Wahrig (Brockhaus-Wahrig), *Deutsches Wörterbuch* in 6 Bänden, Wiesbaden/Stuttgart 1980 ff.

Waliullah, A.-M., Potiches ou moulins à paroles: Réflexions sur le bavardage – Qui bavarde? De quoi? Pourquoi?, *Langage et Société*, 21 (1982), S. 93–99.

Waller, W., *The sociology of teaching*, New York 1961 (orig.: 1932).

Walser, K., Prostitutionsverdacht und Geschlechterforschung: Das Beispiel der Dienstmädchen um 1900, *Geschichte und Gesellschaft*, 11 (1985), S. 99–111.

Weber, M., Die „Objektivität" sozialwissenschaftlicher und sozialpolitischer Erkenntnis, in: id., *Methodologische Schriften*, Frankfurt 1968, S. 1–64 (orig.: 1904).

Weber, M., *Wirtschaft und Gesellschaft*, Tübingen ⁵1972 (orig.: 1921/22).

Weigle, M., Women as verbal artists: Reclaiming the sisters of Enheduanna, *Frontiers*, III:3 (1978), S. 1–9.

Wenglinsky, M., Errands, in: A. Birenbaum/E. Sagarin (eds.), *People in places*, New York 1973, S. 83–100.

Werbner, R. P., The Manchester School in South-Central Africa, *Annual Review of Anthropology*, 13 (1984), S. 157–185.

Wesel, U., *Frühformen des Rechts in vorstaatlichen Gesellschaften*, Frankfurt 1985.

West, J., *Plainville, U.S.A.*, New York 1945.

Whiting, B. B., *Paiute sorcery* (Viking Fund Publications in Anthropology, 15), New York 1950.

Whyte, W. H., *Herr und Opfer der Organisation*, Düsseldorf 1958.

Wiese, L. v., *System der Allgemeinen Soziologie als Lehre von den sozialen Prozessen und den sozialen Gebilden der Menschen (Beziehungslehre)*, Berlin ³1955 (orig.: 1924/28).

Wiese, L. v. (Hrsg.), *Das Dorf als soziales Gebilde* (Heft 1 der Beiträge zur Beziehungslehre), München/Leipzig 1928.

Wikan, U., *Life among the poor in Cairo*, London 1980 (orig.: 1976).

Williams, W. M., *The sociology of an English village: Gosforth*, London 1956.

Wilson, P. J., *Crab antics: The social anthropology of English-speaking negro societies of the Caribbean*, New Haven 1973.

Wilson, P. J., Filcher of good names: An enquiry into anthropology and gossip, *Man* (N. S.), 9 (1974), S. 93–102.

Wolf, E., Klatsch – Balsam für die Seele, *Journal für die Frau*, 16 (1984), S. 131–132.

Wolf, M., *Women and the family in rural Taiwan*, Stanford, Ca. 1972.

Wolter, I., *Benimm-Brevier für junge Menschen*, Wiesbaden o. J.

Wunderlich, H., *Unsere Umgangssprache in der Eigenart ihrer Satzfügung*, Weimar 1894.

Wylie, L., *Dorf in der Vaucluse: Der Alltag einer französischen Gemeinde*, Frankfurt 1969 (orig.: 1957).

Yerkovich, S. M., Gossiping; or, the creation of fictional lives,

being a study of the subject in an urban American setting drawing upon vignettes from upper middle class lives, Ph. D. dissertation, University of Pennsylvania, 1976.
Yerkovich, S. M., Gossiping as a way of speaking, *Journal of Communication*, 27 (1977), S. 192–196.
Zeitlin, S. J., Pop lore: The aesthetic principles in celebrity gossip, *Journal of American Culture*, 2 (1979), S. 186–192.
Zinzendorf, N. L. Graf, Gedanken vom Reden und Gebrauch der Worte, in: C. Schmölders (Hrsg.), *Die Kunst des Gesprächs: Texte zur Geschichte der europäischen Konversationstheorie*, München 1979, S. 187–193 (orig.: 1723).
Zorbaugh, H. W., *The golden coast and the slum: A sociological study of Chicago's near north side*, Chicago 1929.

L. v. Wiese
Geschichte der Soziologie
9. Aufl. 1971. 158 Seiten. Kartoniert.
(Sammlung Göschen 3101)   ISBN 3 11 001949 3

G. Simmel
Grundfragen der Soziologie
Individuum und Gesellschaft
4. Aufl. 1984. 98 Seiten. Kartoniert.
(Sammlung Göschen 2103)   ISBN 3 11 010239 0

W. Hofmann
unter Mitarbeit von W. Abendroth und I. Fetcher
Ideengeschichte der sozialen Bewegung des 19. und 20. Jahrhunderts
6. Aufl. 1979. 350 Seiten. Kartoniert.
(Sammlung Göschen 2105)   ISBN 3 11 007826 0

H. Burger
Sprache der Massenmedien
1984. 334 Seiten. Kartoniert.
(Sammlung Göschen 2225)   ISBN 3 11 009759 1

F. Coulmas
Sprache und Staat
Studien zur Sprachplanung und Sprachpolitik
1985. 292 Seiten. Kartoniert.
(Sammlung Göschen 2501)   ISBN 3 11 010436 9

H. Henne
Jugend und ihre Sprache
Darstellung – Materialien – Kritik
1986. XII, 354 Seiten. Kartoniert.
ISBN 3 11 010967 0

de Gruyter · Berlin · New York

HANDWÖRTERBUCH DES DEUTSCHEN ABERGLAUBENS

Herausgegeben von Hanns Bächtold-Stäubli
unter Mitwirkung von Eduard Hoffmann-Krayer

Photomechanischer Nachdruck (im Format der Originalausgabe
16,5 x 24 cm) der 1927–1942 erschienenen Ausgabe
mit einem Vorwort von Christoph Daxelmüller

Groß-Oktav. Ca. 8760 Seiten. 1986.
10 Bände Paperback in Kassette. DM 358,–

Knapp 9 000 Seiten in zehn Bänden, allein dem Thema 'Aberglauben' im weitesten Sinne gewidmet, Ergebnis einer zwanzigjährigen Sammel- und Editionstätigkeit eines vom Thema besessenen Schweizer Volkskundlers, haben zu ihrer Zeit die wissenschaftliche Erforschung des Aberglaubens auf eine neue Grundlage gestellt.
In unseren Tagen wird das Werk auch von den nicht-professionellen Bücherlesern wiederentdeckt, die daran glauben, daß die verblüffendsten Dinge zwischen Himmel und Erde möglich sind, oder ihre Freude haben an den skurrilen Seiten der menschlichen Existenz. Die jetzt überraschend stark angestiegene Nachfrage nach dem z. Zt. DM 1 725,– teuren Werk hat den Verlag zur Herausgabe der preiswerten Paperback-Ausgabe veranlaßt.

Walter de Gruyter Berlin · New York